游牧生产方式
及其生态价值研究

以北方草原为考察对象

崔思朋 ■著

中国社会科学出版社

图书在版编目（CIP）数据

游牧生产方式及其生态价值研究：以北方草原为考察对象／崔思朋著．
—北京：中国社会科学出版社，2023.6
　ISBN 978 – 7 – 5227 – 1244 – 4

　Ⅰ.①游… Ⅱ.①崔… Ⅲ.①游牧民族—生产方式—研究—中国
Ⅳ.①K289②F127.8

中国国家版本馆 CIP 数据核字（2023）第 021136 号

出 版 人	赵剑英
责任编辑	马　明
责任校对	魏瑛慧
责任印制	王　超

出　　版	中国社会科学出版社
社　　址	北京鼓楼西大街甲 158 号
邮　　编	100720
网　　址	http://www.csspw.cn
发 行 部	010 – 84083685
门 市 部	010 – 84029450
经　　销	新华书店及其他书店

印　　刷	北京明恒达印务有限公司
装　　订	廊坊市广阳区广增装订厂
版　　次	2023 年 6 月第 1 版
印　　次	2023 年 6 月第 1 次印刷

开　　本	710 × 1000　1/16
印　　张	27.5
字　　数	502 千字
定　　价	158.00 元

凡购买中国社会科学出版社图书，如有质量问题请与本社营销中心联系调换
电话：010 – 84083683
版权所有　侵权必究

图一 内蒙古鄂托克旗米拉壕东汉墓葬出土农耕图一
（鄂尔多斯市博物院供图）

图二 内蒙古鄂托克旗米拉壕东汉墓葬出土农耕图二
（鄂尔多斯市博物院供图）

图三　内蒙古鄂托克旗米拉壕东汉墓葬出土围猎图
（鄂尔多斯市博物院供图）

图四　内蒙古和林格尔东汉墓葬出土牧马图一（前室南耳室西壁）
（采自内蒙古自治区文物考古研究所《和林格尔汉墓壁画》，文物出版社2007年版）

图五　内蒙古和林格尔东汉墓葬出土牧马图二（前室南耳室西壁）
（采自内蒙古自治区文物考古研究所《和林格尔汉墓壁画》，文物出版社2007年版）

图六 内蒙古和林格尔东汉墓出土牧牛图一（前室南耳室东壁）
（采自内蒙古自治区文物考古研究所《和林格尔汉墓壁画》，文物出版社2007年版）

图七　内蒙古和林格尔东汉墓出土牧牛图二（前室南耳室东壁）
（采自内蒙古自治区文物考古研究所《和林格尔汉墓壁画》，文物出版社2007年版）

图八 内蒙古和林格尔东汉墓出土牧羊图(前室北耳室东壁)
(采自内蒙古自治区文物考古研究所《和林格尔汉墓壁画》,文物出版社2007年版)

图九　内蒙古和林格尔东汉墓出土农耕图一（前室北耳室西壁）
（采自内蒙古自治区文物考古研究所《和林格尔汉墓壁画》，文物出版社2007年版）

图一〇　内蒙古和林格尔东汉墓出土农耕图二（前室北耳室西壁）
（采自内蒙古自治区文物考古研究所《和林格尔汉墓壁画》，文物出版社2007年版）

图一一　内蒙古和林格尔东汉墓出土农耕图三（前室北耳室西壁）
（采自内蒙古自治区文物考古研究所《和林格尔汉墓壁画》，文物出版社2007年版）

图一二　内蒙古鄂托克旗凤凰山东汉墓出土群山放牧牛耕图
（鄂尔多斯市博物院供图，高兴超摄影）

图一三 巴日松古敖包汉墓出土群山放牧牛耕图

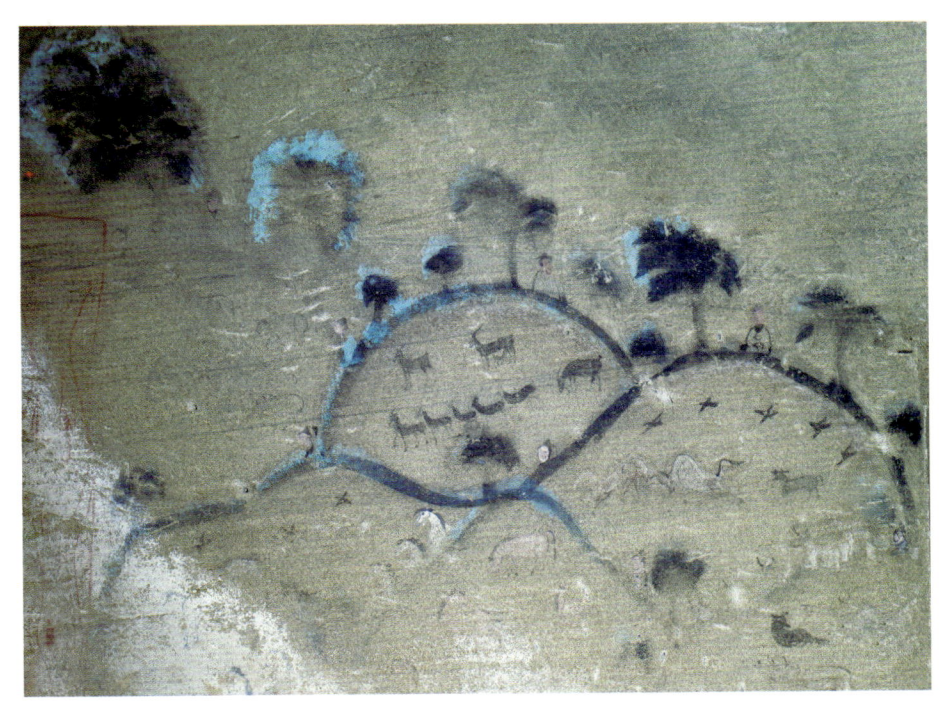

图一四 内蒙古乌审旗巴日松古敖包东汉墓出土群山放牧图
(鄂尔多斯市博物院供图,高兴超摄影)

图一五　内蒙古乌审旗巴日松古敖包东汉墓出土牛耕图
（鄂尔多斯市博物院供图，高兴超摄影）

图一六　内蒙古赤峰市敖汉旗贝子府镇大哈巴齐拉村喇嘛沟辽代墓葬出土——行猎图局部
（采自内蒙古自治区文物考古研究所孙建华《内蒙古辽代壁画》，文物出版社 2009 年版）

图一七　内蒙古赤峰市敖汉旗玛尼罕乡七家子村 1 号辽墓出土行猎图
（采自内蒙古自治区文物考古研究所孙建华《内蒙古辽代壁画》，文物出版社 2009 年版）

图一八　内蒙古通辽市库伦旗奈林稿苏木前勿力布格村辽墓 1 号墓——出行图局部
（采自内蒙古自治区文物考古研究所孙建华《内蒙古辽代壁画》，文物出版社 2009 年版）

图一九　内蒙古通辽市库伦旗奈林稿苏木前勿力布格村辽墓 6 号墓出土——行旅图
（采自内蒙古自治区文物考古研究所孙建华《内蒙古辽代壁画》，文物出版社 2009 年版）

图二〇　内蒙古通辽市库伦旗奈林稿苏木前勿力布格村辽墓 7 号墓出土山林野猪图
（采自内蒙古自治区文物考古研究所孙建华《内蒙古辽代壁画》，文物出版社 2009 年版）

图二一　内蒙古鄂托克旗凤凰山东汉墓葬西壁右侧壁画——放牧牛耕图
（鄂尔多斯市博物院供图，高兴超摄影）

图二二　现代蒙古族生活
（鄂尔多斯市博物院供图，奥静波摄影）

图二三　鄂尔多斯西部草原民族生活

（鄂尔多斯市博物院供图，奥静波摄影）

图二四　鄂托克前旗农牧交错经济地带

（鄂尔多斯市博物院供图，奥静波摄影）

图二五　鄂尔多斯草原
（鄂尔多斯市博物院供图，奥静波摄影）

图二六　城川镇以东农牧村落
（鄂尔多斯市博物院供图，高兴超摄影）

图二七　达拉特旗现代化农业基地

（鄂尔多斯市博物院供图，奥静波摄影）

图二八　鄂尔多斯农牧交错带现状

（鄂尔多斯市博物院供图，奥静波摄影）

序 一

欧亚大陆的腹心地带存在东西延伸长达万里的草原地带,以草原作为根基,在三四千年的历史中,成就了一代又一代、一个又一个伟大的草原民族。历史上,对于草原民族的游牧生活以及利用水草资源的方式,无论是驰骋在草原上的当事者,还是远在农耕区的旁观者,均习以为常。《辽史》载:"长城以南,多雨多暑,其人耕稼以食,桑麻以衣,宫室以居,城郭以治。大漠之间,多寒多风,畜牧畋渔以食,皮毛以衣,转徙随时,车马为家。此天时地利所以限南北也。""天时地利所以限南北",既是古人理念中自然环境与人类生产方式构成的对应关系,也是人类适应环境而选择自己生存方式的结果。这其中不仅包含内在的科学元素,也存在值得思考的学术问题。

古人从事什么样的生产方式,很少得到官方或有识之士的指点,僻在乡野,脚踏实地,一代又一代人本着求生的意愿,不断摸索,有成功,更有失败,最后沿承下来的应是人与地之间最合理的组合形式。无论是哪一个时代,人要活着,总要动用资源,农业、畜牧业都是如此,确切地讲,人与地之间的组合形式就是使用资源的方式,依循四季的轮回,农业固定在同一块土地上,通过人的劳作年复一年获得生产品;游牧业则是在逐水草的流动中,从一地到另一地获取水草。农业为什么能够固定在同一块土地上,源于人工施肥,使土地连年有收成;游牧为什么需要逐水草,是因为没有任何一块草地能够供给畜群连续啃食,一处草吃完了,就要接着找另一处。为了追寻畜草,移动成为游牧生活的主旋律。依牧草的生长与分布特征每户牧民的游牧空间或分为四季牧场,或分为三季、两季牧场,每个季节牧场内又以安营扎寨的营盘为中心,每日变换放牧地点,三五日后营盘四周的牧草吃光,则拔营转移到新的放牧点。与农民安土重迁不同,游牧在于流动,也更注重流动的权利,因为只有在流动中才能追逐到不断更新的牧草。

大自然的禀赋,决定了人类生产方式。北方草原地带,游牧民族有着数千

序 一

年的历史,他们不但营造了欧亚大陆舞台上最壮观的一幕,也在逐水草的生涯中找到了牧草与畜群契合的生存方式。

讨论一个地区应该选择什么样的生产方式,几乎不是古人的习惯,古人善于实践,今人擅长讨论,或对古人的做法给予肯定,必有发扬光大的措施;或对古人的做法持以否定,则兴改弦更张的举措,讨论草原游牧方式也是如此。

中国东西之间降水量的差异,附之地形的变化,导致农耕区与非农耕区形成东西分异。农牧之间的交界地带大致沿大兴安岭经明长城至青藏高原边缘,在自然环境的控制下,此线以东为农耕区,西为畜牧业区。农耕区与非农耕区之间存在农牧交错带,资源禀赋决定这里不同于纯粹的农耕区,也不同于草原放牧区,今日这里在以农业为主的背景下,呈现农牧兼业状态,历史时期农牧业持续性地徘徊在这一地带,最终农业强制性进入,在这一区域拥有优势。综合而言,历史时期除西辽河流域位于大兴安岭以东外,几乎40°N以北、大兴安岭以西的草原地带都可以成为游牧民族的家园。草原游牧地带从呼伦贝尔、锡林郭勒经蒙古高原、天山南北、青藏高原一直伸向欧亚大陆的腹地,成为世界上最广远的绿色长廊。

崔思朋《游牧生产方式及其生态价值研究——以北方草原为考察对象》,以农牧交错带为起点,探讨了内蒙古草原游牧方式的时空变迁,无论是作为研究区域,还是研究内容,都具有意义。这部著作希望用科学的理念,讨论游牧生产方式的生态价值,唤起我们对草原游牧业的再认识,也许,只有经过这样的认识,我们才能真正站在科学的平台上去评价人类走过的历程,评价北方草原这块土地上的辉煌。

时代在发展,面临的问题也大不相同,也许,数千年中经历过辉煌的草原游牧业,会在社会变迁中渐行渐远,但离去并不意味着没有价值,而是无奈。

韩茂莉
2022年8月20日于北京大学

序 二

　　游牧社会的研究已经非常丰富了。从我国东北的森林游牧部落,到蒙古高原上的草原游牧部落,再到青藏地区的高山游牧民族,大致可以代表我国游牧社会的几种类型。每一种游牧部落都毗邻着一种农耕社会。我国著名历史学家吴于廑先生曾经将黄河与长江之间的带状地区作为农耕带的主要范围,在此带状地区外围,则是游牧带。这一带状区一直向西延伸到中亚、西欧地区。在农耕带和游牧带的接壤地区,则是范围广泛而形态多样的农牧交错带。这一交错带的存在,成为连接游牧社会与农耕社会的桥梁与纽带,各种经济要素、社会组织、民族成分都通过农牧交错带互相渗透、彼此进退,深刻地刻画着彼此的样貌。因此,游牧社会的历史就具有了形态的丰富性与生产的多样性。

　　崔思朋的这部著作,虽然主题集中在游牧社会的方方面面,但是全书贯穿这种多样性以及与农耕社会比较研究的关切。这是本书的一个重要特色。

　　有关游牧社会的研究,不得不围绕着环境、生态、生物多样性等主题展开。真正要深入这些领域,则需要环境科学、生物学、地质学等学科的专业背景与学科训练,以传世文献与考古资料为主的历史学并不足以支撑起一些真正具有创新价值的发现。崔思朋本科时期曾经具有生物学与动物实验室的学科背景,在研究生阶段的学术训练中,我们除了加强他的历史文献应用与历史方法的学习与训练外,还要求他对生态学、地理学等学科进行系统的学习和掌握。因此,在本书中,我们可以看到一种多学科交叉应用的场景。以历史文献与历史解释为基础的思考框架下,生物学、地质学、环境科学的各种方法与材料也得到应有的重视。虽然在部分领域的思考和论证还有提升与加强的空间,但我们鼓励他对游牧社会的思考从历史、生态、环境、经济的维度展开研究,在一个多学科交叉应用、论证的领域展开自己的思考与探索。我认为这是一个有益的方向。

　　但是,归根结底,不管是游牧社会,还是农耕社会,抑或是农牧交错带,其

序 二

研究都建立在历史学之上。历史学的属性是其基本属性。从历史的长河中看待不同时代农牧社会所呈现的不同形态，对其消长、运动与演变做出合乎逻辑的阐释，是我们对这一学科提出的根本要求。崔思朋在历史文献与公私档案和考古资料的发掘与应用方面经过严格的训练，对某一领域历史资料的全面发掘和占有是他得以在这一领域继续深化研究的基本要求。所以，不管本书在多个维度呈现多个样貌，但它要将其论证建立在严格的历史学规范的根基之上，从历史发展的角度来把握不同时代某种社会形态的性质，是我们一直强调的方面。

"游牧"的概念在我国古代出现得很早，这就标志着我国历史上对游牧社会与游牧经济的特征有着明确的认识。先秦文献《周礼》中有"囿人掌囿游之兽"，汉代郑玄注为"游牧之兽"，指在苑囿中牧养之兽。此为"游牧"早期的含义。此概念包含两个要素，一为豢养的百兽（按郑玄解释，此处"百兽"实际上包括熊、虎、狐狸、孔雀、凫等兽类、鸟类），一为牧养之人。可见"游牧"这一概念最早的含义中就包括人与动物结合这层最基本意义。《史记》中记载匈奴的生活形态："逐水草迁徙，毋城郭常处、耕田之业，然亦各有分地。毋文书，以言语为约束，儿能骑羊、引弓射鸟鼠，少长则射狐兔，用为食。士力能弯弓，尽为甲骑，其俗宽则随畜因射猎禽兽为生业，急则人习战攻以侵伐，其天性也。"这条文献简要地说出游牧部落的四大特征：第一，以水草为生存资源的流动社会；第二，各有分地，也就是游牧有固定的区域；第三，以语言为通信手段，没有中原农耕社会的文书系统；第四，兵民合一的组织形态。以上文献，奠定了我国秦汉以来对游牧社会形态的基本特征的描述和认知，具有深远的影响。宋人在《太平寰宇记》中记载："胡人衣食之业不着于地，其势易以扰乱边境。食肉饮酪衣以皮毛，非有城郭田宅之归，择肥壤以游牧，随逐水草。此胡人之生业而中国之所以离南亩也。"其中明确提出以游牧来概括北方民族的生产形态，说明游牧部落与游牧这些概念开始被用于指代和认识北方各族。日本学者杉山正明在《游牧人的世界史》中提出"游牧"的概念的起源与语义，是不确切的。《史记》《汉书》等汉文文献的认识更为准确、清楚。

语言、文字与概念是社会与历史现象长期沉淀后形成的相对稳定的产物。紧密地围绕着这些语言与语义的产生与演变来认识其在不同历史阶段黏附的社会属性，应当成为历史与社会研究的一个基本方法。本书在这方面还存在有待进一步加强的空间。在对游牧形态的方方面面的说明与分析之中，需要做到客观与全面，进行辩证的看待与审视。全面肯定与拔高也会偏离历史实际与现实状况。

到目前为止,我们对草原社会的理解还是非常肤浅的。游牧部落有不同的地域分布,也有不同的生产形态与生活习惯,更有不同的文化习俗与思想观念。游牧经济与游牧文化在世界各地的表现也大相径庭。

许倬云先生在为《游牧者的抉择》一书所写的序言中,提出一个尖锐的问题:从世界范围来看,马赛人是数千年来都从事游牧非洲牛的部落,生存在非洲东部的山谷中,但他们从未结成大型的社会组织,对周边的其他部落形成侵扰和威胁;阿拉伯地区的贝都因人依靠沙漠中的水源放牧羊群,他们能征善战,但在伊斯兰化之前也从未结成大型社会组织。同样,中国境内的游牧族群,如青藏高原地区的高原游牧部落,也一直以小型、分散的团体存在,并不像北方草原游牧部落一样,此起彼伏地形成大型游牧社会组织和国家形态,对周边的农耕地区形成巨大的侵扰和威胁。所以,许先生指出:"中国北方草原牧民,由匈奴以至蒙古,能够常常聚合成大型帝国,应当有一些必要条件。"从学术的角度来看,个中原因,迄今依然是一个谜团。我们缺乏具体的个案研究,来分析那些如走马灯般在中国历史上闪现的草原国家如何从一个个游牧家庭最后聚合成大型社会组织,其后的动力如何?这些大型社会组织与国家形式又如何塑造各自的生存策略与对外政策?游牧经济与农耕经济到底是因何种动力结成互补关系?

王明珂在《游牧者的抉择》一书中将此归结为与自然环境和游牧经济生态有关,许倬云先生也认为与空间、交通与通信等条件有关。这些推断都没有解决根本的设问。非洲、中东地区的游牧部落,都具有结成大型组织的空间,为何他们一直维持着小型部落的形态。显然,只有充分地结成组织,才可以实现一系列历史上常见的活动。北方游牧民族对农耕社会的侵袭,被视为中古时期的历史常态。对其背后的动因,则无法找到逻辑自洽的解释。汤因比在《历史研究》中注意到了"中央亚细亚沙漠的东端,匈奴一直压制着中国。在这带状草原的西端,萨尔马提亚人越过顿河,占据了喀尔巴阡山脉的西部"。亨廷顿在《文明的冲突》中对此的解释是草原干燥期与饥饿是导致这些游牧部落入侵的原因。但是,日本的内田吟风则在考察了西汉到东汉数十次匈奴南侵的案例后,认为这些侵袭活动没有一次是因为饥饿或灾害引起的。他在《古代游牧民族入侵农耕国家的原因——以匈奴史为例的考察》一文中,列举了十一种入侵的原因,其中以争夺资源和征服为主,我们可以将其总结为一种"征服—获利"驱动的模式。这个说法虽然比传统的"灾害—饥饿"驱动模式更进了一

序 二

步,但依然没有根本解决这个问题。从游牧社会的历史演进来看,"征服—获利"是结果,不是动因。征服当然能够带来利益,获利当然具有某种动力。但是为什么还有那么多游牧部落从未走上这条道路,什么因素驱使它走上征服的道路? 但从征服欲等观念方面也无法进行有效解释。

经典作家对这些问题都没有进行过研究与解释。马克思曾经论说:"游牧,总而言之流动,是生存方式的最初形式,部落不是定居在固定地方,而是在哪里找到草场就在哪里放牧……所以,部落共同体,即天然的共同体,并不是共同占有(暂时的)和利用土地的结果,而是其前提。"[①]从非洲、中东到东亚地区的游牧族群来看,共同体并不是天然形成的,有些地方甚至并不存在共同体型社会组织。这些论说都无法回答上述问题。

因此,有关游牧社会组织与游牧经济形态的研究,依然遗留着巨大的研究空间。我希望崔思朋博士在今后的研究中,能够进一步深入这些领域,去探索历史深处的奥秘。

鱼宏亮
2022 年 12 月 20 日
于中国社会科学院中国历史研究院

[①] 《马克思恩格斯全集》第46卷上册,人民出版社1979年版,第472页。

目　录

导论　选题背景及研究价值 …………………………………………（1）

上编　游牧生产方式溯源及发展阶段

第一章　游牧生产方式之起源探析 ……………………………（51）
　　第一节　游牧生产方式出现的自然前提 ………………………（52）
　　第二节　游牧生产方式出现的社会前提 ………………………（62）

第二章　秦汉至宋元时期游牧生产方式的发展变迁 ……………（73）
　　第一节　秦汉时期：游牧生产方式的初步发展及奠定阶段……（75）
　　第二节　魏晋南北朝时期：游牧生产方式初次繁荣阶段………（84）
　　第三节　隋唐时期：游牧生产方式曲折发展阶段………………（90）
　　第四节　两宋时期：游牧生产方式的恢复与再度发展阶段……（98）
　　第五节　元朝时期：游牧生产方式的繁荣与鼎盛阶段 ………（104）

第三章　明清以来游牧生产方式的衰落及变迁 …………………（119）
　　第一节　明清以来游牧生产方式衰落及变迁表现 ……………（119）
　　第二节　明清以来游牧生产方式衰落及变迁成因 ……………（142）

中编　游牧生产方式之生态价值

第四章　游牧生产方式对草原土地资源的生态利用 ……………（175）
　　第一节　游牧民族土地利用方式的解读 ………………………（176）

目录

  第二节 游牧民族土地利用方式的生态价值……………………（185）
  第三节 生态土地观念指导下的生态生存空间…………………（190）

第五章 游牧生产方式的生态维度解读………………………（200）
  第一节 游牧生产方式的历史传统………………………………（200）
  第二节 游牧生产方式的长期存在………………………………（209）
  第三节 游牧生产方式的生态审视………………………………（220）
  本章小结………………………………………………………………（236）

第六章 游牧生产方式的生态哲学智慧………………………（238）
  第一节 遵循自然：游牧生产方式的前提基础…………………（238）
  第二节 能动功能：游牧生产方式的动力源泉…………………（245）
  第三节 顺势而为：游牧生产方式的终极趣旨…………………（255）

下编 游牧生产方式之生态启示

第七章 游牧生产方式对土地资源的合理利用及启示………（265）
  第一节 游牧民族生态土地利用方式何以出现………………（266）
  第二节 对比维度下游牧民族土地利用的生态性……………（272）
  第三节 游牧民族土地利用方式的生态启示…………………（288）

第八章 从生态环境史看游牧生产方式及其生态平衡向度……（295）
  第一节 适应自然：游牧生产方式的生态诉求…………………（295）
  第二节 合理利用：游牧生产方式的生态功能…………………（300）
  第三节 游牧生产方式对历史时期草原自然环境影响考察……（307）
  第四节 格局构建：游牧生产方式的生态空间…………………（316）

第九章 游牧生产方式对草原环境的合理利用及启示………（335）
  第一节 生态价值：游牧生产方式的生态思考…………………（335）
  第二节 时代借鉴：游牧生产方式利用的历史经验……………（343）

结语　发扬游牧生产方式的生态价值,追求人与草原
　　　和谐发展之路 …………………………………………（356）

附　件 ……………………………………………………………（384）

参考文献 …………………………………………………………（397）

后　记 ……………………………………………………………（422）

导论　选题背景及研究价值

草原自然环境是地球上的重要陆地生态构成区域类型之一，分布于南北半球温带与热带之间的广阔区域，其自然环境优劣对全球生态环境安全维护及人类社会生存发展均具有重要影响。中国境内的内蒙古及临近地区草原、蒙古国草原与俄罗斯草原等同属于欧亚大陆草原带[1]，中国的内蒙古草原（历史上也包括蒙古国草原）是历史上北方诸游牧民族游牧生产与生活活动的主要分布地区，更是草原文化缔造者及发展者（诸如"蒙古族"等游牧民族）的生存延续之地。置于全球范围内，草原自然环境占据着地球陆地面积相当大的一部分，草原自然环境更是地球上的重要生态屏障，草原当时也是"具有重要的生态价值、社会价值和社会价值的战略资源"，堪称是地球之"皮肤"和人类未来之"粮库"。[2] 因此，对草原自然环境的维护及对已出现环境问题的草原进行治理是极为迫切的，同时也是极为必要的。

自地质时代以来，随着欧亚大陆草原带内草原自然环境及气候条件的逐渐形成，农业逐渐让位于畜牧业，出现了以"游而牧之"为主要生产方式的诸草原游牧民族。"游而牧之"是历史时期包括内蒙古草原在内诸游牧民族的经典生产方式，同时也是游牧民族在长期生产和生活活动中根据草原自然环境状况、承载能力及季节气候变化等相关自然要素做出的合理选择。"游而牧之"的生产方式之所以成为可能，正是游牧草原宽广辽阔

---

[1] 欧亚草原带是世界上最宽广的一个草原地带，横亘于欧亚大陆的中纬度地带，欧亚草原带的草原植被自欧洲多瑙河下游起，向东逐渐延伸，经罗马尼亚、乌克兰、俄罗斯、哈萨克斯坦、土库曼斯坦、乌兹别克斯坦、蒙古国等国家和地区后进入中国，东西绵延近110个经度，构成了世界草原的主体。（参见张立中主编《中国草原畜牧业发展模式研究》，中国农业出版社2004年版，第62页）。通过孢粉实验分析，欧亚草原带在中新世时就已经初步形成了今日的草原植被类型，在第四纪以后，欧亚大陆草原面积逐步扩大，至晚更新世（距今约10万年前）时，接近于今日地貌景观类型的欧亚草原带业已基本形成。

[2] 刘晓莉：《中国草原保护法律制度研究》，人民出版社2015年版，"前言"第1页。

的自然生态空间、丰富独特的自然生物资源、适宜驯养的自然野生动物以及人（游牧民族）对草原自然环境与动物习性规律的掌握等奠定了"游而牧之"生产方式（以下均简称为"游牧生产方式"）的自然及社会前提，游牧生产方式是历史时期生活在内蒙古草原上诸游牧民族基于自然选择原理基础之上的文化选择，也是不断适应草原地区恶劣的自然环境、复杂多变的气候条件、种类多样的牲畜繁育习性等做出的精当合适之举，更是不断应对草原自然灾害侵袭、人与草原自然环境之间逐渐相互适应的精致选择、精准组合和精当创造。

纵观内蒙古草原环境变迁之发展历史可以发现，草原诸游牧民族游牧生产方式的选择，以及建立在此生产方式基础上的生活方式与生存状态及其影响下的草原自然环境始终没有出现过太严重的生态破坏及环境问题，部分草原地区的环境破坏也多是由于人类不合理的开发（尤其是开垦土地及大兴土木兴建村镇聚落）所导致的。我们不能否认农业及工业文明的出现是人类社会的发展进步，且自然环境始终是处于永不停息的发展变迁过程中，自然环境的变迁既受到自然诸因素的影响，同时也受到人类社会几近决定性的重要影响，人为影响下的环境变迁虽时常导致环境向恶化的方向发展，但我们不能就此完全否定人类对自然环境的开发利用。人类不断发展变迁着的文明也是人类对自然环境开发利用进步的体现，如果我们单纯地以人对自然环境有害的开发利用而全盘否定人类对自然环境的开发利用行为，这也一定程度上否定了人存在的合理性，因为无论是人或是其他生物的生存延续，均是取诸物于自然，也即在自然环境中获取自身生存所需的给养，只不过是作用的形式和对自然环境的影响程度各不相同而已。

换言之，以内蒙古草原为例，史前时期内蒙古地区曾广泛分布着发达的原始农业，但随着地势抬升及气候波动等自然因素的影响，农业逐渐让位于畜牧业，这也体现出自然因素波动对环境变迁的重要影响。但内蒙古地区从较温暖湿润自然环境向干旱寒冷自然环境的过渡，也导致当地由较富饶的森林（或是森林草原）自然环境向较贫瘠的草原自然环境过渡，这与人为将草原自然环境改造利用并导致出现沙化的效果几乎是相同的。因此，我们不能一味地否定人对自然环境的开发利用是对或是错，倘若没有人为主动地适应内蒙古地区由暖湿自然环境向干旱寒冷草原自然环境方向的变迁而由农改牧或农牧业兼营，那么当地或许也会出现因农业生产无法维系而导致这一地区人类文明的消退。

值得注意的是，内蒙古草原因气候向干旱寒冷方向的波动而导致当地农业逐渐让位于畜牧业，但纵观历史时期游牧经济影响下内蒙古草原自然环境存在及发展变迁情况也可以发现，单纯以游牧经济为主导时期的环境破坏是较微弱的，即使出现了环境问题，但在游牧经济的影响下，环境问题的恢复周期也比较短，且是无须过度人为干预的。当地自然环境向恶化的方向变迁，也多是因人为将草原自然环境改造利用或灾后人为不合理利用等所导致。由此可见，以游牧生产方式为基础的游牧经济有效地维护了历史时期内蒙古草原上各游牧民族生存发展与草原自然生态环境系统之间的动态平衡，也由此而更加凸显其厚重的生态文明生存智慧与生态哲学发展理念，其生态价值对于当前我国及内蒙古地区草原生态环境问题治理及生态文明建设等具有重要的指导意义与经验借鉴，值得深入发掘并吸收借鉴。

一 研究背景

时至今日，环境问题日渐成为影响甚至是制约整个中华民族生存与发展的关键所在，置于全球范围内，环境问题也日渐成为人类社会生存与发展的最大威胁之一。在此时代背景的影响下，人们开始反思人与自然环境之间的关系，开始探索环境保护与环境问题治理的有效途径，历史学科无法置身事外，也应积极参与其中，以自己的方式表达其对环境问题的高度关注。内蒙古草原作为我国北方的重要生态屏障及草原文化的主要发源地，其自然环境的优劣也直接关乎到整个国家的生存延续与长远发展。纵观内蒙古草原自然环境的发展变迁历史可以发现，其生态环境问题集中出现于明清以来，尤其是清代以来向内蒙古地区大规模的移民及土地放垦与其他方式的土地开发利用，直接导致当地自然环境遭到颠覆性的开发利用，且多是人为将不能满足农业生产的草原地区进行改造利用或是强行在草原上进行开发建设，这在内蒙古草原的大部分地区均有不同程度表现。且近代以来持续了对内蒙古地区草原自然环境的非合理性开发利用，更进一步加剧了当地环境问题的出现。

人为对草原自然环境的开发利用及所导致的严重环境问题也表明当地自然环境的开发利用需要立足于本地区自然环境及气候条件的特殊性，这是须臾不可偏离也是不可忽视的基本环节，这也体现出历史时期内蒙古草原上各游牧民族所采用的游牧生产方式对草原自然环境开发与利用的合理性，更加彰显出游牧民族选择并长期坚持利用游牧生产方式对草原自然环境开发利用的生态价值，这是本书研究的出发点及努力探索的基本问题。

此外，明清以来对内蒙古草原的开发利用过程中，环境问题频繁出现，虽然对人类社会的生存发展带来一定不利影响，但人类社会的发展进步也提高了其自身对自然环境的适应性与开发利用水平，也即在发展中寻求人与草原自然环境之间的动态平衡，环境问题的治理也出现了诸多新的方法与指导思想。以今日之视角来看，我们重新思考历史时期内蒙古草原上诸游牧民族游牧生产方式的生态价值，但并非是要倡导人类追求恢复复古的生产方式作为当下环境保护与环境问题治理的途径，不是倡导在草原上回归"天苍苍，野茫茫"的草原牧歌式的游牧生活，而是吸收与借鉴历史时期游牧生产方式的有益价值，结合当下内蒙古地区自然环境与社会的具体情况，以期更好地为当地草原环境保护、环境问题治理及生态文明建设等提供有益的经验借鉴。

（一）全球范围内草原环境危机及对人类生存发展的影响

马克思、恩格斯曾指出："人本身是自然界的产物，是在自己所处的环境中并且和这个环境一起发展的。"[1] 这段话精辟地揭示出了人与自然环境之间的深层内在联系，也由此可知，人对自然环境的各项活动是为了满足人类生存与发展所需而进行的，这也是人类社会生存延续的自然前提，但人类的各项行为同时也对自然环境产生了或好或坏的影响，进而导致自然环境发生或好或坏的变化，而自然环境的变化又终将作用到人的身上。因此，人与自然环境之间的相互作用及影响也是关乎人类生存与自然环境永续发展的关键环节。时至今日，全球范围内的各草原自然环境区都曾不同程度的出现过环境问题，有些环境问题甚至是致命性的，这也直接影响或决定了当地人类社会能否生存发展。[2] 环境问题的出现及长期存在具有

---

[1] 《马克思恩格斯选集》第3卷，中共中央马克思恩格斯列宁斯大林著作编译局编译，人民出版社1995年版，第374页。

[2] 人类文明的兴衰存亡与自然环境之优劣密不可分。良好的自然环境是人类文明出现和发展的必要依托，而环境的恶化也是导致人类文明走向衰落甚至是走向灭亡的直接催化剂。如古代四大文明古国多是发端于自然环境优渥的大河流域。如中华文明是围绕着长江、黄河流域发展起来的，两条大河的流经为农业生产带来了便利水源，此地区的良好气候也为农耕文明的出现和发展奠定了自然基础。而环境恶化对于人类文明消退的影响最具代表性的则是"苏美尔文化"的消失，苏美尔人是古代两河流域重要的古文明缔造者，然而却过早的退出了历史舞台，"两河流域古文明"灭亡的原因是很复杂的，一方面是受到了外部新兴的希腊文明、伊斯兰文明的冲击；另一方面则是因为过度的农业开发而导致生态环境破坏的影响，而生态环境破坏对"两河流域古文明"灭亡的影响更为直接。1982年，美国亚述学家雅各布森《古代的盐化地和灌溉农业》一书中对两河流域南部的苏美尔地区的灌溉农业与土地盐化之间的关系做了分析，认为苏美尔人过早的退出历史舞台的根由正在于此。

全球性的影响，草原环境问题的出现不仅会对生存于草原地区的人类社会造成危害，也将影响到更广阔区域内人类社会的生存与发展。

1. 全球范围内草原自然环境的地位及其生态危机

置于全球范围而言，草原是地球上的重要生态区域类型之一，在各大洲陆地上均有广泛分布，具有全球性分布特征。根据张立中在21世纪初的统计："全球草原总面积约67.57亿公顷，占陆地总面积的50%。这里所述的草原是指以草本植物为主体的植被类型，也包括一些可作为放牧利用的灌木地和疏林地。目前，全球最为完整的统计是由联合国粮农组织（FAO）按照放牧地原则计算的。据估计全球67.57亿公顷草原，其中，永久放牧地面积32.11亿公顷、疏林草原17.70亿公顷、其他草原17.76公顷。世界范围内，大洋洲约72%的土地是草原，绝大多数为干旱和半干旱土地；美洲约一半的土地为草原，有肥沃的没过普列利群落和阿根廷的潘帕斯群落，也有荒漠和疏林地；欧洲的草原面积约占土地总面积的1/3强，主要由永久牧地和疏林、湿润的草原构成；亚洲的土地面积中约有48%为草原，其中绝大多数为宽阔的干草原、山地草原和荒漠（具体各大洲草原分布情况参见表0-1所整理）。"根据草原的组成特点和地理分布又可以将全球天然草原分为"温带草原和热带草原。温带草原分布在南北两半球的中纬度地带，如欧亚大陆草原、北美大陆草原、南美草原等……热带草原分布在低纬度地区，如非洲、大洋洲、南美洲以及东南亚的热带半干旱地区。热带草原类型多样，生产力差异大，是与温带差异相对应的一类天然草原"。[①] 根据联合国粮农组织（FAO）1998年的统计资料显示，"世界上11%的土地是耕地，25%是永久草地，29%是森林或林地，35%是沙漠、永久冻土、高山、大城市或工业用地"；"如果把所有能用作家畜放牧的土地资源都算作草地，则草地占世界土地面积的50%。如果将所有未经培育，但是有潜在家畜放牧能力的土地都考虑进去，则草地占世界土

---

① 张立中主编：《中国草原畜牧业发展模式研究》，中国农业出版社2004年版，第61—62页。根据作者在书中的统计，"世界上拥有永久草原达1千万公顷以上的国家共42个，其中非洲19个国家，南美洲9个国家，亚洲5个国家，欧洲4个国家，北美洲和大洋洲各2个国家，中美洲1个国家。全世界有7个国家永久草原达1亿公顷以上，按照草原面积排序：澳大利亚、苏联、中国、美国、巴西、阿根廷、蒙古。由于苏联解体，现在独联体各国草原面积暂不清楚，但各独联体国家草原面积必然小于苏联的草原面积；再者中国通过20世纪80年代全国草原资源调查获得草原面积新的可靠数据，拥有3.9亿多公顷，超过苏联（3.73亿公顷）为世界第二大草原资源国家"。

地面积的70%"。因而在"世界各大洲中，草地都是主要的土地利用形式"。① 此二者统计数据及结论有所偏颇，但相差不多，但无论是以哪一数据为准，透过以上两组数据均可以看出，草原占到地球陆地表面积的比重几近1/3，且略有超出。

表0-1　　　　　21世纪初世界草原资源分布情况　　　　单位：亿公顷，%

地区	永久牧地	疏林草原和其他草原	草原总面积	占土地面积
北美洲	2.74	6.44	9.18	50
欧洲	0.83	0.69	1.52	32
苏联	3.72	4.80	8.52	38
中美洲	0.94	0.50	1.44	38
南美洲	4.78	3.67	8.45	48
非洲	7.93	11.55	19.48	66
亚洲	6.78	6.15	12.93	48
大洋洲	4.39	1.66	6.05	72
全球	32.11	35.46	67.57	50

资料来源：《FAO生产年鉴》1989年第43期，罗马。The World Resources Institute and the International Institure for Environment and Development，中国科学院自然资源综合考察委员会译，世界资源（1988—1989），计算方法据《世界资源（1988—1989）》。转引自张立中主编《中国草原畜牧业发展模式研究》，中国农业出版社2004年版，第61—62页。

就世界范围内的草原分布地域及各国拥有草原面积而言，卞耀武指出："我国是草原资源大国，天然草原3.93亿公顷，约占国土总面积的41.7%，仅次于澳大利亚，居世界第二位；但人均占有草原只有0.33公顷，仅为世界平均水平的一半（全世界有永久性草原面积约31.58亿公顷，人均占有草原0.64公顷）。我国草原主要分布于北方干旱区和青藏高原，主要在内蒙古、新疆、西藏、青海、四川、甘肃、云南、宁夏等省区。"② 而陈洁等则指出：中国草原面积（3919452平方千米，草原地区占

---

① 戎郁萍、赵萌莉、韩国栋等编著：《草地资源可持续利用原理与技术》，化学工业出版社2004年版，第6—7页。
② 卞耀武主编：《中华人民共和国草原法释义》，法律出版社2004年版，第1—2页。作者进一步指出：我国草原大都在边疆和少数民族地区，草原畜牧业是广大农牧民基本生产方式和重要生活内容，草原生态保护和建设工作，不仅关系到这些地区少数民族人们生产生活水平的改善和经济的发展，更是直接关系到这些地区的民族团结和社会稳定等。

国土总面积42.0%）是次于澳大利亚（6576417平方千米，草原地区占国土总面积85.4%）、俄罗斯联邦（6256518平方千米，草原地区占国土面积37.1%）的世界第三大草原国家。① 由于传统排序中多不将俄罗斯统计在内，因此通常说中国是世界上第二大草原国家。就我国草原面积及相关统计数据而言，韩俊等指出：中国作为草原大国，拥有各类天然草原总面积约4亿公顷，其中可利用草原面积约3.13亿公顷，草原面积仅次于澳大利亚，居世界第二位，约占全球陆地面积的13%，占国土面积的41.7%（其中可利用草地占国土面积的32.64%），是耕地面积的3.2倍，是森林面积的2.5倍，在中国农田、森林和草原等绿色植被生态系统中占到63%左右，是中国面积最大的陆地生态系统，也是中国主要的生态系统类型之一。我国草原可划分为18个大类、53个组、824个草原类型。②

表0-2　　　　根据草原面积进行的世界各国草原排序统计

国别	地区	总面积（平方千米）	草原总面积（平方千米）	草原地区所占比例（%）
澳大利亚	大洋洲	7704716	6576417	85.4
俄罗斯联邦	欧洲	16851600	6256518	37.1
中国	亚洲	9336856	3919452	42.0
美国	北美洲	9453224	3384086	35.8
加拿大	北美洲	9908913	3167559	32.0
哈萨克斯坦	亚洲	2715317	1670581	61.5
巴西	南美洲	8506268	1528305	18.0
阿根廷	南美洲	2781237	1462884	52.6
蒙古	亚洲	1558853	1307746	83.9
苏丹	次撒哈拉非洲	2490706	1292163	51.9
安哥拉	次撒哈拉非洲	1252365	1000087	79.9
墨西哥	中美洲和加勒比	1962065	944751	48.2
南非	次撒哈拉非洲	1223084	898712	73.5
埃塞俄比亚	次撒哈拉非洲	1132213	824795	72.8
刚果	次撒哈拉非洲	2336888	807310	34.5
伊朗	中东和北非	1624255	748429	46.1
尼日利亚	次撒哈拉非洲	912351	700158	76.7

---

① 陈洁、罗丹等：《中国草原生态治理调查》，上海远东出版社2009年版，第226页。
② 韩俊等编著：《中国草原生态问题调查》，上海远东出版社2011年版，第3页。

续表

国别	地区	总面积（平方千米）	草原总面积（平方千米）	草原地区所占比例（%）
纳米比亚	次撒哈拉非洲	825606	665697	80.6
坦桑尼亚	次撒哈拉非洲	945226	658563	69.7
莫桑比克	次撒哈拉非洲	788938	643632	81.6
乍得	次撒哈拉非洲	1167685	632071	54.1
马里	次撒哈拉非洲	1256296	567140	45.1
中非共和国	次撒哈拉非洲	621192	554103	89.2
索马里	次撒哈拉非洲	639004	553963	86.7
印度	亚洲	3090846	535441	17.3
赞比亚	次撒哈拉非洲	754676	526843	69.8
博茨瓦纳	次撒哈拉非洲	579948	508920	87.8
沙特阿拉伯	中东和北非	1958974	502935	25.7

资料来源：包括所有超过50万平方千米草原的国家；亚洲不包括中东，数据来源于FAO。转引自陈洁、罗丹等《中国草原生态治理调查》，上海远东出版社2009年版，第226页。

　　草原是地球陆地的主要生态区域类型之一，草原自然环境的维护与否及对已出现环境问题的草原进行治理，对实现地球自然环境的维护与人类社会的可持续发展至为关键。然而近代工业革命以来，人类凭借高速发展的科学技术与突飞猛进的现代化设备加速了对地球自然环境的开发利用步伐，地球上的各个角落都不同程度地出现了人类活动的痕迹。随着人类社会生产力水平的不断提高，对自然环境的活动范围及影响程度都在逐渐深入，地球上的各自然环境区也不同程度地发生了新的变化，且多是向着恶化的方向发展。就草原生态区而言，全球几大草原区都不同程度地出现了草原退化、沙漠化现象，这也日益影响到人类社会的生存与自然环境的可持续发展，草原环境保护及环境问题治理也日益引起人们的关注。

　　就人与草原自然环境之间的关系而言，在人与草原自然环境的相互作用过程中，由于人类的不合理开发活动，导致当下草原自然生态问题不仅成为我国的问题，也成为世界性问题。人类对自然环境征服与改造活动加剧的同时，自然环境也毫不留情地对人类的破坏行为进行了报复，人类也逐渐意识到开展对自然环境保护和对已破坏自然环境修复的行动的必要性和紧迫性。就世界范围内草原自然环境保护而言,一些草原大国与发达资本主义国家已经做了大量工作,同时也取得了一些积极有效的实际效果并积累了一定经验,然而一些发展中国家的草原环境问题仍很严峻,对国家发展及民众生存等都有极为深远的不利影响,不容忽视。

在欧亚大陆草原带内,尤以中国的内蒙古草原与蒙古国草原自然环境退化及沙化情况最为严重,且多是受到人为因素的影响而出现的。但无论是就本国或本区域,抑或是放置于全球而言,此地区的草原自然环境保护与否都势必将要影响到全球生态环境安全与人类社会的可持续发展。中国的草原不仅在本国自然环境中占有重要位置,同时也是全球生态安全、人与自然环境可持续发展的重要保障。据统计,全球草地面积约占陆地总面积的20%左右,总面积达32亿hm^2,是耕地面积的两倍。世界各大洲拥有草原面积分别为(依面积顺序):非洲草原面积8亿hm^2、亚洲草原面积5.5亿hm^2、大洋洲草原面积4.7亿hm^2、拉丁美洲草原面积4.5亿hm^2、北美及中美洲草原面积4.7亿hm^2。至21世纪初,全球范围内的各大草原区域中,轻度退化到中度退化的草原几乎占到了草原总面积的一半以上,严重退化草原占到草原总面积的5%左右。[①] 时至今日,全球范围内的草原环境问题虽已得到一定治理,但整体情况仍不乐观,尤其是以蒙古国、中国等发展中国家的草原环境问题最为突出,治理效果相对一般,直接影响到本国的生存发展,同时也威胁到本地区及更广阔区域内的环境及社会安定。

2. 世界各草原国家对草原自然环境问题治理的探索

世界范围内的草原环境问题由来已久,几乎是伴随着人类发明农业以后开垦自然环境的步伐而始终存在的。尤其是进入工业文明时代,环境问题更加突出。工业文明最早发端于西欧地区,至今已三百多载,人类社会生产力飞速发展与空前提高。工业文明极大的提升了人类社会的生产力水平,提高了人们认识自然、认识世界的程度,加强了全球范围内的联系。然而在享受工业文明所带来的这些利益时,工业文明的负面效应也不以人的意愿而出现了,最为直接且最为严峻的负面效应即是导致了严峻的生态环境问题。尤其是进入20世纪以后,工业文明的发展飞速进步,人类社会的生产力水平空前提高,人类改造自然的能力也不断增强,造成的环境

[①] 盖志毅:《草原生态经济系统可持续发展研究》,中国林业出版社2007年版,第42—43页。

问题也最为突出。① 就草原自然环境的保护及环境问题治理而言，世界范围内的部分主要草原大国及发达资本主义国家自 20 世纪以来做了较多有益探索，尤以澳大利亚、美国及与中国邻近的蒙古国最具代表性。

世界草原面积最大的国家——澳大利亚，自 1901 年开始在新南威尔士州推行《西部土地法案》，但此法案至 2009 年才补充完整，是历时百年方才修补完善的一部草原环境保护与草原环境问题治理的法律。《西部土地法案》将该州的自然保护区划分为 A 级与商业级两大类。其中，A 级自然环境保护区一旦确定后，除公共设施外，禁止任何行为的开发利用草原。澳大利亚政府对草原的开发利用还规定如下：草原为政府所有，牧场主须得从政府租借草场用以放牧，租借期限分别为 21 年、42 年与 99 年不等，租借人不允许超载放牧，严格控制放牧的强度，一旦超出规定，政府则有权收回出租之草场。② 由此可见，澳大利亚对草原自然环境维护及环境问题治理的高度重视并为此制定严格的法律规定，这对中国草原自然环境维护及已破坏自然环境问题治理有重要借鉴意义。

再如发达的资本主义国家——美国，美国草原面积约 3.38 亿公顷，其中永久性草原面积占 2.4 亿公顷，草原中又有 40% 为国家直接占有。③ 作为世界性草原大国，美国也极为重视对草原的保护，如在法律中的相关规定：在天然牧场上，基本上不允许放牧，近半数的草原是作为休闲用地使用的。此外，美国自 20 世纪三四十年代便出台了一系列法律用以保护草原及开展环境问题治理。具体如：《泰勒放牧法案》（1934 年）、《水土保持法》（1935 年）、《国家环境政策法》（1969 年）、《联邦土地政策和管理法》（1976 年）、《公共草原改良法》（1978 年）、《草地革新法》（1995

---

① 工业文明对地球生态环境破坏的一个重要方面体现在资源的过度开发即由此而引发的一系列相关问题上。如"森林资源"，森林是地球上重要的生态区域，发挥着涵养水源、净化大气、保持水土、调节气候、减低噪音、保护农田、防止土壤侵蚀等生态功能，对环境具有十分重要的影响。工业文明时代是地球上森林资源被大规模毁灭的时期，在古代农业文明时期，虽然也存在着毁林开荒及伐木等其他形式的森林破坏活动，在当时生产力水平较低、开发范围较小且分散的情况下，对环境的破坏性影响并不显著，然而到了工业文明时代，全球范围内的森林资源破坏出现了，对生态环境的破坏性更为显著。参见毛芳芳主编《森林环境》，中国林业出版社 2015 年版，第 8 页。

② 斯庆图：《西部牧区草原生态保护的法制问题研究——以内蒙古牧区草原生态保护为例》，硕士学位论文，西北民族大学，2008 年，第 28 页。

③ 贾慎修、贾志海：《美国草地资源的开发和治理》，载贾慎修《贾慎修文集》，中国农业大学出版社 2002 年版，第 77—87 页。

年)、《露天采矿管理与(环境)修复法》(1977年)等。① 此一系列法律法规建设也体现出美国对草原自然环境保护及草原环境问题治理的高度重视,也是中国草原自然环境保护与草原环境问题治理过程中值得借鉴的。

此外,与中国草原的主要分布区之一的内蒙古草原紧密相连的蒙古国草原也同属于欧亚大陆草原的亚洲草原带(也即"亚洲中部的一个亚区"),但是随着近些年来蒙古国草原环境问题的逐渐加剧,且日渐影响到民众的生存发展,蒙古国在草原环境保护方面进行了一些有益探索。据统计,蒙古国近年来的草原退化面积占总草原面积的几近50%,从事畜牧业的人数也将近其总人口的半数。② 草原无疑可以确定是蒙古国人民维持生存最基本的自然载体,蒙古国草原自然环境对本国民众之生存发展的影响甚为关键,对草原环境的保护与草原环境问题治理,也是近几十年来蒙古国迫在眉睫的必然举措。对此,《蒙古人民共和国宪法》中有专门规定:"该地(草原)的使用如果与人民的健康、自然环境的保护和国家的安全利益相违背,国家可以没收";"保护自然是每个公民的任务"。但是受到各方因素尤其国家整体发展水平相对滞后的影响,蒙古国的草原环境问题治理成效并不十分显著,因此,草原环境保护及环境问题治理仍有待进一步深入开展。

就我国而言,自1979年《中华人民共和国环境保护法》颁布后,规定了保护和发展牧草资源,积极规划和进行草原建设,合理放牧,保护和改善草原的再生产能力,防止草原退化,严禁乱垦草原,防止草原发生火灾,等等。此后修订的《中华人民共和国宪法》(1982年)及专门的《中华人民共和国草原法》(1985年、2003年)都对草原自然环境保护及草原环境问题治理作出了相应规定,这也为我国草原环境保护及环境问题治理提供了必要的法律依据。刘晓莉曾对此法律建设历程及《中华人民共和国草原法》(1985年)颁行之后地方性草原环境保护法建设及发展阶段作了详细的梳理,详见"附表一"所转录内容,在此不做赘述。但也有一点是

---

① 刘晓莉:《中国草原保护法律制度研究》,人民出版社2015年版,第153—155页。作者在书中进一步就美国有关草原资源管理实践划分为三个阶段:第一阶段为1930年以前,属于掠夺式开发阶段;第二阶段为1930年至1980年之间,为治理与改良阶段;第三阶段为20世纪80年代以后,属于可持续管理阶段(参见该书第153页)。

② 郭学斌:《蒙古草原现状及生态环境保护——蒙古草原生态环境调研》,《山西林业科技》2005年第1期。

值得注意的，那就是中国作为一个草原大国，拥有4亿公顷的天然草地，有将近79.83%为牧区草原，然而中华人民共和国成立以来各个地区的草原遭到的破坏较之任何历史时期都更为严重，并且作为这样一个草原大国，对草原自然环境的保护及草原环境问题治理的法律建设，都是比较晚的，直到20世纪80年代中期才明确制定出《中华人民共和国草原法》，然而，在此之后的草原法律建设及草原环境问题治理的道路上也是在曲折发展中逐渐走向完善，且时至今日仍在不断改进的过程中。

（二）中国及内蒙古草原的严峻生态环境问题

就中国而言，各地区的环境问题错综复杂环境问题的表现形式也多种多样，自然环境破坏的一个典型体现便是土地荒漠化的出现。就土地荒漠化而言，进入21世纪以来，我国的荒漠化土地面积多达262.2万平方千米，几近国土面积的三分之一。据估算，假使荒漠化土地不再扩大，若以1990年提出每年治理8万公顷荒漠化土地的速度，需要3275年才能完成，而以"八五"期间提出的每年以107万公顷的治理速度，也需要244年的时间。即使治理水分条件好的半干旱和半湿润地区的荒漠化土地，也分别需要1587年和113年。[①] 环境问题能否有效治理，直接关系到整个国家及中华民族的生存发展，这是一个不可规避的客观现实，同样也是摆在眼前的一个十分迫切需要解决的重大问题。但也由此可见，我国的土地荒漠化及环境问题治理，是一项长期而且艰巨的任务，是不可一蹴而就的。同时，几近领土面积1/3的荒漠化土地也给民众的生存和发展带来了严峻挑战，其对中国人民带来的灾难自不待言。更为重要的是，由于自然环境破坏而导致各类灾害的发生及造成的生命财产损失，更是影响到中国的发展及整个中华民族的生存延续。因此，环境问题是当前我国亟待解决的关键问题之一。就内蒙古地区而言，草原环境问题是整个内蒙古地区环境问题的核心与关键所在，内蒙古草原作为我国北方的重要生态屏障也对全国的生态安全维护有着至为关键的影响。因此，内蒙古草原环境问题解决与否及如何解决，是影响当地人类社会及我国长远发展的关键制约因素之一，甚至是具有决定性影响的制约因素。

我国草原地区的环境问题十分严峻。草原是中国土地的主要类型区之

[①] 包庆德：《清代内蒙古地区灾荒研究》，人民出版社2015年版，第8—9页。

一，置于全球背景之下，中国也是世界上第二大草原国家。草原面积近3.93亿公顷，占中国土地面积的41.7%，几近半壁江山。[①] 此外，草原自然环境也是中国最大的陆地生态系统。中国的草原分布范围十分广泛，从大兴安岭起向西南经阴山、秦陇山地直到青藏高原的东麓，将中国分为西北和东南两大区域，西北是天然草原的集中分布区，以山地、高原为主。可将中国的草原粗略划分为六大草原牧区，依据各牧区之面积大小，分别为：西藏牧区（8205万公顷）、内蒙古牧区（7880万公顷）、新疆牧区（5726万公顷）、青海牧区（3637万公顷）、四川牧区（2254万公顷）、甘肃牧区（1790万公顷）等六个牧区。[②] 而在这六大草原牧区中，内蒙古牧区的草原面积位列第二，但是由于西藏牧区的特殊地理位置和气候条件等影响了畜牧业的发展，内蒙古牧区草原的经济价值、生态价值等更加突出，是我国可利用草原面积最大的地区，居我国六大草原牧区之首。且内蒙古草原横亘于中国的北部边境，是我国畜牧业的重要生产基地，其生态价值及经济社会价值极为显著，这也更加凸显内蒙古草原自然环境保护及环境问题治理的自然及人文价值。

除以上六个主要牧区外，我国其他各省（自治区、直辖市）也多有草原分布，且种类多样。据统计，我国草原可划分为18个大类53个组824个草原类型。按照地域植被类型特征，可以概括划分为：草甸类、草原类、荒漠类、灌草丛类和沼泽类等五类。其中，草甸类草原面积最大，分布也最广，总面积可达1.06亿公顷，占全国草原总面积的26.9%；其次是温性草原类草原，总面积达7453.75万公顷，占全国草原总面积的18.98%；沼泽类草原面积最小，只有287万公顷，仅占全国草原总面积的0.73%。[③] 此外，全国各省（自治区、直辖市）的草原出现了不同程度的环境退化及沙化。根据刘晓莉统计，21世纪初期以内蒙古地区的退化草原面积最大，内蒙古及其他各省（自治区、直辖市）退化草原面积如表0-3统计。

[①] 刘晓莉：《中国草原保护法律制度研究》，人民出版社2015年版，"前言"第1页。
[②] 农业部草原监理中心编：《草原执法理论与实践》，中国农业出版社2010年版，第1页。
[③] 韩俊等编著：《中国草原生态问题调查》，上海远东出版社2011年版，第3—4页。

导论　选题背景及研究价值

表0-3　　　　21世纪初我国各省（区、市）草原退化情况

地区	天然草原面积（万公顷）	可利用天然草原面积（万公顷）	严重恶化草原面积（万公顷） 中度	严重恶化草原面积（万公顷） 重度	严重恶化草原面积（万公顷） 小计	严重恶化草原所占比例(%)	严重恶化比例排序	严重恶化面积排序
全国	39283.3	33099.5	11319.1	6221.8	17540.9	44.7		
内蒙古	7880.5	6359.1	3160.4	1512.7	4673.1	59.3	8	1
新疆	5725.9	4800.7	2318.3	1773.6	4091.9	71.5	5	2
甘肃	1790.4	1607.2	955.0	553.0	1508.0	84.2	2	3
西藏	8205.2	7084.7	770.0	630.0	1400.0	17.1	18	4
青海	3637.0	3153.1	1009.1	342.4	1351.5	37.2	11	5
四川	2253.9	1962.0	438.2	566.0	1004.2	44.6	10	6
云南	1530.8	1192.6	812.1	182.9	995.0	65.0	6	7
湖北	635.2	507.2	349.0	51.2	400.2	63.0	7	8
山西	455.2	455.2	254.9	109.3	364.2	80.0	3	9
河南	443.4	404.3	226.2	97.0	323.2	72.0	4	10
宁夏	301.4	262.6	235.1	47.9	283.0	93.9	1	11
广西	869.8	650.0	183.0	62.0	245.0	28.2	12	12
河北	471.2	408.5	178.8	37.9	216.7	46.0	9	13
黑龙江	753.2	608.2	142.0	68.0	210.0	27.9	13	14
陕西	520.6	434.9	51.8	88.2	140.0	26.9	15	15
贵州	428.7	376.0	85.7	32.5	118.2	27.6	14	16
重庆	0.0	0.0	72.5	24.5	97.0			17
辽宁	338.9	323.9	46.0	35.4	81.4	24.0	16	18
广东	326.6	267.7	6.7	1.3	8.0	2.4	22	19
山东	163.8	132.9	4.0	2.6	6.6	4.0	21	20
江苏	41.3	32.6	5.6	0.6	6.2	15.2	19	21
海南	95.0	84.3	4.6	0.0	4.6	4.9	20	22
安徽	166.3	148.5	0.7	0.3	1.0	0.6	23	23
福建	204.8	195.7	0.7	0.2	0.9	0.4	24	24
湖南	637.3	566.6	0.7	0.0	0.1		25	25
江西	444.2	384.8	0.0	0.0	0.0	0.0	26	26
浙江	317.0	207.5	0.0	0.0	0.0		27	27
北京	39.5	33.6	0.0	0.0	0.0	0.0	28	28

续表

地区	天然草原面积（万公顷）	可利用天然草原面积（万公顷）	严重恶化草原面积（万公顷）			严重恶化草原所占比例(%)	严重恶化比例排序	严重恶化面积排序
			中度	重度	小计			
天 津	14.7	13.5	0.0	0.0	0.0	0.0	29	29
上 海	7.3	3.7	0.0	0.0	0.0	0.0	30	30

资料来源：刘晓莉《中国草原保护法律制度研究》，人民出版社2015年版，第21—22页。

由表0-3统计数据可以看出，我国各省份均出现了不同程度的草原退化及沙化，这也体现出我国当前草原环境问题的严峻性及普遍性。在我国，草原的生态地位十分突出，以上所述我国六个主要牧区多位于西部干旱区，气候波动频繁、自然条件相对较差，草原自然环境更是容易受到自然及人口因素的影响。就草原生态系统本身而言，天然草原的植被根系致密，其根系在涵养水源、减少地表径流和保持水土流失等方面有重要作用。此外，我国的长江、黄河等大江大河多发源于西部高山草原地区，且其上游多流经草原区。因此，草原自然环境的维护对保护大江大河的质量、数量及涵养水源等都是至为关键的。

再如包括内蒙古草原在内的整个西北地区草原沙化状况，据21世纪初统计，西北数省草原都出现了不同程度的沙化现象，尤其是以内蒙古地区的草原沙化与荒漠化最为严重，具体数据如表0-4所整理。

表0-4　　　　西北各省草地面积和荒漠化土地面积统计　　　　（单位：万公顷）

省（区）	土地总面积	天然草原	风蚀荒漠化土地	潜在荒漠化土地
新 疆	165.09	57.26（34.7%）	67.47（40.1%）	142.90（86.6%）
西 藏	120.48	82.05（68.1%）	11.30（9.4%）	51.62（42.9%）
内蒙古	114.53	78.81（68.8%）	55.02（48.0%）	70.11（61.2%）
青 海	70.82	36.37（51.4%）	8.27（11.6%）	23.84（33.7%）
甘 肃	42.56	17.90（42.1%）	15.29（35.9%）	23.00（54.0%）
宁 夏	5.18	3.01（58.1%）	1.34（25.9%）	3.94（76.1%）

续表

省（区）	土地总面积	天然草原	风蚀荒漠化土地	潜在荒漠化土地
合 计	518.66	275.40（53.1%）	158.68（30.1%）	315.41（60.8%）
占全国比例	54.7%	70.1%	98.7%	95.1%
全国总计	948.68	392.83	160.74	331.70

资料来源：李青丰《西部大开发：大西北的生态建设和环境保护——主体是草原（地），关键是畜牧业，出路在结构调整》，载《草业与西部大开发——草业与西部大开发学术研讨会暨中国草原学会2000年学术年会论文集》，2000年版，第83页。

此外，良好的草原自然环境也是治理土地沙化和防风固沙的重要生态系统。天然草原具有防风固沙的重要生态作用，草原在植被茂盛的情况下也可以有效防止土地沙化，因而草原自然环境的破坏也影响草原生态功能的发挥。尤其是土地荒漠化的持续加剧，直接影响到人类社会的生存发展，导致草原固碳能力的下降并制约了"双碳"目标的实现。因为当草原生态系统良好时，植物可以吸收大气中的CO_2等气体并将其固定在植被或土壤中，从而降低大气中CO_2的含量及浓度，以实现涵养水源、防治水土流失、净化环境、防风固沙等目标，同时也为应对气候变化及碳循环等有重要作用。草原环境退化意味着其对CO_2的吸收能力逐渐减弱，也可以此推知历史时期草原荒漠化对人类社会造成的恶劣影响，尤其是对大气中各类气体组成成分的影响极为明显。因为无论是人还是其他生物，绝大多数均属于喜氧需氧型，维系生存都离不开空气尤其是氧气。此外，草原植被被破坏后，导致能够进行光合作用的植物种类及数量持续减少，草原生态系统的光合作用能力、草原植被防风固沙功能等都被严重破坏，由此引起草原自然环境的持续恶化。我国草原分布范围极广，就北方草原带而言，自青藏高原往北至祁连山、天山、阿尔泰山，经蒙古高原而至大兴安岭，绵延四千多千米，是一条天然的绿色生态带。草原生态环境的好坏直接影响到我国人民生存环境的优劣。[1] 在草原生态系统中，沙棘、沙拐枣等草原植被是最适宜草原自然环境的，同时也是公认的治理土地沙化和防风固沙的最佳耐寒耐旱生物，这也是今日诸草原地区已破坏自然环境恢复及治理的首选植物种类，因此，对于内蒙古地区草原环境问题的治理，也需要

---

[1] 谢双红：《北方牧区草畜平衡与草原管理研究》，博士学位论文，中国农业科学院，2005年，第28页。

吸收并借鉴此有益经验。

1. 内蒙古草原的重要区位及其生态价值

内蒙古自治区位于 97°02′—126°04′E、37°24′—53°23′N 是我国草原的主要分布区，今天内蒙古的大部分区域也以草原自然景观为主。东西绵延 2400 余千米，南北横跨 1700 千米，全区国土面积 118.3 万平方千米，占中国国土总面积的 12.3%，在国内各省份中排名第三（前两位分别为：新疆维吾尔自治区、西藏自治区）。内蒙古自治区东部与黑龙江、吉林、辽宁相接，中西部与河北、山西、陕西、宁夏、甘肃等五省区毗邻，北部与蒙古人民共和国、俄罗斯交界，国境线长达 4221 千米。内蒙古雄踞祖国正北方，外与俄罗斯、蒙古国接壤，边境线长达 4200 多千米，又是我国重要的资源富集区、水系源头区、生态屏障区、文化特色区，区域特色与民族文化特色都很鲜明，在"一带一路"建设中具有举足轻重的地位。建设"两个屏障"、"两个基地"和"一个桥头堡"是习近平总书记和党中央为内蒙古确立的战略定位和基本行动纲领。"两个屏障"即生态安全屏障和社会安全稳定屏障，"两个基地"即能源战略基地和农畜产品加工基地，"一个桥头堡"即对俄罗斯和蒙古国贸易的"桥头堡"。"两个屏障、两个基地和一个桥头堡"的战略建设离不开其安全建设的同步。内蒙古草原是欧亚大陆草原的主要组成部分之一，也是我国六大草原之首。内蒙古地区的草原是欧亚大陆草原的一个重要亚带，更是我国北方的重要天然生态屏障。非但如此，草原也是内蒙古自治区的主要生态构成区，对整个自治区的环境保护与社会发展意义重大。

就全国土地资源分布情况而言，总体呈现出草原多、耕地少的分布特征，草原多集中分布于西北地区，耕地则多分布在中原及南方地区。20 世纪末期，中国的土地约有 144 亿亩，其中牧草地占 27%，林地占 24%，耕地仅占 14%。[①] 因此，即便是在土地开垦及建设如此成规模发展的今日，草原自然环境始终是我国的主要土地利用类型。再如今日的内蒙古地区，共有草原 8666.7 万公顷，其中可利用草原面积有 6818 万公顷，可利用草原面积占到草原总面积的 78.7%。[②] 在内蒙古地区，虽然有相当一部分草

[①] 张文木：《气候变迁与中华国运》，海洋出版社 2017 年版，第 83 页。
[②] 暴庆五：《防治草原荒漠化的制度对策》，载额尔敦布和、恩和、[日] 双喜主编《内蒙古草原荒漠化问题及其防治对策研究》，内蒙古大学出版社 2002 年版，第 205 页。

原被垦为农田或被城市及工业建设等使用，然而内蒙古草原的可利用草原面积所占比重却仍然是较高的。

内蒙古地区草原自然环境保护和草原环境问题治理具有重要的生态与生物价值。草原生态系统在调节地球上的碳循环和气候变化中发挥着重要的调节者功能，而草原自然环境的好坏也直接影响到其环境功能的发挥。因内蒙古地区草原自然环境破坏而导致的沙尘暴频繁发生，则直接体现了草原自然环境所能发挥的生态功能，也由于草原自然环境的破坏而诱发出现进一步的次生灾害。21世纪以来，内蒙古部分地区草原环境问题治理取得了一定成效，进一步增强了草原生态系统的固碳释氧能力，就呼伦贝尔地区而言，2010—2018年，沙地面积减少，沙地固碳释氧总量和单位面积固碳释氧量明显提高，分别增加了22.88%和23.56%。[①] 但通过前文所述可以发现，包括鄂尔多斯地区在内的内蒙古大部分地区的环境问题治理效果仍不显著，这些无疑都破坏了草原固碳释氧功能，制约了"双碳"目标的实现。草原环境保护与环境问题治理是实现"双碳"目标——习近平总书记在2020年9月22日向国际社会宣布要在2030年前实现碳达峰、2060年前实现碳中和目标的有效途径，目前国家已围绕"双碳"目标制定了一系列文件，"双碳"目标也成为全社会普遍关注的问题。良好的自然环境是实现"双碳"目标的重要途径之一，因为自然环境"一旦破坏就会使其中固定的二氧化碳排放到大气中，成为碳排放源，更增加了实现碳中和目标的难度"。[②] 同样的道理，如果对于已破坏自然环境不加治理无疑也会增加碳排放。就内蒙古地区而言，作为化石能源特别是煤炭生产集中的区域，产业结构以重化工业为主，导致碳排放量极高且呈现出持续增长的态势，属于典型的碳排放输入型省份。目前，全区能源消费总量呈持续增长的趋势，碳排放量也逐年上升。如2018年与2019年，全区能源消费量分别为2.31亿吨与2.53亿吨标煤，均超出国家"十三五"时期制定的2.25亿吨标煤的控制目标，这也导致碳强度分别上升了10.39%和6.03%。[③] 因此，草原环境保护与环境问题治理的效果直接关系到草原固碳能力的强弱，进而影响到"双碳"目标的实现。非但如此，内蒙古地区的草原自然环境也具有不可替代的生物价

[①] 乔亚军、张慧、刘坤等：《呼伦贝尔林草交错带植被固碳释氧功能变化及其驱动力研究》，《水土保持研究》2022年第5期。

[②] 陈迎：《碳中和概念再辨析》，《中国人口·资源与环境》2022年第4期。

[③] 徐丽萍、杨韫：《内蒙古实现碳达峰目标的思考》，《北方经济》2021年第8期。

值。草原是重要的生态基因库，内蒙古草原现存的生物物种在2500—3000种之间，占全国物种总数的10%左右。而环境因子则是影响各物种存在与消亡的直接因素。根据纪文瑶对内蒙古地区草原生物量与环境因子之间关系的研究可知：草原生物量直接或间接受到草原自然环境及气候因子的影响，水热条件、干湿情况等都是生物生存的限制性因素，在北方干旱或半干旱区的影响最为显著，直接影响到草原生物量与生物物种的丰缺。① 草原自然环境的好坏，更是影响本地区及相邻区域水热、干湿等环境因子的先决条件，具有重要的，且是不可替代的生态价值。

草原的生态价值极为突出，具有防风固沙、涵养水源、保持水土、净化空气、维持生物多样性等诸多生态功能。现阶段研究表明：当植被覆盖度为30%—50%时，近地面的风速可降低50%，地面输沙量仅相当于流沙地段的1%。在相同条件下，草地土壤含水量较裸地高出90%以上，长草的坡地与裸露的坡地相比，地表径流量可减少47%，冲刷量可减少77%。25—50m^2的草地可以吸收掉一个人一天呼出的CO_2。此外，草原也是陆地上仅次于森林的吸收同化CO_2的碳汇，草原土壤腐殖质是北方主要的碳库，在碳循环中有巨大作用。据估算，我国天然草原每公顷的固碳量约达1.5吨/年，具有吸收温室气体的作用。② 但由于草原自然环境的退化，直接影响了草原的生物生产能力及生态功能的发挥，根据刘钟龄等对内蒙古自治区各草原区的考察研究，草原退化演替的生产力衰弱等级如表0-5所整理。

表0-5　　　　内蒙古草原退化演替的生产力衰减分级

退化指标	Ⅰ度退化	Ⅱ度退化	Ⅲ度退化	Ⅳ度退化
植物群落生物产量下降率（%）	20—35	36—60	61—80	>80
优势植物种群衰减率（%）	15—30	31—50	51—75	>75
优质草种群产量下降率（%）	30—45	46—70	71—90	>90
可食植物产量下降率（%）	10—25	26—40	41—60	>60
退化演替指示植物增长率（%）	10—20	21—45	46—65	>65
株丛高度下降（矮化）率（%）	20—30	31—50	51—70	>70

---

① 纪文瑶：《内蒙古草原生物量、地下生产力及其与环境因子关系研究》，硕士学位论文，北京师范大学，2013年，第33页。
② 韩俊等编著：《中国草原生态问题调查》，上海远东出版社2011年版，第4页。

续表

退化指标	Ⅰ度退化	Ⅱ度退化	Ⅲ度退化	Ⅳ度退化
植物群落盖度下降率（%）	20—30	31—45	46—60	>60
轻质土壤侵蚀程度（%）	10—20	21—30	31—40	>40
中、重质土壤容重、硬度增高（%）	5—10	11—15	16—20	>20
可恢复年限（年）	2—5	5—10	10—15	>15

资料来源：刘钟龄、郝敦元《草原荒漠化的分析和生态安全带的建设》，载额尔敦布和、恩和、[日]双喜主编《内蒙古草原荒漠化问题及其防治对策研究》，内蒙古大学出版社2002年版，第31页。

由表0-5可见，草原是我国尤其是内蒙古地区的重要生态类型区，具有重要的生态功能与经济价值。前文也提及草原自然环境对防风固沙、净化空气、涵养水源、保持水土流失、维护生物多样性及生态系统安全等都具有不可替代的作用。因此，对内蒙古草原自然环境维护及草原环境问题的治理至为重要。

总而言之，草原地区自然环境状况的优劣直接影响到草原生态功能的发挥、维持草原地区物种丰富与否及生物生存等的直接因素。内蒙古草原是我国六大草原牧区之首，也是我国尤其是北方自然环境的重要生态屏障，其生态环境的优劣及生态环境问题的治理对内蒙古地区的民众生存发展乃至中国及整个中华民族的未来生存发展都是至为关键的。因此，对内蒙古草原自然环境保护及环境问题治理均是极为必要的。

2. 内蒙古地区草原的生态危机及影响

清代以来，内蒙古地区草原环境问题就已开始频繁出现，并呈现出逐渐加剧的趋势在民国及中华人民共和国成立之后的几十年里，对内蒙古地区草原的开发利用仍在持续，导致环境问题日益严峻。进入21世纪后，环境问题更加凸显，主要表现为草原环境退化及荒漠化现象的持续加剧。据刘晓莉在21世纪初的统计，至2001年，内蒙古地区草原严重恶化面积为4673.1万公顷，占天然草原面积的59.3%，严重恶化的草原面积在全国各草原区中占第一位。[①] 到2005年，据农业部草原监理中心监测的数据，全国90%以上的可利用草原都出现了不同程度退化，其中轻度退化草原面积占57%，中度退化草原面积占31%，重度退化草原面积占12%。

---

① 刘晓莉：《中国草原保护法律制度研究》，人民出版社2015年版，第21页。

我国严重退化草原面积近1.8亿公顷，并以每年200万公顷的速度迅速扩张，同时草原自然环境的整体质量也在不断下降，约占草原面积84.4%的西部和北方地区是我国草原退化最严重的地区，草原退化面积占到75%以上，尤其是以土地沙化为主。① 在内蒙古地区则是以草原沙化及荒漠化为主要表现形式。

据包庆德的统计，现阶段，内蒙古地区荒漠化土地面积约74万平方千米，占内蒙古自治区面积的62.6%，占全国荒漠化土地面积的28.2%，内蒙古地区有5.8亿亩草场严重退化，水土流失占国土面积的27.3%。区内五大沙漠与五大沙地面积呈持续扩大的发展趋势。② 由此可见，内蒙古地区草原环境问题的严峻形势，同时也可看出内蒙古地区环境问题的全国性影响，这也显示出对当地草原自然环境问题的治理是极为必要的。

自清代以来，内蒙古地区严峻环境问题的直接体现便是草原的退化及由此导致的沙尘暴肆虐，且沙尘暴发生的频次与强度都呈现出加速发展的趋势。进入20世纪以后，内蒙古地区的草原沙化面积逐渐扩大，50—60年代，每年沙化土地面积约扩展1560平方千米；进入70年代后，沙化土地面积每年扩展2100平方千米；到了90年代，每年沙化的土地面积则达到了2460平方千米，呈现出加速扩大的发展趋势。与此同时，沙尘暴的发生频次也逐渐频繁。17世纪时，内蒙古地区沙尘暴发生频次在0.3—1次/年，到20世纪90年代时，沙尘暴发生频次达到3—5次/年。20世纪下半叶每年的沙尘暴发生频次分别为：50年代5次、60年代8次、70年代13次、80年代14次、90年代23次、2000年一年里发生13次、2001年一年里发生18次。③ 就沙尘暴的形成源地分布而言，2001年一年内，中

---

① 韩俊等编著：《中国草原生态问题调查》，上海远东出版社2011年版，第5页。
② 包庆德：《清代内蒙古地区灾荒研究》，人民出版社2015年版，第8页。
③ 包庆德：《清代内蒙古地区灾荒研究》，人民出版社2015年版，第8页。作者在书中以内蒙古环境问题极为严峻的阿拉善盟为例指出："仅阿拉善盟土地荒漠化面积就达到34.46万平方千米，比三个浙江省面积的总和还要多3.92万平方千米。自1993年以来，阿盟连连发生沙尘暴，2万牧民成为生态难民。1999年，阴山北麓的6个县20万人因沙化严重陆续迁徙他乡。据史料记载，1949年新中国建立前的2154年中，内蒙古阿拉善地区平均30年发生一次沙尘暴，1950—1990年平均每两年发生一次，1990年以后，每年都会发生几次大的沙尘暴，而且时间序列间隔越来越短，发生频率越来越高，波及空间范围越来越广。"

国出现了32次扬沙和沙尘暴天气，其中就有14次是在内蒙古地区形成的。① 可见，沙尘暴的出现及发生频率增大与草原土地沙漠化的扩展步伐几近一致。由此可见，内蒙古地区草原自然环境退化对自然灾害的出现、灾害发生频次及强度等的影响都是至为重要的。

根据现阶段的考察研究，内蒙古的沙尘暴行进路线包括三条：

北部路径：（内蒙古东南部）—二连浩特—苏尼特右旗—四子王旗—化德—集宁—张家口—宣化—北京。

西北路径：（内蒙古中、南部）—额济纳旗、阿拉善高原—乌拉特中、后旗—河西走廊—贺兰山南、北两侧分别经毛乌素沙地和乌兰布和沙漠—呼和浩特市—大同—张家口—北京。2001年监测结果表明：西北路径影响北京的沙尘暴频次是北部路径的两倍。

西部路径：（新疆塔里木盆地、塔克拉玛干沙漠边缘）—河西走廊—银川、西安—大同、太原—华北地区（北京）。经由该路径传输的沙尘暴很少影响北京。②

包括内蒙古地区在内的边疆地区草原荒漠化的出现对于沙尘暴形成与频繁发生的影响至为关键，可以说，草原荒漠化是20世纪以来内蒙古地区沙尘暴肆虐的基本成因之一。

进入20世纪以来，内蒙古地区草原沙化日渐严重，以草原荒漠化及沙化为主要表现形式。据姚洪林等的统计，20世纪末，内蒙古全区沙化土地面积为313520.01km²，占普查面积的42%左右，占内蒙古全区土地面积的26.5%，在全国排名第二位，内蒙古全区各沙化土地及沙化情况可参见"附表二"所整理，在此不作赘述。根据2002年1月28日国家林业局发布的第二次全国荒漠化、沙化土地检测结果，内蒙古地区的沙漠化土地

---

① 暴庆五：《防治草原荒漠化的制度对策》，载额尔敦布和、恩和、[日]双喜主编《内蒙古草原荒漠化问题及其防治对策研究》，内蒙古大学出版社2002年版，第206页。
② 李相合：《沙尘暴的经济学透视》，载额尔敦布和、恩和、[日]双喜主编《内蒙古草原荒漠化问题及其防治对策研究》，内蒙古大学出版社2002年版，第166页。

已经达到 42.08 万 km²，占内蒙古自治区国土总面积的 35.66%。① 根据 2014 年第五次全国荒漠化和沙化监测结果，内蒙古地区的荒漠化土地面积约为 6093.34 万公顷，占全国荒漠化土地面积的 51.5%；沙化土地为 4080 万公顷，占全国沙化土地总面积的 34.48%。同 2009 年相比，分别减少了 41.67 万公顷和 34.34 万公顷。② 可见，内蒙古地区的土地荒漠化及沙化问题治理虽取得了一定成效，但总体情况仍不容乐观，依旧存在着相当面积的且未被治理的荒漠化及沙化了的土地，同样也存在一些潜在较大荒漠化可能的土地。

根据 21 世纪初第四次草原普查数据，内蒙古地区草原退化严重程度居全国五大牧区之首，是我国目前草原退化最严重的地区之一。在内蒙古草原中，已有接近 3/4 的地区（在全国第三次草原普查时内蒙古的草原退化面积占到 39%）出现了不同程度的沙化及退化。③ 据现阶段统计，内蒙古天然草原中，草原退化面积占到 30%，草原沙化面积占到 35%，草原盐碱化面积占到 3%，全区 70% 的草原出现了显著的荒漠化或沙化。且近十年以来，草原荒漠化及沙化呈现愈演愈烈的趋势。④ 内蒙古草原荒漠化及沙化呈现出以下几个基本表现形式：

其一，草原退化。内蒙古草原退化面积（21 世纪初）2992 万 hm²，占可利用面积的 44%，而且每年仍以 67 万—133 万 hm² 的速度退化。据有关资料分析，内蒙古草原 60 年代退化 20%，80 年代退化 30%—40%，90 年代退化 60%。21 世纪初，虽缺乏准确统计数据，但从人们的直觉看到退化速度在加快，草原退化的比例在扩大。

---

① 姚洪林、闫德仁、杨文斌、刘永军：《内蒙古沙漠化土地动态变化的研究》，载额尔敦布和、恩和、[日]双喜主编《内蒙古草原荒漠化问题及其防治对策研究》，内蒙古大学出版社 2002 年版，第 1 页。

② 内蒙古自治区环境保护厅：《内蒙古自治区环境状况公报 2015》，内蒙古自治区政府门户网站，http://www.nmg.gov.cn/fabu/zdxxgk/hjbh/HBGK/。

③ 赛希雅拉：《内蒙古天然草原草畜平衡管理政策实证研究》，硕士学位论文，内蒙古大学，2009 年，第 11 页。

④ 王国钟、建原、娜日斯：《保护草原生态环境促进牧区经济发展》，《内蒙古草业》2004 年第 3 期。作者在文中进一步提醒道：近十几年来企业"三废"对草原造成的污染问题，已经发生过多起因草原水体污染造成人畜中毒，致使牧场失去利用价值的事件，大有愈演愈烈的发展趋势。

其二，水土流失。内蒙古草原土质沙性，土层薄，降水量少，由于植被退化，一遇降水就发生水土流失，草原雨水冲刷后，浅沟、深沟相继出现。全区水土流失（21世纪初）面积达27.17万hm^2，占到草原面积的21.5%左右。

其三，风蚀。由于草原植被退化，防风固沙能力下降，风起流沙成为自然。内蒙古自治区风蚀面积（21世纪初）7636万hm^2，占全区总土地面积的65%。

其四，沙尘暴。沙尘暴是风蚀产生的特殊天气现象。强风卷起沙尘至空中，沙尘浓度1000—2046μg/m^3，漂浮在2000—5000m的高空以每昼夜约800千米的速度沿大气环流方向漂流，2001年中国出现32次扬沙和沙尘暴天气，其中14次在内蒙古形成。①

虽然党和国家对内蒙古草原环境保护和草原环境问题治理都予以了高度重视，但其治理的速度仍较缓慢，效果也并不十分显著，难以有效遏制加速出现的草原沙化及荒漠化趋势。草原环境问题的治理方式及理念需要长期坚持并加以改进，对于内蒙古草原自然环境问题的治理，也呈现出"荒漠化点上治理、面上仍持续破坏，局部地区有所好转，但总体恶化的趋势仍未得以扭转"②的特征。

内蒙古地区草原自然环境恶化的直接影响便是导致自然灾害种类的日渐增多、发生频次的增长及重大自然灾害的出现，沙尘暴是其中一个主要表现形式，且由于自然环境恶化而诱发的其他各类灾害也时有发生。钱钢与耿庆国对20世纪中国重灾的统计中，收录了近20条与内蒙古西部地区相关的特大及重大灾害，包括旱灾、洪涝、鼠疫等几大灾种，如1947年前后的内蒙古鼠疫、20世纪在内蒙古广泛出现的土地沙化及荒漠化、1977年内蒙古锡林郭勒盟的雪灾等，也有多灾群发的情况。③ 如鼠疫，1910—

---

① 转引自暴庆五《防治草原荒漠化的制度对策》，载额尔敦布和、恩和、[日]双喜主编《内蒙古草原荒漠化问题及其防治对策研究》，内蒙古大学出版社2002年版，第205—206页。本书对原文所述内容格式有所修改。

② 包庆德：《内蒙古荒漠化现状与对策研究》，《内蒙古社会科学（汉文版）》2002年第6期。

③ 参见钱钢、耿庆国主编《二十世纪中国重灾百录》，上海人民出版社1999年版，第425—435、883—892、1195—1207页。

1911年、1920—1921年发源于满洲里地区的两次肺鼠疫，先后造成60468人与2339人死亡；1917—1918年的内蒙古西部地区发生的鼠疫，导致13782人死亡，此后本次疫情又传播到山西（由伊克昭盟传入）一带，共波及了64个旗县、死亡14600余人。1928年内蒙古西部地区范围内的鼠疫大流行，导致3039人死亡；1947年内蒙古东部地区的鼠疫导致25098人死亡，中华人民共和国成立以后，初步遏制了鼠疫的流行。① 以上所述五次鼠疫大流行是刘纪有、张万荣二人所统计的20世纪内蒙古地区的鼠疫情况中较为严重的五次，其他地区的特大及重大灾害发生也时常出现，且尤以旱灾、沙尘暴等灾害发生较多。

就今日内蒙古自治区所辖具体区域而言，1942年河套地区发生了较为严重的鼠疫灾害，其发生的主要原因是日本侵略者推行的细菌战，此次河套地区鼠疫虽非自然因素所导致，但此时河套地区自然环境恶化对鼠疫扩散起到了推波助澜的影响，尤其是此时期河套地区土地被大量开垦，游牧经济在本地区基本上全面消失，当地自然环境也因之遭受到了前所未有的破坏，这也对鼠疫向周边地区的进一步传播起到了推波助澜的作用。此次疫情暴发时，正值傅作义驻军河套地区，采取了积极的治疗与预防举措，在数月间便将鼠疫遏制住了，有效防止了鼠疫的进一步扩散及在民众中的破坏影响。姜慧根据内蒙古自治区档案馆所藏相关档案统计指出：此次疫情波及范围达到22个具体局部区域，其地域分布为：临河县境内10乡、五原县境内5乡、安北县境内3个小地区、包头县与东胜县境内数地，导致近600人死亡，经济损失惨重。② 由此可见，自然环境恶化对灾害出现、灾害发生频次及扩大灾害的消极作用存在着直接影响，且二者之间也是相互影响的关系。

时至今日，内蒙古地区的草原环境恶化趋势仍未得到有效遏制，环境问题仍是制约本地区人类社会生存与发展的关键所在。进入21世纪以来，内蒙古地区的草原沙化与荒漠化现象仍在持续发生，党和国家在西部大开发战略中也提出要加强对西部地区的环境保护和生态建设目标。内蒙古地区的生态地位突出，党和国家也明确了内蒙古草原的战略定位：一是"我国北方重要生态安全屏障"；二是"国家重要能源基地和绿色农畜产品生产加工基地，也是新型化工基地和有色金属工业基地"。2019年3月5日，

---

① 参见刘纪有、张万荣主编《内蒙古鼠疫》，内蒙古人民出版社1997年版，第1—3页。
② 姜慧：《1942年河套地区鼠疫研究》，硕士学位论文，内蒙古大学，2012年，第9—11页。

导论　选题背景及研究价值

习近平总书记在参加十三届全国人大二次会议内蒙古代表团的审议时强调，"内蒙古生态状况，不仅关系全区各族群众生存和发展，而且关系华北、东北、西北乃至全国生态安全。把内蒙古建成我国北方重要生态安全屏障，是立足全国发展大局确立的战略定位，也是内蒙古必须自觉担负起的重大责任"[1]。同年，习近平总书记在内蒙古考察调研时指出："筑牢祖国北方重要的生态安全屏障，守好这方碧绿、这片蔚蓝、这份纯净，要坚定不移走生态优先、绿色发展之路，世世代代干下去，努力打造青山常在、绿水长流、空气常新的美丽中国。"[2] 2021年8月31日，内蒙古自治区政府新闻办公室召开新闻发布会，解读《内蒙古自治区构筑我国北方重要生态安全屏障规划（2021—2035年）》，总体建设思路是遵循生态保护和修复内在机理和规律，统筹山水林田湖草沙综合治理、系统治理、源头治理，将全区作为统一的生态系统进行总体布局。在大兴安岭、阴山山脉、贺兰山山脉等山区，继续加强天然林资源保护，积极推进呼伦贝尔等国家公园建设，合理调整自然保护地范围。加强黄河、嫩江、西辽河等流域林草植被建设，保障生产生活用水和下游生态安全，强化水资源刚性约束，强化地下水超采综合治理，实现水生态平衡。实施森林质量精准提升工程，全面推进天然林保育、公益林管护、退化林修复，提高森林涵养水源、防风固沙等功能。以控制农田土壤风蚀水蚀和沙尘污染、提高土壤肥力和抗旱保墒能力为重点，实施绿色农业建设工程，提高农业综合生产能力。持续加强"一湖两海"、察汗淖尔等重要湖泊和湿地生态修复，改善湖泊水生态环境，恢复湿地生态功能。实施草原生态保护修复、退牧还草、草原质量提升等工程，科学开展退化草原改良，提高草原植被盖度和多样性。持续推进沙地、沙漠、沙化土地综合治理，提高沙地植被盖度，控制沙漠扩展。[3] 由此可见，对内蒙古地区环境变迁历史及人类有益的自然利用经验的掌握，有助于进一步了解内蒙古地区自然环境的发展历史及对环境问题成因的了解，以及自然环境出现的波动性变化，进一步掌握内

---

[1] 参见新华网编《图解2019全国两会》，人民出版社2019年版，第97页。
[2]《习近平在内蒙古考察并指导开展"不忘初心、牢记使命"主题教育时强调：牢记初心使命贯彻以人民为中心发展思想　把祖国北部边疆风景线打造得更加亮丽》，《中国民族》2019年第8期。
[3] 内蒙古自治区林业和草原局：《内蒙古全力构筑我国北方重要生态安全屏障》，《内蒙古林业》2021年第10期。

蒙古地区环境发展的历史与今日状况，从而为今天的草原自然环境保护与当下自然环境问题治理和正在进行着的生态文明建设提供必要的历史依据和有益经验。

二 内蒙古草原的自然环境变迁及其历史借鉴

适宜人类生存的自然环境的演变及逐渐形成，奠定了人类出现的自然前提，并帮助塑造了不同环境下形态各异的人类社会及人类文明形态，而人类生存发展过程中的各项活动也一定程度上改变了其所赖以为生的自然环境。历史时期自然环境的塑造得益于地球的形成及其表面自然环境的形成、发展与变迁。然而自人类社会产生以来，自然环境的变迁则更多的是受到人为因素的影响而进行着的，但也有因气候波动及地壳变迁等自然因素影响而导致发生变迁的。因此，人类必须适应因人类自身因素而导致发生变迁了的自然环境，为此而不得不改变人类社会结构及对自然环境的开发利用方式；若不然，人类就必须要面临衰退甚至是消亡的命运。这一事实是适用于任何历史时期的任何人类生存角落。[①] 自然环境是人类生存的基本载体，人是自然的产物，无论人类的出现发展或是生存延续都依赖于一定自然环境的支撑。因此，自然环境之好坏对人类的生存发展具有重要影响，有时自然环境的影响甚至是决定性的。虽然我们都清楚地知道地理环境对人类社会的影响是非决定性的，但却是极其深远的。[②] 无论是我们

[①] [美] J. 唐纳德·休斯：《世界环境史：人类在地球生命中的角色转变》，赵长凤、王宁、张爱萍译，电子工业出版社2014年版，第1页。

[②] 对于"地理环境决定论"，包庆德梳理指出："在中外生态思想史上，地理环境决定论由来已久，可追溯到西方古希腊时期和中国的先秦时期。其中亚里士多德、孟德斯鸠、黑格尔、普列汉诺夫等人的观点值得关注。他们对此有着不同的论述，例如孟德斯鸠重视气候因素，普列汉诺夫重视生产力因素。对于环境决定论，学者们虽有着不同的看法，但各有其合理性。"虽"地理环境决定论"有许多不合理因素，但不能就此一概否决其合理方面。作者进一步指出："在许多方面我们应看到地理环境的重要性。如埃及是文明发源地，优越地理环境供给当地居民生活物资的前提条件，为人们提供生存资料和生活资料。优越地理环境供给源源不断的物产的可能。再如中国南北方地理环境差异较大，北方寒冷干燥的气候条件下出现旱地，因此实施游牧生活；南方温暖湿润气候条件下出现水田，所以实施农耕生活。而游牧文化和农耕文化对'草'的意识就有了差别"。因此，我们要充分认识到地理环境的重要性不言而喻，它为我们生存和发展提供物质基础，因而不能片面看待。一方面，"地理环境给我们提供多种物质资料，我们生产和生活中的必需品都来源于它，可见其重要性"；另一方面，"虽然地理环境对我们的生活有重要影响作用，但不能就此认为地理环境具有决定性作用"。参见陈捷、包庆德《关于地理环境决定论及其反思》，《南京林业大学学报（人文社会科学版）》2014年第2期。

当前所面临的环境问题，或者是人类社会未来长远发展的抉择，都要对过去的环境状况及人与自然环境之间的和谐友好关系模式有所了解。就内蒙古地区而言，其自然环境是影响当地人类社会生存发展及人类文明形态的关键性因素，对其自然环境变迁历史的考察也是今日内蒙古地区环境问题治理的重要历史经验借鉴，这也需要引起我们对内蒙古地区环境变迁及其恶劣影响的当代思考，为内蒙古地区环境及人类社会发展走向提供必要的历史借鉴与经验启示。

（一）内蒙古草原自然环境的形成及部分人类遗迹

在人类出现以前，宇宙与地球的变化与形成适合生命存活的环境就在悄无声息地进行着，并经历了漫长的岁月变迁，而适宜人类生存的地球的形成也同样经历了亿万年的时间。地球从地壳形成之始，便进入了各个地质时代的演变过程。从地质变迁角度而言，地球主要经历了隐生宙和显生宙两个大的地质变迁时代，此两个时期内又分别出现了——隐生宙内的冥古代、太古代和元古代三个阶段；显生宙内的古生代、中生代和新生代三个阶段。在各个阶段内又有不同的具体发展变迁阶段，以及不同时期内各种生命的出现与发展变迁，这也奠定了人类文明出现及发展的自然前提。

1. 内蒙古地区古自然环境的形成

内蒙古地区古自然环境发展与生命的演变同全球自然环境发展和生命的演变一样，也同样经历了地球初成时期的荒凉，以及生命出现之后的纷繁绚丽。地球形成之初，并无任何生命的痕迹，直到原始海洋出现以后，原始海洋中才开始孕育形成并出现了生命萌芽，以及之后不断发展演变的生命和日渐丰富的生物物种，并随着人类出现后所缔造的人类文明形态。

原始海洋的出现是生命产生的基本前提，在冥古代中后期，原始海洋开始孕育形成并出现了最初的生命。当时出现的原始海洋也仅占到地球总面积的1/10左右，但是当时地球上这仅有的1/10的洋面却促进了原始大气和地面之间物质交换频率。原始大气的出现与地球内外的温差直接相关，当时地球内部的高温也对大气的形成产生了重要影响，高温促使地球内部分解出大量的气体，随着火山喷发和地震而冲出地球表面，在地球内外温差的影响下，地球内部的热气体很快冷却了下来，又因受到地球引力的影响，逐步形成了包围地球周围的大气层，有效遏制了太阳辐射，也有效地降低了地球表层的温度，这些都为原始生命的出现提供了必备的自然基础。

导论　选题背景及研究价值

原始海洋出现后，受地球高温①的影响出现了水蒸气，在紫外线的影响下，水蒸气被分解为氢和氧，氧可与地球表面物质进行结合，形成氧化物；由于氢的质量轻、密度小而逃离了地球，成为包裹在地球表面的气层。②而这些氧化物受地球电离辐射、闪电、温差变化、火山喷发等自然现象的长期作用，氧化物又开始逐渐形成氨基酸、核苷酸、单糖、甘油、嘌呤、脂肪酸等各类有机物，这些有机物逐渐进入原始海洋，与海水中各类物质融合后，开始形成各类有机溶液，这些都为生命的出现奠定了最基本的自然前提。而这些原始生命的构成要素在长期自然环境的作用下，向着更加高级、更加复杂的生命方向发展，自此以后，地球这个庞大的系统中开始出现了"生命"这个构成因素，地球也因"生命"的出现而更加精彩。

内蒙古地区处于华北北部及蒙古高原南缘，地质时代的华北地区为洋壳环境，其北侧与南侧都被海槽围绕，其北侧为天山—蒙古大海槽，南侧为秦岭海槽。③自此之后，华北及毗邻地区又发生了"迁西运动"与"鞍山运动"等地质运动，促进了内蒙古地区原始海洋的发展变迁与海洋环境的最终形成。"迁西运动"发生在距今35亿—20亿年，是发生在我国北方的一次大型构造运动，因河北迁西而得名，目前学界认为这次运动是中国境内最早的构造运动。"迁西运动"使内蒙古地区形成了一定规模的背斜型隆起，即"阴山—燕山"山地，也形成了以集宁群为代表的沉积。此后的"鞍山运动"发生在距今30亿—25亿年，此次运动导致地壳在垂直方向上加厚，使42°20′N以南的内蒙古地区形成最古老的片麻岩系、结晶片岩系和古老花岗岩的杂岩基底。水平方向上，卓子山一带的千里山群、乌拉山等褶皱不断增起，褶皱不断隆起而接连成为一个统一的"华北萌地台"，以萌地台为中心，开始了原始海洋的发育。④这也是地质运动塑造地形与地貌的初期阶段，是内蒙古地区原始地貌的早期形成阶段。

---

① 高温：指的是地球形成之后，时间在距今46亿—25亿年，地球表面温度虽有所下降，但仍保持在70℃—100℃之间，而地球的内部温度则更高。
② 内蒙古自治区森林经理学会：《内蒙古森林变迁——地史时期森林的变迁》，《内蒙古林业调查设计》2007年第S1期。
③ 中国科学院《中国自然地理》编辑委员会：《中国自然地理·古地理》下册，科学出版社1986年版，第22页。
④ 内蒙古自治区森林经理学会：《内蒙古森林变迁——地史时期森林的变迁》，《内蒙古林业调查设计》2007年第S1期。

导论　选题背景及研究价值

在"迁西运动"和"鞍山运动"之后,又发生了"五台运动"(距今19亿年前后),"五台运动"使内蒙古地区的古陆雏形开始形成,除阴山外,当时内蒙古的大部分地区均为浅海环境区。后来发生的"吕梁运动"(距今17亿年前后)使华北地台北缘地槽收缩成为山间盆地,逐渐结束了北线活动海槽"天山—蒙古大海槽"的沉积,华北地区的海洋开始向陆地分化,一些地区已经出现了陆地并逐渐稳定下来,这为生命登陆奠定了必要基础,尤其是邻海的陆地,成为海洋生命登陆的最早区域。

2. 自然环境及生物变迁

古生代是内蒙古地区由海变陆的关键时期,尤其是古生代的海西运动,使内蒙古阴山南北地区结束了海洋环境时期,出现了褶皱的山地,也经历了侵蚀与夷平的过程。陆地环境受到外营力的作用,促使原始陆地开始出现并形成。[①] 这一时期陆地的形成为此后原始海洋中孕育的生命的登陆奠定了环境基础。在寒武纪,内蒙古古陆、阿拉善古陆与燕山山地等都为海水所浸。此时期是藻类大发展阶段,成为植物界占主导地位的生物,现代世界里10%的氧气、近15%的蛋白质、90%左右的碳水化合物等都是这些藻类所提供的。此时期也是无脊椎动物的繁盛发展时期,在鄂尔多斯海盆、西缘卓子山等地发现的化石中,包括三叶虫、准噶尔小实盾虫、鄂尔多斯虫等在数量和质量上都足以证实此时期是内蒙古地区无脊椎动物的繁盛发展阶段。寒武纪时期,还出现了大量无脊椎动物,给海洋生物环境带来了生机,是生命演变的大发展时期。[②] 寒武纪是内蒙古地区海平面有所扩大的时期,此前形成的大片陆地成为地表海,为海洋生物的繁衍创造了条件。[③] 到了第四纪,地球上开始出现了人类的活动踪迹。第四纪距今约300万年,包括更新世与全新世两个阶段,是自然界的又一新的发展时期,也是地球地质史上最新的一个纪。此时期内一些物种灭绝了,又有一些新的物种产生了,出现了大规模的环境及生物物种变迁。

第四纪的生命大灭绝发生在距今1.1万年前的全新世内,是受气候波动的影响而出现的。第四纪的另一特点就是生物界中人类的出现,从而点

[①] 王鸿祯:《从活动论观点论中国大地构造分区》,《地球科学》1981年第1期。
[②] 内蒙古自治区森林经理学会:《内蒙古森林变迁——地史时期森林的变迁》,《内蒙古林业调查设计》2007年第S1期。
[③] 刘钟龄主编:《内蒙古通史:生态环境与生态文明》第八卷,人民出版社2011年版,第30页。

燃了人类文明的火光。人类诞生之后，人类的各项活动便对自然环境变迁产生了更为深远的影响，最为直接的体现就是人对自然界内动植物及自然资源的开发利用，这些首先表现在对自然植被及动物物种变迁的影响。安德鲁·古迪曾就此指出：思考人对自然环境的影响时，一般应该从植被开始，因为人对植物生命生存的影响要比人对周围环境的影响更甚。人类通过给植物带来的变化改变了土壤的成分，影响了地球上的气候及地貌，导致其发生新的变化，并且改变了一些天然水体的质与量，实际上，整个自然景观的变化都源于人类活动所导致的植被变化。① 因此，在人类社会发展变迁的过程中，为了生存而砍伐树木、开垦田地、焚烧植被等，直接破坏了自然环境的原初状态，导致自然环境发生了新的变化，也因自然环境中的各变动因素、自身的变化而导致自然环境趋向形成新的动态平衡，或是导致生态出现失衡等状况。

根据现阶段研究表明，人类正处于第四纪全新世以来的生命大灭绝时期，尤其是工业文明对生物大灭绝的直接影响，近两个世纪以来出现的上百种生物物种灭绝就是最好的见证。② 这一时期也是地球上冰川活动的活跃时期，更是哺乳类动物和被子植物的高度发展时期。自第四纪全新世以来，现代地貌特征的草原自然景观在内蒙古中部地带逐渐形成并渐趋稳定而长期存在下来，同时也出现了全新的自然环境景观。③ 这一时期青藏高原被不断抬升，对内蒙古地区气候变化的影响最为深远，且促进了内蒙古地区大陆性气候与草原自然环境的逐渐形成。此外，这一时期的地壳下降也形成了平原、盆地、河谷等地形区，以及出现的水系汇集之地，并进一步塑造了河流、湖泊及沼泽等形态各异的地球表面自然环境。④ 在此阶段，整个地球的自然环境都发生了深刻变迁，也是逐渐向着接近于今日地球面貌景观与地形特征的方向过渡。

---

① ［英］安德鲁·古迪：《人类影响——在环境变化中人的作用》，郑锡荣等译，张遵敬、张崇华审校，中国环境科学出版社1989年版，第19页。作者在书中将人对植被的日益扩大的干预分成5种基本程度，分别是：（1）天然生境：在无人类活动情况下发展起来；（2）变质生境：由于分散而不完全的扰动而产生，例如森林的砍伐，火烧和天然草地的非集约放牧；（3）宅旁生境：持续扰动但不有意取代植被，路旁是宅旁生境的一个实例；（4）耕种生境：完全扰动，继之以有目的的植物引进；（5）人造生境：人对周围气候和土壤进行控制，如温室栽培。

② 广州博物馆编：《地球历史与生命演化》，上海古籍出版社2006年版，第92—97页。

③ 殷鸿福等：《中国古生物地理学》，中国地质大学出版社1988年版，第315—318页。

④ 黄春长：《环境变迁》，科学出版社2000年第二版，第16页。

第四纪也是地球上的显著气候寒冷时期，呈现出寒冷期与温暖期交错出现的特征。第四纪时，冰期的出现导致全球气候普遍转冷，冰期的气候干燥也导致地球中高纬度地区的植被开始退化。而第四纪内的间冰期（气候转暖期）也导致出现冰川退化、海平面上升及气候与生物带向南北两个方向迁移的发展变迁趋向。① 此外，这一时期内，哺乳类动物极为繁盛、种类也颇多，近现代以来考古发现的大量不同类型的哺乳类动物化石也是这一时期环境变迁的较好佐证。

3. 内蒙古地区的早期人类活动遗迹

第四纪以来内蒙古地区气候的冷暖波动与地势抬升直接相关，地势抬升导致内蒙古地区的森林自然景观逐渐让位于草原，在地球空间环境与气候条件波动的影响下，这一时期出现的动物群也带有明显的草原类动物性质特征。提及这一时期的植物群，与今日内蒙古地区的植物群在大体上来说是基本相似的。通过对这一时期内蒙古地区各地层内的孢粉实验分析，可以发现，第四纪的内蒙古地区经历了20余次的冷暖、干湿变化。这一时期的森林区主要分布在内蒙古的东北部区域，而内蒙古西北部地区与蒙古高原的大部分地区逐渐连成一片，开始孕育并出现了今日意义上的高原与草原地貌景观。

目前有关早期人类在中国出现的最早时间及地区尚无明确定论，根据现阶段的考古研究表明，在早更新世时人类活动就有可能出现了。中国境内的早期人类活动化石遗址地点包括：云南元谋上那蚌、重庆巫山大龙庙的龙骨坡、湖北建始高坪龙骨洞、郧县曲元河口与陕西蓝田公王岭等处。蒙古高原上没有发现早期人类活动的遗迹（考古中尚无发现）。当时内蒙古地区气温较低，冻土的界限向南移，动植物的分布也随温度变化而南北波动。但内蒙古地区分布着一定数量的旧石器时代遗址，因此，这些旧石器时代遗址的存在也表明这一时期内蒙古地区无疑已经出现了人类活动。根据现阶段的考古发掘来看，内蒙古地区的旧石器时代遗迹约有数十处，分布于今日的呼伦贝尔、科尔沁、赤峰、阴山地带、鄂尔多斯、锡林郭勒等多个地区，几乎涵盖了今日内蒙古自东至西的绝大部分区域。王晓琨曾历数了内蒙古地区20世纪以来考古发掘的旧石器时代遗址并总结指出："（今日内蒙古地域范围内）50余处旧石器遗址在年代上纵贯旧石器时代

---

① 王星光：《自然环境变迁与夏代的兴起探索》，科学出版社2004年版，第29页。

早期、晚期，内蒙古也成为探索我国早期人类活动的核心地区之一。"[1] 根据现阶段的考古发掘研究将内蒙古地区的几处主要旧石器时代遗址情况分别介绍如下。

"扎赉诺尔地区遗址"，此遗址位于今日内蒙古自治区呼伦贝尔市扎赉诺尔区灵泉煤矿区西南的孤山子，"扎赉诺尔"是"达赉诺尔"（达赉湖）的音转，二三万年以前，扎赉诺尔（包括今日的灵泉、铁路车站、二卡等）一带都在湖水之中，汪洋一片。在一万多年以前，当地出现陆地，并出现了生活在这一区域的扎赉诺尔人及由其创造的早期人类文明。自1927年开始，在扎赉诺尔地下发掘出新石器时代的文化遗址，便开始了对这一区域古人类文明的发掘。1933年，顾振权发现了第一个人的头骨化石。日本古人类学家远藤隆次把这颗人头骨定名为"扎赉诺尔人"。自此以后，"扎赉诺尔人"成了古人类和考古学上的专用名称。此后，1943年日本考古学家嘉纳金小郎发现了第二个人的头骨化石。1944年，我国考古学家裴文中又发现了第三个人的头骨化石。从1973年至今，又陆续发现了十二个人的头骨化石。此外，遗址中又发现了14件打制石器，经鉴定，此区域为旧石器时代晚期遗址。利用考古学方法与现代科学实验手段分析指出：扎赉诺尔地区最迟在旧石器时代晚期就已经出现了人类活动，此地人种与北京猿人、河套人与大窑人等一样都属于蒙古人种。[2] 出土石器包括石斧、石核、石叶、石片、刮削器等，还有陶片、骨针、古锥等物件。扎赉诺尔区蘑菇山遗址出土石器一百余件，属于更新世晚期的石器。[3] 在考古学的影响下，学术界在扎赉诺尔地区发现的"扎赉诺尔人"遗址，并发展起了以当地古人化石与遗址为代表的"扎赉诺尔文化"。

"大窑遗址"，该遗址位于今日内蒙古自治区呼和浩特市东北33千米保合少乡大窑村南山及呼和浩特东30千米榆林镇前乃莫板村脑包梁。包括旧石器时代早期和晚期的石器制作场各一处，其中早期制作场位于村南的四道河，晚期制作场在村南的二道沟。大窑遗址首次发现于20世纪70年代，由内蒙古自治区博物馆与文物工作队首次发掘，当时考古工作者发

---

[1] 王晓琨：《内蒙古旧石器时代考古简史》，《内蒙古文物考古》2008年第2期。
[2] 杨翠：《旧石器时代的文化遗址·扎赉诺尔》，《北方新报》2013年1月9日。
[3] 汪宇平：《扎赉诺尔蘑菇山旧石器时代晚期遗址》，载内蒙古文物考古研究所编《内蒙古文物考古文集》第1辑，中国大百科全书出版社1994年版，第63页。

导论　选题背景及研究价值

现了石核、石片、石斧等石器387件，引起了国内外许多学者的重视，许多外国考古工作者也相继来此考察。该遗址距今有七八十万年的历史，在全国范围内也是少有的旧石器时代遗迹，一直延续至距今1.2万年的旧石器时代晚期。①根据今人研究发现，大窑遗址跨越了内蒙古地区旧石器时代的大部分时间，对了解这一时期内蒙古地区环境概况及人类文明形态等提供了重要线索。大窑遗址是旧石器时代遗存，以"石器"为主要文化标志。通过对出土石器的研究，发现大窑遗址的石器自旧石器时代开始至结束，始终坚持使用传统的打制石器，具有较强的延续性，以大型石器为主，但也呈现出石器体积逐渐变小的发展趋向，且器物组合以刮削器物为主，砍砸器物次之，尖状器物不发达，其中龟背形刮削器最具特色。②砍砸石器的大致用途是砍伐树木，刮削石器的用途在于加工狩猎所需木棒工具以及在灌木草甸自然环境中生产和解剖动植物的皮与肉。通过对出土器物的分析可以发现，这一时期内蒙古地区远古先民为"狩猎为主，采集为辅"的原始生活状态。

"萨拉乌苏遗址"，位于今日内蒙古自治区鄂尔多斯市乌审旗的萨拉乌苏河流域。萨拉乌苏河位于鄂尔多斯草原南端，源于陕西西北的定边县境内，流经鄂托克旗，然后从巴吐湾村东折流入陕北境内，与响水河汇合后由东南方向流入黄河的支流无定河。在地层松散的毛乌素沙漠上，冲刷出一条宽阔幽深的"U"形河谷，这条河就被称为"萨拉乌苏河"，该遗址也因此而得名。通过对已出土石器的研究可知，此遗址的存在时间为旧石器时代晚期，通过利用放射性碳素与铀系法对该遗址进行断代，测定其距今年代约5万—3.7万年。③进入21世纪以来，发现的"河套人"化石到目前为止共出土了23件，通过对"河套人"化石的热释光最新研究表明，河套人生活在距今7万—10万年前后，他们的体貌特征基本上接近于现代人。此遗址的具体存在时间虽存在一定争议，但可确定是处于旧石器时代。萨拉乌苏遗址的发掘及研究工作始于20世纪之初，1922—1923年，法国天主教神父、地质生物学家桑志华和德日进等人发现并首先对这一遗

---

① 汪英华：《大窑遗址四道沟地点年代测定及文化分期》，《内蒙古文物考古》2002年第1期。
② 张久和主编：《内蒙古通史：远古至唐代的内蒙古地区》第一卷，人民出版社2011年版，第65页。
③ 汪宇平：《内蒙伊盟南部旧石器时代文化的新收获》，《考古》1961年第10期。

址进行了发掘。遗址中有一颗石化程度很深的左上外侧门齿，经加拿大人步达生研究，定名为"ordos tooth"（鄂尔多斯牙齿）。20世纪40年代，我国考古学家裴文中将其翻译作"河套人"，并称这一旧石器时代文化为"河套文化"。中华人民共和国成立后，又对此遗址进行了数次发掘工作，尤其是20世纪50年代至80年代，我国考古学家相继对这一地区进行了考古发掘工作，又有许多新的发现，最后将这一遗址定名为"萨拉乌苏文化"。其中，外国人发现的"鄂尔多斯牙齿"与中国学者发现的23件"河套人化石"，以及遗址中发现的石器、骨器等都代表了当时萨拉乌苏地区的原始人类文化形态，也即存在较为发达的原始农业文明，透过这些遗址中的遗存也可以想见当时生活在河湖两岸的"河套人"就是在这样水草丰茂、气候宜人的地方创造了自己的地域人类文明。

除以上列举的几处旧石器时代考古遗址的发现及发掘外，内蒙古地区旧石器时代遗址还广泛分布于阴山南麓（呼和浩特东郊旧石器时代遗址）、鄂尔多斯高原（乌兰木伦旧石器时代遗址）、呼伦贝尔草原、锡林郭勒草原（金斯太遗址旧石器时代遗址）、赤峰丘陵及科尔沁草原等地区，共计五十余处，这些遗址的影响区域几乎遍布了今日内蒙古自治区。这些人类文明遗存也体现出旧石器时代内蒙古地区悠久的史前人类文明，更是了解当时内蒙古地区人类社会生存状况及人类文明形态的基本参照，由此也可以探索当时的自然环境状况。

4. 内蒙古地区早期人类生存的自然环境

通过对内蒙古地区各旧石器时代遗址的考察，可以对当时这一地区的自然环境特征加以理解，同时也能较好地了解当地的早期人类活动情况，由此对当时人类社会与当地自然环境之间的关系有更深入更准确的把握。

就旧石器时代的大青山地区自然环境状况而言，如大青山南麓的大窑文化遗址，孙黎明等通过对大窑遗址土层中孢粉分析指出：旧石器时代的大窑遗址地区"草本植物花粉含量（72%—89%）高于木本植物花粉含量，优势植物为蒿属类、葵、禾本科、菊科、黄麻等"[1]。而大窑遗址中发现的石器以刮削类、砍砸类等占绝对的数量优势，这些石器的基本用途是砍伐和加工树木，这类石器适宜在草甸灌木的自然环境下使用。在当时人

---

[1] 孙黎明、刘金峰、张文山：《内蒙大窑文化遗址第四纪地层及古气候环境》，《河北地质学院学报》1996年第2期。

导论　选题背景及研究价值

类交通工具与生产及生活设施并不发达的情况下，必须选择靠近原材料产地的地区，因而这一地区在旧石器时代显然是自然景观较好、森林与灌丛密布的区域，同时也是环境与气候优渥宜于人类生存之地。大窑遗址中发现的石球与剥兽皮及肢解动物的工具也表明当地的人类是以狩猎为主、兼有采集的原始生产及生活方式，这也表明在这一时期的内蒙古地区或许就已出现了带有狩猎性质的原始人类生存形态。通过对大窑遗址的旧石器时代遗存分析，考古学界普遍认为此地区在旧石器时代是"既有大山，也有小片森林和灌木丛，也有野草茂盛的坡地及平川"[1]。通过对遗址中出土的石器功能及利用现代"孢粉"实验手段分析得出了当时大青山南麓地区是草原与灌木丛广布的自然景观的结论。因此，以上所述均表明当时大青山南麓地区能够维持人类狩猎与采集的生存模式，同时也表明当时这一地区较好的自然条件，存在满足人类采集、狩猎的森林及草原自然环境，也是能够满足人类生存所需的，因而其自然环境是较优越的。

再如萨拉乌苏文化，目前已发现的石器有五百余件，包括人工打砸而成的动物骨头、骨骼化石等，并以刮削器、钻具、尖状器物为最多。通过对遗址中发掘的动物骨骼化石等的研究分析可以发现，这些动物化石多是大型食草类动物与啮齿类动物，动物种类包括诺氏菱齿象、诺氏骆驼、披毛犀、王氏水牛、原始牛、普氏羚羊、野马、野驴、河套大角鹿等，被称为"萨拉乌苏动物群"，这也表明旧石器时代的鄂尔多斯高原及河套地区气候呈现出温暖湿润的特征，大型动物种类较多。此外，当地也是以草原自然环境为主，兼有森林、灌木丛并存的复合式景观格局。[2] 由此可见，这一地区的"河套人"也正因此得天独厚的优越自然条件而出现并在此地生活，并创造了辉煌灿烂的"萨拉乌苏文化"。

水资源在任何历史时期都是人类生存的必要自然条件之一，因而古人生活遗迹多是靠近河湖等可供人类生存及生产用水的水源地，广泛分布的人类活动遗迹也表明当时内蒙古地区呈现出水资源分布区域较广的自然环境特征。此外，当时人类活动地区的自然环境也必须足够优越，也即能够

---

[1]　内蒙古博物馆、内蒙古文物工作队：《呼和浩特市东郊旧石器时代石器制造场发掘报告》，《文物》1977年第5期。

[2]　张久和主编：《内蒙古通史：远古至唐代的内蒙古地区》第一卷，人民出版社2011年版，第68页。

满足为人类生存提供充足的可供直接利用的给养。因为当时的人类生存多是以狩猎与采集为生，在当时的生产力水平的制约下，人类对自然环境的改造性利用较少，对环境的破坏性影响也较微弱。由此可以发现，当时内蒙古地区的自然环境是较为良好的，是森林、灌丛、草原等自然景观并存并呈现出交错分布的特征，同时也是水资源较为充足、野生动物种类较丰富的自然环境，与秦汉以来内蒙古地区广布的草原自然景观以及后来逐渐沙化了的自然环境相比，是大不相同的。

综合以上所述可以发现，内蒙古地区早期自然环境的形成及较好的自然条件为当地早期人类活动的出现奠定了基本自然前提，更是人类文明发源及持续存在的沃土。此外，内蒙古地区自然环境向草原自然景观的过渡也是游牧经济及游牧生产方式出现的必要自然前提，并为此生产方式的出现奠定了自然环境基础。

(二) 内蒙古草原自然环境的形成及人类文明的发展变迁

由前文介绍内容可知，内蒙古地区经历了由海洋到陆地的沧桑巨变，原始海洋的出现奠定了生命出现的自然基础，而由海到陆及蒙古高原草原地貌的形成也奠定了今日内蒙古草原自然环境及草原生态系统的自然基础，同时也是游牧经济及游牧生产方式出现的自然前提。内蒙古草原自然环境的形成是当地独特草原游牧人类文明发展的关键时期，虽在史前时代内蒙古地区广泛分布着发达的原始农业文明，而今日蒙古高原地形及草原地貌形成之后的人类文明则是以"草原文化"及"游牧文明"为基本形态，故而笔者在本部分对蒙古高原地形及草原自然环境的形成，以及在此自然环境基础上的人类文明发展情况加以介绍。

1. 内蒙古草原自然环境的形成

第三纪以来，尤其是渐新世以后，内蒙古地区的自然环境经历了由暖湿森林逐渐演变为干冷草原的变迁过程。大部分地区的地势被逐渐抬升，又受到青藏高原隆起对西南暖湿气流阻挡的影响，以及南部和东部地区地势抬升对来自东南沿海水汽阻挡的影响，导致内蒙古地区干旱加剧、温度降低，大陆性气候加强。因此，受到水热等气候因子变化的影响，内蒙古地区的植被也由森林向疏林草原、草原、荒漠草原等自然景观过渡，气候也向着干旱寒冷的趋势变迁。

在诸多自然条件变迁的影响下，这一时期内蒙古地区落叶树木的叶子变小、变薄、叶缘多齿，这一变化导致当地植被更适应温带及偏寒带的气候环境。且被子植物进一步发展，尤其是草本植物对气候变化更为适应，也成为草原植物的主要构成部分。禾本科的针茅自渐新世出现以来，逐渐成为草原植物界的优胜者。因此，内蒙古地区的草原自然环境自中新世就已经逐渐演变并渐趋形成了，并且是初具现代草原特征的自然与气候环境。"针茅"也成为草原上真正的主人，成为内蒙古草原地区主导型的优势植物，是最适宜草原自然环境与当地气候特征的生物物种。从当下内蒙古地区的自然环境问题治理来说，"克氏针茅"也是内蒙古尤其是其西部地区植被恢复与自然环境建设的首选植物之一。① 这一结论的得出也是建立在对内蒙古环境变迁史的考察基础之上。

第三纪与第四纪是地球新生代的两个大分期阶段，自第三纪到第四纪也是内蒙古地区草原自形成至逐渐稳定的历史时期。第三纪时，内蒙古地区草原自然环境开始萌芽并初步发展形成，气候条件也逐之发生波动。而到了第四纪，受到喜马拉雅运动的影响，青藏高原隆起对内蒙古地区大气环境产生了严重的阻碍，这也导致内蒙古地区季风气候、大陆性气候逐渐形成并渐趋显著，也成为当地主导的气候类型。喜马拉雅运动发生于第三纪末期（距今约3000万年），此运动波及整个东亚陆块，最终形成上新世至更新世以来我国境内自然景观的基本分布格局。

此时期气候由暖转冷的波动与内蒙古地区地势抬升直接相关，也因此而导致当地的森林自然景观逐渐让位于草原，这一时期出现的动物群也带有明显的草原类动物性质。提及这一时期内蒙古地区的植物群，与今日内蒙古地区的植物在大体上来说基本上是相似的。通过对这一时期内蒙古地区各地层内的孢粉分析，可以发现，第四纪以来内蒙古地区经历了20余次的冷暖、干湿变化。这一时期的森林区主要在内蒙古的东北地区，而内蒙古地区西北部与蒙古草原区等地带开始连成一片，逐渐形成了今天意义上的草原地貌景观。可见，内蒙古草原气候由暖转寒、由湿转干，以及草原自然环境已逐渐形成，当地的人类文明也随之发生了深刻变迁，受此气候波动及环境变迁的影响，畜牧业开始从当地原始农业中逐渐分离出来，这也是蒙古草原南缘农牧业分离及农牧交错带形成的重要标志，这一过程

---

① 韩冰、赵萌莉、杨劼、珊丹、韩国栋：《内蒙古高原克氏针茅种群的生态分化》，《中国草地学报》2010年第4期。

在距今 3500—3000 年前后就已开始出现。① 前文所述 "大窑遗址" "萨拉乌苏遗址" 等均表明，史前时代（尤其是石器时代）的内蒙古地区广布着较为发达的原始农业，畜牧业尚未出现或是依赖于农业而存在。然而在公元前 2000—前 1000 年间，整个蒙古高原上的自然环境及气候条件发生了剧烈变化，尤其是向着干旱、寒冷趋势的转变，这一趋势到公元前 1000 年前后达到高峰，并导致从河湟地区—鄂尔多斯地区—西辽河流域地区由农耕转向了游牧，并以此为界出现了南北农耕与游牧的分野。② 由此可见，气候波动对内蒙古草原自然环境及人类社会变迁产生的重要影响。

2. 内蒙古草原自然环境及人类文明的发展变迁

自然环境发展变迁对人类文明出现及发展的影响至为重要，其影响有时甚至是决定性的。对人类文明的发生地区，学界流传较广的一个故事，那便是草原学家任继周先生在给钱学森先生的信中曾提及的一段话，大意为："历史证明，人类文明发源于干旱地带。"由此可知，内蒙古草原自然环境的形成对于草原上人类文明的出现与草原文明出现及发展的影响甚为关键。

根据现阶段研究成果可知，中国境内的人种来源具有多元性，其中一个源头是"蒙古高原系"，另一个源头为"南太平洋系"。蒙古高原作为人类的发祥地源头之一，这也与当地的自然环境密不可分。蒙古高原是中国人种的重要来源地之一，对"冰河时代"蒙古高原之上的原始人类文明之出现，翦伯赞先生对此赞誉道：

> 当时的中国除接近热带的西南一带，天气和暖，雨水充足，生长着繁茂的森林以外，黄河以北都是一片冰雪皑皑的世界。特别是蒙古高原，因为地处中国的极北，首当冰河之冲击，所以在那里，"有冻寒积冰，雪雹霜霰，漂润群水之野"。在那里，是"寒冷之所积也，蛰虫之所伏也"。洪大的冰流以排山走石之力，从西伯利亚滚滚而来。这些冰流挟着砾石，卷着泥沙，把大量的冰块继续不断地倾注于今日之瀚海盆地，因而使这个盆地汇成一个波澜壮阔的大内海。这就是中国传说中所谓北方的寒泽。

---

① 韩茂莉：《中国北方农牧交错带的形成与气候变迁》，《考古》2005 年第 10 期。
② 王明珂：《华夏边缘：历史记忆与族群认同》，社会科学文献出版社 2006 年版，第 81 页。

> 太阳虽然照在蒙古高原上,但它仍然不能消解由冰河带来之寒冷和潮湿的气候。即因气候过于寒冷,所以植物不易繁殖。虽然如此,当时内海周围没有为冰雪所掩蔽的山谷和原野里,已经生长出耐寒的石松、枞桧、月桂树、无花果以及球根类的植物。此外,在卑湿的地方或溪涧的沿岸,则生满了地衣和苔藓。这些古生的植物,就用它们生命的色素,点缀这荒旷的原野。
>
> 巨型的爬虫类已经灭绝了。现在驰逐于蒙古高原的,是披毛犀、毛象、剑齿虎、洞熊、鬣狗、麝香牛、北极狐及旅鼠之类的古生动物。它们弱肉强食,相互吞噬,用它们的咆哮,打破这洪荒世界的沉寂。
>
> 地球在转动,冰河在冲刷,海洋在隆起,陆地在沉沦,风雪在飘零,内海在荡漾,月桂树在摇曳,剑齿虎在咆哮,这就是开天辟地时代的景象。就在这个宇宙洪荒的时代,在蒙古高原大内海的周围,出现了中国最初的人类。①

可以发现,自地质学上的第四纪开始,地球上"冰河时代"之时的蒙古高原上便出现了生机盎然的生命活动景象,这也是孕育原始生命的自然之源,更是人类诞生的自然前提,更为人类的出现及以后人类文明发展繁荣奠定了自然前提基础。

蒙古高原作为中国古人类的重要源地之一,也可较好证明当时这一地区的良好自然环境与气候条件。王树民先生在文章中深思了中国文明发源于北方的原因,其中,早期中国北方物产之丰富是人类文明兴起的基本要素之一,他对此现象考察后指出:"古者北方多竹,其例甚多。如《诗·卫风》:'瞻彼淇奥,绿竹猗猗。'《汉书·沟洫志》:'塞瓠子决河,下淇园之竹以为楗。'《东观汉纪》:'郭伋为并州牧,行部到西汉羌稷,有童儿数百,各骑竹马于道次迎拜。'刘知几质疑此事,谓:'晋阳无竹,古今共知。'案,相传唐晋阳童子寺有竹一窠,其寺纲维,日报平安,则子玄之语非妄。惟唐时然,而右则未然也。又《乐毅报燕王书》云:'苏丘之植,植于汶篁。'篁者,竹田也。《左传·文公十八年》:'懿公游于申池,邴歜阎职弑公,纳诸竹中。'又《襄公十八年》:'晋帅诸侯之师围齐,焚

---

① 翦伯赞:《中国史纲:史前史·殷周史》第一卷,商务印书馆2010年版,第10—11页。

申池之竹木.'是均齐国有竹之证也,古人用之具,多以竹制,如箫管之类。如北方不产竹,必不能远求以制也。其次,北方产稻。今北方虽有稻田而不多,据职方所记,北方之豫、兖、幽,并四州均产稻;其中幽并二州最堪注意。于《诗》亦多见例,如《唐风》'王事靡盬,不能蓺稻粱'《豳风》'十月获稻',地均在黄河流域也。《汉书·沟洫志》:'邺有贤令兮为史公,决漳水兮灌邺旁,终古舄兮生稻粱,'是魏地有稻也。《战国策·周策》:'东周欲为稻,西周不下水,'是周地亦产稻也。"① 可见,竹子、水稻等今日南方自然环境与气候条件下的常见物产在古代也广泛分布于北方的大部分地区。而这些物产在北方由古代的繁盛到后来逐渐消失并多分布在南方地区,也从一个侧面体现出北方自然环境与气候变迁对自然界及生物分布产生的几近决定性的影响。因此,内蒙古地区环境变迁的研究对于理解北方草原自然环境变迁及对自然与人类社会的影响具有重要意义。

因而中国古代文化"不是发生在长江流域而是发生于黄河流域,以今日北方之荒凉与东南之殷盛相况之下,诚不能令人无疑,故曰人有'苗族曾兴于长江流域,其后退化,华人承继其文化,入居黄河流域'之推想。其说出于悬想,固难置信;然其所提出之问题则实有研究之价值也"②。可以看出,北方作为中国文明的发源地,其历史时期的自然环境是较优越的,时至今日,北方地区出现的自然环境恶化及荒凉之景也是值得我们反思的。除自然环境变迁与气候波动产生的影响外,笔者认为这与人类对自然环境的非合理开发利用也是分不开的。

对于人类文明诞生之初的蒙古高原自然环境,翦伯赞先生曾将此时期的蒙古高原赞誉为是"中国的伊甸园",并对此论述道:

> 提起伊甸园,我们即刻就会想到那生长在这乐园中的甜蜜的苹果,具有诱惑性的毒蛇和生长得与上帝一样的一对原始的夫妇——亚当和夏娃。但是如前所述,当时的蒙古高原,也许有毒蛇,至于甜蜜

---

① 王树民:《古代河域气候有如今江域说——记蒙文通先生魏晋史课堂讲演之一节》,载顾颉刚主编《禹贡》第一卷,花山文艺出版社1994年版,第15页。
② 王树民:《古代河域气候有如今江域说——记蒙文通先生魏晋史课堂讲演之一节》,载顾颉刚主编《禹贡》第一卷,花山文艺出版社1994年版,第14页。

的苹果,还没有生长出来。同时,当时的原始人类,与其说他们的相貌像上帝,不如说像猿猴。不过,当时的蒙古高原确有一个一望无涯的内海,在这内海中,有丰富的鱼类和贝类。虽然在这里尚没有苹果,但到处都生长着无花果,而且还有各种球根类的植物。同时,在这里又富有各种古生动物。这些都提供了原始人群以最好的生存条件,所以蒙古高原也就成了他们的伊甸乐园。

在蒙昧时代下期,即传说中的有巢氏时代,北京人的族类,大概都流浪于这个内海的附近。他们在今日内外蒙古交界处之通古尔,在阿尔泰山东麓的沙碛中,在张家口等处,都留下了他们的文化遗存。虽然这些文化遗存不是属于蒙昧下期的类型,但是由此可以推知他们在这一带曾经有过长期的占领。①

可以看出,"蒙昧时代"是蒙古高原上人类文明的起源时期,早期人类活动区域必然要求自然环境与气候条件的适宜乃至于优渥,因而此时期内蒙古高原的自然环境较之今日更为优越,是存在着森林、水域及草原等植被覆盖较好的自然景观。

此时期中国境内的远古人类文明为北京人(又称"北京猿人""中国猿人",正式名称为"中国猿人北京种")时期,北京人遗址是世界上出土古人类遗骨、化石和用火痕迹最丰富的地区,翦伯赞先生认为:"自从北京人出现以后,中国整个地理领域内,才有最初的人类。这种最初的人类——北京人的族类,就用他们笨拙的双手,在蒙古高原太古大内海的周围,揭开了中国历史的帷幕。"② 自此以后,中国人的祖先便开始了开天辟地的伟大事业,并缔造着中国的文明发展历史,也开始步入了人类文明时代,然而此时期的人类尚处于原始阶段,人类文明尚处于"蒙昧时期",整个"蒙昧时期",北方的中国历史都在蒙古高原及其临近地区演绎着。通过此段论述可以发现,蒙古高原在中国人类文明初期的重要历史地位,在内蒙古草原上考古发现的诸多古人类文明遗址也是较好佐证。

---

① 翦伯赞:《中国史纲:史前史·殷周史》第一卷,商务印书馆2010年版,第17—18页。
② 翦伯赞:《中国史纲:史前史·殷周史》第一卷,商务印书馆2010年版,第16—17页。

三　游牧生产方式研究的相关问题界定

在"导论"的前两部分内容中，笔者注重对本题目的研究背景、草原自然环境变迁及其自然及人文价值等做了介绍，在本部分内容中，笔者将就本题目所涉及的研究范围、目标及方法等加以介绍，以期对本书所述游牧生产方式有一更加直观的了解。

（一）研究范围

研究范围即以空间（地域）、时间与主体三维视角对历史时期内蒙古草原上游牧民族游牧生产方式的发展变迁阶段、生态价值及启示加以介绍。空间维度也即地域范畴，即对本书所叙述中国历史上游牧民族主要活动的内蒙古地区的地域范围（部分历史时期游牧民族的活动区域也超出内蒙古草原的地域范围）加以界定。时间维度即是指时间范畴，也即就本书所论述中国历史上内蒙古草原各游牧民族存在的主要时间范围（也包括对草原自然环境及游牧民族形成与出现时间）进行介绍。而主体范围则是指人，也即是指历史时期生活在内蒙古草原上的各主要游牧民族为研究对象。但历史时期游牧民族出现较多、活动区域波动也较大，故而本书在论述时未能面面俱到，仅就材料较为丰富集中且影响较为深远的游牧民族及活动区域进行介绍，不足之处也待继续补充完善。

1. 空间范围

本书所指内蒙古草原以今日内蒙古自治区疆域范围为基础，而非历史时期的蒙古地区（清代最盛时具体蒙古地区疆域范围及行政区划参见"附录"所整理内容），但在具体论述中，因部分历史时期的游牧民族控制疆域范围也不仅局限于内蒙古地区，故而本书根据具体游牧民族情况也将所述地域范围有所扩大，但核心区域始终都是以今内蒙古地区为主。"内蒙古"这一名字源自清代"内札萨克蒙古"，即今日所简称的"内蒙古"。据嘉庆朝《大清会典》记述："乃经其游牧之治，大漠以南曰内蒙古，部二十有四，为旗四十有九。"[①] 再如《小方壶斋舆地丛钞》所载："盛京与直隶、山西、陕西省之北为内蒙古六盟四十九旗，及察哈尔八旗游牧；逾瀚海而北为外蒙古喀尔喀四部八十六旗，游牧其西为科布多，其北为唐怒

[①] （清）何桑阿等：《大清会典》卷四九《理藩院·旗籍清吏司》，文海出版社1992年影印本。

乌苏梁海；甘肃省之北为阿拉善额济纳二旗游牧，逾瀚海而西为伊犁大海。"[①] 可见，清代的蒙古地区地域宽阔，远远超出今日的内蒙古地区，而本书所叙述之内蒙古地区也仅为其中一部分，即今日的内蒙古自治区，与清代漠南蒙古所辖地域范围大致相吻合。

大漠以南即为漠南蒙古，也即今日所说的内蒙古。然而当时的漠南蒙古较之今日内蒙古疆域范围在西、南和东、北相比较而言，范围都较小。本书所论述的内蒙古地区，则是以今日内蒙古自治区为地域范围。中华人民共和国成立时的内蒙古自治区共有六个盟，在各盟下设旗县市，具体如表0-6所示：

表0-6　　中华人民共和国成立初期内蒙古自治区各盟旗信息统计

各盟名称	下辖市/旗/县数量	各市/旗/县信息
呼伦贝尔纳文慕仁盟	2市8旗	海拉尔市、满洲里市、新巴尔虎右旗、新巴尔虎左旗、陈巴尔虎旗、索伦旗、额尔古纳旗、布特哈旗、莫力达瓦旗、阿荣旗
兴安盟	1市4旗1县	乌兰浩特市、科尔沁右翼前旗、科尔沁右翼中旗、科尔沁右翼后旗、扎赉特旗、突泉县
哲里木盟	5旗1县	科尔沁左翼中旗、科尔沁左翼后旗、库伦旗、扎鲁特旗、奈曼旗、开鲁县
昭乌达盟	4旗1县	阿鲁科尔沁旗、巴林左旗、巴林右旗、克什克腾旗、林西县
锡林郭勒盟	5旗	东部联合旗、中部联合旗、西部联合旗、苏尼特左旗、苏尼特右旗
察哈尔盟	5旗	正蓝旗、太仆寺左旗、明安太右联合旗、商都镶黄联合旗、正镶白联合旗

资料来源：郝维民主编《内蒙古通史：中华人民共和国时期的内蒙古自治区》第七卷，人民出版社2011年版，第33页。

由表0-6可见，中华人民共和国成立初期内蒙古所辖地区的地名虽多有更易，但其大致地域范围未有明显变动。故本书以此空间地域为界线，对历史时期内蒙古草原上游牧民族游牧生产方式的生态价值及其对当代生态环境问题治理与生态文明建设的借鉴价值加以分析。

[①] （清）王锡祺：《小方壶斋舆地丛钞》一，《第一帙·舆地略》一，上海著易堂光绪十七年铅印本，杭州古籍书店1985年影印版，第41页上。

2. 时间范围

本书所论述的时间范围限定于北方草原（包括内蒙古草原在内）自然环境形成以来，也即伴随着北方草原自然环境的形成与发展，人类文明开始形成并取得一定发展，又逐渐由史前的原始农业文明及采集狩猎文明向游牧文明的转变及逐渐发展形成的过程。

因此，本书在时间上立足于历史时期草原自然环境形成及草原游牧民族诞生以来，以此时期为出发点，对历史时期内蒙古草原上游牧民族游牧生产方式的变迁及对人类社会生活、政治变动、观念变迁等问题进行探讨。此问题的研究倘若置于某一特定时期，而无前后历史时期的对照，则无法体现出自然环境的发展变迁，以及对人与草原自然环境之间相互作用关系的环境影响的把握。因此，本书在写作过程中，也就内蒙古地区自然环境的形成、历史时期环境发展变迁的基本特征进行梳理，并着重就清代以来内蒙古地区环境变迁加以介绍，以凸显清代以来内蒙古地区的环境变化及游牧生产方式对草原自然环境变迁产生的影响，从而体现出游牧生产方式的生态价值以及对历史时期草原自然环境的影响。

3. 主体范围

环境史研究是分析自然环境与人类社会之间相互作用的基本范畴，环境只有作用于人及各类生物的身上，方能体现出环境变化的影响。如梅雪芹所言："环境史中的人，不再仅仅是抽象的类，或者说是生物学意义上的人，是在历史与现实之中确切存在的人。"[1] 因此，环境史的研究离不开对其特定区域内生存的人类主体的关注与考察，透过人类社会的情况能够更好地观察到自然环境的发展变迁及二者之间的相互关系。

就主体而言，内蒙古地区自石器时代以来，始终都是人类活动的重要分布区域之一。根据宋志刚统计，生活在内蒙古草原上的人类可分为三大支系，分别为：东胡民族包括肃慎、山戎、哕貊、乌桓、鲜卑、挹娄、鞑靼以及近世的契丹、女真等，突厥民族包括獯鬻、猃狁、鬼方、昆夷、匈奴、突厥、回纥及其别种，蒙古族。[2] 本书写作，以历史时期内蒙古草原上各游牧民族（尤其是"蒙古族"及"匈奴"、"鲜卑"等统治蒙古草原

---

[1] 梅雪芹：《从环境的历史到环境史——关于环境史研究的一种认识》，《学术研究》2006年第9期。

[2] 宋志刚：《内蒙古疆域考略》，内蒙古文史馆1981年版，第7页。

区域较广阔、统治时间较长且影响较为深远的游牧民族）为主，并向前后历史时期草原自然环境演变过程进行爬梳。因此，本书立足于以蒙古族为主体的内蒙古草原地区历史叙述，附之以当地历史时期其他各游牧民族的历史记述，对内蒙古地区环境发展变迁历史及游牧生产方式的环境影响进行梳理与研究。

（二）研究思路、方法与目标

1. 研究思路

本书将从多维视角对历史时期内蒙古草原上游牧民族游牧生产方式的生态思想及价值等问题进行探讨。首先，从历史学的角度，对内蒙古地区历史时期各主要游牧民族游牧生产方式的发展变迁过程进行梳理和初步研究，从历史发展的角度探讨气候波动、自然环境变迁及人类社会与草原自然环境之间的相互关系。从而对游牧生产方式利用过程中与内蒙古草原自然环境之间的相互影响，以及内蒙古草原自然环境发生变迁的原因、表现形式、结果、对自然及人类社会影响进行整理与分析。其次，从生态学的角度，对内蒙古地区游牧生产方式与历史时期自然环境变迁及导致的社会经济、生活、人类生存等变化之间的关系进行探讨。再次，从地理学、气象学、植物学等角度，对游牧生产方式及所导致的自然环境变化相关的各要素进行探讨。最后，以现代社会环境问题治理及生态文明建设理论及目标对全书加以把控，进行重新审视，探讨游牧生产方式的生态价值及其当代借鉴意义，做到古为今用，发挥游牧生产方式的现实意义。

2. 研究方法

本书主要从以下四个角度开展研究：首先，从历史学的角度出发，对历史时期内蒙古草原各游牧民族游牧生产方式及草原自然环境变迁的阶段性特征及发展阶段情况进行梳理和初步研究，并对游牧生产方式及环境变化的原因、表现、结果、对自然及人类社会的影响进行整理与分析。其次，利用现代科学手段和知识对内蒙古地区环境变迁的自然及社会因素之间关系进行探讨，辩证对待环境变化及其成因、表现形式及影响。再次，利用多学科研究视角对与环境变化相关各要素之间的关系进行探讨形成对内蒙古地区环境问题的科学认识。最后，结合明清以来内蒙古草原自然环境的发展变迁、环境问题及人类社会的应对，探究历史时期草原民族在对自然环境开发利用过程中的行为及影响，透过游牧生产方式与草原自然环境之间的互动关系以探讨游牧生产方式的生态价值及现实意义，凸显游牧生产方式与历史时期草原自然环境维护及破坏之间的深层内在联系。

3. 基本目标

自工业革命以来，全球性环境问题逐渐成为制约人类社会生存与发展的关键，也成为当下全人类所普遍关注的焦点问题之一。置于历史学科之中，则是以环境史研究为渠道，表达其对环境问题的高度关注。中国的环境史研究不能仅将视角限定于本国，应立足全球视野，从人类文明发展与自然环境协同演化的过程中认识历史时期人与自然环境之间的关系。尤其是大航海导致各大洲之间的生态经济体系联系更密切，造成的生态后果也更严重，导致全球环境危机的出现及日渐加剧，甚至逐渐成为影响人类社会生存发展与延续的关键所在。人类是自然界的一部分，人类对自然环境的活动是为满足人类生存发展所需而开展的，同时也对自然环境产生或好或坏的影响，进而导致自然环境的变化，自然环境的变化又终将作用到人类身上人与自然环境之间的关系便由此展开。随着人类社会的出现及对自然环境作用程度的不断加深、作用形式的不断丰富，使其生存所依托的自然环境烙上了深刻的人类印迹，人与自然环境之间违背自然规律的作用是导致环境问题出现的关键。

现代社会，环境问题已日渐成为制约人类社会生存发展的关键，这一现象在世界绝大部分国家及地区都普遍存在。受此影响，关于历史时期环境问题研究成为当今国内外学术界，尤其是史学界研究的热点问题之一。在此时代背景下，人们开始反思人与自然环境之间的关系，通过各种渠道探讨环境问题治理的指导思想与实践经验。

本书试图通过多维视角、多学科理论方法并用的方式来把握历史时期内蒙古地区的人类社会生产方式（也即游牧生产方式）与自然环境变迁等问题。本书也是第一次系统的就历史时期蒙古草原上游牧民族游牧生产方式的发展变迁情况及生态思想及价值进行梳理和研究，虽然有相当的难度，但无论是就历史学研究、环境史学研究、生态哲学研究或是对当下内蒙古地区草原严峻的自然环境问题解决等都无疑是有重要的借鉴价值。此外，鉴于正史、地方史志资料、档案史料中对内蒙古地区环境问题的相关记述较少，且较为分散。故本书在写作过程中尽可能地全面搜集各类暗含的或是间接提及的史料及研究报告，并加以分类处理。此外，对于一些缺乏史料记载的环境问题及环境状况，本书也试图运用现代科学理论与方法加以推导，期望能够较为准确并全面地反映出历史时期内蒙古地区的环境变迁及当代环境问题，为当下内蒙古地区环境问题治理及实现生态文明建设等提供良好的经验借鉴。

上 编
游牧生产方式溯源及发展阶段

内蒙古草原自然环境与气候条件的形成与发展变迁与这一区域的游牧文明起源与发展具有一定同步性，根据现阶段考古学、生物学、生态学及地理学等的研究分析，内蒙古草原上最早的人类生产和生活环境以森林、森林草原或是适宜人类生存的平原为主，并在这一地区诞生了发达的原始农业及采集渔猎业。随着蒙古高原地势的进一步抬升，气温、降水随之降低与减少，蒙古高原的古生态环境开始向草原自然景观过渡，气候也向干旱寒冷方向过渡，应对气候与自然环境的剧烈变化，人类也开始从原始农业、采集渔猎业逐渐向游牧业过渡，最终选择并长期坚持发展了以游牧经济为主要经济类型的生产与生活活动。草原是大自然赋予人类的珍贵自然遗产，内蒙古草原自然环境经历了三百余万年的沧桑演变方才孕育形成，并为人类文明发展尤其是草原文明的形成提供了自然环境承载体。草原自然环境是游牧民族及游牧生产方式出现的基本自然前提，也是游牧民族与自然环境相互作用、同生共荣的历史见证，石器及青铜时期的历史遗存表明了草原是游牧民族出现及发展繁荣的自然基础和文明发展的动力源泉。面对草原地区独特的自然资源及气候条件、地理环境等的形成，草原上的游牧先民们逐渐摸索出通过发展游牧经济谋求人类生存与草原自然环境可持续发展之间的和谐共生模式，通过游牧生产方式协调游牧经济与草原自然环境（也即"人"与"自然"）之间的和谐关系，最终实现了人与草原自然环境的和谐共存与永续发展等目标。游牧生产方式是游牧生产活动中人与草原自然环境相互作用的基本形式与关键环节，在我国，内蒙古草原是中国境内游牧生产方式的主要发生与分布区域，整个北方草原上历史时期出现的诸游牧民族也是典型游牧生产方式的发明者与利用者，与此同时，游牧生产方式的出现也是受到内蒙古地区自然环境变迁影响而出现并发展起来的。因此，游牧生产方式在内蒙古草原上的存在历史较为久远，其在不同历史时期的发展状况也值得深入考察。

第一章 游牧生产方式之起源探析

  草原自然环境及气候条件的形成是历史时期草原游牧民族游牧生产方式出现的必要自然前提，史前及先秦时代是游牧生产方式的发端时期，这一时期也是内蒙古地区草原自然环境的形成与逐渐稳定发展阶段。先秦时期，内蒙古地区温度明显下降，标志着全新世大暖期的结束。自此之后，内蒙古草原上的史前原始农业发展也难以维持，进而转向以游牧业为主的单一或复合式经济类型。农业是利用动植物的生长发育规律，通过人工培育来获得产品的经济类型。农业是人类衣食之源，生存之本，是人类一切生产和生活的首要条件。马克思、恩格斯曾指出：历史时期，"农业是整个古代世界的决定性的生产部门"①。而内蒙古地区从史前发达的原始农业向游牧业过渡，则体现出气候与环境等自然因素变迁对人类社会生产方式变迁产生的几近决定性的影响，也即人类社会初期，在人类社会生产力水平较低的情况下，自然环境对人类社会形态变迁的几近决定性的影响。适宜游牧经济发展的草原自然环境的形成是游牧生产方式出现的自然前提与必然条件，游牧业从原始农业中分离出来的前提是适宜这一经济类型的自然环境的出现与气候条件的形成，而后才是游牧生产方式的出现与发展。中国游牧地带分布较为广泛。但需要注意的是，游牧经济的出现与发展同内蒙古草原自然环境的形成并不是同步的，游牧经济是草原先民适应草原自然环境与气候变迁及草原生态景观与气候条件的最终形成与长期稳定而最终选择并长期坚持利用的，是从史前原始农业向游牧业过渡并逐渐形成而最终稳定存在下来的。因此，内蒙古草原自然环境的形成是游牧经济产生的客观前提，并为游牧生产方式的出现奠定了必要自然基础。

---

  ① 《马克思恩格斯选集》第4卷，中共中央马克思恩格斯列宁斯大林著作编译局编译，人民出版社1995年版，第145页。

| 上编　游牧生产方式溯源及发展阶段

第一节　游牧生产方式出现的自然前提

通过现阶段考察及对考古发掘资料的研究可知，早在石器时代，蒙古高原上存在大量农业生产遗迹，广泛分布在鄂尔多斯及西辽河流域等地区，尤其是到了公元前 2000 年前后，内蒙古草原上的农业有了进一步发展，迎来了原始农业发展的繁盛时期，然而到了公元前 2000 年至前 1000 年期间，整个蒙古高原上的自然环境及气候条件发生了剧烈变化，尤其是向着干旱寒冷趋势的转变，这一变化趋势到公元前 1000 年前后达到高峰，并导致从河湟地区—鄂尔多斯—西辽河流域沿线地区由农耕经济转向游牧经济，出现了以此为界的南北农耕与游牧业的分野。[①] 因此，内蒙古草原自然环境及特殊气候条件的形成为游牧生产方式的出现提供了必要自然前提。根据现阶段考察研究可知，内蒙古地区草原自然环境形成及游牧经济与游牧生产方式的出现经历了一个漫长过程。具体包括：草原自然环境与气候变迁及符合草原自然环境特征植被的形成、适宜草原自然环境与草原植被的各类生物的（此处指能以草原植被为食的各类动物）变迁及由此而构成的新的草原生态系统，这些是游牧生产方式出现的必要自然前提，也是第一阶段。

一　草原自然环境的形成及植被变迁

本书在"导论"中就已指出：在人类社会出现以前，地球上的自然环境演变就在悄无声息地进行着，宇宙与地球的形成与发展变迁也都经历了漫长岁月。地球从地壳形成之始，便开始进入各个地质时代的演变过程，其间也开始孕育出生命，地球也因之更加绚丽多彩。

（一）内蒙古地区地质变迁及生命出现

从地质变迁角度而言，地球主要经历了隐生宙（表 1 – 1）和显生宙

[①] 王明珂：《华夏边缘：历史记忆与族群认同》，社会科学文献出版社 2006 年版，第 81 页。

(表1-2)两个大的地质变迁时代。此两个大的地质变迁时代又分别出现了三个阶段,分别是隐生宙内的冥古代、太古代、元古代和显生宙内的古生代、中生代、新生代。各个阶段内又有特征各异的更加具体的发展变迁阶段,以及不同时期内生命出现与发展变迁的阶段性特征,在各个时期内,内蒙古自然环境及生物物种的变迁也奠定了人类文明出现与发展的基础。

表1-1　　　　隐生宙时期地球自然历史发展阶段与生命演化

地质时代		同位素年龄	主要地质事件	生物演化阶段	
元古代	震旦纪	5.4亿—8亿年	三大古陆形成的初期	埃迪卡拉生物群演化失败	
	青白口纪	8亿—10亿年	板块形成	菌藻类时代	
	蓟县纪	10亿—14亿年			
	长城纪	14亿—18亿年			
	滹沱纪	18亿—22亿年			
	五台纪	22亿—25亿年		真核细胞生物出现	
太古代	未分纪	25亿—38亿年	路核形成	生命出现	原核细胞生物出现无机化学演变阶段
冥古代	未分纪	38亿—46亿年	原始海洋形成		
			天文时期		

资料来源:广州博物馆编《地球历史与生命演化》,上海古籍出版社2006年版,第39页。

由表1-1可知,在整个隐生宙时期,地球上的生命记录极为匮乏。这一时期地球上板块运动激烈,形成了初期的三大古陆与原始海洋。且在此时期内,生命仅仅是处于萌芽时期,生命个体微小、构成简单且极其脆弱。此时期的生命仅是在原始海洋中出现了较为简单的菌藻类植物。内蒙古地区自然环境的历史发展与生命演变同整个地球的自然历史发展和生命演变一样,也经历了地球初成时期的荒凉及至后来的逐渐繁荣,直到原始海洋形成之后,海洋中才孕育出生命萌芽,以及之后不断发展演变的生命形态,并随着人类的出现,逐渐缔造出了人类文明。

表1-2　　　　　显生宙时期地球自然历史发展阶段与生命演化

地质时代		同位素年龄	主要地质事件	生物演化阶段
新生代	第四纪 全新世	1万年	联合古陆解体	（第三次生命大灭绝） 人类时代 哺乳类动物时代 被子植物时代
	第四纪 更新世	300万年		
	第三纪 上新世	0.052亿—0.003亿年		
	第三纪 中新世	0.233亿—0.052亿年		
	第三纪 渐新世	0.354亿—0.233亿年		
	第三纪 始新世	0.565亿—0.354亿年		
	第三纪 古新世	0.565亿—0.65亿年		
中生代	白垩纪	1.35亿—0.65亿年		（第二次生命大灭绝） 恐龙时代爬行动物发展 鸟类出现
	侏罗纪	2.05亿—1.35亿年		
	三叠纪	2.5亿—2.05亿年		裸子类植物时代 （第二次生命大爆发）
古生代	二叠纪	2.9亿—2.5亿年	联合古陆形成	（第一次生命大灭绝） 两栖类大发展时代 鱼类大发展时代
	石炭纪	3.5亿—2.9亿年		
	泥盆纪	4亿—3.5亿年		（两栖与鱼类发展时代的同时，也是蕨类植物大发展的时期）
	志留纪	4.3亿—4亿年	三大古陆形成	无脊椎动物大发展时代 三叶虫时代 （第一次生命大爆发，澄江生物群演化成功）
	奥陶纪	5亿—4.3亿年		
	寒武纪	5.45亿—5亿年		

资料来源：广州博物馆编《地球历史与生命演化》，上海古籍出版社2006年版，第39页。

由表1-2可见，显生宙是地球上生命大发展和发生剧烈变迁的重要时期，同时也是人类出现并发展的初期阶段。在此时期内，人类出现了，并创造了早期的人类文明，地球也因为人类的出现而呈现出新的发展趋向和自然状态，人类也创造出了更加辉煌灿烂且高度发达的人类文明。

就内蒙古地区的地质变迁和生命出现及发展而言，地质时代中前期的内蒙古地区满布着火山，烈日炎炎，电闪雷鸣，熔岩滚滚，可谓"天地玄黄，宇宙洪荒"。到了冥古代中后期，内蒙古地区开始出现原始海洋，但分布范围并不广泛。到了晚古生代，北方各陆台受"加里东运动"的影响而连成"劳亚大陆"，并与南方冈瓦纳大陆逐渐汇合，连成

"联合古陆"。① 晚古生代后,"联合古陆"的解体导致大陆陆地的分裂,各大洋面积因地球上的古陆分裂而逐渐缩小,此后逐渐形成了接近于今日的海陆分布格局及地表形态。② 地球陆地环境形成之后,海洋生物的生存区域开始向陆地发展,在滨海低地沼泽中发现了原始的裸蕨类植物,这也是生命登上陆地的初阶段。

根据现阶段科学研究,发现的地球上最早的生命可追溯至35亿年前后,即发现于南非斯威士兰系的古细胞化石,在此前后一段时期内,内蒙古部分区域也出现了原始生命痕迹,这也是得益于内蒙古地区存在原始海洋的直接影响。

最初的生命是在地球无氧或氧气稀薄的情况下出现的,同时也是存在于海洋里的生命,属于"厌氧异养型"生物。原始生命是在无氧的环境下进行发酵,发酵过程需要酶的参与,但是当时酶的成分很低,且当时地球上没有臭氧层保护而直接受到太阳辐射的影响,其基本反应过程为:

$$C_6H_{12}O_6 \rightarrow 2CH_3CH_2OH + 2CO_2 + 50 \text{ 卡/克分子}$$

随着原始海洋内可支持无氧发酵的有机物被消耗殆尽,出现了原始阶段的光合作用,但此时期的光合作用仍旧以含氢的无机物作为还原剂,且是不能分解水而自养型的,其光合作用的基本反应过程为:

$$CO_2 + 2H_2S \xrightarrow{(hr\text{光})} CH_2O + H_2O + 2S$$

随着海洋中无机物与无机还原剂的减少,出现了无氧条件下能够存活的原始"蓝藻"类植物,其出现时间距今约有35亿年。蓝藻是无真正细胞核的生物,呈现为蓝绿色,故而称为"蓝藻"。"蓝藻"的生存需要大气中二氧化碳的存在,并通过叶绿素制造"蓝藻"自身生存所需养料,并以水中的氢离子为还原剂,属于自养型生物,其基本反应过程为:

$$CO_2 + H_2O \xrightarrow{(hr\text{光})} (CH_2O)_6 + O_2 \uparrow$$

自养型蓝藻生物出现之后,使大气中氧气含量持续增加,导致自然环境向着适宜更高级的生命及人类出现与生存发展的方向转变,而自养型生

---

① 王乃文:《板块构造与古生物地理》,载李春昱、郭令智、朱夏等编《板块构造基本问题》,地震出版社1986年版,第307页。
② 中国科学院《中国自然地理》编辑编委会:《中国自然地理——古地理》下册,科学出版社1986年版,第4—8页。

物也使早期生物具备了合成与分解、自养与异养的高低发展程度的环节，为形成完整的生态系统奠定了基础。① 自此时期开始，生物界开始向着全新的、更进步的、更复杂的方向发展。

可以发现，最初的生命是不需要氧的参与就可以存在的，属于"厌氧异养型"生物。到 32 亿年前后，在非洲南部的南非斯威士兰系发现了蓝藻化石，这时期的蓝藻多为单细胞状生物，属于"喜氧自养型"生物。这为生命向着更复杂、更高级阶段发展奠定了自然基础。至太古代末期及元古代，距今 25 亿—17 亿年前后，出现了单细胞结合体的蓝藻类生物。在今日内蒙古呼和浩特市西北的马家店群上部沉积中，发现的叠石层就是蓝藻吸收海水中钙离子并分泌到细胞壁外而沉积在海水中形成的。② 在呼和浩特附近发现的蓝藻也是目前内蒙古地区发现的最早的生命痕迹。

蓝藻是地球上生命出现的肇始阶段，也是地球上生命演化的最初时期，在地球发展史上具有划时代的重要意义。就内蒙古地区而言，当地蓝藻的出现也表明生命开始出现，并由此而开始了生命的发展繁荣及自然环境的新塑造。

（二）内蒙古地区草原自然环境的形成及植被变迁

随着内蒙古地区由海到陆的剧烈变迁，逐渐形成了暖湿的森林环境，但随着内蒙古地区地势的逐渐抬高及大陆性气候的逐渐形成，内蒙古地区也逐渐从暖湿的森林环境过渡到干冷的草原环境，并长期保持了现代类型的草原自然面貌。到了中生代，内蒙古地区温暖湿润的气候导致此时期内蒙古地区出现了植物葱郁、森林茂密的自然景观，这一时期大致持续到第三纪。第三纪的渐新世之后，内蒙古地区因地壳运动，尤其是青藏高原与内蒙古东部、南部地区地壳运动的影响，导致内蒙古地区的自然环境从暖湿森林向半干旱的草原自然环境过渡，这一自然景观在此时期形成并长期存在下来。

通过对今日内蒙古自治区二连浩特市及四子王旗的脑木根等地白垩纪晚期孢粉的实验分析，可以发现这一地区在此时期的自然环境以常绿阔叶林和针阔叶混交林为主，在山地上仍为针叶林，低洼湖滨已有沼泽植物，

---

① 内蒙古自治区森林经理学会：《内蒙古森林变迁——地史时期森林的变迁》，《内蒙古林业调查设计》2007 年第 S1 期。

② 北京自然博物馆编著：《生物史图说》，科学出版社 1987 年版，第 74 页。

其主要植物类型包括：

裸子植物：松科、罗汉松科、杉科等；
被子植物：杨柳科、胡桃科、壳斗科、杨梅科、桦木科、榆科、山龙眼科、豆科、忍冬科、漆树科等；
此外，还有石松科、莎草蕨科等蕨类植物。[①]

可见，这一时期（第三纪的古新世、始新世）内蒙古地区也能受到来自海洋的暖洋流的影响，这也导致植被中有常绿阔叶林等。因此，内蒙古地区由海到陆的地质变迁初期，陆地自然环境还是比较温暖湿润的森林自然环境，整体来说是较为优渥的。

进入新生代后，迎来了地球上生命的第三次大爆发时代，也是被子植物的繁盛发展时期，内蒙古地区植被在此时期也较为繁盛，生命更加复杂。主要植被包括：

山地针叶林地带植物有：杉类（红杉、水杉、柳杉、油杉、铁杉等）、银杏类、雪松等；
丘陵与平原地带植物有：水青冈、桦、榆、胡桃、杨梅、杜鹃、黄杨、山毛榉、黄杞等。[②]

在此时期内，内蒙古地区的森林中存在大量蕨类植物（主要生长在林下），但是这一时期的草本被子植物缺少，因而是森林自然环境特征最为突出的阶段，这一时期一直可延续至渐新世。渐新世之后，因青藏高原与内蒙古东部、南部地区的地壳运动，导致当地自然环境从暖湿森林向半干旱草原自然环境过渡，这一时期也是草原自然景观形成的初期阶段。

二 草原性气候的稳定及植被生长

受地质及气候变迁的影响，内蒙古地区的大陆性气候增强，由此导致

[①] 刘钟龄主编：《内蒙古通史：生态环境与生态文明》第八卷，人民出版社2011年版，第33页。
[②] 刘钟龄主编：《内蒙古通史：生态环境与生态文明》第八卷，人民出版社2011年版，第33页。

本地区暖湿气候及森林景观开始消退，当地草原自然环境开始形成及草原性气候与植被也随之逐渐出现并有所发展，草原自然环境与气候条件的形成及稳定存在也为游牧经济及游牧生产方式的出现提供了必要自然前提。

（一）草原性气候环境的形成

就内蒙古地区而言，第三纪以来，尤其是古新世时，内蒙古地区经过剥蚀，夷平了白垩纪及侏罗纪时期出现的凹凸不平的地表；始新世及以后的渐新世，内蒙古高平原在地壳运动的影响下进一步变形，导致部分地带上升、部分地区开始下沉，出现了不同层面的沉积，这一变迁主要发生在内蒙古西部地区；到了中新世，沉积中心转移到内蒙古中部地区，是蒙古高原上的再一次大夷平运动，形成了蒙古准平面。这一时期的大气环流与海洋环流仍较平缓，气候变化小，仍属于温暖期，根据"氧同位素"测定法的检测，当时内蒙古地区的平均温度较之今日仍高出10℃左右。这一时期的被子植物完全占据了植物界，裸子植物和真蕨类植物退居到了次要位置。

此外，内蒙古地区出现了早第三纪的"暖温带针叶—落叶阔叶混交林"（主要分布于内蒙古东部赤峰北部、锡林郭勒盟东北、兴安盟、哲里木盟等地区）、"暖温带含有较多亚热带植物的针—阔叶混交林地带"（集中分布于内蒙古东部地区）、"亚热带疏林草原植被带"（主要分布在内蒙古中西部的鄂尔多斯与阿拉善等地区）；晚第三纪的"东北温带森林和森林草甸地带"（主要分布在内蒙古东部地区）、"华北暖温带落叶阔叶林和森林草甸地带"（主要分布在内蒙古中南部）、温带草原区（集中分布在阴山，主要是大青山以北地区）。[①] 因此，第三纪末以来的内蒙古地区出现了大量的良好自然与气候环境，为哺乳类动物及种类繁多的有蹄类动物的发展繁育提供了必要条件，更为第四纪以来人类在华北地区的出现与繁衍生息奠定了必要自然基础。[②]

考察发现，第三纪以来，尤其是渐新世以后，内蒙古地区的自然环境经历了由森林自然景观过渡到草原自然景观的剧烈变迁。大部分地区的地

[①] 内蒙古自治区森林经理学会：《内蒙古森林变迁——地史时期森林的变迁》，《内蒙古林业调查设计》2007年第S1期。

[②] 中国科学院《中国自然地理》编辑委员会：《中国自然地理·古地理》上册，科学出版社1984年版，第50页。

第一章　游牧生产方式之起源探析

势被持续抬升，又受到青藏高原隆起对西南暖湿气流阻挡的影响，以及南部和东部地势抬升对来自海洋水汽的阻挡，内蒙古地区干旱加剧，温度普遍降低，大陆性气候逐渐加强。受到水热等气候因子变化的影响，内蒙古地区植被也出现了由森林自然景观向疏林草原、草原、荒漠草原自然景观的过渡，这一时期落叶树木的叶子变小、变薄、叶缘多齿以适应逐渐形成的温带气候环境。

第三纪与第四纪是地球上新生代的两个大分期阶段，自第三纪到第四纪期间，也是内蒙古地区草原自然环境形成至逐渐稳定的历史时期。在整个第三纪内，内蒙古地区草原自然环境与气候条件开始萌芽并初步发展乃至稳定。到了第四纪，受到喜马拉雅运动影响，青藏高原隆起对大气环境更是产生了直接的阻碍影响，这也导致内蒙古地区季风气候、大陆性气候逐渐形成并成为内蒙古地区的主导气候类型，当地自然环境与人类社会也都随之发生深刻变迁。

（二）自然环境及植被的发展变迁

第三纪内，发生了对我国地形、地貌、气候等自然环境变迁影响最为深远的"喜马拉雅运动"。"喜马拉雅运动"发生于第三纪末期（距今约3000万年前后），此运动波及了整个东亚陆块，最终形成上新世至更新世以来我国境内地形地貌与自然景观的基本格局状态，与今日地形地貌基本相似，但地表植物有一定变迁。

在地貌上，自东至西形成了由低至高的阶梯地形分布，第一阶梯为青藏高原，平均海拔在4000米上下，面积约330万平方千米，占中国陆地面积的1/3；沿贺兰山、六盘山、横断山系东侧分布的一条大断裂带，此断裂带以东为第二阶梯，平均海拔1000—2000米，包括新疆、内蒙古、黄土高原、秦岭、云贵高原及四川盆地等；沿大兴安岭、燕山、太行山、巫山、雪峰山东部地区为第三阶梯，地形以盆地、丘陵为主，平均海拔200—500米。[①] 内蒙古地区气候的剧烈变化导致草原自然景观开始出现，在大陆性气候的长期影响下，草原自然环境进一步形成并逐渐稳定下来，草原自然环境的分布区域也不断扩大，为形成今日内蒙古地区广布的草原自然环境与高原地形区奠定了自然基础。

在此时期，除草原景观外，内蒙古高原上的部分地区（尤其是西部、

---

① 王幼平：《中国远古人类文化的源流》，科学出版社2005年版，第5页。

北部及西北部地区）也因长期受到大陆性干旱与高寒气候的影响，出现了典型草原向荒漠草原及荒漠过渡的环境演变，也即历史时期内蒙古部分地区尤其是西部地区在非人为因素影响下出现了典型荒漠或荒漠草原等自然景观。内蒙古高原上草原自然环境的形成与稳定，奠定了这一区域草原生态系统的前提条件，适宜草原地区自然环境与气候条件也形成了相应的草原植被景观。在内蒙古自治区草原自然环境内部，各气候因子分布呈现东北—西南走向的弧形带状分布特征，跨越了湿润、半湿润、半干旱、干旱与极端干旱等地带，由东向西发育形成了森林、森林草原、典型草原、荒漠草原、草原化荒漠与典型荒漠等植被亚带；由南向北发育出了暖温带植被带、中温带植被带与寒温带植被带的分布规律。[①] 可以说，地壳运动对地势抬升的影响及气候波动对内蒙古草原内部植被分布差异的出现具有重要影响。

此外，这一时期草原上的被子植物得到了进一步发展，尤其是草本植物对气候变化之后的草原自然环境更为适应，成为内蒙古草原地区的重要植物类型。禾本科的针茅自渐新世出现以来，逐渐成为草原植物界的优胜者。概括而言，内蒙古草原自然环境自中新世就已逐渐形成，并初具现代意义上的草原自然环境特征。[②] 可以说，"针茅"是内蒙古草原生物界的真正主人，成为内蒙古草原上最具生存优势的生物物种，也是最适宜草原自然环境与当地气候条件的生物物种。概括而言，草原地区的气候环境、适宜草原自然环境特征的植被及各类动物的形成及出现，也奠定了游牧经济及游牧生产方式的自然前提。

三 草原自然环境长期存在及各类生物存汰

作为杂食性动物的人，在气候波动及自然灾害等频繁发生时，粮食生产难以保证有效供给，无法单纯地以四季生长繁茂枯荣更替的其他自然植物为生存所需给养，还需要在其他四季皆能存在的各类可食动物身上获取生存所需。通过考察发现，气候波动是导致史前内蒙古地区原始农业衰落

[①] 袁烨城、李宝林、高锡章、许丽丽、刘海江、周成虎：《内蒙古自治区土地覆被相互转换现象研究》，《干旱区资源与环境》2015年第5期。

[②] 刘钟龄主编：《内蒙古通史：生态环境与生态文明》第八卷，人民出版社2011年版，第34页。

第一章　游牧生产方式之起源探析

的关键所在，在生存受到冲击的情况下，对于适宜草原自然环境与气候特征的各类生物的经营对维持当地人类的生存发展来说就显得尤为必要。到了新生代，是地球上哺乳类动物发展的繁盛时期，适应草原自然环境的形成及当地气候变迁等的影响，内蒙古地区出现了一大批适于在草原自然环境中生存的哺乳类动物。根据考古发掘材料可以发现，内蒙古集宁与准噶尔地区出现的三趾马、中华马、长颈鹿等都是食草类动物中的典型代表，更是适应草原自然环境变化的优胜者。

如今日呼和浩特市东郊"大窑遗址"出土的距今七八十万年前的诸多适宜在草原自然环境中生存的动物骨骼化石则代表着内蒙古地区已渐趋草原化的变化趋势及发展阶段特征。孙黎明等也通过对大窑遗址的孢粉组合与哺乳动物化石研究指出：第四纪以来呼和浩特等内蒙古中部地区的气候经历了"温干—干凉—干寒—温暖"的发展变迁阶段，与之相对应的，当地植被也经历了"针阔叶疏林草原植被带—干草原植被带—寒温性针叶疏林草原植被带—针阔叶林草原带"的变迁。各类草原动物也随着当地气候与自然环境的变化而出现了以"肿骨鹿、斑鹿等大型食草动物为主—小型食草动物，如啮齿类、兔形类为主—披毛犀、大野牛、野马等耐寒动物为主—常见啮齿类哺乳动物为主"[①]。可见，应对草原自然环境变迁及气候波动的深刻影响，草原上的各类动物通过优胜劣汰而适者生存下来，这些动植物也是今日内蒙古草原上的主要动物种类，也为游牧生产方式的出现奠定了可供饲养的动物物种基础。

综合上述可以发现，经历第四纪的气候变迁与环境变化，在全新世，草原生物适应自然环境与气候的变迁而适者存活下来，这也为草原自然环境及气候条件和草原生态系统的稳定发展奠定了自然基础。随着草原自然环境与气候条件的形成及发展稳定并长期存在，内蒙古地区也逐渐从采集渔猎、农业及农牧业并存的经济类型逐渐向单纯的以游牧经济为主导的或单纯的游牧经济类型方向过渡，适宜游牧经济发展而出现并逐渐发展起来了以游牧生产方式为主要类型的生产及生活活动。历史时期内蒙古地区游牧经济的出现是受到当地草原自然环境与高原大陆性气候的直接影响，正如施正一所指出的那样："自然生态环境在很大程度上影响着人们的生产

---

① 孙黎明、刘金峰、张文山：《内蒙大窑文化遗址第四纪地层及古气候环境》，《河北地质学院学报》1996年第2期。

与生活方式,因而在民族文化的形成与发展过程中起着很大的作用。之所以出现狩猎民族文化、牧业民族文化、山地民族文化、农业民族文化、渔业民族文化,并在此基础上还派生出各种民族表现形式的次生文化,就是因为它们生活于不同的生态环境之中。生态环境变化了,民族文化的表现形式自然也会发生变化,但它们内含的精华部分是会保存于传统文化之中的。"① 因此,游牧经济出现的自然前提是草原自然环境及气候条件的形成,这也是须臾不能偏离的基本自然前提。

可见,全新世以来气候转寒及蒙古高原地形区的形成直接促成了内蒙古草原的形成及游牧生产方式的出现,内蒙古草原上出土的石器时代遗存是带有原始农业、采集渔猎业性质的。然而到了青铜器时代,则更多的是带有典型的游牧经济特征,这一时期内蒙古草原温度明显下降,标志着全新世大暖期的结束。② 当地农业发展也难以维持,进而转向了畜牧业或农牧业兼营,人类社会的生产方式也逐渐由农耕生产方式向游牧生产方式或农牧兼业状态过渡。

第二节 游牧生产方式出现的社会前提

在内蒙古草原上,因气候波动而导致先秦时期出现的"农耕"与"游牧"两种经济类型的兴替及在部分地区的同时并存,为游牧生产方式的出现奠定了社会前提。游牧生产方式是游牧经济的基本内容,"游牧"③ 也是此生产方式的核心所在。但有一个客观现实是无法忽视的,那就是无论农

---

① 施正一:《施正一文集》,中国社会科学出版社2001年版,第804页。
② 方修琦、孙宁:《降温事件:4.3kaBP岱海老虎山文化中断的可能原因》,《人文地理》1998年第1期。
③ 根据日本学者杉山正明的介绍:"游牧"是汉语名词,在中国,大致是在明代开始出现的,其英文为"Nomadism",也经常被翻译为"游牧",但从严格意义上来讲,这也是不准确的。所谓"Nomadism",原来指的是反复变换居住场所的人,并非专门指牲畜的游牧,例如因采集狩猎或较少见的农耕迁徙(虽然就其字面意义来看是有些矛盾的,但是在历史上确实有过几个相似的例子存在,如古代的日耳曼等)等都可以使用。相对的,英文的"Pastoral Nomads"指的是"带着牲口放牧移动的群众",这与"游牧民"的意义及语感则几乎又是同义的,所以,就用语而言,或许后者较为准确(参见[日]杉山正明《游牧民的世界史》,黄美蓉译,中华工商联合出版社2016年版,第11页)。对于"游牧"一词的起源与释义并非本书着重讨论之重点,且笔者认为杉山正明之推论较为可信,故不赘言于"游牧"之释义。

耕或是游牧经济都是人类利用与改造自然的结果，内蒙古地区草原自然环境形成初期的气候、降水等自然要素仍可满足农业生产需要，广布的史前原始农业遗址也较好地证明了这一时期内蒙古草原上较为发达的原始农业。随着内蒙古草原气候转寒、降水减少及高原大陆性气候加强等一系列自然因素的变化，人们适应草原自然环境及气候等各要素的变化而选择发展游牧业以代替农业，这是应对自然环境及气候条件变化的人为选择，更是游牧生产方式出现的必要社会前提。

一　史前内蒙古草原上的原始农业文化及其衰落

通过对现阶段已发掘考古材料研究指出：内蒙古草原上的畜牧业是从原始农业中逐渐分离出来的。马克思、恩格斯也曾指出："游牧部落从其余的野蛮人群中分离出来——这是第一次社会大分工。"[1] 因此，内蒙古地区游牧部落及游牧经济的出现时间晚于史前农业，逐渐从依附于原始农业而发展成独立存在的经济类型。

（一）史前内蒙古地区的原始农业分布

方修琦等通过对考古资料中所发现的内蒙古地区史前原始农业文化资料研究指出：内蒙古地区最盛时期农业文化遗存的北界大致从大兴安岭西侧沿西拉木伦河北侧向西南延伸至化德、商都，沿阴山南麓、大青山南麓延伸至包头、乌拉特前旗，向南经东胜以西的鄂托克旗、杭锦旗以东，向西经宁夏固原、沿河西走廊北界至嘉峪关、玉门一线。[2] 其位置大致与今日内蒙古农牧交错带的分布区域吻合，而这一地带在当时也是重要的农业分布区，畜牧业尚未出现或是依附于农业而存在的饲养型家畜。

1. 东部地区

如赤峰地区的"小河西文化"，距今8200年前后。分布在教、孟克河流域，此外，西拉木伦河与老哈河流域也发现了带有"小河西文化"特征的遗存。[3] 遗址中出现了长方形与方形的半地穴式建筑，以及捕鱼与狩猎

---

[1]《马克思恩格斯选集》第4卷，中共中央马克思恩格斯列宁斯大林著作编译局编译，人民出版社1995年版，第156页。

[2] 方修琦、章文波、张兰生：《全新世暖期我国土地利用的格局及其意义》，《自然资源学报》1998年第1期。

[3] 索秀芬：《小河西文化初论》，《考古与文物》2005年第1期。

上编　游牧生产方式溯源及发展阶段

用的石器工具。此后出现的"兴隆洼文化"，年代距今 8000—7000 年前后，文化中心位于西拉木伦河流域。① 遗址中发现了邻河而建的长方形及方形的半地穴式房屋，且成排分布。通过对遗址中出土的动植物遗存种类来看，当地已经出现了较为发达的原始农业生产，典型的农业生产工具如肩石锄与石铲等。再如"兴隆洼文化"之后的"赵宝沟文化"，出现在公元前 5200—前 4470 年，发生地区大致与兴隆洼文化相同。② 遗址中的住址多是半地穴式建筑，此类建筑最初源于渤海北岸，后发展到西拉木伦河流域。此外，遗址中出现了石斧与石耜等农业生产工具，表明当地已经摆脱了漫撒子式的粗放型农业生产，农业生产向着精细化方向发展，这也体现当现原始农业取得了较快发展。

在西拉木伦河流域，继"赵宝沟文化"之后兴起的"富河文化"，出现于公元前 3350 年前后。③ 遗址中出土了大量的鱼镖、鱼钩等器物，这也表明当时这一地区是富有北方草原渔猎文化的自然环境。以及此时期集大成的"红山文化"，是内蒙古地区存在时间最长的新石器时代文化，出现在公元前 4710—前 2920 年。④ 该遗址中出土了大量深翻土地的石耜与收割农作物的穿孔石刀，这也表明当时此地区的原始农业已有一定发展。段一平通过对红山遗址的研究发现，红山文化遗址多位于科尔沁沙地沙化较为严重的区域，且山地分布广泛。此外，遗址多存在于黑沙土、灰色土、灰褐沙土及黑土之中，这也说明当地在距今 4500—6000 年前后是植被繁茂、水草丰美的地区，当地原始人类应该是"过着定居生活，从事农业生产，并兼营畜牧和狩猎"⑤ 的生活。

---

①　中国科学院考古研究所内蒙古工作队、中国科学院植物研究所：《内蒙古敖汉旗兴隆洼遗址发掘简报》，《考古》1985 年第 10 期。

②　刘国祥：《关于赵宝沟文化的几个问题》，《北方文物》2000 年第 2 期。

③　中国科学院考古研究所内蒙古工作队：《内蒙古巴林左旗富河沟门遗址发掘简报》，《考古》1964 年第 1 期。

④　相关结论推论可参见中国社会科学院考古研究所内蒙古工作队《赤峰蜘蛛山遗址的发掘》，《考古学报》1979 年第 2 期；中国社会科学院考古研究所内蒙古工作队《赤峰西水泉红山文化遗址》，《考古学报》1982 年第 2 期；等等。

⑤　段一平、铁徽：《科尔沁左翼后旗考古调查概述》，《内蒙古民族师院学报（社会科学汉文版）》1981 年第 2 期。

2. 中西部地区

如岱海地区的"石虎山文化",大约出现在公元前 5 千纪末期。[①] 遗址中出现了大量长方形石铲、石刀、石斧与蚌刀等原始农业生产工具,这也表明当地此时期的原始农业已经出现并有一定发展且生产工序也逐渐复杂。出土的动物骨骼包括野牛、马鹿、狍子及鱼、蚌等,表明当地渔猎经济已有一定发展,而猪和狗的骨骼化石的发现,也说明当地家畜饲养已经出现了,但却是依附于原始农业而存在的。[②]

在此之后,今呼和浩特市托克托县的"海生不浪文化"出现了,此文化大致发端于公元前 3 千纪前半叶。出土器物包括石斧、石刀、骨柄石刃刀等生产工具,以及谷物加工的杵、臼等工具,这表明当地农业生产有了进一步发展。[③] 随着"红山文化"影响范围的不断扩大,内蒙古中西部地区也出现了受"红山文化"影响之下的人类文明,"老虎山文化"就是其中的典型代表。"老虎山文化"大约出现在公元前 2 千纪前叶。[④] 根据现阶段考古资料可以发现,"老虎山文化"遗址共分三处,分别为:"包头大青山南麓石城聚落群""岱海石城聚落群""准格尔旗与清水河县之间的南下黄河两岸石城聚落群",这些遗址中的遗存围墙表明当地先民们已经具备了石砌围墙的技术。[⑤] 可以发现,此时期内蒙古草原部分区域出现了较为发达的原始农业及围绕着农业生产而出现了定居聚落。

(二)气候变迁对史前农业生产衰落的影响

受到内蒙古地区气候向寒冷、干旱方向变迁的影响,从 cal. 4300aBP 前后开始,我国北方地区尤其是内蒙古地区的原始农业开始普遍衰落,农业分布范围逐渐向南退缩,畜牧业开始兴起并逐渐发展起来,出现了从农业文化向牧业文化的过渡。根据现阶段研究,内蒙古中南部地区的整个农

[①] 内蒙古文物考古研究所、日本京都中国考古学研究会岱海地区考察队:《石虎山遗址发掘报告》,载内蒙古文物考古研究所《岱海考古(二)——中日岱海地区考察研究报告集》,科学出版社 2001 年版,第 127—140 页。

[②] 张久和主编:《内蒙古通史:远古至唐代的内蒙古地区》第一卷,人民出版社 2011 年版,第 74 页。

[③] 崔璇:《"海生不浪文化"述论》,《内蒙古社会科学(文史哲版)》1990 年第 5 期。

[④] 内蒙古文物考古研究所编:《岱海考古(一)——老虎山文化遗址发掘报告集》,科学出版社 2000 年版,第 199—392 页。

[⑤] 张久和主编:《内蒙古通史:远古至唐代的内蒙古地区》第一卷,人民出版社 2011 年版,第 75—76 页。

业文化衰落过程可分为两个阶段。

第一阶段是在岱海地区，相当于"龙山文化"时期的原始农业文化——"老虎山文化"（cal. 4800—4300aBP）于 cal. 4300aBP 前后开始中断，继之在较"老虎山文化"偏西、偏南的鄂尔多斯高原东部、陕北、晋北等地区兴起了带有农业文化特征的"朱开沟文化"。可见，农业文化在内蒙古草原上的分布范围已逐渐向南退缩，其南退范围是从岱海地区南退至陕北及晋北（大致在明长城一线）等地。

第二阶段是在"朱开沟文化"期间（cal. 4200—3500a BP），由早期的农业文化演变为晚期的游牧文化；"朱开沟文化"下层（cal. 4200aBP）的墓葬中只发现了殉葬的猪下颚骨，反映出典型的农业文化的特征；中期（cal. 4000—3800aBP）随葬品中羊下颚骨大量出现，反映出当时这一地区的游牧业已比较发达；至上层（cal. 3500aBP）时，墓俗已与鄂尔多斯式青铜器墓葬相同，表明当地的游牧业已经出现并取代了农业文化。[①] 此阶段内，游牧文化兴起并逐渐取代农业文化。

自此时期开始，内蒙古草原上的原始农业基本上被畜牧业取代，农业基本上从内蒙古草原的大部分地区消失或者是向更温暖湿润的南部地区转移，而此后各个历史时期的内蒙古地区虽然出现了一定农业，但却是以游牧经济为主的多种经济类型并存的状况。

二 气候波动及游牧经济的兴起

仰韶文化温暖期的结束是内蒙古地区农业文化开始走向衰落的标志，受气候波动的影响，内蒙古地区经济类型开始由原始农业向游牧业转变。因此，气候波动对内蒙古地区游牧经济及游牧生产方式的兴起与发展是具有几近决定性的影响。

（一）气候波动对农牧业生产的影响

内蒙古草原上的原始农业文明时代是我国历史上著名的温暖期，也即我们所常说的"仰韶文化温暖期"，根据竺可桢的研究，新石器时代是我国境内温度普遍升高的时期，这一时期我国的人类文明处于仰韶文化时

[①] 方修琦：《从农业气候条件看我国北方原始农业的衰落与农牧交错带的形成》，《自然资源学报》1999 年第 3 期。

期，故而将此时期称为"仰韶文化温暖期"，在此时期内，我国大部分地区的温度较现在温度平均高出2℃左右，1月份平均气温也较今日高出3℃—5℃。① 此时期农业区的分布北界范围也在内蒙古草原及更北地区，内蒙古地区的原始农业有了较快发展。

根据现阶段考古学及生态学等的考察研究，全新世的开始时间在距今10000年前后，这一时期的整体气候变化经历了由初期的寒冷到逐渐转暖，中期达到最暖，而后期出现了由暖转寒的变化过程。全新世中期为最温暖期，在此阶段内的温暖湿润期出现在距今8000—3000年之间，这一时期也被称为"全新世气候最适宜期"②，也是原始农业发展的关键时期。仰韶文化温暖期的到来，导致了我国北方地区的植被覆盖及种类较之历史时期出现了新的变化，对此，朱士光也认为："全新世东北地区的气候带与现在大不相同，而气候变暖时期的自然植被也与现代有所不同。"③ 因此，此时期气候温暖期对生存在气候敏感地区的人类社会生产活动产生了重要影响，尤其是气候暖湿对原始农业发展的影响，以及受气候向干冷方向波动影响而导致的内蒙古地区原始农业向游牧经济的过渡。

气温的增高对动植物生存区域及人类活动区域的扩展（尤其是向更高纬度或更高海拔地区的拓展）及生活方式的改变等产生了重要影响，但随着"仰韶文化温暖期"的结束，内蒙古地区发达的史前农业文明也因为气候向干冷方向转变而逐渐被游牧文明取代。

如"朱开沟文化"，朱开沟遗址位于今日内蒙古鄂尔多斯市伊金霍洛旗朱开沟村，并因此村名而得名。该遗址发现于20世纪70年代，"朱开沟文化"跨越了龙山文化晚期、商代早期，出土器物包括陶器、石器、骨器、铜器等，共计一千多件。据统计：该遗址共出现房屋遗址83座，均是单间建筑，且多是半地穴式和地面地基式建筑，形状规整，多是长方形与方形，少数是圆形。④ 根据当代考古学研究："朱开沟文化"自早期至晚期的自然环境经历了从森林草原环境向典型草原自然环境演变的过程，自然环境变化也影响到人类生产及生活方式变迁，当地原初农业也逐渐被畜

---

① 竺可桢：《中国近五千年来气候变迁的初步研究》，《中国科学》1973年第2期。
② 黄春长：《环境变迁》，科学出版社2000年版，第137页。
③ 朱士光：《历史时期我国东北地区的植被变迁》，《中国历史地理论丛》1992年第4期。
④ 内蒙古自治区文物考古研究所、鄂尔多斯博物馆编：《朱开沟——青铜时代早期遗址发掘报告》，文物出版社2000年版，第21页。

牧业取代，半农半牧的生产方式开始向南、东方向移动。① 此外，朱开沟遗址出土器物逐渐向畜牧业的变迁也是内蒙古地区气候冷暖波动及对农牧业生产变迁产生影响的较好证据。

再如"夏家店文化"，下、上层分别为"夏家店下层文化"与"北方青铜时代的早期文化"，在公元前 1900 年至前 1400 年，属于中国早期商代及之前一段时期；"夏家店上层文化"与"北方青铜时代的晚期文化"，在公元前 1000 年至前 300 年，属于中国两周时期。"夏家店下层文化"自 20 世纪 20 年代被首次发掘，20 世纪 60 年代初开始被考古界认识，到 20 世纪末学术界对它有一个比较全面清楚的认识，该遗址自被发现至今历时已近百载，学界对该文化遗址的研究成果已很丰富。② 遗址以石城最具代表性，此外，遗址中出土器物还包括：石锄、石铲、石刀、石斧等，还发现了牛、羊、狗、猪等家畜的骨骸，同时也有狩猎所得的兽骨。可见，当地先民是以农业为主兼有狩猎的生产及生活活动。此外，还发现了大量木制葬具和桦皮器等，表明当地（老哈河）水量较为丰富，河中水产（河蚌）较多，且在流域周围生长着大面积桦树林。③ "夏家店上层文化"中出现了较具代表性的青铜生产工具与武器，但生产工具仍以石器为主，兼有骨器。这一时期还出现了驯马工具，这也体现出当地以牛、羊、猪、狗为主要构成的畜牧业也得到了一定发展。④

由上述可见，这一时期内蒙古各地区遗址中出土的农业生产用具数量及种类逐渐减少，这也表明当地农业生产的逐渐衰落，狩猎与渔猎工具及各类牲畜遗存的大量出土则进一步表明当地游牧经济有了进一步发展，并逐渐取代农业的主体地位，出现了农牧业并存或是以牧业为主的经济结构，进而导致人类社会形态随之发生进一步变迁。

（二）气候波动与游牧经济的兴起

仰韶文化温暖期结束之后的气候转干、转寒导致内蒙古草原上基本形

---

① 张久和主编：《内蒙古通史：远古至唐代的内蒙古地区》第一卷，人民出版社 2011 年版，第 79 页。
② 陈平：《夏家店下层文化研究综述》，《北京文物与考古》2002 年第 1 期。
③ 中国社会科学院考古所内蒙古工作队：《赤峰药王庙、夏家店遗址试掘报告》，《考古学报》1974 年第 1 期。
④ 张久和主编：《内蒙古通史：远古至唐代的内蒙古地区》第一卷，人民出版社 2011 年版，第 76—80 页。

成了以游牧业为主的单一或复合式经济结构,而在适应这一经济类型发展过程中,游牧民族也创造出了游牧经济及游牧生产方式进而又创造出了辉煌灿烂的草原文明。随着气候及各自然要素的变化,畜牧业逐渐从原始农业中分离出来并独立发展起来,游牧生产方式也是伴随着游牧业的产生发展而逐渐形成的,这也与当时的气候转寒、降水量减少等自然因素的变化直接相关。根据第四纪的研究,大致在公元前1500—1000年前后,欧亚大陆气候转寒进入冷期,导致畜牧业在气候波动最敏感的地带首先从原始农业中分离出来,就中国而言则主要发生在内蒙古草原地区,也由此导致这一地区成为游牧民族的生存天堂与生活乐土。

对于"游牧经济"及游牧生产方式起源,学术界莫衷一是,尚无固定说法,但是有两种推论是学界较为认可的,其一,由农耕经济分离而成,其二,人类靠近有蹄动物群居等说法。[①] 这两种说法都为推论,并无确切的直接证据表明游牧经济究竟如何起源,但是就内蒙古地区游牧经济及游牧生产方式的出现来说,是与气候波动直接相关,大量考古发现都表明畜牧业是从原始农业中逐渐分离出来的,气候向干旱寒冷方向波动对农业生产的制约也是导致原始农业在本地区衰落的关键所在,此在前文叙述中已有介绍,在此不作赘述。

综合以上所述,本书认为,仰韶文化温暖期结束后,内蒙古地区气温普遍下降,降水逐渐减少,大陆性气候逐渐加强,这也是导致内蒙古地区农业经济逐步让位于牧业经济的关键。而原始农业并非直接受到气候波动影响而难以发展,而是一个逐渐过渡的缓慢变迁过程。根据方修琦等的研究:"老虎山文化"之后的"朱开沟文化"早期也保持着农业文化性质,这是因为"朱开沟文化"早期,内蒙古地区气温虽然普遍降低,但还能够满足农业生产的基本需要,而降温后的三四百年内降水并未发生显著变化,因而农业能够有所发展。另一原因则是"朱开沟文化"处于较之"老虎山文化"的地理位置更偏西南的气温较暖和地区。[②] 因此,"朱开沟文化"时期由农转牧现象的出现,是当地气候逐渐转冷、转干后导致发生

---

① [日]杉山正明:《游牧民的世界史》,黄美蓉译,中华工商联合出版社2016年版,第11页。

② 方修琦、孙宁:《降温事件:4.3kaBP岱海老虎山文化中断的可能原因》,《人文地理》1998年第1期。

的。通过对"朱开沟文化"遗址中出土器物的分析可以发现，当时内蒙古地区温度较之仰韶温暖期而言开始向寒冷方向转变，且当地人类社会的经济类型也由农业转向了对高寒大陆性气候更为适宜的游牧经济。

三　游牧经济及游牧生产方式的兴起

游牧经济是游牧生产方式出现的社会前提，但并非是游牧业出现后便诞生了游牧生产方式，这一时期的游牧业仅是从原始农业中分离出来的初期阶段，此时期的游牧业是依附于原始农业而存在。但随着当地以草原为主的自然环境及气候的形成而逐渐稳定并长期存在下来，游牧经济逐渐从原始农业中脱离并发展成为当地主导型经济类型。

仅就"朱开沟文化"而言，这一文化影响区域自早期至晚期的自然环境经历了从森林草原向典型草原及干旱草原自然环境逐渐过渡的变迁过程，自然环境变化也影响到人类社会的生产及生活方式变迁，当地原始农业逐渐被游牧业取替，半农半牧的生产方式及农业生产方式开始出现向南、向东的方向上移动。[①] 如现阶段对"朱开沟文化"遗址的科学研究也可以发现，这一时期是内蒙古地区的牧业文化及游牧生产方式的兴起及发展的起始阶段。"朱开沟文化"由早期到晚期的不同文化层出现的器物类型及利用孢粉实验手段分析也体现出当地由原始农业向畜牧业（即农耕向游牧）的过渡。

进入 21 世纪以来，内蒙古自治区文物考古研究所与鄂尔多斯博物馆的研究人员对朱开沟文化遗址的各层文化层中五个不同层中的孢粉加以分析，其实验结果及结论转述如下：

第一段：木本花粉较少，主要是草本科花粉，其中，蒿、藜花粉占全部花粉的 50% 左右。

第二段：木本花粉中出现了少量的胡桃和漆等阔叶林木，草本蒿、藜花粉增多，约占全部花粉的 70% 以上。

第三段：草本蒿、藜花粉继续增多，约占全部花粉的 90% 以上。

第四段：木本花粉中出现了耐寒的云杉、桦、榆等，以松、桦

---

① 张久和主编：《内蒙古通史：远古至唐代的内蒙古地区》第一卷，人民出版社 2011 年版，第 79 页。

针、阔叶混交林为主。

第五段：木本以松、杉针叶林为主，草本蒿、藜花粉约占全部花粉的93%。①

通过对"朱开沟文化"遗址不同层段孢粉数量的差别分析可以发现，"朱开沟文化"的第一段是以灌木、草本植物为多数，另有乔木，年降水量可达600mm上下，气候温暖适宜，当地以森林草原自然景观为主。至第二及第三阶段，孢粉中的花粉含量显著增多，乔木减少，以灌木和草本植物为主，年降水量降到450mm至600mm之间，气温转寒、转干，当地自然景观也逐渐过渡到以灌木景观为主。到了第五阶段以后，主要植物是耐寒、耐干旱的蒿、藜等植物，这一时期气候转干冷，已经接近今天的典型草原景观。②通过对"朱开沟文化"发展演变过程的分析可知，自第三段之后鄂尔多斯地区的气候发生了急剧变化，逐渐向着干、冷的方向发展，鄂尔多斯地区也一定程度上反映出内蒙古地区气候的变迁情况。

随着第三阶段以来内蒙古草原上气候的逐渐转寒、转干，人们越来越无法抵御气候波动与环境变迁给人类社会生产与生活活动带来的影响。在内蒙古草原上，农业生产受到气候波动的影响而难以保证有稳定的收成，甚至是农业生产在部分地区也难以开展，以农业为主导的经济类型已经无法保障当地人类的生存和发展。在此气候波动及环境变迁的影响下，畜牧业逐渐表现出对内蒙古地区新的自然环境及特殊气候条件的优越性和高度适应性。通过对现阶段考古资料分析可以发现，"朱开沟文化"从第四段开始，农业经济逐渐衰退，取而代之的是半农半牧或单纯游牧经济，这也是畜牧业逐渐从原始农业中衍生并分离出来的初期阶段。随着内蒙古草原自然环境及特殊气候的逐渐形成与稳定，游牧经济也逐渐成为当地主导型经济类型，游牧生产方式也随之出现。

在内蒙古草原上，畜牧文化首先在鄂尔多斯等气候敏感过渡地区的原始农耕文化中分离出来，完成了第一次人类社会大分工，这既是古人受自

---

① 郭素新：《再论鄂尔多斯式青铜器的渊源》，《内蒙古文物考古》1993年第1—2期；内蒙古自治区文物考古研究所、鄂尔多斯博物馆编：《朱开沟——青铜时代早期遗址发掘报告》，文物出版社2000年版，第287页。

② 内蒙古自治区文物考古研究所、鄂尔多斯博物馆编：《朱开沟——青铜时代早期遗址发掘报告》，文物出版社2000年版，第287—288页。

然因素变化影响导致发生的社会变迁，也是古代草原先民主动适应自然环境变化而改变人类活动方式以实现人与自然环境和谐共存的关键。人类为了生存和发展，在人类生产力与生产工具不足以实现对自然环境改造利用时，人类只得调试自身生产及生活方式以适应新的自然与气候环境，主要表现在为了维持自身生存延续而调整土地利用方式，重新调试人与自然环境之间的关系。出现由农耕经济向游牧经济过渡，这也是人类社会发展进步的表现，体现出人类对自然环境认知和开发利用水平的提高，同时也为我国草原游牧文化的形成和发展奠定了基础。

　　在游牧业出现之初，经历了与原始农业缓慢分离的过程，当时的游牧业仍处于半定居的饲养形态，或是依附于原始农业而存在。随着内蒙古草原上气候进一步转寒、降水量进一步减少、自然条件进一步恶劣、草原自然环境承载力与自我恢复能力进一步下降等一系列自然因素变化的影响，原始农业逐渐退出内蒙古草原的历史舞台，游牧业成为当地主要经济类型。受此影响，草原先民们便将生存所需寄托于游牧经济，在处理人类生存与游牧业所提供的给养、游牧经济发展与草原自然环境承载力等关系时，草原先民们意识到恰当处理游牧经济与草原自然环境承载力之间的关系是人类生存延续的首要前提，这也需要人们调节游牧经济的发展模式及基本内容以适应草原自然环境的特殊性要求，以及通过游牧经济以适应内蒙古地区的草原自然环境与特殊气候条件。

　　综上所言，在长期的生产与生活活动中，草原先民们创造性地采用了游牧生产方式而发展了游牧经济，合理高效地利用了草原自然环境能够为人类生存服务的功能，并适应了草原自然环境及气候特征，同时也有效地维护了历史时期人类社会与草原自然环境的和谐状态，实现了历史时期人类社会与草原自然环境之间的和谐相处与可持续发展。因而从这一维度而言，人类为适应草原自然环境变化及新的草原自然环境特征而选择的游牧经济是游牧生产方式出现的必要社会前提。

第二章 秦汉至宋元时期游牧生产方式的发展变迁

对于历史时期北方草原诸游牧民族游牧生产方式的起源[①]、发展变迁过程及阶段性特征[②]，学界已经做了一定探索。通过对现有研究成果的梳

[①] 对于游牧生产方式起源的相关研究成果如下。王明珂的《鄂尔多斯及其邻近地区专化游牧业的起源》(《中央研究院历史语言研究所集刊》1992年第2期）通过对青藏高原隆起对鄂尔多斯地区草原自然环境形成的影响，讨论了自然环境对草原及游牧业兴起的作用。王明珂在《游牧者的抉择——面对汉帝国的北亚游牧部族》(广西师范大学出版社2008年版) 中认为：游牧经济较原始农业出现较晚，是受到自然环境及地理气候条件变化的人为抉择。邵方的《中国北方游牧起源问题初探》(《中国人民大学学报》2004年第1期) 也认为：自然环境变化是导致游牧经济出现的关键，且马的驯化及外来文化影响也是导致游牧经济出现的又一原因。宋敏桥的《中国古代北方游牧民族的起源及相关问题》(《商丘师范学院学报》2004年第6期) 指出：游牧民族的自然形成经历了畜牧部落、游牧部落与游牧民族三个阶段，且从畜牧部落起游牧经济就开始产生，并随着游牧部落的形成而成为草原上的主导经济类型。佟柱臣的《中国古代北方民族游牧经济起源及其物质文化比较》(载牛森主编《内蒙古草原文化研究资料选编》第二辑，中国大百科全书出版社1997年版) 以动物驯化的角度为切入点，指出新石器时代末期出现的动物驯化是游牧经济的起源。乌恩的《欧亚大陆草原早期游牧文化的几点思考》(《考古学报》2002年第4期) 通过对内蒙古草原上考古遗存分析认为，游牧经济起源于春秋中期偏早阶段的公元前7世纪。[美] 拉铁摩尔的《中国的亚洲内陆边疆》(唐晓峰译，江苏人民出版社2005年版) 通过对农耕与游牧社会的接触分析，认为游牧经济的出现时间在公元前4—前3世纪。刘瑞俊的《内蒙古草原地带游牧生计方式起源探索》(博士学位论文，中央民族大学，2010年) 认为草原自然环境的形成及适宜游牧牲畜的驯服是"游而牧之"生产方式出现的基础，大致发端于新石器时代晚期。综合而言，对于游牧生产方式出现时间的观点分别有：春秋晚期（王明珂）、公元前一千年（宋敏桥）、新石器时代晚期（刘瑞俊）、青铜时代（邵方）等几种观点。

[②] 对于游牧生产方式的发展阶段相关研究成果则多是针对某一时期或地区的研究，如：史念海的《两千三百年来鄂尔多斯高原和河套平原农林牧地区的分布及其变迁》[《北京师范大学学报 (社会科学版)》1986年第6期]；内蒙古自治区蒙古族经济史研究组的《蒙古族经济发展史研究》(第1集，1987年版；第2集，1988年版，内部刊行)；色音的《蒙古游牧社会的变迁》(内蒙古人民出版社1998年版)；阿岩与乌恩的《蒙古族经济发展史》(远方出版社1999年版)；包玉山的《内蒙古草原畜牧业的历史与未来》(内蒙古教育出版社2003年版)；陈献国主编的《蒙古族经济思想史研究》(辽宁民族出版社2004年版)；乌日陶克套胡的《蒙古族游牧经济及其变迁研究》(博士学位论文，中央民族大学，2006年)；吉尔嘎拉的《游牧文明：传统与变迁——以内蒙古地区蒙古族为主》(博士学位论文，内蒙古大学，2008年；等等，通过对这些游牧经济及生产方式发展史相关论著的梳理，可以发现，当前学术界对游牧生产方式发展阶段的研究多为区域性、阶段性的研究，而缺乏历史时期时空维度的长期考察与比照。

上编 游牧生产方式溯源及发展阶段

理可以发现，学界对游牧文明及相关问题的研究关注较多，对于作为游牧文明重要组成部分的游牧生产方式的研究也较多，但对游牧生产方式的起源及发展阶段特征研究关注较少。因此，当前学界对游牧生产方式的研究多集中在对特殊历史时期或个别游牧民族的关注上，这也导致有关此问题研究存在一个明显不足，即缺少对历史时空维度下游牧生产方式起源及历史发展阶段与阶段特征的相关研究，这也是本书创作的一个出发点。

通过对前人相关研究成果的爬梳与整理，本书运用史学溯源及历史文献考证分析的方法，对"游而牧之"这一历史时期游牧民族传统经典生产方式的起源及发展阶段与阶段特征等加以梳理和分析，指出游牧生产方式发源于人类社会初期的史前时期，是人类应对北方草原地区特殊自然环境与气候条件由暖—寒、湿—干等的变化，并根据北方草原自然环境变迁、气候冷暖波动、降水量变化等一系列自然因素的变动调节自身所选择并发展起来的生产方式。前文内容指出："仰韶文化温暖期"结束之后，在自然与社会等多重因素的影响下，农业逐渐从内蒙古草原上消退，代之而起的是游牧经济及其主导下的多种经济类型并存的经济格局。游牧经济也是自此时期发端至明清两朝之前内蒙古草原大部分地区的主导经济类型，这也为游牧生产方式的出现及继续发展提供了可能。

通过考察发现，游牧生产方式经历了自史前时代至明清百余万年的发展演化过程，其发展变迁阶段可粗略划分为：①史前至先秦时期：游牧生产方式发端及初步形成阶段；②秦汉至宋元时期：游牧生产方式曲折中稳步发展阶段；③明清两朝：游牧生产方式走向衰落及大变革阶段。对史前至先秦时期游牧生产方式的产生及初步形成在前一章（第一章）内容中已有较详细的介绍，对明清以来游牧生产方式的衰落及变革，笔者在后面一章（第三章）内容中将着重介绍，本章（第二章）内容则主要就秦汉至元代游牧生产方式发展变迁阶段及阶段特征加以分析。本书以今日地域视角下的内蒙古草原为主要考察区域，利用传世文献、生态学、社会学、考古学与地理学等资料及研究成果对游牧生产方式的历史源流及发展阶段进行学理上的分析与考述。本章内容主要是对秦汉至元代期间北方草原地域范围内游牧生产方式的发展变迁阶段及阶段特征加以分析，明清以前游牧生产方式的发展变迁阶段及基本特征具体包括：秦汉时期是发展及奠定阶段；魏晋南北朝时期是初次繁荣阶段；隋唐时期是曲折发展阶段；两宋时期是恢复与再度发展阶段；元朝是繁荣与鼎盛阶段。

第二章　秦汉至宋元时期游牧生产方式的发展变迁

第一节　秦汉时期：游牧生产方式的初步发展及奠定阶段

秦汉时期是游牧生产方式的初步发展阶段，历史上分布在今日的蒙古地区的各草原游牧民族与中原王朝之间的碰撞及彼此间势力的强弱变化，也决定着草原上诸游牧民族游牧生产方式的发展及利用状况。此时期的草原游牧民族多以游牧经济为主要经济类型，在游牧民族政权强盛时，游牧生产方式的影响范围得到有效拓展，而中原王朝政权强盛时，在蒙汉接触地带的大肆戍兵屯田及人口迁移等也是导致这一区域内游牧生产方式衰落或出现向北方及西北的方向收缩，其影响范围也因之而逐渐缩小。

一　初步发展及奠定阶段之表现

秦汉两代上承春秋战国，而战国时期因内蒙古草原多是由游牧民族实际控制，这一时期草原上的游牧民族基本上是完全从事游牧、狩猎活动，虽然在部分草原地区也存在小范围屯垦，但却是处于附属地位，是属于以游牧、狩猎为主的带有附属性质的农业。如科尔沁地区，根据现阶段考古发掘研究可以发现，战国时期科尔沁地区是东胡（属于东胡南支）的主要游牧地区。辽西地区的宁城、朝阳等地遗址中发现的东胡墓葬里有大量的"铜马具、陶纺轮、礼器、铜鱼钩"等器具，还包括"马、牛、羊、猪、狗、狐、鹿、兔"等兽骨。[1] 通过考古发掘遗存出土器物可以发现，战国时期的科尔沁地区以游牧、狩猎经济为主，这些动物兽骨也体现出当时这一地区的自然环境是较优越的，是适宜放牧、适宜狩猎、适宜渔猎，也是适宜发展农业的，更是适宜人类生存与繁衍的地区。

秦汉时期是内蒙古地区游牧经济发展的重要阶段，且这一时期也是"仰韶文化温暖期"结束之后内蒙古地区农业呈规模发展的初期，主要原因是秦汉两朝的数次移民实边带动了边地农业的出现及初步发展。因此，这一时期蒙地农业也多分布于河套等农耕与游牧政权的接触地带，在蒙古草原的更广阔区域内则仍是以游牧业为主。这一时期承袭并发展了先秦时

---

[1]　董万仑：《东北史纲要》，黑龙江人民出版社1987年版，第46页。

期初步产生的游牧经济及游牧生产方式，为以后游牧经济及游牧生产方式的长期存在与发展繁荣奠定了必要基础。对于秦汉时期蒙古草原上的主要游牧民族及游牧生产活动，如《史记》所载：

> 匈奴，其先祖夏后氏之苗裔也，曰淳维。唐虞以上有山戎、猃狁、荤粥，居于北蛮，随牲畜而转移。其畜之所多则马、牛、羊，其奇畜则橐驼、驴、骡、駃騠、騊駼、驒騱。逐水草迁徙，毋城郭常处耕田之业，然亦各有分地。①

可以看出，秦汉时匈奴及以前的诸草原民族并无固定的定居生产与生活之所，是在各自所占领的土地上逐水草而进行游牧生产与生活，人们也是随着牲畜迁移而处于不间断的迁徙之中。

具体如匈奴族，匈奴是秦汉时期蒙古草原上的主要占据者，根据林幹先生的解释：匈奴族是由早期生活在我国北方许多互不统属的氏族和部落聚集形成的部族共同体，其族源包括荤粥、鬼方、猃狁、戎、狄、胡在内的各族人，与匈奴并起的东胡族及其后相继兴起的乌桓、鲜卑、柔然、铁勒、突厥、回纥、契丹、蒙古等族，其族内民族成分无不如此复杂。② 再如匈奴之习俗，"人食畜肉，饮其汁，衣其皮；畜食草饮水，随时转移"③。根据《中国社会史料丛钞》一书的梳理，"匈奴建筑"是以旃帐为居，号曰"穹庐"，并援引相关史料记述道：

> 《匈奴传》："匈奴父子同穹庐卧。"《注》："师古曰：穹庐，旃帐也。其形穹隆，故曰穹庐。"
> 《盐铁论》："匈奴织柳为室，旃席为盖。"④

然而匈奴占据蒙古草原时也修筑了城市，《汉书·陈汤传》中曾记述道：

---

① （西汉）司马迁：《史记》卷一百十《匈奴列传》，中华书局1959年标点本，第2879页。
② 林幹：《匈奴通史》，人民出版社1986年版，第2—3页。
③ （西汉）司马迁：《史记》卷一百十《匈奴列传》，中华书局1959年标点本，第2900页。
④ 瞿宣颖纂辑，戴维校点：《中国社会史料丛钞》三《建筑·匈奴建筑》，湖南教育出版社2009年版，第171页。

第二章 秦汉至宋元时期游牧生产方式的发展变迁

……明日，前至郅都城都赖水上，离城三里，止营傅陈。望见单于城上五采幡帜，数百人被甲乘城，又出百余骑往来驰城下，步兵百余人夹门鱼鳞陈，讲习用兵。城上人更招汉军曰："斗来。"百余骑驰赴营，营皆张弩持满指之，骑引却。颇遣吏士射城门骑步兵，骑步兵皆入。延寿、汤令全军闻鼓音皆薄城下，四面围城，各有所守。穿堑，塞门户，卤盾为前，戟弩为后，仰射城中楼上人，楼上人下走。土城外有重木城，从木城中射，颇杀伤外人。外人发薪烧木城。夜，数百骑欲出外，迎射杀之。①

可以看出，匈奴时城市建筑多为统治者及军队所居住，在更广阔的草原上，那些匈奴人则仍是过着各有分地、逐水草而居的游牧生产与生活，固定居所的大型建筑并不常见。

到了两汉时期，蒙古草原的大部分地区仍为游牧区，根据冯季昌等人的考察，"当时活跃在科尔沁地区的是东胡后裔'鲜卑族'，今日科尔沁沙地上分布着众多鲜卑族墓葬，墓葬遗址多分布于黑沙土层之中，这些都表明两汉及北魏时期这一地区并不是类似于今日的沙丘景观，而是水草丰美的草原植被景观"②。由此可见，较好的植被覆盖也表明农业在蒙古草原上业已衰退，游牧经济在这一时期的蒙古草原上再度恢复，在游牧经济的影响下草原自然景观又重新广泛分布在蒙古地区。

但值得注意的是，两汉以来，中原王朝与蒙古草原上诸游牧民族的碰撞与交融颇为频繁。如元光六年（公元前129），汉与匈奴之间的大规模战争开始频繁出现，经过多次较量，中原王朝逐渐处于优势，尤其是到了元狩四年（公元前119），卫青、霍去病大败匈奴，据载："是后匈奴远遁，而幕南无王庭。汉度河自朔方以西至令居，往往通渠置田，官吏卒五六万人，稍蚕食，地接匈奴以北。"③ 随着汉朝对匈奴的挫败，汉朝的实际有效控制疆域向北拓展，秦代北部疆域的界限是"高阙、阳山、阴山、辽东"一线，纬度在40°N—42°N之间；到了西汉时期，中原王朝全盛时期的北部实际控制区域则向西、向东大范围拓展，西部及西北部设置了西域

---

① （东汉）班固：《汉书》卷七十《陈汤传》，中华书局1962年标点本，第3013页。
② 冯季昌、姜杰：《论科尔沁沙地的历史变迁》，《中国历史地理论丛》1996年第4期。
③ （西汉）司马迁：《史记》卷一百十《匈奴列传》，中华书局1959年标点本，第2911页。

都护府，向东则控制了鸭绿江流域及朝鲜半岛的大部分地区，向正北方向的控制区域则大致与秦代相吻合，这也是卫青与霍去病北击匈奴后对汉朝实际有效控制区域向北扩大的影响。东汉时，北部地区的实际控制区域与西汉大致相同，仅东部地区的朝鲜半岛及鸭绿江流域被濊貊及高句丽等占据。[1] 可以发现，这一时期中原王朝的影响区域始终维持在40°N上下，并没有向更北地区扩展。

若以草原游牧民族的角度出发，这一时期游牧民族政权统治范围的最南端为：秦朝时42°42′N、115°E（内蒙古锡林郭勒盟太仆寺旗炮台营子），西汉时41°18′、115°E（河北省张家口市二台东），东汉时40°56′N、115°E（河北省张家口市东北）。[2] 可以发现，秦至两汉时期游牧民族统治区域的南界范围较为稳定且有所南扩，这也为本时期游牧经济及游牧生产方式的稳定发展及影响区域的扩大提供了可能，但需要指出的是，游牧政权控制疆域最南端并非是完全控制了上述地理区位的沿线全部地区，仅是其控制疆域的突出区域。

到了东汉以后，鲜卑族逐渐成为蒙古草原（尤其是鄂尔多斯及毗邻地区）大部分地区的实际控制者，许多因秦汉以来移民实边而被开垦致荒的土地有所恢复，大片荒地再次变成牧场。游牧经济是利用草原上的天然植被饲养牲畜，通过游牧生产方式合理利用草原，避免因在同一草场上过度放牧而导致草原自然环境遭到破坏。在长期生产和生活中，游牧民族"根据草原环境特征、季节变化规律与草原自然环境承载力等一系列自然要素，选择并发展了游牧生产方式。游牧生产方式的选择及长期利用，实现了人类生存与草原生态平衡得以有效维护的共赢目标，彰显了其厚重生存智慧"。[3] 游牧生产方式是对北方草原自然环境与气候条件的精准把握与有效利用，当草原环境因非合理的开发利用遭到破坏时，也因游牧经济的出现而得以修复。因此，东汉以后蒙古草原的大部分地区被以游牧经济为主的草原游牧民族所实际控制，这为以后蒙古高原上游牧经济及游牧生产方式的发展繁荣奠定了基础。

---

[1] 谭其骧主编：《中国历史地图集：秦·西汉·东汉时期》，中国地图出版社1982年版，第3—4、13—14、40—41页。

[2] 王会昌：《2000年来中国北方游牧民族南迁与气候变化》，《地理科学》1996年第3期。

[3] 崔思朋：《以优秀传统民族文化推动铸牢中华民族共同体意识——基于北方草原游牧生产方式及其生态价值分析视角》，《内蒙古大学学报（哲学社会科学版）》2022年第5期。

二 区域性戍边屯田及移民对游牧生产方式的影响

秦汉时期移民实边及边地土地开垦也导致今日内蒙古草原地域范围内的部分地区出现了大量农田及中原农耕区迁入的农业人口,尤其是在河套及农耕与游牧政权的接触地带最为显著,内蒙古地区的人为土地开垦也主要肇始于秦代,王月如也曾指出:"后套垦殖始于秦。"[①] 到了两汉尤其是西汉时期,向河套等农业生产条件较好的边地移民及土地开垦也十分频繁,这也一定程度上影响了游牧生产方式在蒙古草原上的存在与继续发展,但这也仅是存在于局部区域范围之内的,在更广阔的蒙古草原区域内,仍以游牧经济及游牧生产方式为主。

(一) 秦朝时期

秦朝是人为对边地进行移民及土地垦种的初期,但由于秦朝国祚短暂,而两汉历时数百载,方是边地开发的重要历史时期。[②] 移民屯田是秦汉时期边地开发的主要形式,秦汉时期的屯田区域较为广阔:从东至西有河套、湟中、河西等。西域屯田最初设于轮台,后来发展到鄯善、渠犁、车师,最西到达乌孙所在的锡尔河上游地区。[③] 秦汉数百年内,曾出现了多次大规模向边地移民及土地开垦的高潮。移民的目的虽在于北抗匈奴、加强边防,但也起到了减缓中原地区人地矛盾日益严峻和自然灾害频发对社会生活及统治稳定影响的作用。张波指出:自"秦汉代以来,历代中原王朝都将屯田作为减轻人民负担及巩固边防的一种手段"[④]。但在边地尤其是农业生产条件较差地区发展农业也造成严重的环境问题,同时也影响了被垦种地区的游牧生产及生活活动。因此,"移民屯田"是对当时蒙古草原上游牧经济及游牧生产方式产生破坏性影响的人为因素中最为严重的人为因素。

终秦数十载,史书中记述了两次规模较大的戍边屯田以抗击匈奴的历史事件。第一次戍边抗击匈奴之情形,如《史记》所载:

> 当是之时,冠带战国七,而三国边于匈奴。其后赵将李牧时,匈

[①] 王月如:《后套之垦殖与水利》,《大公报》1936年9月4日。
[②] 薛瑞泽:《汉代河套地区开发与环境关系研究》,《农业考古》2007年第1期。
[③] 马大正主编:《中国边疆经略史》,武汉大学出版社2013年版,第77页。
[④] 张波:《西北农牧史》,陕西科学技术出版社1989年版,第118页。

奴不敢入赵边。后秦灭六国，而始皇帝使蒙恬将十万之众北击胡，悉收河南地。因河为塞，筑四十四县城临河，徙谪戍以充之。而通直道，自九原至云阳，因边山险堑溪谷可缮者治之，起临洮至辽东万余里。又度河据阳山北假中。①

随着秦朝对匈奴的逐步征服，始皇帝三十三年（公元前214），派大将蒙恬率军三十万前往蒙古草原南缘（与匈奴政权交界地带）长期驻扎，寄期于："西北斥逐匈奴。自榆中并河以东，属之阴山，以为四十四县，城河上为塞。又使蒙恬渡河取高阙、阳山、北假中，筑亭障以逐戎人，徙谪，实之初县。"② 史书中对于这次屯田的人数没有确切记载，但是谭其骧先生认为：蒙恬"取河南地"③、"筑四十四县"、"徙谪戍以充之"则表明这次移民安置了几十个县，人数应在几十万人以上。④ 可见，秦代大规模移民及屯田给蒙汉交界地区游牧经济及游牧生产方式的破坏性影响是极为显著的，且大肆的土地开垦给当地自然环境造成的破坏性影响也是极大的，同时也影响到游牧生产方式的分布范围。

秦朝第二次大规模移民戍边抗击匈奴出现于秦始皇三十六年（公元前211），《秦始皇本纪》载："迁北河榆中三万家"⑤，即强迫三万人家前往"北河（指今日河套地区的黄河）、榆中地区（今内蒙古河套的后套地区及准格尔旗一带）"。若以一家人口为三人至五人的规模推算，那么此次向边地移民的人口数量则超过了十万人，足见此次移民实边人口规模之庞大，这些移民也基本上都是来自中原地区的农业人口，在移入边地后也仍以农业为主，其对游牧生产方式及环境破坏的影响同样不容小觑。

由以上所述可以发现，秦朝是今日内蒙古草原上土地开垦及农耕民族

---

① （西汉）司马迁：《史记》卷一百十《匈奴列传》，中华书局1959年标点本，第2886页。
② （西汉）司马迁：《史记》卷六《秦始皇本纪》，中华书局1959年标点本，第223页。
③ 根据谭其骧先生的解释：河南地不仅仅是指河套以南的地区（当时的九原郡），以南的陕甘北部即当时的上郡和北地二郡也应该包括在内。参见谭其骧《何以黄河在东汉以后会出现一个长期安流的居面——从历史上论证黄河中游的土地合理利用是消弭下游水害的绝对性因素》，载《谭其骧全集》第一卷，人民出版社2015年版，第400页。
④ 谭其骧：《何以黄河在东汉以后会出现一个长期安流的居面——从历史上论证黄河中游的土地合理利用是消弭下游水害的绝对性因素》，载《谭其骧全集》第一卷，人民出版社2015年版，第400页。
⑤ （西汉）司马迁：《史记》卷六《秦始皇本纪》，中华书局1959年标点本，第259页。

大规模进入的肇始阶段，其所开垦的地区主要是秦朝与匈奴政权的交界地带，亦即在沿黄河中上游流域（即广义上的河套地区）进行移民驻扎及土地开垦，但对蒙古草原及广阔区域内的游牧经济及游牧生产方式产生的破坏性影响在此阶段尚不显著，因而秦朝时游牧生产方式的利用及地域分布较为广泛。

（二）两汉时期

经过两汉时期的持续开发，黄土高原的农业区不断向北向西拓展，逐渐与河西走廊及天山南部农业区连接起来，农牧分界线靠近黄土高原的西北边缘，游牧范围向更北的方向拓展。[①] 边地土地开垦最为关键的影响因素不仅仅是受到气候条件的制约，自秦朝以来则是由"屯田"政策的导向而出现的，屯田是古代中原王朝对待北方草原游牧民族且战且耕的一种手段，同时也对草原游牧民族生产及生活方式产生深远影响，直接体现在游牧生产方式的分布范围及影响程度。

两汉时期（以西汉时期为主），内地农业人口向汉王朝与匈奴政权交界地带的移民及土地开垦活动更加活跃。通过对《史记》及《汉书》所载内地人外迁到内蒙古草原及毗邻地区记述的梳理可以发现，官方主导下的移民及土地开垦在当时是主要形式，西汉时期几次主要官方主导下向内蒙古草原及毗邻地区移民及土地开垦如表2-1所统计。

表2-1　　　　　　　　西汉向内蒙古地区移民统计

时间	移民记述	出处
元朔二年（前127）	夏，募民徙朔方十万口	《汉书》卷六《武帝纪》
元朔三年（前126）	募民徙朔方十万口	《汉书》卷六《武帝纪》
元狩二年（前121）	陇西、北地、河西益少胡寇，徙关东贫民处所夺匈奴河南地新秦中以实之，而减北地以西戍卒半	《汉书》卷九十四《匈奴传上》
元狩三年（前120）	汉武帝将山东七十余万饥民迁移至河套地区	《汉书》卷二十四《食货志》

---

① 惠富平、王思明：《汉代西北农业区开拓及其生态环境影响》，《古今农业》2005年第1期。

续表

时间	移民记述	出处
元狩四年（前119）	有司言关东贫民徙陇西、北地、西河、上郡、会稽凡七十二万五千口，县官衣食振业，用度不足，请收银锡造白金及皮币以足用	《汉书》卷六《武帝纪》
元鼎四年（前113）	上郡，朔方，西河，河西开官田，斥塞卒六十万人戍田之	《史记》卷一百十《匈奴列传》
元鼎六年（前111）	以西到令居（甘肃永登县），通渠置田，官吏卒五六万人	《史记》卷二十四《食货志》

资料来源：根据司马迁《史记》及班固《汉书》所载有关西汉时期向蒙地移民内容整理制成。

由表2-1所统计内容可以发现，西汉时期的大规模移民增加了内蒙古草原上（尤其是汉王朝与匈奴政权接触地带）的农业人口数量，加速了对边地的土地开发利用。尤其是东汉王莽乱政时期，社会矛盾严重激化，导致大量农民流亡，出现"内郡愁于征发，民弃城郭流亡为盗贼，并州、平州尤甚"，边地"谷常贵，边兵二十余万人仰衣食，县官愁苦，五原、代郡尤被其毒，起为盗贼，数千人为辈，转入旁郡"的状况。① 至昭帝始元六年（公元前81），从"天水、陇西、张掖三郡析置金城郡，由于都是新辟疆土，因此该郡居民几乎都是内地移民"②。

汉代向蒙古草原移民、土地开垦也影响中原王朝在这些区域设置了类似于中原农耕区的郡县统治政权，在古代中国，郡县制自秦朝开始登上历史舞台之后，县也成为农耕区的基本管理机构，但是县的设置是基于定居人口数量与农业生产规模达到一定程度时才能实现的，同时也对当地社会变迁产生了深远影响。如《中国人口·内蒙古分册》中对西汉元始二年（公元2）内蒙古地区部分郡县户口数及人口数的统计，如表2-2所示。

---

① （东汉）班固：《汉书》卷九十九《王莽传》，中华书局1962年标点本，第4125、4140页。
② 葛剑雄：《西汉人口地理》，人民出版社1986年版，第166页。

表2-2　　　西汉元始二年内蒙古部分郡县设置及人口数据统计

郡　名	总县数	内蒙古县数	总户数	内蒙古户数	总人数	内蒙古人数	密度人口数/平方千米	备注
朔方郡	10	9	34338	30904	136628	122965	1.7	各县户数按平均值计算
云中郡	11	11	38303	38303	173270	173270	9.8	
五原郡	16	16	39322	39322	231328	231328	14.3	
定襄郡	12	12	38559	38559	163114	163114	9.6	
西河郡	36	7	136390	26520	698836	135884	15.9	仅有7个县可确定属内蒙古
上　郡	23	8	103683	12960	606658	75832	13.5	
雁门郡	14	2	73138	10448	293454	41992	15.5	各县户数按平均值计算
代　郡	18	1	56771	3154	278754	15486	10	各县户数按平均值计算
右北平郡	16		66689	4446	320780	21385	8.7	内蒙古户数按总数1/15计
辽西郡	14		72654	4844	352325	23488	8.9	内蒙古户数按总数1/15计
合计	170	66		209460		1004704		

资料来源：根据《汉书·地理志》（卷二十八下）及梁方仲《中国历代户口·田地·田赋统计》（甲表4）、宋迺工主编《中国人口·内蒙古分册》（中国财政经济出版社1987年版，第29页）等统计制成。

通过对表2-2所统计史料中记载有关汉代内蒙古地区部分郡县的人口数据情况可以明显发现，这一时期内蒙古地区农业人口有了快速增长，尤其是汉朝与匈奴政权交界地带的各郡县，农业人口增长速度最为迅速，农业分布范围向北及西北地区拓展。对于这一区域来说，大量农业人口的进入及土地开垦给原本脆弱的自然环境造成了严重破坏进而也影响到游牧生产方式在本地区的利用。

综合上述可以发现，经历了两汉大规模移民及土地开垦，至东汉末期时的汉朝与匈奴政权接触地带（主要是内蒙古草原南缘的中部及偏西部地区）已是农田广布、农业人口密集分布的区域。根据文焕然研究指出："黄河中下游地区进入东汉以后，正逢少雨时期，旱灾严重"[①] 时期，自然灾害的出现进一步导致发生灾害的农耕区人口大量外迁，人口的增多无疑是对干冷、贫瘠草原自然环境的极大挑战，更是影响游牧生产方式存在范围及影响程度的重要因素。因此，大量农业人口进入蒙地，加剧了对蒙地的土地开垦，对游牧经济存在及游牧生存方式利用造成了极为严重的破坏影响。

第二节　魏晋南北朝时期：游牧生产方式初次繁荣阶段

魏晋南北朝上承汉代，仍属于东汉以来的气候寒冷期内。竺可桢最早提出了魏晋南北朝时期气候转寒的论断，提出了这一时期平均气温比现在普遍降低1℃—2℃的结论。[②] 虽然此后一些学者也对竺可桢的论断提出了质疑与补充完善，但此时期气温普遍转寒却是不争的事实，存在的争议也主要集中在气温变化的幅度方面。[③] 在此时期，北方也因气候转寒而导致蒙古草原及蒙汉交界地带部分地区的农业生产难以维持，农业生产的最北界开始大幅度的向南移动，北方农业发展的难以维系给内蒙古地区已被破坏的草原自然环境的恢复提供了有利契机。此时期内，内蒙古地区的自然环境较之前代有所改善，已破坏的自然环境有所恢复。此外，由于魏晋南北朝的蒙古草原地区多被游牧民族所实际控制，农业也被畜牧业取代，因而这一时期游牧生产方式的影响范围逐渐扩大，奠定了此时期游牧生产方式繁荣发展的必要前提条件。

一　初次繁荣发展之表现

东汉末期三国分立，中原地区动乱给北方草原游牧民族的崛起提供了有利契机，鲜卑族及羌胡等游牧民族实际控制区域向南扩展至35°N—40°

[①] 文焕然：《秦汉时代黄河中下游气候研究》，商务印书馆1959年版，第63页。
[②] 竺可桢：《中国近五千年来气候变迁的初步研究》，《考古学报》1972年第1期。
[③] 王铮、张丕远、周清波在《历史气候变化对中国社会发展的影响——兼论人地关系》（《地理学报》1996年第4期）一文中也指出：魏晋南北朝时期所在的公元280年前后正在发生一次气候突变，其最主要的特征是降温。

第二章 秦汉至宋元时期游牧生产方式的发展变迁

N地区，40°N沿线基本上都是游牧民族的实际控制区域。① 在并州塞外，以游牧经济为主要类型的鲜卑族成为蒙古草原绝大部分地区的实际控制者，以盛乐为中心的鲜卑拓跋部势力最强。② 根据马长寿考察指出，东汉末期，由于乌丸的不断内迁，乌丸以北的鲜卑（东胡一支）也逐渐南迁，塞外出现了三大部落：一是原鲜卑檀石槐后裔步度根为首时期，居住地为并州五原、云中、雁门及幽州的代郡一带；二是被称为"小种鲜卑"的轲比能集团，居地在代郡以东的上谷、渔阳边塞内外；三是原鲜卑檀石槐的东部大人素利、弥加、厥机等部，在辽西、右北平、渔阳塞外。③ 这些部落又几近是单纯以游牧经济为主的草原游牧民族。

梳理相关史料可以发现，农耕与游牧政权接触地带及部分内蒙古草原南缘已垦土地的再度游牧化在东汉后期就已出现，根据马大正的考察，到曹魏政权之后，在曹魏并、雍二州之北，即河套及大漠南北，仍然是胡狄的游牧居住地。在漠南阴山原匈奴故地（大鲜卑山：今黑龙江阿里河大兴安岭）迁徙到了此时期的鲜卑拓跋部驻地（今内蒙古和林格尔）④。由此可见，游牧民族的实际控制区域有所南移，这也为游牧生产方式影响范围的扩大提供了契机。

此时期，鲜卑族逐渐成为蒙古草原上的实际统治者，许多因秦汉时期移民及戍边而被开垦致荒的土地有所恢复，大片荒地再次成为可牧牲畜的牧场，已破坏的草原环境有所恢复，游牧经济在这些区域再度复兴，游牧生产方式也随之繁荣发展起来。至北魏时，蒙古草原的大部分地区出现了繁荣的游牧生产画面，据《魏书》记载："……定秦陇，以河西水草善，乃以为牧地。畜产滋息，马至二百余万匹，骆驼将半之，牛羊则无数。高祖即位之后，复以河阳为牧场，恒置戎马十万匹，以拟京师军警之备。"⑤ 至北魏文成帝和平五年（464）时，今内蒙古鄂尔多斯地区也出现了极为富饶的畜牧业生产及生活场景。据《魏书》记载："五部高车合聚祭天，

---

① 谭其骧主编：《中国历史地图集：三国·西晋时期》，中国地图出版社1982年版，第3—4页。
② 马大正：《中国边疆经略史》，武汉大学出版社2013年版，第114页。
③ 马长寿：《乌丸与鲜卑》，上海人民出版社1962年版，第189页。
④ 马大正：《中国边疆经略史》，武汉大学出版社2013年版，第102—103页。
⑤ （北齐）魏收：《魏书》卷一百十《食货志》，中华书局1974年标点本，第2857页。

众至数万，大会，走马杀牲，游绕歌吟忻忻，其俗称自前世以来无盛于此。"① 到了夏凤翔元年（413）②，匈奴贵族赫连勃勃在今日内蒙古鄂尔多斯乌审旗南的汉代"奢延城"基础上建立了"都统万"。《太平御览》对此都城记载道：大夏王赫连勃勃登高而望，说道："美哉斯阜，临广泽而带清流，吾行地多矣，未有若斯之美。"由此可以看出，魏晋南北朝时期的内蒙古中西部地区，尤其是与山陕北部相接壤的鄂尔多斯地区自然环境已有较好恢复，呈现出草木繁茂之景，并且在此地区再度出现了游牧经济。

这一时期内蒙古草原自然环境的恢复与气候转寒密切相关，气候寒冷期到来之后，适宜农业发展区域的最北界因气候转寒及气候波动频繁出现开始向南移，同时也对农业生产造成了诸多不利影响。在当时社会生产力水平条件下，难以人为将农业生产区拓展到气候条件较为恶劣的地区或是人为抵抗自然条件波动对农业生产造成的不利影响，更多的是人们因气候波动的影响而调整农业分布区。对于此时期中国农业、牧业等不同经济类型的分布情况，谭其骧根据《史记·货殖列传》中关于经济区域的叙述，将全国分为山西、山东、江南、龙门碣石北等四个经济区，山西③的物产特点是饶材、竹、穀、纑、旄、玉、石，龙门碣石④以北的特点是多马、羊、牛、旃裘、筋角。可以看出，此时山西竹、穀等林业资源较丰富，而龙门碣石则以畜产品为主。由此可见，这一时期自龙门以北的山陕峡谷流域在当时是以游牧经济为主的地区，而以南则是农耕区。因此，这一地区为当时农牧交错带南缘，而且农牧交错带也随之出现南移的界限变化。⑤农牧交错带范围的南拓则表明这一时期游牧经济存在范围的向南扩展。受此影响，此时期农耕与草原接触地带及蒙古草原绝大部分地区的游牧经济

---

① （北齐）魏收：《魏书》卷一百零三《高车传》，中华书局1974年标点本，第2309页。
② 公元413年（农历癸丑年）包括的年号有"东晋义熙九年""夏凤翔元年""北燕太平七年""北凉玄始二年""西凉建初九年""南凉嘉平六年""西秦永康二年"等诸侯国的年号。
③ 书中所指的魏晋南北朝时期的山西，谭其骧认为是"泛指函谷关以西，关中盆地和泾渭北洛上游西至黄河皆在其内"。
④ 碣石：指的是今河北昌黎县北碣石山；龙门：指的是今禹门口所在的龙门山，正在关中盆地与汾涑水流域的北边分界线上。
⑤ 谭其骧：《何以黄河在东汉以后会出现一个长期安流的局面——从历史上论证黄河中游的土地合理利用是消弭下游水害的绝对性因素》，载《谭其骧全集》第一卷，人民出版社2015年版，第398页。

及游牧生产方式开始走向繁荣发展阶段。

二 初次繁荣发展之原因

游牧生产方式在魏晋南北朝时期繁荣发展是受到自然与社会因素的双重影响出现的。就其自然原因而言，因为气候转寒及波动的频繁出现，蒙古草原大部分地区单位面积上的植物生产量降低，所能够饲养的牲畜数量也随之下降，气候转寒也是导致古代自然灾害频发的重要自然因素，这给草原地区的人畜生存带来了严重挑战，游牧民族也因此而向南迁移寻求新的生存空间及生存所需资料，故而时常将游牧范围向南扩大。王利华也指出："魏晋南北朝时，恰逢中原地区混乱，游牧民族得以进入中原腹地，成为当地的主人。又由于游牧民族的进入，中原北部的大量农田成为了牧场。"[1] 游牧民族的南迁，一定程度上减少了草原地区的人口与牲畜数量。尤其是农业人口的减少有效减缓了蒙古草原的土地垦种、人口定居及草原开发利用的步伐，这为草原地区自然环境的自我修复提供了有利契机。更为重要的是，草原自然环境的恢复提供了大面积可供游牧的草场，这也为游牧经济的恢复及游牧生产方式的繁荣发展提供了可能。

对于此时期游牧经济及游牧生产方式影响范围的分布情况，根据吴宏岐考察指出：魏晋南北朝时期，"陕西北部高原南缘的山脉是天然的农牧分界线，这一分界线的南部地区基本上是农耕区，而以西、以北部分地区则是游牧地区"。吴宏岐也很确信，"这一分布格局维持了很长时间，很少出现大范围的波动"。[2] 这一分布范围能够稳定存在无疑也是受到气候转寒波动的影响。因此，从游牧民族的实际控制区域向南部及周边地区的持续扩大而言，此时期也迎来了游牧民族游牧生产方式的繁荣发展。

再就游牧生产方式繁荣发展的社会因素而言，则是游牧民族控制区域向南的有效拓展，扩大了游牧生产方式的影响及分布范围。游牧民族的南迁也受到社会因素的极大影响，如西晋时期，边疆地区出现了新的发展态势，那便是游牧民族因"慕义归化"而大量内迁，掀起了边疆内外少数民族内迁的高潮。[3] 受自然及社会双重因素的影响，游牧民族的活动区域大范围南移，

---

[1] 王利华：《中古时期北方地区畜牧业的变动》，《历史研究》2001年第4期。
[2] 吴宏岐：《元代北方汉地农牧经济的地域特征》，《中国历史地理论丛》1989年第3期。
[3] 马大正：《中国边疆经略史》，武汉大学出版社2013年版，第117页。

这为分散过多的人畜压力及已被破坏的草原自然环境的恢复提供了可能，更加有效地拓展了游牧生产方式的影响区域，奠定了初次繁荣发展的社会基础。

这一时期游牧民族的统治区域向南迅速推进，根据王会昌的整理，三国时40°56′N、115°E（河北省张家口市东北），西晋时40°56′N、115°E（河北省张家口市东北），东晋时32°18′N、115°E（河南省息县临河镇），南北朝时30°24′N、115°E（湖北省浠水县下巴河镇）。[①] 可以发现，由三国至两晋游牧民族控制疆域范围出现了大幅度南移。游牧民族实际控制区域范围南移也为游牧生产方式的繁荣发展提供了契机。因此，游牧民族统治下的蒙古草原上游牧经济的繁荣发展以及游牧民族统治区域向南拓展为游牧生产方式在此时期进入繁荣阶段奠定了基础。

需要注意的是，此时期游牧民族"慕化"内迁也导致游牧民族与农耕民族进行了广泛深入的交融，这也导致游牧草原地区土地出现荒废及垦种，也影响到游牧生产方式在蒙古草原南部地区的利用。此外，此时期草原游牧民族统治者也采取了"广辟塞垣，更招种落"[②] 的统治政策。对此，祝总斌指出：中原王朝接收内迁游牧民族虽有扩充兵员及增加劳动力的目的，但也对民族融合、经济与文化发展等产生了重要作用。[③] 因此，农耕与游牧民族之间的交融（尤其是游牧民族对中原农耕文明的吸收）必然影响到草原地区经济与社会格局的变动，新的格局形态则更倾向于实力强的主导一方，因而出现了草原游牧区的半农业化或倾向于农业化。

此外，这一时期也有部分农耕与游牧政权接触地区出现了定居人口，包括接受中原农业生产及生活方式的游牧民族内迁及内地外迁的汉人，主要分布在农耕与游牧政权的交界地区。通过对大业五年（609）内蒙古中南部的部分郡县户口数统计，可以更加直观地了解边地定居人口的这一变化趋势，如表2–3所统计。

---

① 王会昌：《2000年来中国北方游牧民族南迁与气候变化》，《地理科学》1996年第3期。
② 马大正：《中国边疆经略史》，武汉大学出版社2013年版，第118页。
③ 祝总斌：《评晋武帝的民族政策》，载中国魏晋南北朝史学会编《魏晋南北朝史研究》，四川省社会科学院出版社1986年版，第183—208页。

表2-3　　大业五年（609）内蒙古中南部部分郡县常居户数统计

郡　名	户数（户）	备　注
榆林郡	2330	
五原郡	2330	
盐川郡	2763/3	该郡包括宁夏及陕西一部分，故按1/3计算
朔方郡	11673/2	该郡一部分位于陕西，因而按照1/2计算
定襄郡	374	
合计	11792	

资料来源：根据宋迺工主编《中国人口·内蒙古分册》，中国财政经济出版社1987年版，第36页；原书根据（唐）魏征《隋书》卷二十九《地理志》及相关内容统计而成。

　　通过表2-3统计数据可以看出，魏晋南北朝至隋朝初期的内蒙古地区业已存在相当数量的定居人口，因为定居必然导致农业及生活聚落的出现及对自然环境更深远的开发利用，且多是改造性的开发利用，反之亦然。此外，农业的发展也必然要求定居，农业社会的土地多是代代传承，费孝通指出："农业和游牧或工业不同，它是直接取资于土地的。游牧的人可以逐水草而居，飘忽不定；做工业的人可以择地而居，迁移无碍；而种地的人却搬不动地，长在土里的庄稼行动不得，侍候庄稼的老农也因之像是半身插入了土里，土气是因为不流动而发生的。"因而"直接靠农业来谋生的人是黏着在土地上的。我遇见过一位在张北一带研究语言的朋友。我问他说在这一带的语言中有没有受蒙古话的影响。他摇了摇头，不但语言上看不出什么影响，其他方面也很少。他接着说：'村子里几百年来老是这几个姓，我从墓碑上去重构每家的家谱，清清楚楚的，一直到现在还是那些人。乡村里的人似乎是附着在土上的，一代一代地下去，不太有变动。'——这结论自然应当加以条件的，但是大体上说，这是乡土社会的特性之一。我们很可以相信，以农为生的人，世代定居是常态，迁移是变态。大旱大水，连年兵乱，可以使一部分农民抛井离乡；即使像抗战这样大事件所引起基层人口的流动，我相信还是微乎其微的"[1]。受此影响，出现"只有在累世于兹、死于兹、葬于兹的最肥沃的黄土地带，才有可能产生人类史上最高度发展的家族制度和祖先崇拜"[2]。定居人口的出现

---

[1] 费孝通：《乡土中国》，人民出版社2015年版，第3页。
[2] 何炳棣：《黄土与中国农业的起源》，中华书局2017年版，第5页。

给内蒙古地区草原自然环境带来了一定的压力，这也是导致自然环境恶化的一大社会因素，同时也对游牧生产方式的利用产生了一定破坏性影响，最直接的表现就是其存在范围及影响程度的减小。

在农耕与游牧政权接触地带的农牧民族定居生活中，游牧民族对中原地区农耕经济的接受与蒙古草原的开发利用成为当时草原自然环境遭到破坏及草原原初面貌发生改变的重要社会因素，这也是成为导致这一时期农耕与游牧政权接触区域游牧生产方式遭到一定程度破坏的关键所在。然而这对于整个蒙古草原上游牧民族的游牧经济及游牧生产方式的利用而言，其影响范围及程度都是较小的，仅是分布在农耕与游牧政权双方接触的中间地带的局部地区，且多是出现在魏晋南北朝后期，不足以颠覆此时期游牧生产方式迎来初次繁荣发展阶段的客观实际状况。因此，游牧生产方式在魏晋南北朝时期无疑是进入了繁荣发展阶段。

第三节　隋唐时期：游牧生产方式曲折发展阶段

北周大定元年（581），杨坚代周建立隋朝，结束了中国大地上近400年的纷争，然隋朝仅存在三十余载，随后建立的唐朝则存在近三百载，但两代都实现了统一中国的大业。从气候波动的角度而言，隋唐时期结束了东汉魏晋南北朝的气候寒冷期，进入了一个相对温暖的时期。然而此时期隋唐两朝大一统局面的出现，中原王朝与北方草原游牧民族之间的来往不断，既有战争与对立也有交流与融合，也即是在碰撞与交融中相互影响并逐渐走向统一的历史发展趋势。尤其是到了唐代，效仿秦汉时期的移民实边及屯田等方式北抗突厥等部，这给内蒙古地区草原自然环境尤其是农耕与游牧政权交界地带游牧生产方式的利用造成了极大的破坏，也因此而导致游牧生产方式在此时期呈现出曲折发展的阶段性特征。

一　曲折发展阶段之表现

随着大一统中原王朝的建立及对北方草原游牧民族强盛对抗局面的出现，这一时期游牧民族政权的实际控制区域又恢复到秦汉时期状态，甚至突破并超过了秦汉时期中原王朝所能直接控制疆域的最北端，隋朝控制下的疆域最北端是44°N、115°E（今内蒙古锡林郭勒盟阿巴嘎旗南），唐朝控制下的疆域最北端是 43°30′N、115°E（今内蒙古锡林郭勒盟查干诺尔）。[①] 这一时期游牧民族控制的区域范围较之魏晋南北朝时期大范围北退，中原王朝将移民及农业种植范围不断向北及西北地区拓展，9 世纪时，东起振武军（托克托县），西至中受降城（包头）地区内，"凡六百余里，列栅二十，垦田三千八百余顷，岁收粟二十万石，省度支钱二千余万缗"[②]。由此可见，隋唐以后，蒙古草原南缘的大量土地被辟为耕地，直接影响了游牧经济及游牧生产方式的分布及影响范围。

从自然维度而言，此时期内蒙古中西部地区的土地并非都是可被开垦利用的，根据史念海的考察，在唐代，鄂尔多斯高原仍是游牧区，而河套平原及西秦岭以南（今天甘肃东南部）等地区是农牧均宜的，然而受到各政权势力强弱的影响，时常出现波动。大体的区域分布是东南部更宜于农耕，而西北部则更适宜游牧[③]。但在河套平原西部，唐朝一直将其视为北陲防守要区，对于营田的经营前后都是重视的，也未闻有何游牧部落在当地居住过，所以为农耕区。但在河套平原东部，唐初有突厥部落居住过，而单于都护府的设立就可以说明其间的问题。对于当时这个地区营田的重视，和河套平原西部相仿，亦可作相同看法。然而这一地区却未能遵循自然环境及气候特征而开展人类社会的各项行为活动，这不仅仅是对当地自然环境的破坏，也影响到游牧生产方式的利用及分布范围，并直接导致游牧生产方式在此时期呈现出曲折发展的阶段性特征。

隋朝时，今日内蒙古的锡林郭勒、巴彦淖尔、乌兰察布、鄂尔多斯等地区是隋朝与突厥部落交锋的主战场，大业五年（609）时，鄂尔多斯、河套及土默川三处平均每户人口约 5.17 人，总计约 6.1 万人，这些被编置在郡县中的定居人口，大部分是由中原地区外迁至此的汉人，也有部分汉化了的匈奴、鲜卑及杂胡等游牧民族，陆续归附隋朝的突厥族人数不断增多。此外，启民可汗原驻于漠北偏东地区，他们在混战中失利，但在得到隋朝支持后迅速壮大。隋朝便将其安置在水草丰美的土默川等地区，并修筑城池，后来又有一部分人口前往鄂尔多斯地区。启民可汗原有部众约

---

① 王会昌：《2000 年来中国北方游牧民族南迁与气候变化》，《地理科学》1996 年第 3 期。
② （北宋）欧阳修等：《新唐书》卷五十四《食货志》，中华书局 1975 年标点本，第 1379 页。
③ 史念海：《河山集》第六集，山西人民出版社 1997 年版，第 400—402 页。

| 上编　游牧生产方式溯源及发展阶段

2万家，人口约有10万人。以上几处人口总计也在16万人以上。① 可见此时期定居人口数量有了较大增加，这也进一步促进了当地农业生产的发展，同时也因农业的发展影响到游牧生产方式的利用。

随着这一时期蒙古草原中南部地区农业人口的持续增多，隋朝也在北方设置了灵武郡、朔方郡、五原郡、榆林郡等，管辖陕西、宁夏及蒙古草原的大部分地区，40°N以北的大部分地区（除102°E—106°E为突厥部实际控制）均处于隋朝的控制之下，② 突厥部在与隋朝的接触中也逐渐处于弱势并向隋纳贡互市。据载：开皇十四年（594），"突厥部落大人相率遣使贡马万匹，羊二万口，驼、牛各五百头。寻遣使请沿边置市，与中国贸易，诏许之"③。由此可见，中原王朝势力的强盛也导致草原游牧民族的内附及游牧经济与游牧生产方式分布范围的逐渐缩小。

此外，隋朝建立后也在边地进行大规模的移民戍边及屯田，如隋文帝开皇三年（583），"突厥犯塞，以行军总管从河间王弘出贺兰山。仲卿别道俱进，无虏而还。……于时塞北盛兴屯田，仲卿总统之。……事多克济，由是收获岁广，边戍无馈运之忧"④。隋朝的戍边屯田及与突厥部落相比之下的强盛局面也促进了边地的土地开发，这也导致游牧经济及游牧生产方式在此时期的蒙汉接触地带内影响范围大幅度北退，同时也导致许多原本以游牧经济为生的草原游牧民族开始接受并发展农业，或是远徙到更北或更西北地区。这也是游牧生产方式在此时期衰落的具体表现。

到了唐朝，因隋末唐初的动乱给突厥等草原游牧部落的崛起提供了契机，唐朝成立之初的突厥部落雄踞漠北、控制西域、权倾中原，军事力量强大。其控制区域："威服塞外诸国，其地东自辽海以西，西至西海万余里，南自沙漠，北至北海五六千里，皆属焉"，其实力"控弦数十万，中国惮之，周、齐争结婚姻，倾府藏事之，仍岁给缯纩十万段"，史称"控

---

① 宋迺工主编：《中国人口·内蒙古分册》，中国财政经济出版社1987年版，第35—36页。
② 谭其骧主编：《中国历史地图集：隋·唐·五代十国时期》，中国地图出版社1982年版，第3—4页。
③ （唐）魏徵等：《隋书》卷八十四《北狄传》，中华书局1973年标点本，第1871页。
④ （唐）魏徵等：《隋书》卷七十四《赵仲卿传》，中华书局1973年标点本，第1696页。

第二章　秦汉至宋元时期游牧生产方式的发展变迁

弦百万，戎狄之盛，近代未之有也"。① 随着唐朝建立，国家大一统局面出现并逐渐走向繁荣阶段，到了唐太宗时期便开始出兵征讨突厥部，将西起阴山、北至大漠的广阔区域纳入唐朝版图之内，并在原突厥部设置5府19州②，与此同时，回纥部也与唐朝取得了联系，回纥部的部分部众南下、部分部众西迁，唐朝则在原回纥部设置9府18州。③ 由是，唐朝在北部边疆的实际控制区域北起安尔加河，东到额尔古纳河，西至巴尔喀什湖，南邻居延泽。④ 唐朝的强盛及实际控制区域向西北及北部地区的有效拓展，也为农业经济及农业人口分布范围向北疆地区扩大提供了可能，这也直接导致游牧经济及游牧生产方式在蒙古草原及毗邻地区分布范围逐渐缩小。

唐朝的强盛也引起了部分草原游牧民族入塞或是在他们直接控制的草原上采用农业，蒙古草原南缘地区农业因之有了较快发展，此区域内人口聚居开始大量出现。唐贞观四年（630），东突厥汗国瓦解，十余万突厥人投降，唐太宗本着"全其部落，不革其俗"的原则，将这些人安置在今日内蒙古鄂尔多斯等地区，特设大量羁縻州府。麟德年间（664—665年），浑和斛薛"万余帐"移入河套地区。至天宝初年，后突厥汗国大乱，九姓首领阿布思、默啜孙勃德支持特勒等率万余帐归附，也被安置在今内蒙古鄂尔多斯地区。开元二十六年（738），置宥州延恩、怀德和归仁三县（均在鄂尔多斯）以安置之；党项拓跋部在归降唐朝后东迁至鄂尔多斯平夏地区。据统计，天宝元年（742），内蒙古地区常住人口约11.3万，基本上分布在今内蒙古鄂尔多斯、河套及土默川三地。⑤ 以上所述，都体现出游牧生产方式在蒙地（尤其是农耕与游牧政权接触地带）遭受到了极大破坏。

---

① （唐）杜佑：《通典》卷一百九十七《边防十三·北狄四·突厥上》，王文锦、王永兴、刘俊文等点校，中华书局1988年标点本，第5404、5406、5407页。

② 5府19州：定襄都督府，领阿德、执失、苏农、拔延四州；云中都督府，领舍利、阿史那、绰州、思壁、白登五州；桑乾都督府，领郁射、执失、卑失、叱略四州；呼延都督府，领贺鲁、葛逻、蹛跌三州；坚毗都督府；新黎州；浑河州；狼山州。

③ 9府18州：燕然州；鸡鹿州；鸡田州；东皋兰州；烛龙州；燕山州；达浑都督府，领姑衍、步讫、嵊弹、鹘州、低粟五州；安化州都督府；宁朔州都督府；仆固州都督府；榆溪州；寘颜州；居延州；稽落州；舍吾州；浚稽州；仙萼州；瀚海都督府；金微都督府；幽陵都督府；龟林都督府；坚昆都督府。

④ 马大正：《中国边疆经略史》，武汉大学出版社2013年版，第178—179页。

⑤ 宋迺工主编：《中国人口·内蒙古分册》，中国财政经济出版社1987年版，第37页。

但值得注意的是，隋唐时期，蒙古草原上的游牧民族虽与中原王朝之间冲突不断，但是蒙古草原的腹地却多为游牧民族所实际控制，游牧生产方式也被普遍利用，并为后世草原游牧民族生存发展提供了必要的环境基础。如今日的内蒙古科尔沁地区，隋唐以来，契丹族成为鲜卑族之后科尔沁地区的又一游牧民族，这也为游牧生产方式被广泛利用提供了必要的社会土壤，史书中对契丹族生产及生活场面的记述也较详细地反映了当地人类社会的生产及生活状况，如《辽史·食货志》中曾对契丹族的生产及生存状态记述道："契丹旧俗，其富以马，其强以兵。纵马于野，弛兵于民。有事而战，驿骑介夫，卯命辰集。马逐水草，人仰湩酪，挽强射生，以给日用，糗粮刍荄，道在是矣。"① 可以发现，契丹人在科尔沁地区过着"仰给牲畜""逐水草而居"的游牧生活，倘若没有丰美的草原，契丹人的游牧生产及生活也是难以实现的，这也体现出在此前隋唐时期当地草原自然环境的有效维护，这也影响到当时这一地区游牧生产方式被高度利用的实际状况。

此外，游牧经济的发达也是蒙古草原地区已被破坏自然环境修复、生态和谐景观出现的一大关键促成因素。前文曾提及5世纪中叶出现的契丹人"俱窜于松漠之间"②的生存状况，这句话也表明当时科尔沁地区出现了荒漠景观。而至6世纪时，则因契丹人经营数十年而使当地自然环境有所恢复，如《北史·契丹传》所载：

> 经数十年，稍滋蔓，有部落，于和龙之北数百里为寇盗。真君以来，岁贡名马。献文时，使莫弗纥何辰来献，得班乡于诸国之末。归而相谓，言国家之美，心皆忻慕，于是东北群狄闻之，莫不思服。③

可以看出，因游牧民族契丹族在科尔沁地区经营游牧经济，到6世纪时，科尔沁地区在前代被破坏的自然环境已经有所好转。据《北史》记载：北

---

① （元）脱脱等：《辽史》卷五十九《食货志上》，中华书局1974年标点本，第923页。
② （北齐）魏收：《魏书》卷一百《契丹传》，中华书局1974年标点本，第2223页。
③ （唐）李延寿：《北史》卷九十四《契丹传》，中华书局1974年标点本，第3127页。

齐天保四年（553），文宣帝高洋率兵讨伐契丹，掠夺了大量畜产，畜产的存在也需要高度发达的游牧经济的支撑方可实现，而游牧经济的存在则离不开必要的草场。再如《北史·契丹传》所载："天保四年（553年）九月，契丹犯塞，文宣帝亲戎北讨，……帝亲逾山岭，奋击大破之，虏十万余口，杂畜数十万头。"① 由此可见，唐朝中后期以来的蒙古草原部分地区，游牧经济又有所恢复发展，这也为游牧生产方式的恢复发展提供了可能。

综合以上所述可以发现，当时契丹族的游牧经济是较为发达的，这也表明此时期蒙古草原的广阔区域内，也有部分地区的游牧民族始终在利用游牧生产方式，但也因契丹族对农业人口及农业经济的接受而导致此时期蒙古草原上游牧经济遭到农业经济的排挤，在部分区域出现了单纯的农业经济一元主导的经济格局，因而此时期蒙古草原上的游牧经济及游牧生产方式呈现出曲折发展的阶段性特征，但是受到中原王朝强大势力及对蒙古草原游牧民族强势对峙尤其是在军事交锋中处于优势地位的影响，蒙古草原上的游牧生产方式也呈现出低谷发展的阶段特征。

二　曲折发展及低谷期之原因

隋唐时期结束了东汉魏晋南北朝时期的气候寒冷期而进入了气候相对温暖时期，气候转暖也为中原农业区分布范围的北拓和西进提供了自然前提。加之此时期隋唐两个大一统国家的出现，继续开始了中原王朝与北方各草原游牧民族之间的对立与冲突，双方在对立冲突过程中，中原王朝多处于强势一方，这也为向边地推行农业奠定了社会基础。尤其是到了唐代之后，效仿秦汉时期的移民实边与屯田等方式北抗蒙古草原上的突厥等游牧部落，这一时期的戍边及屯田将北方草原上游牧民族不断向西、向北驱赶，同时也将农业的种植区域向北拓展至自然意义上农牧交错带的北界或是更北地区，也即适宜农业发展的最北端或是中原王朝控制疆域的最北界。

在蒙古草原南缘地区修筑城市及聚落也是唐代防御北方草原游牧民

---

① （唐）李延寿：《北史》卷九十四《契丹传》，中华书局1974年标点本，第3128页。

族南下的一大举措,隋朝防御突厥的主要措施是修筑长城,但是这些长城的工程多比较粗疏,炫耀武力的色彩大于实际防御功能。有唐一代面对的北方草原诸游牧民族势力,主要是东北部的奚族、契丹,北部的突厥、回纥。唐代一改隋朝时的边防政策,不筑长城,而是大力修筑边城,包括边州内州县级行政城市和军镇守捉城等,同时在一些边城之间发展了完善的烽燧制度。但位于今日内蒙古境内的边城,并不是很多,如准格尔旗十二连城五座古城中的一号、五号,阿拉善盟额济纳旗马圈古城等都是此时期修筑的边城。唐朝北边边城的军事设施较前代更为完备,具体表现是:有的军城的规模大于州城的规模,在边城增设羊马城、瓮门、瓮城、月城以及角楼、马面、陷马坑等军事防御设施。此外,边城还担负着屯田聚粮的职责,以逸待劳,从而达到御敌的目的。[①] 因此,隋唐时期内蒙古中南部地区的大量定居人口的出现尤其是以农业为生的人口及城市的修筑是导致这一时期游牧生产方式影响范围缩小的重要社会因素。从地理区位来看,这一时期40°N以北的大部分地区成为唐朝的实际控制区域,这也直接影响到游牧生产方式的分布范围向40°N以北地区大幅度退缩。

唐朝控制区域向北的大幅度拓展,也为大规模的驻兵屯田提供了可能,根据《唐六典》所记述有关边地屯垦数据的整理可以发现,唐代各军屯统计分别为:河东道131屯、关内道258屯、河南道107屯、河西道154屯、陇右道172屯、河北道208屯、剑南道9屯,共计1039屯。[②] 而河北道、河东道、关内道及陇右道等区域涵盖了今日内蒙古草原的大部分地区,且是农业人口相对集中的分布区。这一时期内蒙古草原上的人口及定居农业人口数量都比较多,如《中国人口·内蒙古分册》中对天宝元年(742)内蒙古地区人口数量的统计,如表2-4所示。

---

① 张久和主编:《内蒙古通史:远古至唐代的内蒙古地区》第一卷,人民出版社2011年版,第454—456页。

② 参见[日]玉井是博《南宋本大唐六典校勘记》,载《支那社会经济史研究》,岩波书店昭和十七年版,第512页。转引自马大正主编《中国边疆经略史》,武汉大学出版社2013年版,第214—215页。

表 2-4　　　　　天宝元年（742）内蒙古地区人口数量统计

族　群	人口数（人）	说明
定居者	113000	
突　厥	400000	
室　韦	50000	
契　丹	600000	
奚　族	200000	
霫　族	50000	
阿布思部众及高文简、跌恩太等部	70000	该三部分，本来有10万多人，但陕西、宁夏还分布其中的一少部分
宥州杂胡	50000	
合　计	1533000	

资料来源：宋迺工主编《中国人口·内蒙古分册》，中国财政经济出版社1987年版，第38页。

定居人口在这些中原王朝与草原游牧政权接触区域戍边屯田也是导致此时期内蒙古草原部分区域自然环境发生变迁、出现恶化及游牧生产方式遭到破坏的关键因素，大量常住人口（尤其是以农业为主的人口）聚居及对自然环境的开发利用加剧了自然环境的人为压力，尤其是在自然条件并不是十分优渥的内蒙古草原的大部分地区体现的最为显著。由此可见，隋唐以来，内蒙古的大面积草原被辟为耕地或是成为中原王朝的实际占领区，直接影响了游牧经济及游牧生产方式在当地的存在与发展，这也进一步导致游牧生产方式在这一时期呈现出曲折发展的阶段性特征。

综合以上所述可以看出，由于这一时期中原王朝的强大势力及对北方各草原游牧民族的强盛攻势，导致北方各草原游牧民族的实际控制区域逐渐向北及西北地区退缩，这也缩小了游牧经济及游牧生产方式的实际影响区域及分布范围，并直接导致这一时期游牧生产方式出现了曲折发展。较之前代各朝游牧生产方式的发展状况而言，明显进入了低谷阶段，游牧生产方式的利用者大幅度减少（但并不说明游牧民族人数的减少，而是有许多游牧人口转而从事农业），游牧生产方式的影响范围也有所减小或是向更偏远贫瘠之地扩散。

第四节　两宋时期：游牧生产方式的恢复与再度发展阶段

唐哀帝天祐四年（907），朱温代唐立国，自立为帝，建立后梁，唐朝覆灭，进入五代十国时期。北宋建隆元年（960），后周大将赵匡胤发动"陈桥兵变"，代周立宋。又于乾德元年（963）至开宝八年（975）间，先后灭掉荆南、南唐等政权。太平兴国四年（979）灭北汉，完成了统一中原的大业，开启了两宋时代，本书在叙述时将唐朝灭亡至北宋建立期间（五代十国）的历史也纳入"两宋"时期。两宋时期是中原王朝疆域实际控制范围逐步缩小，也是与北方各草原游牧民族对立冲突中处于明显弱势的历史时期。在当时，契丹族所建立的辽政权控制了包括今日内蒙古草原在内的蒙古草原的大部分地区，蒙古草原及北方其他地区也被党项、女真等民族控制，农耕民族及农业生产在这些区域或是消失、或是沦为游牧经济的附属，这为游牧经济及游牧生产方式分布范围的拓展发挥了几近决定性的影响。因此，这也决定了此时期游牧生产方式出现恢复与再度发展。

一　恢复与再度发展之表现

今日内蒙古草原在两宋时期被不同的游牧民族政权割据或实际占领，但由于各草原游牧政权的发展程度、势力强弱等各不相同，因而对各地区自然环境的影响程度也不尽相同，但是这一时期蒙古草原及其南缘的绝大部分地区长期被游牧民族实际占据，这也为游牧生产方式影响范围向更广阔区域拓展提供了可能。

这一时期北方草原上游牧民族将统治区域继续向更广阔区域（尤其是向南方）拓展，其控制疆域最南端分别是：五代十国时 39°24′N、115°E（今河北省涞源县塔崖驿），北宋时 39°6′N、115°E（今河北省易县南管头），南宋时 32°18′N、115°E（今河北省易县南管头）。[①] 由此可见，这一时期草原游牧民族实际统治区域向南有了大幅度推进，虽然我们无法断言

---

① 王会昌：《2000 年来中国北方游牧民族南迁与气候变化》，《地理科学》1996 年第 3 期。

第二章　秦汉至宋元时期游牧生产方式的发展变迁

游牧民族政权实际控制区域扩大就一定能够促进游牧经济及游牧生产方式的区域范围推广，但这却为游牧经济及游牧生产方式向更广阔区域的扩展提供了可能，尤其是作为以游牧生产方式为主的游牧民族，在其昌盛之时必然为游牧经济发展及分布范围扩大提供更大可能，因而此时期出现了游牧生产方式的恢复与再度发展。

如此时期蒙古草原上较为强盛的游牧民族"契丹族"[①]。契丹族建立的辽政权统治了蒙古草原较长一段时间，其社会生活状态如《辽史·食货志》所载："其富以马，其强以兵。"[②] 辽政权全盛时期的疆域几乎横亘中国40°N—50°N、80°E—140°E之间的广阔区域。通过对辽政权主要活动区域自然环境及契丹族生产及生活活动情况的考察，可以明显地看出，两宋时期游牧生产方式在科尔沁地区被广泛利用。伴随着辽代对科尔沁地区的土地开发（尤其是在当地发展农业）及后期的频繁战争，也影响了游牧经济的发展及游牧生产方式的利用，而自此时期之后的科尔沁地区也出现了大面积沙化了的土地。因此，游牧生产方式的利用与否是影响此时期草原自然环境优劣的关键所在。

此外，两宋时期蒙古草原的部分地区除被契丹族统治外，也有其他游牧民族控制了蒙古草原的其他地区，如西州回纥及西夏对今日内蒙古中西部区域及宁夏等地的占据。[③] 10世纪之初，蒙古草原大部分地区分布着诸多游牧民族，不仅数量众多，而且民族成分构成也比较复杂。在这些数量众多的游牧部落集团中，既有世代生活于此、活动区域相对稳定的部落集团，也有唐朝中晚期以来迁徙至此的新游牧部落集团。他们或是来自西北阿尔泰山的草原，或是来自东北大兴安岭东端的草原，或者是生活在河西

---

① 辽朝建政历时二百余年（907—1125年），政区采取双轨制的建设并长期推行，辽朝疆域从太祖耶律阿保机、太宗耶律德光时期基本奠定，中期经过世宗耶律阮、穆宗耶律璟、景宗耶律贤和圣宗耶律隆绪等几朝的发展版图基本奠定。《辽史》载，辽朝最盛时版图"东自海，西至流沙，北绝大漠"，以今日地理区位范围考察，则"东部到达今日霍次克海、日本海和渤海，靠北包括今日外兴安岭以北、叶尼塞河上游及其支流安加拉河流域和勒拿河上游地区，西抵阿尔泰山以西的沙漠地区，南部接近河北和山西两省中部"（参见马大正《中国边疆经略史》，武汉大学出版社2013年版，第250页）。可见，辽政权所控制疆域基本上囊括了今日内蒙古地区的疆域范围，甚至更广。

② （元）脱脱等撰：《辽史》卷六十《食货志》下，中华书局1974年标点本，第925页。

③ 谭其骧主编：《中国历史地图集：宋·辽·金时期》，中国地图出版社1982年版，第3—4页。

走廊及祁连山附近，或者是生活在阴山南北地带，从而构成了当时一幅蔚为壮观的多民族杂居分布、共同生存的景观。① 这是对两宋时期蒙古草原上各民族分布与生存状态的生动描述，游牧民族作为此时期蒙古草原绝大部分地区的实际控制者，这也为此时期蒙古草原上游牧经济及游牧生产方式的恢复发展提供了可能。

然而值得注意的是，此时期因部分草原游牧民族与中原农耕民族在接触过程中对农业经济的接受，也造成了部分蒙古草原地区游牧生产方式影响程度的减小及分布范围的缩小。如西辽河流域及毗邻地区。西辽河流域②自然环境变迁主要体现在草原游牧经济向以农业经济为主的经济格局的变化，这也是受到辽政权控制下西辽河流域土地开垦及农业发展出现的影响。契丹人本是以游牧经济为主的草原游牧民族，虽然后来在其控制疆域内出现了一定比重的农业经济，但是农业所占比重却比较小，直到其统治后期大量农业人口进入西辽河流域后，这一地区才开始出现了真正意义上的成规模的农业生产。

考察发现，辽建国前的农业生产尚处于萌芽阶段，所开垦的土地面积也十分有限。当时契丹族依托的经济基础是由畜牧与狩猎组成的传统经济类型，是在干草原特定地理环境下形成并已延续很长时间的经济形态，契丹族游牧人虽然在教习之下从事小范围的农业生产，但是这样的农业生产在整个经济结构中并不占主流，而且从事农耕的契丹人多是兼业行为，是在经营畜牧业的同时兼顾一定的农业。③ 因此，游牧经济及游牧生产方式在两宋初期的西辽河地区有所发展，但随着辽政权统治的稳定及对农业的接受，不仅本民族中有大批人口开始从事农业，同时也有许多中原农耕区的农业人口来到其统治区内，农业因之有了较快发展。

我们再对这一时期西辽河流域人口数量与自然环境之间的关系加以考察。根据吴松弟的统计：辽代全盛时期的人口数据为：户口数141万户、

---

① 任爱君主编：《内蒙古通史：辽西夏金时期的内蒙古地区》第二卷，人民出版社2011年版，第57页。
② 西辽河流域位于41.5°N—44.5°N、118°E—123.5°E之间，西辽河流域处于中国北方农牧交错带的东端，带内的自然地理及气候带有明显的过渡性特征。
③ 韩茂莉：《草原与田园——辽金时期西辽河流域农牧业与环境》，生活·读书·新知三联书店2006年版，第11页。

人口数901.5万人，全盛时期大致为辽天祚帝（12世纪初）时。[①] 西辽河流域的人口数量在此时期也超过了百万，对此，韩茂莉分析认为：辽末西辽河流域人口大概在120万上下，其他时期西辽河流域农业人口与非农业人口比重至少在2∶1左右，故而农业人口与非农业人口总计在180万人以上。[②] 在当时的社会生产力条件下，农业发展需要一定数量的人口，辽代西辽河流域的大量农业人口一直持续到金代，但是人口聚集区也由临潢府转至大凌河流域，部分地区人口密度为50—60人/km^2。[③] 由此可以看出，这一时期蒙古草原上（以今日内蒙古东部地区为主）人口数量的激增（尤其是农业人口的增加）促进了当地的土地开垦及农业发展，直接导致当地游牧经济的衰落，同时对游牧生产方式影响范围的缩小也产生了一定影响。

到了辽代末期，虽然受到战乱影响导致人口大量死亡，人口数量因之有所减少，但是整个辽政权控制区域内的人口数量也将近四百万，具体人口族群构成及族种分布可参见表2-5所统计数据。

表2-5　　　辽末时期辽政权疆域范围内总人口数量推测统计

族　群	丁　数（人）	户　数（户）	人口数（人）
契　丹	300000	150000	750000
渤海人以外的藩部	80000	40000	200000
汉　人	960000	480000	2400000
渤海人	18000	90000	450000
总　计	1358000	760000	3800000

资料来源：韩茂莉《草原与田园——辽金时期西辽河流域农牧业与环境》，生活·读书·新知三联书店2006年版，第115页。

表2-5是对整个辽政权控制疆域内人口丁数、户数的粗略统计，通过这样一组数据的对比可以发现，辽政权控制疆域内的汉族人口所占比重达到63.2%左右，且除去渤海人及渤海人以外藩部人口，其余人口占到

[①] 吴松弟：《中国人口史：辽宋金元时期》第三卷，复旦大学出版社2000年版，第196页。
[②] 韩茂莉：《草原与田园——辽金时期西辽河流域农牧业与环境》，生活·读书·新知三联书店2006年版，第78—79页。
[③] 韩茂莉：《草原与田园——辽金时期西辽河流域农牧业与环境》，生活·读书·新知三联书店2006年版，第80页。

95%左右,且这些人口中的大部分是生活在今日内蒙古地区(主要分布在内蒙古东部地区)。因此,这一时期内蒙古地区的人口数量急剧增长,尤其是农业人口的增加,促进了本地区农业的发展直接影响到游牧经济及游牧生产方式分布范围的缩小。

因此,两宋时期的内蒙古地区虽为游牧民族直接统治,但是随着游牧民族与汉族之间交流与融合的逐渐增多与日益深入,草原上的农业人口及非游牧经济成分逐渐增多,也一定程度上影响了游牧生产方式的分布范围,这在两宋后期表现得最为显著,但这一现象多出现在两宋后期及局部草原地区,在大多历史时期,蒙古草原大部分地区则仍是以游牧经济及游牧生产方式为主,因而游牧生产方式在两宋时期呈现出恢复与再度发展的阶段特征。

二 恢复与再度发展之原因

考察发现,此时期游牧民族契丹族对蒙古草原及与中原农耕区接触地带及以南地区的实际控制,是影响游牧生产方式在此时期蒙古草原上出现恢复与再度发展的重要原因,其影响也是几近决定性的,尤其是契丹政权控制区域的向南拓展进一步开拓了游牧生产方式的分布范围。

对于此时期游牧民族政权控制的实际控制疆域范围,王会昌对五代十国及两宋时期游牧民族政权的最南界及所在位置做了整理,如表2-6所示。

表2-6 五代十国及两宋时期游牧民族政权疆域南界的纬度位置

时代	政权	纬度(°N)	今日地名
五代十国	契丹/北周	39°24′	今河北省涞源县塔崖驿
北宋	辽/北宋	39°6′	今河北省易县南管头
南宋	金/南宋	32°18′	今河南省息县临河镇

资料来源:王会昌《2000年来中国北方游牧民族南迁与气候变化》,《地理科学》1996年第3期。

由表2-6可见,这一时期整个蒙古草原的绝大部分地区被游牧民族实际控制,且在部分时期内游牧民族的实际控制区域向南大幅度扩展,甚至在南宋时游牧民族政权的控制范围已经到达了30°N沿线地区,直接推动了此时期游牧经济及游牧生产方式利用范围的拓展。

在此时期内,生活在内蒙古草原上的各游牧民族的经济生产与生活方

第二章　秦汉至宋元时期游牧生产方式的发展变迁

式也多是以游牧经济为主，如"室韦—达怛人"的游牧经济形态，郑君雷分析指出：从黑海延伸至蒙古的欧亚大陆草原，这是最著名的游牧地带，游牧民族历史上建立起了非常强大的政治组织。畜群包括马、绵羊、山羊、牛和双峰骆驼等，运输工具是双轮轻便的马车，牧民用毛毡制作圆顶帐篷，特别强调骑马和射箭。① 再如，此时期蒙古草原上的契丹族，冯季昌等考察指出：作为游牧民族的契丹族本身是没有农业的，由于唐末中原战乱的影响，华北汉人多北迁至今日内蒙古东部地区的科尔沁地区垦田耕种。辽太祖、太宗南下中原、东征渤海时也将大批汉人、渤海人强行迁到辽国，令民垦种于科尔沁地区，以至于出现阡陌纵横、五谷丰登的农业社会景象。通过对辽政权主要活动区域自然环境的考察，可以明显看出科尔沁地区在两宋时期自然环境得到了较好维护，这一状况一直维持到了辽代末期。辽政权控制下的科尔沁地区植被发达、水草丰美，是契丹族农牧业发展得天独厚的地理条件，契丹族的游牧经济也是十分发达。② 因此，契丹族影响区域内游牧经济的发达也为游牧生产方式的分布范围拓展及影响程度加深提供了可能。

此外，韩茂莉综合武吉华、夏树梅、任国玉、杨永兴、李宜垠等③通过14C测年、考古分析等手段对这一时期西辽河流域自然环境状况分析指出：虽然测试与分析结果不一致，但是可以得出一个大致相类似的结论，那便是辽金时期西辽河流域存在一个短暂的环境适应期，这一适应期大致结束于11世纪70—80年代的辽道宗时期，气候适宜期内大量植物繁育，草原植被繁茂，现阶段考古发现的黑土层及花粉分析都是对此论断的较好证明。④ 对于此时期气候适宜期阶段长短及结束时间，笔者认为邓辉的论

---

① 郑君雷：《关于游牧性质遗存判定标准及其相关问题——以夏至战国时期北方长城地带为中心》，《边疆考古研究》2003年。
② 冯季昌、姜杰：《论科尔沁沙地的历史变迁》，《中国历史地理论丛》1996年第4期。
③ 武吉华等：《中国北方农牧交错带中段全新世环境演变及预测》，载张兰生主编《中国生存环境历史演变规律研究》一，海洋出版社1993年版，第322页；夏树梅等：《东北全新世温暖期气候变化的初步研究》，载张兰生主编《中国生存环境历史演变规律研究》一，海洋出版社1993年版，第306页；任国玉等：《科尔沁沙地麦里地区晚全新世植被演化》，《植物学报》1997年第4期；杨永兴等：《西辽河平原东部沼泽发育与全新世早期以来古环境演变》，《地理科学》2001年第3期；李宜垠等：《西辽河流域古代文明的生态背景分析》，《第四纪研究》2003年第3期；等等。
④ 韩茂莉：《草原与田园——辽金时期西辽河流域农牧业与环境》，生活·读书·新知三联书店2006年版，第142—143页。

| 上编　游牧生产方式溯源及发展阶段

断较为可靠，也即辽代初、中期的气温偏暖，但从11世纪80年代开始，气候向寒冷方向过渡。① 然而此时期西辽河流域较好的自然环境与气候条件也为游牧经济发展及游牧生产方式利用奠定了自然环境基础，这也是当地再度恢复成草原自然环境的体现。

此外，两宋时期，契丹族所建立的辽政权控制了今内蒙古的大部分地区及毗邻部分区域，其所控制疆域北抵55°N及以北的外兴安岭地区，东抵144°E的萨哈林岛（今库页岛），西抵80°E的额尔齐斯河及鄂毕河的下游，南抵38°N的大同府及析津府地区（今北京周边地区）②。辽政权控制区范围较广，但是除40°N沿线部分地区的自然条件能够满足农业生产要求外，向更北地区则是单纯的游牧业或是半游牧半渔猎业等交错分布区，科尔沁地区也是辽政权统治疆域的中心区域（当时辽政权的政治经济及文化中心所在地），因而科尔沁以北地区也较少出现人为因素的环境破坏。因此，科尔沁以北地区或是因为缺少相关资料记述，或是因为人类活动较少，而未出现显著的环境变迁及游牧经济被农业经济所取代。

综合上述可知，两宋时期蒙古草原的绝大部分地区再度成为游牧政权的实际控制区域，虽然出现了一些农业，但在更广阔区域内，因为游牧民族实际区域控制的扩大，也为游牧经济的发展及游牧生产方式分布范围的扩大提供了有利契机，故两宋时期既是游牧生产方式的恢复时期，也是其再度发展的关键阶段。

第五节　元朝时期：游牧生产方式的繁荣与鼎盛阶段

随着蒙古族势力的逐步崛起与进一步发展壮大，逐渐成为中原及欧亚大陆（以蒙古高原为中心辐射到更广阔区域）的实际统治者，建立起横跨欧亚大陆的草原帝国，今日内蒙古草原及其毗邻的更广阔区域也成了蒙古人的牧场，蒙古草原及周遭地区的农业发展受到极大限制，游牧经济在这

---

① 邓辉：《论燕北地区辽代的气候特点》，《第四纪研究》1998年第1期。
② 谭其骧主编：《中国历史地图集：宋·辽·金时期》，中国地图出版社1982年版，第3—4页。

第二章　秦汉至宋元时期游牧生产方式的发展变迁

一时期的蒙古草原及毗邻地区迎来了繁荣发展的新阶段，这也必然为游牧生产方式的繁荣发展提供了可能。元朝是由蒙古族建立的大一统国家，而蒙古族在古代又几近是单纯从事游牧经济的草原游牧民族，也是元代以来蒙古草原上唯一人口众多、势力强盛的游牧民族。蒙古族在长期的游牧生产与生活活动中也积累了丰富的关于保证人与草原自然环境和谐共处及游牧生产方式顺利开展的经验，尤其是在国家强大政治、军事等实力的支撑下其实际控制疆域达到了古代各中原王朝最辽阔的阶段，这也为其经济发展提供了更广阔的空间，受此影响，游牧生产方式在这一时期也迎来了发展的有利契机，呈现出繁荣与鼎盛的阶段性特征。

一　繁荣与鼎盛发展之表现

元朝法律中对游牧生产方式的基本对象、发生区域、具体操作者等都制定了严格的制度规范，这也有效保证了游牧生产活动的顺利开展，而元朝强大国力及控制区域的广阔也为游牧生产方式的利用提供了更广阔的历史舞台。因此，游牧生产方式也是元朝时整个蒙古草原及更广阔地区内最为经典的生产方式，出现了繁荣与鼎盛发展的阶段性特征，如《蒙古秘史》第九节中对元朝时蒙古族生产及生活场景的记述，转述如下：

> 豁里剌儿台·蔑儿干由于豁里·秃马惕地区自相禁约，不得捕猎貂鼠等野兽，感到烦恼。他成为豁里剌儿氏，因不尔罕·合勒敦山为可捕猎野兽的好地方，便迁移到不尔罕·合勒敦山的开辟者（《秘史》原文为"孛思合黑三"，旁译误作人名，其实并非专名，而为普通词语，意为"建立、创立、开辟者"）兀良孩部（即"兀良合惕部"）的哂赤·伯颜处来。①

由上述可见，此时期蒙古草原上主要游牧民族"蒙古族"的游牧生产及生活活动基本上是蒙古草原及更广阔区域内的主导型生产与生活方式，厚和与高晓明根据《蒙古秘史》对当时蒙古族经济类型分布区的研究指出：

---

① 余大钧译注：《蒙古秘史》，内蒙古大学出版社2014年版，第13页。

| 上编　游牧生产方式溯源及发展阶段

"十二世纪的蒙古部落大致可分为两群,即'草原畜牧部落'与'狩猎部落','畜牧部落'分布在呼伦贝尔湖起直到阿尔泰山脉西支一带的广大草原上,在此区域内进行游牧;'狩猎部落'分布在贝加尔湖、叶尼塞河上游和额尔齐斯河沿岸。这两个部落有时也会以对方的生活方式来补充自己部落的生存需求。"① 通过上段叙述还可以发现,作为游牧民族的"蒙古族"在元代并非单纯地从事"游牧经济",而是在北方草原广阔区域内保留着"畜牧"与"狩猎"经济,但这一时期的"狩猎经济"正在向"畜牧经济"过渡。游牧生产方式也因之有了进一步发展,影响地域也日益扩大。

通过上述内容可以看出,当时内蒙古草原及相当一部分邻近地区主要是以游牧经济(或是"畜牧业"经济)为主,游牧生产方式也在这一时期被广泛利用,并促使其在元代走向了繁荣发展的鼎盛阶段。

具体如鄂尔多斯地区,13世纪之后成为忽必烈第三子安西王忙哥剌的领地,此地区也成为元朝的十四大牧场之一,专营牧马,这也表明当地应广泛存在着草原自然景观方能成为朝廷牧场。经过有元一代的发展,今日内蒙古地域范围内的游牧经济成为主要经济类型,农业经济发展受到极大限制,农业经济向游牧经济的过渡对已遭破坏的草原自然环境的恢复及草原自然环境的维护较有帮助,元末明初时出现了有关鄂尔多斯地区良好草原自然景观的记述便是较好体现。至元末明初时,汤和北击元军,洪武三年(1370),"复以右副将军从大将军败扩廓于定西,遂定宁夏,逐北至察罕脑儿(鄂尔多斯地区),擒猛将虎陈,获牛马羊十余万,徇东胜、大同、宣府皆有功"②。通过汤和所记述元末鄂尔多斯地区存在的诸多畜产品可以看出,这一时期鄂尔多斯地区存在相当规模且发展水平较高的游牧经济。吴宏岐也认为:"陕北高原以北的内蒙古地区自魏晋南北朝以来便持续着游牧生产为主的大格局,很少出现农牧生产方式的变换。而到了宋元时期,这一地区更成为了游牧部落的驻牧地区,游牧经济成为主导。"③ 因此,元朝虽然国祚短暂,但蒙古族却将游牧生产方式的影响程度及利用范

---

①　厚和、高晓明:《〈蒙古秘史〉中的蒙古族经济关系及经济形态初探》,载内蒙古自治区蒙古族经济史研究组编《蒙古族经济发展史研究》第一集,1987年版,内部刊行,第11页。
②　(清)张廷玉等:《明史》卷一百二十六《汤和传》,中华书局1974年标点本,第3753页。
③　吴宏岐:《元代北方汉地农牧经济的地域特征》,《中国历史地理论丛》1989年第3期。

第二章 秦汉至宋元时期游牧生产方式的发展变迁

围加以有效扩大,也将其逐渐推至鼎盛发展时期。

此外,因为元代在蒙古草原上兴修城市及在边地推行屯垦移民等,也在一定程度上影响了游牧生产方式的利用。但值得注意的是,草原上零星分布的聚落与都市对草原"游牧"生产及生活的顺利进行至为重要。"都市"与"聚落"是草原上经济活动联系的必要环节,游牧必须与绿洲共存共荣,在大草原上逐水草维生的游牧民族,需要带着收成,定期朝点状的绿洲城市聚集。这些点状的城市是人与物的交汇处,更是集合生产、交易、移动、信息及文化的汇集点。因此,这些聚落及都市的存在对于游牧民族生存发展的意义十分巨大,是草原游牧民族维持生存与经济生产的重要环节。① 然而过度在草原上大兴土木、修城建堡却是不利于草原自然环境及游牧经济与游牧生产方式的存在与发展,因为固定建筑的修建必然耗费大量的木材及砖瓦等建筑材料,同时也因大兴土木的建筑破坏了草原地表的原初草原植被,这势必会导致草原自然环境及游牧生产方式被破坏。此外,城堡等固定聚落的出现必然导致人口的聚居和定居,逐水草而居之的游牧生产与生活在这样的社会环境中是难以实现的。

元代的内蒙古草原上,开始大肆兴修的城市及建筑物,尤其是在今内蒙古中南部地区,在元代出现了城市密集分布的景观,城市建筑用地及围绕着城市建设的各类用地是对草原自然环境的极大破坏。元代蒙古地区的城镇内也发展起来了一些手工业作坊及寺庙等宏大建筑,如上都(今锡林郭勒盟正蓝旗东北)系元代别都,宫室园囿、府库官署无不具备,皇帝家族及百官每年都到这里度夏。又如桓州(今正蓝旗境内)、平地县(今集宁)、丰州(今呼和浩特)、云内州(今毕克齐南)、松州(今赤峰西南)、全宁(今翁牛特旗乌丹)、应昌城(今克什克腾旗)等都有一些手工业者、商人。寺庙也不少,僧侣数量众多。②

这一时期主要修筑的城市聚落多位于今内蒙古中部及偏东部地区,在东、西部地区也有零星分布。根据郭殿勇的统计,元代内蒙古草原上主要修筑的城市及相关信息如表2-7所示。

---

① [日]杉山正明:《游牧民的世界史》,黄美蓉译,中华工商联合出版社2016年版,第13页。

② 宋廼工主编:《中国人口·内蒙古分册》,中国财政经济出版社1987年版,第43页。

表2-7　　　　　元代内蒙古地区城市及其分布地区统计

归属名称	所在地	所属行省	归属名称	所在地	所属行省
上都城	锡林郭勒盟正蓝旗政府敦达浩特镇东20千米	中书省	应昌路城（俗称"鲁王城"）	赤峰市克什克腾旗达赉诺尔湖的西岸	中书省
全宁路城	赤峰市翁牛特旗乌丹镇西门外	中书省	德宁路城（今"阿伦斯木"）（俗称"五英雄城、赵王城"）	包头市达茂旗都荣敖包苏木乌兰察布嘎查西北6千米	中书省
桓州城	锡林郭勒盟正蓝旗四郎城嘎查政府驻地西	中书省	敖伦毛都城	锡林郭勒盟正蓝旗卓伦高勒苏木敖伦毛都嘎查北1500米	中书省
应昌县城	赤峰市克什克腾旗达日罕乌拉苏木政府驻地东北5千米	中书省	平地县城	乌兰察布市察右前旗三号地乡苏集村南	中书省
团结村城	锡林郭勒盟东乌珠穆沁旗额吉淖尔苏木团结村西南	中书省	下色拉营城	乌兰察布市察右后旗当郎忽洞苏木下色拉营村北200米	中书省
哈音海尔瓦城	锡林郭勒盟镶黄旗哈音海尔瓦苏木政府驻地东2千米	中书省	大南沟城	乌兰察布市察右后旗哈彦忽洞苏木大南沟村500米	中书省
克里孟城	乌兰察布市察右中旗库联苏木克里孟村南500米	中书省	六苏木城	乌兰察布市凉城县六苏木乡政府驻地东250米	中书省

第二章 秦汉至宋元时期游牧生产方式的发展变迁

续表

归属名称	所在地	所属行省	归属名称	所在地	所属行省
土城东城	乌兰察布市察右中旗土城子乡土村东1千米	中书省	干草忽洞城	乌兰察布市凉城县天成乡干草忽洞村东北1千米	中书省
大圪达城	乌兰察布市兴和县五一乡大圪达村西北500米	中书省	李之营城	乌兰察布市化德县七号乡李之营子村西北500米	中书省
台基庙城	乌兰察布市兴和县台基庙乡政府驻地南1千米	中书省	大恒城	乌兰察布市化德县白土卜子乡大恒村北50米	中书省
土城城	乌兰察布市化德县土城子乡大湾村北500米	中书省	大岱城	呼和浩特市土左旗大岱乡政府驻地西北1千米	中书省
大湾城	乌兰察布市化德县土城子乡大湾村北500米	中书省	小红城	呼和浩特市和林格尔县大红城乡小红城村北200米	中书省
集宁路城	乌兰察布市察右前旗巴彦塔拉乡土城子村北	中书省	砂井总管府城	乌兰察布市四子王旗红格尔苏木布拉莫仁庙村西南1千米	中书省
净州路城	乌兰察布市四子王旗吉生太乡城卜子村东	中书省	丰州城	呼和浩特市太平庄乡白塔村西南300米	中书省
云内州城	呼和浩特市托克托县古城乡南园子村东北700米	中书省	东胜州城（俗称"大皇城"）	呼和浩特市托克托县城关镇西北东沙岗	中书省
松州城	赤峰市松山区城子乡城子村	中书省	松山馆城	赤峰市松山区穆家营子镇下洼子村	中书省
宣宁县城	乌兰察布市凉城县淤泥潭村	中书省	东土城	呼和浩特市武川县东土城乡政府驻地北	中书省
什泥板城	呼和浩特市土左旗陶思浩乡什泥板村西400米	中书省	大土城城	乌兰察布市察右前旗大土城乡政府驻地内	中书省

· 109 ·

上编　游牧生产方式溯源及发展阶段

续表

归属名称	所在地	所属行省	归属名称	所在地	所属行省
南土城	呼和浩特市武川县东土城乡南土城村东北	中书省	城卜子城	乌兰察布市察右前旗三号地乡土城子村西北400米	中书省
思腊哈达城	乌兰察布市四子王旗红格尔苏木思腊哈达村西50米	中书省	东麻黄洼城	乌兰察布市四子王旗巨巾号乡东麻黄洼村北500米	中书省
波罗板升城	乌兰察布市四子王旗大黑河乡古城村北	中书省	乌兰牧场城	乌兰察布市四子王旗乌兰牧场东南1千米	中书省
罗坝城	乌兰察布市四子王旗供济堂乡庙底村东500米	中书省	曹不罕城	乌兰察布市察右后旗石门口乡曹不罕村	中书省
察汗不浪城	乌兰察布市察右后旗当郎忽洞苏木察汗不浪村西南1千米处	中书省	广益隆城	乌兰察布市察右中旗广益隆乡东土城子村西500米	中书省
大文城	乌兰察布市商都县八股地乡大文村东北500米	中书省	西井子城	乌兰察布市商都县西井子乡政府驻地东南10千米	中书省
泉子沟城	乌兰察布市商都县卯都乡泉子沟村东	中书省	大拉子城	乌兰察布市商都县大拉子乡土城子村	中书省
公主城	乌兰察布市商都县四台坊子乡公主城村	中书省	库伦图城	包头市达茂旗巴音敖包苏木库伦图村东400米	中书省
碱池城	呼和浩特市托克托县燕山营子碱池村东北200米	中书省	破塔子城	包头市达茂旗额尔登敖包苏木哈沙图村破塔子牧业点东南1千米	中书省
德日苏呼都格城	包头市达茂旗满都拉苏木额尔登敖包东15千米	中书省	北城圐圙城	包头市达茂旗满都拉苏木黑沙吵嘎查古城子牧点	中书省

第二章　秦汉至宋元时期游牧生产方式的发展变迁

续表

归属名称	所在地	所属行省	归属名称	所在地	所属行省
沙贝库伦城	包头市达茂旗额尔登敖包苏木政府驻地北6千米	中书省	苏吉城圐圙城	包头市达茂旗大苏吉乡城圐圙村南500米	中书省
哈召呼都格城	包头市达茂旗希拉穆仁苏木哈召呼都格村南500米	中书省	黑城子城	锡林郭勒盟正蓝旗黑城子种畜场三分场	中书省
兀剌海路城	巴彦淖尔市乌拉特中旗新忽热苏木政府驻地北1千米	甘肃等处行中书省	文德布勒格城（也称"亚布赖城"）	阿拉善盟额济纳旗达来呼布镇东南16千米	甘肃等处行中书省
亦乃路城（也称"黑城子"）	阿拉善盟额济纳旗达来呼布镇东南25千米	甘肃等处行中书省	大同城（也称"马圈城"）	阿拉善盟额济纳旗达来呼布镇东南21千米	甘肃等处行中书省
大宁路城	赤峰市宁城县大明镇	辽阳等处行中书省	西八家子城	赤峰市红山区	辽阳等处行中书省
高州城	赤峰市松山区风水沟镇土城子村东南	辽阳等处行中书省	黑山头城	呼伦贝尔市额尔古纳市黑山头镇古城村	岭北等处行中书省
武平县	赤峰市敖汉旗南塔乡白塔子村西	辽阳等处行中书省	巴彦乌拉城	呼伦贝尔市鄂温克旗辉苏木巴彦乌拉嘎查西1千米	岭北等处行中书省
大浩特罕城	呼伦贝尔市鄂温克旗辉苏木喜桂图嘎查	岭北等处行中书省			

资料来源：郭殿勇《人·历史·环境——蒙元时期的内蒙古》，内蒙古大学出版社2007年版，第16—21页。本表格对原文有所调整修订。

由表2-7所统计元代内蒙古地区城市建设及分布情况可以看出，元代内蒙古地区大肆兴修城市，尤其是在内蒙古中南部地区，城市分布较为密集。但城市建筑用地、修筑城市耗费材料及围绕着城市建设的各类用地

·111·

是对草原自然环境的极大破坏,通过对元代内蒙古地区所修筑城市发展变迁的梳理可以发现,这些城市中能够一直存在下来的城市很少,许多城市的生命都很短暂,未能经历几十年甚至是上百年便迅速衰落了。因此,元代内蒙古地区的城市发展提高了游牧民族的定居与商业化水平,因为定居的生活必然导致人口数量的增加和人口及聚落分布密集的增大,人类生存所需给养也随之增长,城市定居生活必然导致农牧业在城市及周边地区的生产量不足以供给城市的人口生存所需,这样必然导致商业的出现,通过商业活动以补充生存所需,这对当时游牧生产方式产生的破坏性影响及所造成的环境代价却是不容小觑的。

此外,在蒙古草原上的部分区域驻兵屯田及发展农业也对游牧生产方式的利用产生了影响,元朝建立之后,元朝统治者开始在元大都、上都(今内蒙古正蓝旗境内)等地区"内立诸卫,屯田阅武,居重御轻"[1],以此作为保卫元廷统治的一道屏障。而山西、陕西等省的北部地区也因之成为戍边屯田的重要区域,受此影响,山西等省的地区出现了较成规模的戍边屯田,而蒙汉接触地带的农业发展也成为这一时期草原地区游牧生产方式遭受影响的关键因素之一。

因戍边开展的屯田及农业发展也成为蒙古草原部分地区游牧生产方式遭到破坏的关键所在。根据瞿大风的统计,元代蒙古草原上屯田情况如下所列:至元二十九年(1292),大同路开始设立屯田府,开垦荒田2000顷;大德十一年(1307),改侍卫亲军都指挥使司,仍领屯田;元仁宗时,有田5000公顷;延祐二年(1315),迁红城屯军于古北口、太平庄屯种;延祐七年(1320),复迁中都卫军800人,于左都威卫所辖地内别立屯署。此外,腹里所辖大同屯储府在大同、山阴县屯田,有9900人,屯田5000顷。[2] 可以看出,元朝在部分蒙古草原南缘地区所进行的大规模屯田活动,无疑是对游牧经济的存在及游牧生产方式利用的巨大威胁,并直接导致游牧生产方式在部分区域有所衰落,逐渐被农田取代。

此外,元代也在蒙古草原南缘地区开展了大规模的军屯,根据宋迺工在《中国人口·内蒙古分册》中的统计,大规模的军屯活动有:

---

[1] (元)胡祗遹:《紫山大全集》卷十一《滇慎堂记》,商务印书馆1986年版。
[2] 瞿大风:《元朝时期的山西地区——政治·军事·经济篇》,辽宁民族出版社2005年版,第65—67页。

至元二十五年（1288），汉军约 1 万人到上都屯田修城；

至元二十八年（1291），以上都虎贲军士 2000 人屯田；

至元三十年（1293），益上都屯田军千人；

至元中后期，燕只哥赤斤及红城两地（今土默川）屯田军陆续增至 1.4 万人。[1]

由上述可以发现，这一时期的大规模军屯加速了今日内蒙古地区草原的土地开发及定居人口聚落的持续出现，这也成为导致蒙古草原（尤其是内蒙古部分区域）游牧生产方式在部分区域出现衰落的关键因素。

但需要指出的是，随着此时期蒙古族对全国统治的建立及对欧亚大陆的征服，其游牧生产方式在更广阔区域内的推广利用较之游牧生产方式在其领域内较小规模的破坏而言，是更加显著的。因此，元代游牧生产方式发展进入繁荣阶段是可以确信的，尤其是作为单纯以游牧经济为主的蒙古族势力强大，对游牧生产方式影响范围的推广发挥了重要作用，因而游牧生产方式在元代出现了繁荣与鼎盛发展的阶段性特征。

二 繁荣与鼎盛发展之成因

作为游牧民族的"蒙古族"通过调节与控制自身行为而保持游牧生产方式的顺利进行，这主要是通过游牧民族统治阶层官方制定的法律制度及游牧民族生活中约定俗成的社会道德约束所控制的，这也是以前历代各草原游牧民族中所少有的。如元政府对草原自然环境保护的政策规定——《成吉思汗法典》中专门规定了毁坏草原的罪行及惩处规定，主要包括："草绿后挖坑致使草原损坏的，或是失火使草原遭到破坏的，对全家处死刑。"[2] 由此足可见蒙古族对草原自然环境保护的高度重视。

此外，元朝也在法令中根据不同时期草原牲畜和自然环境的发展变迁规律制定了具体的草原开发利用规定。如至元三十年（1293），元政府下令："九月、十月、十一月这三个月围场者，除这三个月外休围场者。"[3]

---

[1] 宋迺工主编：《中国人口·内蒙古分册》，中国财政经济出版社 1987 年版，第 42—43 页。

[2] （南宋）彭大雅撰，徐霆疏证：《黑鞑事略》，内蒙古文化出版社 2001 年版，第 107 页。

[3] （元）完颜纳丹：《通制条格》卷三十八《杂令》，黄时鉴点校，浙江古籍出版社 1986 年版，第 303 页。

▌上编　游牧生产方式溯源及发展阶段

又如对各类牲畜的保护，至元二十四年（1287）下令："禁畏吾地禽兽孕孳时畋猎。"至元二十五年（1288）又下令："敕驰辽阳渔猎之禁，唯毋杀孕兽。"① 大德元年（1297）元成宗铁穆耳下旨："在前正月为怀羔儿时分，至七月二十日休打捕者，如今正月初一日为头至七月二十日，不拣是谁休捕者，打捕人每有罪过者。"②《元典章》也载："从正月为头至七月二十八日禁猎。"③

　　元代对草原保护的成型法律规定较多，通过法律手段保护草原自然环境无疑是保障了游牧生产方式能够被广泛利用，这种传统自元代以来一直传承至清代。根据金山等统计，元代颁行《成吉思汗法典》之后，元代、北元及至清代，蒙古高原上的蒙古族社会相继颁布了《阿勒坦汗法典》《喀尔喀七旗法典》《卫拉特法典》《喀尔喀吉如姆》《阿拉善蒙古律则》等一系列法典，其中包含系统完善的保护草原自然环境与维持草原生态平衡的法律条款，如保护草场、森林、野生动物、水体、土壤、植物等详细的生态环境保护条款。④ 可以发现，经过数百年的发展完善，蒙古草原在蒙古族统治下形成了一系列较为完善系统的草原自然环境利用和管理制度。元代以来蒙古族通过法律手段保护草原自然环境对今日内蒙古地区自然环境的维护及对已破坏自然环境的恢复同样具有重要借鉴意义，同时，草原自然环境维护也为游牧生产方式的利用提供了可能。

　　随着元朝大一统的实现，蒙古族的游牧经济逐渐影响到内地汉人的日常生产及生活，也成为中原地区农耕社会的有效补充形式。⑤ 游牧生产方式向异地与异族的传播也为游牧生产方式利用范围的扩大提供了社会前提。如《元史·兵四》所载邻近蒙古草原地区农业民族的游牧生产及生活情况，转述如下：

　　　　……腹里打猎户，总计四千四百二十三户。河东宣慰司打猎户，

---

① （明）宋濂等：《元史》卷十五《世祖本纪》，中华书局1976年标点本，第307页。
② （明）宋濂等：《元史》卷一百零五《刑法志》，中华书局1976年标点本，第2683页。
③ （清）沈家本校刻：《元典章》卷五《兵部·捕猎》，中国书店出版社1990年标点本，第79页。
④ 金山、陈大庆：《人与自然和谐的法则——探析蒙古族古代草原生态保护法》，《中央民族大学学报》2006年第2期。
⑤ 瞿大风：《元朝时期的山西地区——政治·军事·经济篇》，辽宁民族出版社2005年版，第267页。

第二章　秦汉至宋元时期游牧生产方式的发展变迁

五百九十八户。晋宁路打猎户，三百三十二户。大同路打猎户，一十五户。（冀）宁路打猎户，二百五十一户。上都留守司打猎户，三百九十七户。宣德提领所打猎户，一百八十二户。山东宣慰司打猎户，一百户。益都路打猎户，四十三户。济南路打猎户，三十六户。般阳路二十一户。东平路三十四户。曹州八十四户。德州一十户。濮州三十一户。泰安州五户。东昌路一户。真定路九十一户。顺德路一十九户。广平路一十九户。冠州五户。恩州二户。彰德三十七户。卫辉路一十六户。大名路二百八十六户。保（定）路三十一户。河间路二百五十二户。隋路提举司一千一百九十一户。河间鹰房府二百七十六名。都督管府七百五十六户。①

此外，随着元朝在全国统治的逐渐确立，游牧经济的分布范围也随之逐渐扩大。临近蒙古草原的青海、甘肃、陕西、山西等省份的中北部地区也被划分为蒙古贵族的牧场，由农转牧及游牧区域扩大等现象纷纷出现，给这些地区已被破坏的草原自然环境的恢复和原有草原自然环境的保持提供了有利契机。根据《元史》记载：元朝初期，"其牧地，东越耽罗，北逾火里秃麻，西至甘肃，南暨云南，凡一十四处。自上都、大都以至玉你伯牙、折连怯呆儿，周回万里，无非牧地"②。因此，元朝人为将游牧范围扩大也为游牧生产方式利用范围的扩大提供可能，直接促进了游牧生产方式的繁荣发展。元朝十四处牧马地分别为："甘肃、土番、耽罗、云南、占城、芦州、河西、亦奚、卜薛、和林、斡难、怯鲁连、阿剌忽马乞、哈剌木连、亦乞里思、亦思浑察、成海、阿察脱不罕、折连怯呆儿等处草地，内及江南、腹里诸处，应有系官孳生马、牛、驼、骡、羊点数之处，一十四道牧地。"③

此外，元代蒙古高原上人口数量的有效控制也保障了游牧经济的正常开展，元代蒙古草原上的人口统计可参照宋迺工编修《中国人口·内蒙古分册》时的计算方法：12世纪末，参加十三翼之战的双方蒙古军计为6万

---

① （明）宋濂等：《元史》卷一百零一《兵四·鹰房捕猎》，中华书局1976年标点本，第2600页。
② （明）宋濂等：《元史》卷一百《兵三·马政》，中华书局1976年标点本，第2553页。
③ （明）宋濂等：《元史》卷一百《兵三·马政》，中华书局1976年标点本，第2554—2555页。

骑，从这两大军事集团的兵力可知他们至少有30万—40万人。塔塔儿部35万，汪古部10万，后来都加入蒙古族。克烈、乃蛮两大部也加入蒙古族，各自人口也不少于汪古部落。因此，1206年成吉思汗建国前后蒙古草原上的人口应在百万人口左右。其中，蒙古族人口成倍增长，除自身繁衍外，大量的中原人、契丹人、女真人和西域人陆续加入蒙古族。如耶律留哥统率的60万契丹人中相当一部分融合在蒙古族中。粗略统计，最盛时期蒙古族人口约有400万，元代居住在内蒙古地区的蒙古族人口有百万人左右。[①] 因此，元代蒙古草原上蒙古族的人口数量虽在此时期有了极大增长，但蒙古族所控制的地域范围也远远超出了蒙古草原的范围，蒙古草原上的人口分布仍是较为分散，人口密度也比较小，故而能够满足游牧生产方式开展对地广人稀人口分布的基本要求。

　　需要注意的是，元朝时内蒙古地区的人口数量较之前代（两宋时期200万人口左右）有所减少，一定程度上减轻了内蒙古地区草原自然环境的人口压力。不仅如此，元朝建立后疆域的扩大，也有效分散了蒙古地区的人口，蒙古人南下的过程也是蒙古族人口从蒙古地区的迁出过程。根据曹树基的统计，大约有30万左右的蒙古军迁入中原，且有部分随军而内迁的蒙古人；在整个金、元大混战时期，内蒙古及北方各草原民族有350万人内迁中原。[②] 此外，此时期蒙古高原上的汉族人口数量得到了有效控制，且大规模的移民及边地开垦较之前代为少，因此，蒙古草原上的游牧民族"蒙古族"及人口数量的有效控制，以及农业人口与土地开垦数量的减少，也为游牧经济与游牧生产方式的发展奠定了基础。

　　值得注意的是，此时期气候的波动也对蒙古族南下及游牧生产方式的推广提供了契机，根据现阶段的研究，自1131年开始，黄土高原开始进入为期九十年的干燥期，此时期内气温也普遍降低。蒙古族也因草原地区的普遍干旱及气候波动对畜牧业生产造成的不利影响而危及生存便开始南下。美国学者艾尔斯沃斯·亨廷顿的著作《亚洲的脉搏》中写道：

　　　　从中世纪气候向今天气候的变化开始发生时，首先感觉到变化的应该是游牧民。我们可以猜想，由于他们的牛群和羊群开始减少，生

[①] 宋迺工主编：《中国人口·内蒙古分册》，中国财政经济出版社1987年版，第44页。
[②] 曹树基：《中国人口史：明时期》第四卷，复旦大学出版社2000年版，第248—249页。

活变得艰难,大胆的山里人开始抢劫他们软弱的住在村子的邻居。平原逐渐失去了大部分定居居民,对它来说,只要蒙古人继续存在,就没有恢复原状的机会。蒙古人比其他种族更轻视农业。因此,虽然他们占领了平原,但从不耕种。他们大概仍然是夏天从平原迁徙到山里,只有在山里变得如此干燥、荒,极不利于羊群的时候才停止迁徙。然后,他们迁徙到更远的地方,也许是赶走某些其他部落,霸占他们的牧地。①

根据现阶段研究,在中国北方地区,12世纪中叶以前为气候寒冷期,虽在12世纪中叶以后出现了气温的短暂回升,但是从13世纪末开始,中国东部地区气候又向着寒冷的方向转变。② 葛全胜等也据此分析指出:宋元之际,中国的气候开始转寒,并于元代中期(1320年前后)进入长达几个世纪的小冰期,与此同时,中国的东北、西北和青藏地区的气候也步入了一个显著的寒冷期。③ 气候向寒冷方向波动直接影响到中高纬度(且是内陆地区)地区农业生产能否顺利进行,尤其是在气候波动期内,农牧业生产也因之而存在极大的不稳定性,给人类社会生存发展造成了巨大威胁,在生存危机的刺激下也增加了社会人口的流动。尤其是生产更不稳定的游牧经济在气候波动期内的波动更是时有出现,游牧民族的流动也因之更加频繁,当游牧民族势力强盛时,也增加了游牧经济及游牧生产方式向更广阔地区发展的可能。

综合以上所述可以发现,此时期中国疆域内气候转寒对于游牧民族南下产生了一定影响,因为以蒙古草原的地理位置而言,其东、西、北三个方向延伸地区的自然条件都不是很优越,向西地方多是沙漠,向北地方气候更寒冷,向东地方多高山和寒冷气候区。因此,向南地方气候更适宜,自然条件更优越,农业也更发达,能够获得生存给养的机会也就更多。在南下过程中,游牧民族也将游牧生产方式的影响及分布区域

---

① [美]艾尔斯沃斯·亨廷顿:《亚洲的脉搏》,王彩琴、葛莉译,新疆人民出版社2013年版,第178页。
② 满志敏:《中国历史时期气候变化研究》,山东教育出版社2009年版,第243页。
③ 葛全胜等:《中国历朝气候变化》,科学出版社2011年版,第439页。

> 上编　游牧生产方式溯源及发展阶段

的扩大，也为草原自然环境的维护及对已破坏自然环境的修复提供了契机。草原自然环境的存在也是游牧经济存在的自然基础，因而此时期蒙古草原自然环境的维护也为游牧生产方式的繁荣发展提供了可能，元代无疑迎来了游牧生产方式繁荣与鼎盛发展的阶段。

第三章 明清以来游牧生产方式的衰落及变迁

随着元朝的衰落，中国再一次被以农业为主的汉族所建立的国家统治，退回漠北的蒙古族难以统一为一个强盛的部落或是草原政权，在同中原王朝接触中明显处于弱势，难以阻止中原王朝对其统治区域进行渗透及实际控制。中原王朝对蒙古草原实际控制的不断深入也对游牧地区生产及生活等方方面面都产生了潜移默化的影响，就其对蒙古族统治区域经济发展的影响而言，直接导致此时期当地游牧经济及游牧生产方式的衰落。这一变化在明代就已开始出现，但是影响区域较小，影响程度也不深刻，除土默特川平原[①]等局部地区出现了带有较为显著的农业社会特征外，蒙古草原的其他地域仍为典型游牧区。到了清代，在蒙地推行了盟旗制度、黄教及大规模的移民与土地开垦政策，加速了蒙地的农业发展与汉化进程，更加阻碍了游牧经济与游牧生产方式的存在及发展。

第一节 明清以来游牧生产方式衰落及变迁表现

由前文所梳理游牧生产方式自形成乃至元朝及以前的发展阶段可以发

---

① 土默特川平原以蒙古族土默特部落得名，也被称为"前套平原"、"呼和浩特平原"或"土默川平原"，土默特川平原西起包头市郊区东乌不拉沟口，北靠大青山，东至蛮汉山，南临黄河及和林格尔黄土丘陵，大体相当于今日内蒙古自治区呼和浩特市与包头市部分地区。地势西高东低，平均海拔在1000m，北依大青山，本区内河流水系虽较发达，但本地也属半干旱区，降水量小（240—395mm）但蒸发量大（2000—2600mm），无霜期130—185天。本区为温带大陆性气候，四季分明，雨热同期。土壤以栗钙土为主，在河流流经区也有黑钙土及黑垆土等，土壤较肥沃（参见周清澍主编《内蒙古历史地理》，内蒙古大学出版社1994年版，第229页）。

现，游牧生产方式自产生以至元代的千余年里，始终是蒙古草原上典型的也是占据主导地位的生产方式，但到了明清两代，游牧生产方式自身出现了深刻变迁，同时也呈现出明显衰落的阶段性发展特征。概括而言，游牧生产方式自先秦时代产生以来，发展至明清两朝而逐渐走向衰落，其衰落的表现可以从其自身的利用情况、使用者数量多少及影响范围广狭等三个维度加以审视。

一 游牧生产方式被利用情况

（一）明代游牧生产方式利用情况

随着元朝灭亡及蒙古族退至漠北，蒙古草原南缘及周边地区的那些在元代曾被划为牧场或成为游牧区的土地再度被农业人口占据并再次开辟为耕地，游牧经济的影响范围逐渐缩小游牧生产方式也随之逐渐衰落。加上蒙古族在入主中原与汉族交融过程中也一定程度上淡化了对游牧经济的单纯依赖，且逐渐习惯了中原农耕社会的那种丰富多样的物质生活享受，这种生活享受在明代北退蒙古草原后仍未摒弃。因而在退居漠北之后，蒙古族开始通过在蒙地发展农业及边境贸易以获取自身生存所需，同时也可以有效补充游牧经济的不足，这在明代表现的最为显著。明蒙之间战争冲突也多与双方贸易往来受阻有关。因此，游牧经济及游牧生产方式自明代以来被利用的程度及依赖度都有所下降。且游牧经济具有较高的脆弱性，极易受到自然及人为因素的破坏。受此影响，明代以来的蒙古族开始接受并依赖于农业及与中原地区的商业贸易。尤其是明代以后，因元朝时蒙汉之间交流的不断加深，以及因战祸和灾荒而逃至蒙地的汉人逐渐增多，蒙汉民族之间的交流融合日益深入，促进了蒙古族对中原农耕文明的吸收。

随着农业人口的迁入及蒙古人对农业的接受，蒙地逐渐遭到垦殖，同时也出现了汉族聚居的村落。明嘉靖时期大同出现两次兵变，涌入蒙地的汉人不断增多，俺答汗也乐于收留汉人为蒙古族服务，在蒙古地区出现了汉族聚集的聚落"板升"。[①] 蒙古族是明以来蒙古草原上游牧经济的典型使用者代表，而此时期相当一部分蒙古族改牧为农或农牧并存，那些单纯依靠游牧经济与游牧生产方式的蒙古族迁徙到了更北、更西地区。这一过程

---

① 邢莉、邢旗：《内蒙古区域游牧文化的变迁》，中国社会科学出版社 2013 年版，第95—96页。

第三章 明清以来游牧生产方式的衰落及变迁

早在明代就已出现,色音考察指出明代蒙古草原上的农业生产体现在两个方面。其一,明代蒙古西南部已有汉人从事农耕,以农产品供应游牧社会,在生活资料方面起了重大作用。原来以狩猎游牧为主要生产的蒙古人,是以动物性食品为主的,但依赖米、粟、黍等植物性食品,也是很久以前就开始了。明代蒙古人侵犯内地的原因之一,也就是想获得粮食,尤其是茶叶。在和平时期实行茶马贸易等,也是证明蒙古人对农产品的依赖有日益增长的趋势。其二,过去来蒙古地方垦种的人,如俘虏、逃亡者、罪犯、驻屯兵等,或者是强迫迁移过来的,或是由于军事上的需要。然而到了明代以后,内地的贫民,就有许多作为雁行式的季节性移民或常住移民,自发地迁入蒙古地区了。这样,游牧社会对农产品需求的增加,以及汉人自发地迁移的征兆等,在明代也已经出现了,但这种倾向的发展,并对以移民地区为中心的蒙古社会经济发展产生了重大影响,却是到了清代继续进行正式移民以后的事情了。①

值得注意的是,明代虽出现了定居于板升聚落的蒙古族,但是并没有完全放弃游牧业而发展农业,相比较之下这却较以前游牧经济有了本质性的改变。诚如曹永年所说:板升在草原地区是半农半牧聚落,表面意义是对游牧经济的补充,但深层意义则是"汉夷"的过程,即汉族与蒙古族血缘的混同。作者在文中进一步补充说道:我们肯定阿勒坦汗再度开发了丰州川,但是绝不意味着贬低畜牧经济,我们也绝没有一般地认为农业或半农半牧业比畜牧业更进步。就蒙古高原的整个自然条件而言,在生产力低下的古代,应该说畜牧业是最适宜的。即便是在科学技术如此发达的今天,开垦草地也会造成土壤沙化,带来灾难性的后果,但是,古代单一的游牧经济满足不了广大牧民的生活需求。在这种情况下,在蒙古高原的某一个地区,根据自然条件所允许的程度,发展农业或半农、半牧业,作为游牧经济的补充。这在我们看来,不能不说是一个重大的进步,因为这对于改善蒙古人民生活,促进蒙古族的社会发展来说,无疑都是起着重要的推动作用。②

在"板升"内,蒙古族也因与汉族之间的长期深入接触而吸收了汉族

---

① 色音:《蒙古游牧社会的变迁》,内蒙古人民出版社1998年版,第34页。
② 曹永年:《阿勒坦汗和丰州川的再度半农半牧化——阿拉坦汗研究之一》,《内蒙古大学学报(哲学社会科学版)》1980年第Z1期。

文化，出现了蒙汉文化之间的交流融合，邢莉等指出："一方面蒙古族也在'汉化'，在板升里有蒙古人居住，也有蒙古人从事农业或者亦农亦牧，特别是蒙古上层贵族的居室、饮食，特别是喝茶的习惯都受到农耕文化的影响。板升是建立和半农半牧的区域在草原的形成说明，蒙古族在力求建立多元化的经济体系共存的互利体制，维持游牧文化与农耕文化共存的关系。在民族认同体的发展过程中，常量因素是认同意识。认同基础在民族共同体的各个阶段都有差异。在民族共同体走向成熟的过程中，蒙古族在尝试建立新模式对自己族群文化的认同，而在这样的认同中，他们体现了双重性格，一方面他们在保留自己的文化传统，另一方面在认同其他族群的文化。"[①] 因此，"板升"虽然是明代土默特川平原上蒙汉民族混居的聚落，但是却体现出农耕与游牧两种不同经济类型与文明形态的交流融合。

然而值得注意的是，明代蒙古草原上出现的农业经济及人口仅是土默特川平原等局部地区，而在更广阔的草原腹地，则仍是以游牧经济为主，游牧生产方式也是在部分地区出现了变迁或是衰落。

（二）清代游牧生产方式利用情况

清代初期的统治者虽严令禁止汉人进入蒙地，并在双方中间地带划定一条宽约五十里的隔离带，即"我朝设立中外疆域，于各县边墙口外直北禁留地五十里，作为中国之界"[②]。根据清政府规定，隔离带内不能进行农耕或游牧，基本上是将中原农耕民族与草原游牧民族完全隔离开。如雍正六年（1728）制定："王、贝勒、贝子等，有前往五台山诵经礼拜者，随往之人不得过八十人，照例给予进口印票。又定，内外扎萨克蒙古，皆令由山海关、喜峰口、古北口、张家口、独石口、杀虎口出入。入关口时，均告明该管官弁详记人数。出口时，仍令密封原数放出，若有置物件，报院转行兵部，给予出边执照。除此六边口外，别处边口，不准行走。"[③] 此段记述也极为准确的反映了清政府的蒙禁政策。此外，对于私自进入蒙地之人也制定了相应的惩罚措施。

但是随着清朝统治的进一步稳固与中原人地矛盾加剧等因素的刺激而大肆

---

① 邢莉、邢旗：《内蒙古区域游牧文化的变迁》，中国社会科学出版社2013年版，第105页。
② （清）李熙龄纂修，马少甫点校：《榆林府志》卷三《舆地志·疆界·边界》，道光二十二年增刻本，上海古籍出版社2014年标点本，第56页。
③ 光绪朝《钦定大清会典事例》卷993《理藩院·禁令》，光绪二十五年刻本，载（清）昆冈等编《大清会典》第22册，中国台湾新文丰出版公司1976年影印版，第17000页。

第三章 明清以来游牧生产方式的衰落及变迁

鼓励汉人外迁，出现了历史上轰轰烈烈的"走西口"（流向内蒙古中西部地区）及"闯关东"（流向内蒙古东部及东北地区）人口大迁徙。移民至口外的汉人逐渐增多并开始定居，围绕着定居生活也出现了农牧人口聚居的村落及城市等定居聚落，这一现象的出现，对清政府口外地区移民进行管制也成为一项重要任务。早在雍正时期，就因口外定居的出现农业人口及农业生产的逐渐增多，而在出现农业人口及农业生产的聚居地设置府衙、制定税额标准与管制民人治安条例等。对此，兵部员外郎刘格在奏报中也指出：

> 巡察游牧等处兵部员外郎、奴才刘格谨奏为恭陈管见奏闻事。
> 奴才看得，边外耕种民人甚多，地方广袤，前经同知白实曾奏请催征粮饷，巡察盗贼，必备官兵，方不耽搁等因。故增千总、把总各一员、马兵二十名，俱与同知驻张家口。每年虽出边催征粮饷，暂且经过即往，驻德胜口、右卫收取，因未详尽巡察，屡出开烧锅盗贼之事。察哈尔旗因无治民罪之例，所查拿之人，俱解送同知衙门，往返千里，劳苦官兵。或无地方法律之民人，逾法纪侵占游牧地方耕田，遣官兵制止，因肆意执木棒，故未能制止。
> 由该旗行文同知，由同知处会审，故复行文。而民人收粮，仍尚未集中，同知住处路远，难于管理，会审事仍需日久。现对归化城同知，既补协办事务笔帖式，请对张家口同知，亦补笔帖式，驻于边外耕田中间，管束民人，协办同知事蒙汉间小杂事，即会同总管等审结。耕种官田和尔郭地方，右翼四旗正中有办理同知事务数间房，距德胜口甚近，既然增建数间，居驻有余，即驻此房。同知衙门已备有书办皂隶，酌情分遣，如同民人建窑以驻。故此，可就近督管民人、催征粮饷，亦可不耽误会盟之事。①

由上述可见，随着清代以来移民及土地开垦的逐渐增多，直接影响到游牧经济在蒙古草原上的存在范围及游牧生产方式被利用的程度，导致游牧生产方式自此时期开始走向衰落，进而导致蒙地出现了类似于中原农耕区那

---

① 《兵部员外郎刘格奏报察哈尔地方仓储粮米等情形折（雍正十一年二月二十四日）》，载中国第一历史档案馆译编《雍正朝满文朱批奏折全译》下册，黄山书社1998年点校版，第2172页。

样的田园景观及社会管理模式。较为典型的如河套地区，清代河套地区出现了"河套夹岸，沃壤千里，冈阜衔接，旷无居人，舟行数百里，始一逢村落。是地沙土杂糅，投种可获，岸旁衰草长二三尺，红柳短柏，随处丛生。红柳高四五尺，春晚始萌芽，叶碧似柳，枝干皆赤色，柳条柔韧，居人取织筐筥，色泽妍丽可爱"①的农业生产及生活之景，这一景象的出现受到清代蒙地移民及土地开垦的直接影响。

此外，清代盟旗制度下的游牧生产活动范围逐渐缩小，各旗的游牧范围被限定在本旗内，甚至在各旗内也限定了更小的游牧范围，这相较于传统的游牧生产方式而言也是巨大的变迁。盟旗制度的推行主要是为了防止蒙古草原上各盟旗之间的联系，减轻蒙古诸部对清朝的威胁，从而达到分而治之的目的。②根据丁世良等的考察，清代蒙人游牧，"于夏季，则各在其所隶属之旗境内，选择牧草繁茂之地筑蒙古包而居；其移居之一区域，自有一定，绝不随意转移。此为蒙古旗内之土地概有界限，其族由何处至何地，各有一定之区域内，求水草良好之地而转移耳。超越旗境游牧者，实为罕见"③。建立于盟旗制度基础之上，游牧生产及生活逐渐被限制于旗界范围内甚至是更小的区域，严禁越界放牧，这也直接导致游牧生产方式在这一时期发生深刻变革。

但在清朝成立初期，因经历了战乱的破坏，导致蒙古草原上出现了衰败之景象，为恢复蒙古草原上的游牧经济，清廷提出了"编入旗伍，安插牧地，赐以牲口"④的政令，对于游牧生活，清廷在盟旗制度基础上，对蒙古地区的游牧生活做了具体规定，并严格限制跨越旗界放牧，如天聪八年（1634）时，就严令禁止越界放牧，并对此规定道："既分之后，倘有越此定界者，坐以侵犯之罪。"⑤建立在盟旗制度上，严禁越界放牧，这也是清代"定牧制度"的体现。所谓定牧制度，主要包括两方面内容：其一，旗界定牧；其二，旗内定牧。不仅禁止越旗放牧，而且在旗内也有游牧界线。定牧

---

① （清）徐珂：《清稗类钞》第一册，《地理类·河套》，中华书局1984年版，第93页。
② 成崇德：《清代边疆民族研究》，故宫出版社2015年版，第351页。
③ 丁世良、赵放：《中国地方志民俗资料汇编·华北卷》，书目文献出版社1989年版，第740页。
④ 《清圣祖实录》卷二百二十二，康熙四十四年八月己未条，载中国第一历史档案馆等《清实录》第6册，中华书局1986年影印版，第235页。
⑤ 《清太宗实录》卷二十一，天聪八年十一月壬戌条，载中国第一历史档案馆等《清实录》第2册，中华书局1986年影印版，第276页。

第三章 明清以来游牧生产方式的衰落及变迁

制度的确立,严禁越界放牧,对越界放牧者予以严厉惩处,在清初康雍时期颁行了多条法令。根据清政府规定,具体惩罚内容及发展阶段包括:

> 国初定,越境游牧者,王罚马十匹,札萨克贝勒、贝子、公七匹,台吉五匹,庶人罚牛一头。
>
> 又定,越自己所分地界,肆行游牧者,王罚马百匹,札萨克贝勒、贝子、公七十匹,台吉五十匹。庶人犯者,本身及家产,均罚取,赏给见证人。(《大清会典事例》卷976,《理藩院·耕牧》中也载:"外藩蒙古越境游牧者,王罚马十匹,札萨克、贝勒、贝子、公七匹,台吉五匹,庶人罚牛一头。又定越自己所分地界,肆行游牧者,王罚马百匹,札萨克、贝勒、贝子、公七十匹,台吉五十匹,庶人犯者本人及家产皆罚,取赏给见证人。")
>
> 康熙元年(1662)题准,各部蒙古,不得越旗畋猎。
>
> 康熙十九年(1680)题准,蒙古札萨克王、贝勒、贝子、公、台吉等,有因本旗地方无草,欲移往相近旗分及卡伦内者,于七月内来请,由院委官踏勘,勘实准行。若所居地方生草茂盛,甚于所请之处者,将妄请之札萨克译处。至他月来请者概不准。
>
> 康熙四十七年(1708)覆准,鄂尔多斯贝勒所属蒙古人等游牧地少,嗣后于黄河西河之间,柳延河之西,所有柳墩、刚柳墩、房墩、西墩,均以西台为界,自西台之外插汉拖辉处,暂许蒙古游牧。至宁夏平罗营一带地方人民,原于插汉拖辉采取柴薪令,限一月内采取五次,其采取时给与号牌,著人监管,来往之人,交令该地方官严察。
>
> 康熙五十一年(1712)议准,插汉拖辉地方,前于四十七年暂给蒙古游牧,今居民不便耕耨,若久杂处,必至争讼,嗣后以黄河为界,永禁游牧。
>
> 雍正五年(1727)议定,越自己所分疆界肆行游牧者,王、贝勒、贝子、公、台吉等,无论管旗不管旗,均罚俸一年,无俸之台吉及庶人犯者,仍照旧例罚取牲畜。[①]

[①] 中国社会科学院中国边疆史地研究中心编:《乾隆朝内府抄本〈理藩院则例〉》,载《清代理藩院资料辑录》,全国图书馆文献缩微复制中心1988年版,兰州大学丝绸之路文化开发经营中心激光印刷部印刷,第44—45页。

| 上编　游牧生产方式溯源及发展阶段

由本段记述可见，清朝对于蒙古草原上的游牧生产及生活活动严加限制，尤其是越（旗）界游牧者，被严令禁止，且随着清政府对蒙古地区统治的逐渐巩固，也将游牧范围逐渐限定于旗内更小地区，这也导致传统大规模游牧向旗界范围内小范围游牧的转变。从惩罚力度而言，也是较为严苛的，轻者罚没财产（主要是畜产）、重者危及犯罪者本人甚至全家生命安全，这也直接打破了蒙古地区传统的游牧生产方式，导致游牧生产方式在清代发生深刻变迁。

前文提及盟旗制度之下，严格划分旗界及旗内游牧界限，在此本书以内蒙古六盟之游牧概况加以说明，根据《小方壶斋舆地丛钞》记载：

> 内蒙古六盟在京师北凡四十九旗游牧，东为哲里木盟，其西迤南为卓素图盟，迤北为昭乌达盟，之北为锡林郭勒盟，是为东四盟。当东三省及直隶边外，东起杜尔伯特旗，当嫩江东岸，北与黑龙江齐齐哈尔城接，东与呼兰城接，其南为郭尔罗斯后旗。①

当地具体游牧区域划分及游牧地域范围等如下所述：

> 当山西、陕西、甘肃边外，东起四子部落旗，有锡喇察汉泊——南与察哈尔右翼四旗接，其西为喀尔喀右翼旗；有阿勒坦托辉泊，其西为茂明安旗，当爱布哈河源自喀尔喀右翼旗至此。南皆与山西、归化城、土默特接，其西为乌喇特中前后三旗同游牧。当河套之北岸在噶扎尔山之南，其南为鄂尔多斯七旗，在河套内东西北三而距黄河，南接陕西边，西南接甘肃边。其七旗游牧东南起左翼前旗，其西北为左翼后旗，又西为左翼中旗，其西南为右翼前旗，其西北为右翼后旗，其西为右翼中旗，其依次于右翼前旗为右翼前末旗。东至吉林、黑龙江界，南至直隶、承德府、多伦诺尔厅、察哈尔八旗、山西、归化城、陕西榆林府、延安府界，东南至盛京界，西南至甘肃、宁夏府界，北至喀尔喀车臣汗部、土谢图汗部、三音

---

① （清）王锡祺：《小方壶斋舆地丛钞》一，《第一帙·舆地略》二十二，上海著易堂光绪十七年铅印本，杭州古籍书店1985年影印版，第62页上。

· 126 ·

第三章　明清以来游牧生产方式的衰落及变迁

诺颜部界，西至瀚海。①

由上述可以发现，明代蒙地游牧生产方式的利用在使用范围及利用程度等方面遭受一定影响，但清代以来内蒙古草原上的游牧业却逐渐被农业取代则导致游牧生产方式出现深刻变迁，衰落也更加明显。

但值得注意的是，明朝建立之后，蒙古族退居漠北，蒙古高原绝大部分地区成为蒙古族的游牧地区。在明朝统治的二百多年里，东西蒙古地区都以畜牧业为基础产业，牲畜是蒙古族的主要财富，维持着蒙古族的传统经济生活，既是数十万蒙古族牧民生计的基本，也是蒙古贵族维系其统治的经济基础。在明代统治前期的一百年中，蒙古地区的农业几近绝迹，农牧交换中断，城市荒废，经济又退回到原始粗放的畜牧业阶段。② 这段论述虽过于绝对，但是明代中前期内蒙古地区农业发展的萎缩却是不争的事实，游牧业的发展也为明代蒙古地区游牧经济的恢复发展及游牧生产方式的利用提供了有利契机。然而蒙古草原上农业发展的萎缩时间却较为短暂，随着明代以来蒙汉之间融合的不断加强，以及大量汉人及农业在蒙地的发展，导致了农业及商业贸易在蒙古草原上的兴起及游牧经济的随之衰落，也直接导致游牧生产方式被利用程度的逐渐降低，游牧生产方式的利用范围也随之萎缩。

二　利用者及数量的变化

游牧生产方式的利用者及数量在明清两朝不断减少，一方面表现在游牧生产方式使用者的变化；另一方面则表现在游牧生产方式利用者人数的减少，这也是游牧生产方式在这一时期走向衰落的又一表现形式。

（一）明代游牧生产方式利用者及数量变化

蒙古族是明清以来游牧生产方式的典型利用者，而此时期生活在蒙古草原上的相当一部分蒙古族改牧为农或农牧并存，这一过程在明代就已出

---

① （清）王锡祺：《小方壶斋舆地丛钞》一，《第一帙·舆地略》二十三，上海著易堂光绪十七年铅印本，杭州古籍书店1985年影印本，第62页下。
② 刘钟龄主编：《内蒙古通史：生态环境与生态文明》第八卷，人民出版社2011年版，第100页。

上编　游牧生产方式溯源及发展阶段

现，明代虽然出现了定居于板升的蒙古族，但是并没有完全放弃游牧业而发展农业。① 如明清两朝蒙地游牧之人口的数量，明蒙战争之后，北退回蒙古草原的蒙古族人口数量急剧减少，根据《蒙古源流》记载：元代蒙古族有 40 万户左右，明蒙战争之后，先后有 6 万户蒙古人回到了蒙古草原上。② 而曹树基则通过对明蒙之间战争的军士数量分析指出：直到至正二十年（1360），在今日内蒙古北部及蒙古国南部，北元政府的军队和所挟持的部众至少在 40 万人以上。③

因此，北元退回蒙古草原时只有 6 万户左右，合计最多人口也只在 30 万人左右，那么多余的人口则是元朝北退时携带北上的蒙古人。但是经过明朝军队的打击，在至正二十四年（1364）前后，这一地区大约还有北元蒙古 10 万—20 万的残余部众，这是北元政权控制下的蒙古人口数量。再如东北兀良哈三卫，也即大兴安岭以东地区的东蒙古，洪武年间的兀良哈三卫兵力最多不超过 3 万，人口最多不会超过 5 万。在综合分析了众多前人有关蒙古族人口数量研究结论的基础上，本书认为当时内蒙古草原上的蒙古人尚不足 50 万。曹树基指出：至正二十四年（1364）时，草原上的蒙古人口约为 36 万是较为合适的数字。④ 此外，这一时期蒙古草原上的人口增长率也是较低的，曹树基援引万历四十七年（1619）时内蒙古地区的人口数据分析认为：从至正二十六年（1366）开始，蒙古人口的平均增长率只有 1.5‰左右，增长率较低。⑤

明代内蒙古地区的农耕人口逐渐增加，且出现了蒙古族的逐渐汉化，不仅将农业人口及农业经济引入蒙古社会之中，蒙古族自身也逐渐带有典型的农耕民族特征，如明隆庆万历年间内蒙古地区的人口数量及民族构成情况，如表 3-1 所统计。

---

① 邢莉、邢旗：《内蒙古区域游牧文化的变迁》，中国社会科学出版社 2013 年版，第 9 页。
② （清）萨囊彻辰：《蒙古源流》，内蒙古人民出版社 1981 年版，第 223 页。
③ 曹树基：《中国人口史：明时期》第四卷，复旦大学出版社 2000 年版，第 156 页。
④ 曹树基：《中国人口史：明时期》第四卷，复旦大学出版社 2000 年版，第 158—160 页。
⑤ 曹树基：《中国人口史：明时期》第四卷，复旦大学出版社 2000 年版，第 270 页。

表3-1　　　隆庆万历年间（1570—1582年）内蒙古人口统计　　　（单位：人）

部落名称	蒙古族	汉族	合计
阿拉坦汗三娘子部	540000	605000	1145000
兀良哈部	100000	50000	150000
土蛮部	450000	50000	500000
总计	1090000	705000	1795000

资料来源：宋迺工主编《中国人口·内蒙古分册》，中国财政经济出版社1987年版，第46页。

此外，明代内蒙古地区的农业发展虽然受到一定制约，但是也有部分区域存在一定规模的农业生产如土默特川平原上的板升农业便是其中的典型代表。色音在论述明代蒙古族与农业生产之间的关系时指出：蒙古宫廷大汗和其他上层社会人物并不希望在蒙古草原上发展农业。因为他们拥有大量的畜群，他们考虑的是如何维护贵族的权益，使他们能够占据大量水草丰美之地。另外，是屈服于自然气候的严酷支配而强令禁止农业发展，也即延祐七年（1320）与至元三年（1337），两次下令以北部地区不产粮和北部边界戈壁地区过于寒冷为借口而下令禁止发展官田。与此同时，由于以君王贵族为首的统治阶层的谷物消费由被占领地区提供，因而导致了具有短期复苏性质的草原农业遭到进一步削弱。但是，也有些蒙古族牧民因占有畜群较少及贫困或中等水平以下的牧民一直坚持不放弃农业。[①] 此外，今日内蒙古地域范围内的农产品也是游牧社会生活中的主要消费品，蒙古地区的农产品消费主要在宫廷和军队之中，在内蒙古的广阔地区内也有一些牲畜较少的贫苦牧民从事种植业，以此补充单纯游牧经济影响下的食物不足及食物种类单一，但这却较以前的游牧生产方式有了本质的改变。

（二）清代游牧生产方式利用者及数量变化

到了清代，随着蒙地开垦及大量汉人进入蒙地，更是形成了农业、半农半牧业、游牧业及各经济类型交错分布等多个经济类型区。尤其是在蒙汉接触地带及临近本区域的蒙古草原上，相当一部分蒙古族放弃游牧经济而采用农业或是商业，如《归绥道志》中记载：

---

① 色音：《蒙古游牧社会的变迁》，内蒙古人民出版社1998年版，第2—3页。

| 上编　游牧生产方式溯源及发展阶段

　　……民人一体编户籍，即成土著，必致占蒙古之牧地，碍蒙古之生计，则有必不然者。查土默特部附近边内，其服食起居，竟与内地民人无异，渐至惰窳成性，有地而不习耕芸，无畜而难为孳牧，惟赖汉人垦种其地，始有粮可食，有租可用。现在该蒙古以耕牧为生者十之二三，藉租课为生者十之七八。至该旗所谓游牧地户口地者，自康熙年间以来，久已陆续租给民人以田以宅，二百年于兹矣。该民人等，久已长其子孙，成其村落，各厅民户，何止烟火万家。①

　　此外，清代是中国人口飞速增长期，且是中国历史上人口数量史无前例的增长期。根据李中清对清代中国人口数量研究指出：自1700年开始，中国出现了人口大爆炸，由1.75亿到2000年增长到13亿，增长七倍之多。其间分为三个阶段：1700—1800年为第一阶段，呈直线上升趋势，从一亿多人增至四亿人；1800—1950年为第二阶段，呈缓慢增长趋势，从四亿人增至六亿人；1950年至今为第三阶段，呈快速增长趋势，从六亿人增至十三亿人。② 中原地区人口数量大量增加但可耕地面积及农业收成没有同步增长的情况下，无疑加剧了人地之间的矛盾，在当时社会生产力水平条件下，转移本地区过剩人口到地广人稀处是极为有效的措施，因而向人口稀疏的边地（东北及蒙古草原等地区）移民得到了清朝的关注。

　　自17世纪以来，中国的人口数量便呈现急速增长之势，到18世纪后，人口增长速度更是飞速发展。在当时，就开发较早地区来说，生产力水平尚不十分发达，人口增长与土地之间矛盾的缓解就得益于不断增加的可耕地面积，这也即是开疆拓土的基本表现形式。人口数量的增加，"给人口聚居区带来巨大的压力，超出了环境所能承载的能力，人地之间、人与资源环境之间矛盾凸显"③。就清代内蒙古地区蒙古族人口而言，如色音所说：在此之前的蒙古族是以游牧业为主，农业仅是游牧经济的副业，蒙古人从未大肆开垦过草场，而随着清代以来汉人的大量进

---

　　① （清）贻谷等修，（清）高赓恩纂：《归绥道志》（下册）卷三十六《条议·阿道克达春禀稿》，光绪三十三年版，远方出版社2007年影印版，第1145—1146页。
　　② ［美］李中清：《中国历史人口制度：清代人口行为及其意义》，载李中清、郭松义主编《清代皇族人口行为和社会环境》，北京大学出版社1994年版，第1页。
　　③ 赵珍：《生态环境史研究与〈清史·生态环境志〉编纂》，《社会科学战线》2007年第3期。

入，草原面积越来越小，农耕面积不断扩大，游牧生产活动也受到了更严重的破坏。① 因此，与历史上自北向南的人口迁移流向不同，清代大量内地人口成百万计地向东北、西南、西北等边缘地区迁移，形成了内地向边疆扩散的移民浪潮。②

汉族移民的大量进入与成片汉人聚居区的形成，直接冲击了蒙古社会的原有格局。据统计，乾隆十二年（1747），内蒙古地区有汉人30万户；光绪七年（1881），仅丰镇厅一地就有汉人21819户；民国元年（1912），内蒙古地区（除察哈尔、阿拉善、额济纳等地）有汉人3956339人。③ 汉族人口的大量进入必然影响甚至是改变其所到地区蒙人原有的生产及生活方式，如赤峰地区，当地社会经济发展因汉族持续进入及农业种植区域扩大而出现了"移民—本地居民""汉族—蒙古族""农业—牧业"④ 的矛盾与冲突。

因此，清代大量口外移民及土地开垦，增加了蒙地的人口数量，尤其是以农业为主的汉族人口比重及由牧转农的蒙古人数量也有较快增长，直接影响了游牧经济发展及游牧生产方式的利用，清后期内蒙古地区主要人口民族构成情况如表3-2所统计。

表3-2　　　19世纪初期内蒙古总人口数量及民族成分构成统计　　（单位：人）

民族	人口数
蒙古族	1030000
汉族	1000000
满族	20000
回族、达斡尔族、鄂温克族、鄂伦春族	100000
合计	2150000

资料来源：宋迺工主编《中国人口·内蒙古分册》，中国财政经济出版社1987年版，第50页。

----

① 色音：《蒙古游牧社会的变迁》，内蒙古人民出版社1998年版，第4页。
② 行龙：《人口问题与近代社会》，人民出版社1992年版，第102—103页。
③ 闫天灵：《汉族移民与近代内蒙古社会变迁研究》，民族出版社2004年版，第2页。
④ 马戎、潘乃谷：《内蒙古半农半牧区的社会、经济发展：府村调查》，载潘乃谷、马戎主编《边区开发论著》，北京大学出版社1993年版，第85页。

上编 游牧生产方式溯源及发展阶段

由表3-2所统计数据可以发现,至清末时,内蒙古地区的汉族人口业已占到当地人口总数比重的半数左右,面对这样的人口民族构成变化,蒙古族或是选择远走异地继续从事游牧,或是在原地融入新的半农半牧社会或纯粹的农业社会之中,且有相当一部分蒙古族选择了后者,这也是游牧生产方式在这一时期发生变迁及出现衰落的表现形式之一。

其实早在清朝之初,今日内蒙古地区的部分区域就已经是带有显著农业社会性质的半游牧半农耕社会了,尤其是以土默特川平原及毗邻地区最为显著。康熙二十八年(1689),法国传教士张诚途经土默特地区时对当地社会生产及生活情况记述道:"这块平原上有许多树和一些土房子,那儿由属于鞑靼人的、并被遣送到这里的中国奴隶定居和耕种土地。这块平原中的几块地犁过的,有的地方是肥美的牧地,其他一些土地则干燥而贫瘠,我们的帐篷占了很大一片地。"① 可以发现,早在17世纪末期,内蒙古的部分草原区域就已经出现了农耕田园式的社会生活画面。

清初制定的严苛蒙禁政策并非是毫无余地地在蒙古草原上被贯彻推行,肖瑞玲等研究指出:清代虽推行蒙禁政策,但是在解决内需和缓解人口压力时,也允许开垦一定的土地。雍正十三年(1735)就放垦官地8处,共计4000顷;到了乾隆八年(1743),归化土默特地区的牧场已经不足1/5,至光绪十三年(1887),仅有数可查的耕地已不下57606顷。② 再如此时期的河套地区,康熙末年至乾隆年间,"凡近黄河、长城处,所在多有汉人足迹"③。到了清末放垦时,姚锡光指出:"窃以化学之理以比例游牧、耕种两种,游牧者,化学中之所谓流质也;耕种者,化学中之所谓定质也。以物理言,流质固仅具形声,定质乃堪成器皿。然则游牧之必不可长,而耕种之必不容缓,固深切而著明矣。"④ 由此可见,垦种草原之势在清末已难以阻挡。

清代蒙地移民及土地开垦直接导致当地游牧经济及游牧生产方式的衰

---

① [法]张诚:《耶稣会士、法国传教士张诚鞑靼旅行记》,刘晓明、王书健译,杨品泉校,载中国社会科学院历史研究所清史研究室编《清史资料》第五辑,中华书局1984年版,第100页。
② 肖瑞玲、曹永年、赵之恒等:《明清内蒙古西部地区开发与土地沙化》,中华书局2006年版,第151页。
③ 潘复:《调查河套报告书》,京华书局1923年版,第219页。
④ (清)姚锡光:《续呈实边条议以固北圉说帖》(光绪三十一年八月上练兵处王大臣),载《内蒙古历史文献丛书》之四《筹蒙刍议》,远方出版社2008年点校版,第27页。

第三章 明清以来游牧生产方式的衰落及变迁

落。如清末时内蒙古东四盟出现的类似于中原农耕区的"田园式"生产及生活画面，姚锡光曾对此记述道："如卓索图已开荒者，户口稠集之区，约十余里一村，村三四十家不等；哲里木偏东，约二十里一村，村数十家不等；迤西至昭乌达，约五六十里一村，村数家不等；至沙漠之地，则有行一二日不见一户者。以东四盟之幅员与其户口比较，大约方五十里一人，有土无人，曷胜浩叹。"① 姚锡光也就蒙地土地开垦与人们聚居论述道："土地人民，国家所恃以成立也。有土地无人民，与无土地等。有人民而转徙无定居，去就无恒性，亘古榛莱，不可以声名文物治者，仍与无人民等，即与无土地等。然则国家之所利，一言以蔽之，曰土辟民聚而已。土辟民聚，入手之方，莫急于农业，必有农业之基础，乃可图工商之进步，而后国家政治乃可施其条理，而后国防区划乃可有所编成。"②

综合上述可见，明清以来内蒙古草原上游牧生产方式的使用者中有一部分变成了农民或者带有农民性质的游牧人，也仅有较少一部分蒙古族还在坚持着游牧经济及游牧生产方式。但有大批蒙古族变成农民，在蒙古族人口数量一定的情况下，也导致游牧生产方式的使用人数急剧减少，这些都是其在明清时期衰落的表现。

此外，清朝在蒙古草原上推行的黄教统治策略也影响了游牧生产方式的发展。利用宗教服务于统治是清朝有别于历史上其他各中原王朝的一大创举，黄教是清代蒙古地区土地开发利用的又一表现形式，黄教影响下的土地利用也对环境变迁造成了一定影响并影响到游牧生产方式的利用。祁美琴指出：清朝对宗教的态度具有明显的政治色彩，即有利有用则推举，无利无用则抑制。清朝统治者并不沉迷于宗教神化理念，这也是有清一代不为宗教思想和教派人士所控制而能够有效利用和限制宗教势力进一步发展的根本原因。③ 黄教在蒙地被广泛推行也导致寺庙被大量修建，因大肆兴修寺庙的耗材及围绕寺庙而出现的寺院经济、集市与聚落等，也是清代蒙古草原上的新型土地利用方式，且对环境变迁造成了一定影响，同时也导致游牧生产方式利用者发生变化，人数也有所减少。

---

① （清）吴禄贞：《经营蒙古条议》，载《内蒙古历史文献丛书》之四《筹蒙刍议》，远方出版社2008年点校版，第241页。
② （清）姚锡光：《续呈实边条议以固北圉说帖》（光绪三十一年八月上练兵处王大臣），载《内蒙古历史文献丛书》之四《筹蒙刍议》，远方出版社2008年点校版，第37页。
③ 祁美琴：《清代宗教与国家关系简论》，《中国人民大学学报》2014年第6期。

早在康熙时期，仅直隶地区所建造的寺庙就有数万处。《又满楼丛书》沈赤然《寒夜从谈》卷三援引王遘《蚓庵琐语》指出："康熙六年（1667）七月，礼部题奏：臣等计算直隶各省巡抚造送册内，敕建大寺庙共六千七十三处，小寺庙共六千四百九处，私建大寺庙八千四百八十五处，小寺庙共五万八千六百八十二处，……以上通共寺庙七万九千六百二十二处。"① 赵双喜也统计指出：清代蒙地大小寺庙有1500座以上，喇嘛近20万人。寺庙拥有广阔的牧场及耕地，且大部分寺院都拥有相当数量的牲畜，分布在可垦区的寺院也占有相当数量的耕地，并以此为据点出现了蒙汉民人的定居生活。② 黄教的推行导致蒙地兴建了众多召庙，清政府也大肆鼓励蒙人信仰喇嘛教，出现"各旗必有大庙，一旗或四五大庙，小庙无算。大庙之喇嘛多或七百人，少或四百人，大约一旗总在千数以外，居男丁总数四分之一。其出家为喇嘛，家中资财仍得十之三四，或贫无产，则以衣食周济之，亦有家贫而喇嘛富者，则以庙中资财周济之。且一入僧籍，可免差徭，故剃度日多云"③。康熙二十八年（1689），法国传教士张诚途经土默特川平原时对所见喇嘛教记述道：

  他们（蒙古人）尊重喇嘛的程度之深，是难以形容的。这些喇嘛穿红色的和黄色的服饰。在长城外面的大路上，我们遇到了几个喇嘛，那是我见过的最丑陋的人。现在北京有大批这样的喇嘛，他们每天聚集在那里，由于他们在蒙古人心目中的崇高地位，出于政策，皇上才仁慈地使用他们。当他们在北京时，他们很快地扔掉了他们的破衣服，很容易被说服注意穿着和吟诗作乐。据说，喇嘛购买他们遇到的眉清目秀的女人，借口让他们与其奴隶们结婚，价格为二百到二百五十克朗。④

---

① 瞿宣颖纂辑，戴维校点：《中国社会史料丛钞》三《建筑·康熙中寺庙统计》，湖南教育出版社2009年版，第191页。
② 赵双喜：《清代内蒙古地区寺院经济兴衰研究》，硕士学位论文，内蒙古师范大学，2008年，第13—17页。
③ （清）吴禄贞：《东四盟蒙古实纪（光绪三十二年四月至七月）》，1906年成稿，吴锡祺（吴禄贞后人）家藏抄本，远方出版社2008年点校版，第175页。
④ ［法］张诚：《耶稣会士、法国传教士张诚鞑靼旅行记》，刘晓明、王书健译，杨品泉校，载中国社会科学院历史研究所清史研究室编《清史资料》第五辑，中华书局1984年版，第96页。

第三章 明清以来游牧生产方式的衰落及变迁

这是对17世纪末期蒙地喇嘛与宗教一般情况的描述,窥其一斑可观其大略,一些喇嘛并非是因为信仰而出家,清政府在蒙地推行黄教也带有浓厚的政治目的。据统计,清中叶蒙地佛教鼎盛时,今日内蒙古地域范围内的藏传佛教寺庙达1800余座,喇嘛15万余人;光绪时,寺庙1600余座,喇嘛10万余人。① 蒙古地区,上至王公,下至牧民,各家均需有男子出家为喇嘛,"男三者一人为僧"。清末民初时,内蒙古地区有藏传佛教召庙940座,喇嘛12.8万人,占蒙古族人口的10%左右。② 另一说法是19世纪时,内蒙古地区有1200多座寺庙和喇嘛庙。③ 但无论以哪一数据为准,都表明清代蒙古草原上存在数量众多的召庙。

召庙寺产主要是一定面积的土地,这些土地包括牧场、耕地与城镇寺院周围的地铺三种形式。④ 这些召庙所属牧场及耕地也在清代进行了大规模垦种,就寺庙所属耕地及牧场地域分布而言,有耕地的寺院多分布在漠南农业区,清后期在漠北地区也出现了对召庙所属牧场土地的垦殖。⑤ 这些召庙土地的主要经营方式是租佃给蒙汉民人及沙毕纳尔⑥耕种或经商、居住。与汉人一样从事农业生产的沙毕纳尔也同样值得关注,沙毕纳尔人数的多寡直接影响到寺院土地的开发。就嘉庆二十四年(1819)归化城十三座寺院黑徒人数而言,无量寺(大召)23人、延寿寺(席力图召)294人(家属720人)、崇福寺(小召)162人、庆缘寺37人、灵照寺(美岱召)4人、广化寺27人、慈寿寺3人(家属17人)、崇禧寺26人、崇寿寺30人、尊胜寺16人、宏庆寺14人、隆寿寺66人、宁祺寺5人,共有黑徒707人,若加上

---

① 德勒格:《内蒙古喇嘛教史》,内蒙古人民出版社1999年版,第452—453页。
② 天纯:《内蒙古黄教调查记》,第93页。转引自王镇《中国蒙古族人口》,内蒙古大学出版社1997年版,第47页。
③ [意]图齐、[西德]海西希:《西藏和蒙古的宗教》,耿昇译,天津古籍出版社1989年版,第353页。
④ 齐木德道尔吉主编:《内蒙古通史:清朝时期的内蒙古(三)》第五卷,人民出版社2011年版,第1471页。
⑤ 乌云毕力格、成崇德、张永江主编:《蒙古民族通史》第四卷,内蒙古大学出版社2002年版,第378页。
⑥ 沙毕纳尔:又称"哈拉沙毕纳尔",意为"黑徒",清代汉籍史料中多称"庙丁"。沙毕纳尔是清代蒙古社会阶层的组成部分之一,也是蒙古社会下层中的特殊阶层。沙毕纳尔主要来源于蒙古王公、台吉、塔布囊等封建主的捐献或卖给,是清代蒙古寺院经济中的主要生产劳动者,从事农业及畜牧业生产活动,是蒙古地区寺院经济的主要运作者。

黑徒家属，以上十三座寺庙黑徒人数达 1446 人。① 以上所统计的黑徒人数中尚未统计无量寺等十一座寺庙的黑徒家属，如此看来，此时期的黑徒人数应更多。具体如五当召，嘉庆四年（1799），本寺拥有黑徒 549 人；到嘉庆五年（1800），新增黑徒 52 户 213 口。② 光绪时期部分归化城地区召庙的黑徒人数如《蒙古及蒙古人》中的记载：席力图呼图克图的黑徒人口数有一千余，属不同民族，但大多数为土默特人，也有一些人是蒙古族的其他支系，甚至还有唐古特、藏族等其他民族。席力图根有自己的土地供这些沙毕纳尔造屋居住；归化城各召庙拥有 3580 余口。③ 这些寺院土地的开发建设及农业生产，终清一代都一直存在，且是取得了较成规模的发展。如五塔寺，寺院大喇嘛等五十余人在塔宾格尔板升嘎查占有耕地，与当地民人一同耕种；部分寺庙也把香火地分给沙毕纳尔耕种，并对耕地收获之粮规定为"每一石粮中提取三桶交与寺庙"④。

三　影响范围的缩小

（一）明代游牧生产方式影响范围变化

明代蒙汉之间对立冲突时有发生，而这一时期中原王朝仍较强盛，因此蒙汉交界地带最南端也多分布在内蒙古草原上，大致位置在 42°40′N、115°E（内蒙古锡林郭勒盟正镶白旗北）地区。⑤ 因此，这一时期游牧生产方式的影响范围则在更靠北的蒙古族统治区域内。在整个蒙古族所直接控制的区域内，虽在蒙汉接触地区出现了一定的农业生产及蒙汉结合的"板升"聚落，但是在其腹地的广阔区域内，游牧经济始终是其主导经济

---

① 《呼和浩特史蒙古文献资料汇编（蒙古文）》第一辑，内蒙古文化出版社 1988 年版，第 122—154 页。转引自齐木德道尔吉主编《内蒙古通史：清朝时期的内蒙古（三）》第五卷，人民出版社 2011 年版，第 1482 页。

② 《呼和浩特史蒙古文献资料汇编（蒙古文）》第一辑，内蒙古文化出版社 1988 年版，第 225 页；《呼和浩特史蒙古文献资料汇编（蒙古文）》第三辑，内蒙古文化出版社 1988 年版，第 119 页。转引自齐木德道尔吉主编《内蒙古通史：清朝时期的内蒙古（三）》第五卷，人民出版社 2011 年版，第 1481 页。

③ ［俄］波兹德涅耶夫：《蒙古及蒙古人》第二卷，张梦玲、郑德林、卢龙、孟素荣、刘明汉译，内蒙古人民出版社 1983 年版，第 81、563 页。

④ 《呼和浩特史蒙古文献资料汇编（蒙古文）》第二辑，内蒙古文化出版社 1988 年版，第 98 页。转引自齐木德道尔吉主编《内蒙古通史：清朝时期的内蒙古（三）》第五卷，人民出版社 2011 年版，第 1477 页。

⑤ 王会昌：《2000 年来中国北方游牧民族南迁与气候变化》，《地理科学》1996 年第 3 期。

类型，刘钟龄等就此指出：整个明代，东西蒙古地区，畜牧业都是该区域的基础产业，牲畜是主要财富，维持着蒙古族传统的经济生活，既是数十万蒙古牧民的基本生计，也是蒙古贵族维系统治的经济基础。在明代前期的一百年中，蒙古地区的农业绝迹，农牧交换中断，城市荒废，经济又退回到原始粗放畜牧业阶段。① 这一段论述虽有些绝对，但是明代蒙古草原上农业出现衰退也是毋庸置疑的事实。

在明代，尤其是在蒙汉接触地带，明朝通过"烧荒"打击蒙古族势力。明代烧荒，"临边三百里，务将鞑贼出入去处的野草焚烧绝尽，马不得往南放牧"②。明朝在蒙汉接触地带烧荒对这一地区游牧生产及生活活动的开展也造成了极为严重的破坏性影响，缩小了明代游牧经济在蒙古草原南缘的分布范围。对于明代烧荒，明人王琼在《北虏事纪》中曾记载：弘治十四年（1501）"十月，奉敕本边官军出境烧荒。琼恐所在主兵寡少，深入失利，行令调到延绥、固原兵马防护出境。东自定边营起，西至横城堡止，东西三百余里，俱于十月初九日一齐出境。不但焚野草，因以大振军威"。③ 可见，烧荒业已成为明朝对抗蒙古族的一项重要军事手段。此外，蒙地烧荒所及面积也越大越好，因为大面积烧荒可以导致蒙汉接触地带各关口和城堡周围出现大范围无草地带的隔离区，在此区域内，蒙古骑兵的战马无以为食，蒙古族恐怕水草供应不上便不敢轻易南下侵扰。所以，在明朝政治清明、执政者比较重视边防的情况下，烧荒往往达到几百里甚至更广，在朝政比较腐败、混乱的时候，烧荒面积也达上百里，至少也有五六十里。④ 因此，在军事实力相对不足且边境线太长而难以面面俱到地抵御蒙古骑兵侵扰的情况下，面对机动性极强的蒙古骑兵，明朝采取了烧荒的方式抵御蒙古骑兵侵扰，以保障北方边境安全。顾炎武在《日知录》中也提到：

---

① 刘钟龄主编：《内蒙古通史：生态环境与生态文明》第八卷，人民出版社2011年版，第100页。

② 张秉毅：《与天地共生：鄂尔多斯生态现象》，内蒙古人民出版社2000年版，第64页。

③ （明）王琼：《北虏事纪（节录）》，载薄音湖、王雄编辑点校《明代蒙古汉籍史料汇编》第一辑，内蒙古大学出版社1994年版，第144—145页。

④ 杜大恒、孙德智：《论明朝安全政策的环境影响》，《哈尔滨工业大学学报（社会科学版）》2004年第3期。

> 守边将士每至秋月草枯，出塞纵火，谓之烧荒。《唐书》"契丹每入寇幽、蓟。刘仁恭岁燎塞下草，使不得牧，马多死，契丹乃气盟"是也。其法自七国时已有之。《战国策》：公孙衍谓义渠君曰："中国无事于秦，则秦且烧㸌获君之国。"《英宗实录》：正统七年（1442）十一月，锦衣卫都指挥佥事王瑛言："御卤莫善于烧荒，盖卤之所恃者马，马之所恃者草，近年烧荒，远者不过百里，近者五六十里，卤马来侵，半日可至。乞敕边将遇秋深，率兵约日同出数百里外，纵火焚烧，使卤马无水草可恃。如此则在我虽有一时之劳，而一冬坐卧可安矣。翰林院编修徐珵，亦请每年九月尽敕坐营将官巡边，分为三路：一出宣府抵赤城、独石，一出大同抵万全，一出山海抵辽东。各出塞三五百里，烧荒哨瞭。如遇边寇出没，即相机剿杀。"此先朝烧荒旧制，诚守边之良法也。①

由上述可见，以烧荒的方式抵御蒙古草原游牧民族南下侵扰的方法古已有之，在明朝被广泛利用，且烧荒对所烧地区自然环境及边地蒙汉社会的破坏无疑都是巨大的，同时也影响到游牧生产方式的利用。

因此，在明朝疆域范围内，东起辽东，西到嘉峪关，长达几千千米的边境范围内，终明一朝的明蒙对峙都始终存在着，除个别时期外，几乎是年年烧荒不止，且烧荒面积也都在几百里左右。因此，游牧经济在此区域内的生存也较艰难。黄仁宇对明代烧荒评价道："烧荒，是使农耕民族与游牧民族都遭受巨大损失，且损失惨重，令人黯然伤神"②的举措。明代在蒙汉接触地带烧荒对这一地区游牧生产活动的开展也造成了极严重的破坏性影响，导致烧荒地区内的游牧生产与生活活动难以有序进行，缩小了明代游牧生产方式在内蒙古草原南缘地区的分布范围，这也直接导致游牧生产方式在这一时期出现衰落及变迁。

（二）清代游牧生产方式影响范围变化

到了清代，在尊重蒙古族原有社会组织的基础上，结合了满族八旗制度在蒙地推行盟旗制度，盟旗制度之下，严格限制越界游牧。但此时

---

① （明）顾炎武：《日知录》卷二十九《烧荒》，载严文儒、戴扬本点校《顾炎武全集》第十九册，上海古籍出版社 2012 年点校版，第 1110—1111 页。
② 黄仁宇：《放宽历史的视界》，生活·读书·新知三联书店 2001 年版，第 146 页。

期也出现了大规模的汉族人口向口外移民及土地放垦,也因此而导致蒙古地区的游牧经济及游牧生产方式利用范围逐渐缩小,这在移民及土地放垦最为活跃的内蒙古中南部地区最为显著。尤其是到了清后期,蒙地放垦范围极广,黄河沿岸所经地区均已被开垦,并逐渐成为带有明显农业社会性质的区域。对此,姚锡光指出:"黄河以北,亦分两界,南为昭乌达盟之巴林、克什克腾、阿鲁科尔沁、扎鲁特等旗,北为锡林郭勒盟之乌珠穆沁、浩齐特等旗,其东则为哲里木盟之左右翼两中旗(即达尔罕王旗与土谢图王旗),皆为未垦之地,即黑龙江将军程德全所奏称'索岳尔济山左近山荒芜寥旷,人迹罕见,迅宜速派大员,专司垦辟'者也。"① 而此时期土地开垦北界已经达到了土谢图汗部,姚锡光考察指出:"窃考雍正三年土谢图汗扎勒多尔济等经理额尔德尼昭等处屯田,因乏相宜谷种,遣人购之俄罗斯国,得旨嘉奖。又考雍正年间北路大兵由科布多移驻乌里雅苏台,屯田积谷,垂三十年。"② 因此,明清两代以来,蒙古草原上农业的发展是导致游牧生产方式在此时期走向变迁及衰落的关键所在。

为了适应蒙地出现的大量定居人口(主要是汉族及农业人口)及农业的出现,在这些地区开始设置府、州、厅、县等各级行政建制加以管理。诚如姚锡光所言:耕种与游牧的适用社会治理模式并不相同,耕种者宜于郡县,而可集权于中央以治之者也。③ 为了对蒙地农业生产及农业人口进行行之有效的管理,这里出现了不同于盟旗制度的府、州、厅、县等各级地方管理机构,府、州、厅、县各级管理机构设置的前提是农业人口的规模及农业生产活动的存在。韩茂莉也指出:通过在蒙地设置府、州、厅、县的时间地区,可以在一定程度上反映出内蒙古地区土地开垦的程度及分布区域。④ 根据牛平汉及韩茂莉的统计与梳理,清代蒙地设置的府、州、

---

① (清)姚锡光:《呈覆经画东四盟古条议》(光绪三十二年丙午六月上练兵处王大臣),载《内蒙古历史文献丛书》之四《筹蒙刍议》,远方出版社2008年点校版,第65页。
② (清)姚锡光:《续呈实边条议以固北圉说帖》(光绪三十一年八月上练兵处王大臣),载《内蒙古历史文献丛书》之四《筹蒙刍议》,远方出版社2008年点校版,第55页。
③ (清)姚锡光:《续呈实边条议以固北圉说帖》(光绪三十一年八月上练兵处王大臣),载《内蒙古历史文献丛书》之四《筹蒙刍议》,远方出版社2008年点校版,第27页。
④ 韩茂莉:《中国历史农业地理》下册,北京大学出版社2012年版,第844页。

厅、县的时间及分布等情况具体如表3-3所整理。

表3-3　　　　　　清代蒙地设置府、州、厅、县情况统计

盟、部	原旗名称	设置府、州、厅、县时间	新置府、州、厅、县信息	归属
哲里木盟	科尔沁左翼后旗	嘉庆十一年	昌图厅	盛京奉天府
		光绪三年	升昌图厅为昌图府	
			奉化县	盛京昌图府
			怀德县	
	科尔沁左翼前旗	光绪六年	康平县	
	科尔沁左翼中旗	光绪二十八年	辽源州	
	科尔沁右翼前旗	光绪三十年	洮南府	盛京
			开通县	盛京洮南府
	科尔沁右翼中旗		靖安县	
	扎赉特旗		大赉直隶厅	黑龙江
	科尔沁右翼前旗	光绪三十一年	安广县	盛京洮南府
	杜尔伯特旗	光绪三十二年	安达直隶厅	黑龙江
	科尔沁右翼中旗	宣统元年	醴泉县	奉天省洮南府
	科尔沁左翼后旗	宣统二年	镇东县	
卓索图盟	喀喇沁左旗	雍正七年	八沟直隶厅	直隶省
	喀喇沁中旗	乾隆五年	塔子沟直隶厅	
	土默特左旗	乾隆三十九年	三座塔直隶厅	
		光绪二十九年	阜新县	直隶省朝阳府
昭乌达盟	翁牛特右旗	乾隆三十九年	乌兰哈达直隶厅	直隶省
	敖汉旗	光绪二十九年	建平县	直隶省朝阳府
	奈曼旗	光绪三十四年	绥东县	
	巴林左旗		林西县	直隶省赤峰州
	扎鲁特右旗		开鲁县	
察哈尔		雍正二年	张家口直隶厅	直隶省
		雍正十年	多伦诺尔直隶厅	
		雍正十二年	独石口直隶厅	

续表

盟、部	原旗名称	设置府、州、厅、县时间	新置府、州、厅、县信息	归属
归化土默特		雍正元年	归化城厅	山西省
		乾隆四年	绥远直隶厅	
		乾隆二十五年	和林格尔直隶厅	
			清水河直隶厅	
			托克托城直隶厅	
			萨拉齐直隶厅	
			丰镇直隶厅	

资料来源：牛平汉主编《清代政区沿革表》，中国地图出版社1990年版，第69—72页；韩茂莉《中国历史农业地理》下册，北京大学出版社2012年版，第844页。本表格以韩茂莉书中整理为基准并做了调整与修改。

通过表3-3所统计清代内蒙古部分地区府、州、厅、县的设置情况可以发现，清代蒙古草原上的土地开垦及农业生产集中于内蒙古中南部的哲里木盟、昭乌达盟、察哈尔及归化土默特地区。就设置时间而言，也以清后期最为集中，适应定居人口及农业生产而建立的行政机构，也一定程度上反映出此时期内蒙古地区游牧经济及游牧生产方式发展所遭受到的严重破坏，农业广泛出现并持续存在下来。

此外，移民及土地开垦造成的明清两代内蒙古地区植被及土地利用类型出现的由"草原—耕地"的转化，也影响到游牧经济的正常进行及游牧生产方式的利用，其环境代价无疑也是巨大的。张研就此指出："至清代，（内蒙古地区）森林、草原已大都消失。干旱少雨，风沙肆虐，沙漠扩大。鄂尔多斯高原在明后期就已经出现了四望黄沙、不产五谷的凄凉之景。清中叶以后，移民实边，遗留的草原植被被进一步破坏，伊克昭盟东南和陕西北部原沃野千里、水草丰美之地变为1万多平方千米的毛乌素沙漠。从陕北到宁夏东南600余千米的明长城，40%被流沙掩埋，嘉峪关等地成为戈壁荒滩。休屠泽渐趋干涸，其他河流大同小异。"[①] 由此可见，农牧业利用与草原自然环境变迁之间存在极为密切的内在关联，非适宜草原自然环境的农业生产也是造成环境问题的关键影响因素。

---

① 张研：《17—19世纪中国的人口与生存环境》，黄山书社2008年版，第264页。

上编　游牧生产方式溯源及发展阶段

受此影响，游牧生产方式的使用范围逐步缩小，在部分农业生产繁荣发展地区也已消退。此外，游牧生产方式在此时期也发生了本质性改变，这一时期游牧生产活动所遵循的基本原则是政策性的规定，而非是以往那种根据自然环境、气候环境、地理条件及牲畜状况而开展。正如王建革所言：传统游牧形态是多层次的游牧圈结构，其目的是在基本的草原生态平衡基础上最大化地利用草原，达到生产的最大化。而近代以来的游牧业要求与一固定草原地域进行社会整合，蒙古族社会也经历了一个从聚落游牧到小规模游牧的发展变化过程。[1] 因此，这一时期游牧生产方式的使用范围逐步缩小，其对草原自然环境的实际效果及对人类社会的影响程度也不断降低，这也是游牧生产方式在此时期衰落的又一表现。

第二节　明清以来游牧生产方式衰落及变迁成因

通过前文叙述可以发现，明清两代是游牧生产方式的衰落时期，其衰落也是多方原因造成的，概言之，主要是由于明清两朝移民与戍边屯田等统治策略、内蒙古草原自身社会变迁及蒙汉交流等三方面因素所导致的，其中尤以汉族移民迁入及农业生产的影响最为显著。

一　移民屯田对游牧生产方式衰落及变迁的影响

通过在边地推行屯田抵御草原游牧民族侵扰的方法古已有之，也是中原王朝治理边地的手段之一。对于历史时期中原王朝与蒙古草原接触地带的屯田，据《屯田考》记载："屯田之设，即古寓兵于农之义。唐以前，只沿边有之。汉赵充国，因转运维艰，始于北边立屯，兵民无扰，当世便之。东汉则置农部都尉，主屯田殖谷，而大河以南尚无有也。唐开军府，因隙地置营田，天下屯总九百九十二，每屯五十顷。自此，各郡有屯田矣，汉之屯田兵耕之，唐之营田募民耕之。虽有屯之，名而田之，所出不尽为兵用。宋则发令弓箭手种之，而收其租。于是营田有徭役科配。元时

---

[1] 王建革：《游牧圈与游牧社会——以满铁资料为主的研究》，《中国经济史研究》2000年第3期。

第三章 明清以来游牧生产方式的衰落及变迁

各郡皆立屯守御，耕营田以为戍，分兵屯、民屯为二。"① 屯田的历史可追溯至秦汉时期，且被此后历代中原王朝所采用，屯田地区多是以黄河为界，以北多为屯田之所，有时也会到达更北的蒙古草原地区，当屯田区北拓至蒙古草原或更北地区时，也即影响到了游牧生产方式的分布范围及盛衰变迁。

（一）明代移民及屯田情况

明代主要是通过在蒙汉交界地带建立卫所及戍兵屯田的方式以抵御蒙古诸游牧部落的侵扰，从而达到维护其统治秩序的目的，关于明朝卫所的设立，如《明史》所载：明朝成立之初，"天下既定，系一郡者设所，连郡者设卫。大率五千六百人为卫，一千二百人为千户所"②。设立卫所是为维护边疆安定及防止蒙古骑兵的频繁南下侵扰，明朝在九边③地区部署了几十万军队，但仍难以阻挡蒙古骑兵的南下侵扰。仅就蒙古部落侵扰宣府而言，根据王杰瑜的统计，"从景泰元年（1450）至隆庆六年（1572）的123年里，蒙古南侵宣府62次"④。就整个明朝时期蒙古草原诸部落对边地的侵扰来说，刘景纯依据《明实录》、《明通鉴》及翦伯赞《中外历史年表》等资料统计了1426—1619年间蒙古诸部落侵扰九边的情况，具体时段分布及侵扰频率情况如表3–4所整理。

表3–4　1426—1619年蒙古诸部落侵扰九边主要活动的10年分布统计

公元纪年	年号纪年	次数	频次（次/年）
1426—1435	宣德元年至十年	6	0.6
1436—1445	正统元年至十年	6	0.6
1446—1455	正统十一年至景泰六年	11	1.1
1456—1465	景泰七年至成化元年	21	2.1
1466—1475	成化二年至十一年	26	2.6
1476—1485	成化十二年至二十一年	10	1.0
1486—1495	成化二十二年至弘治八年	9	0.9

---

① （清）贺长龄、魏源等编：《清经世文编》上册《屯田考》，中华书局1992年影印版，第833页。
② （清）张廷玉：《明史》卷九十《兵二》，中华书局1974年标点本，第2193页。
③ 九边包括：辽东、蓟镇、宣府、大同、山西、榆林、宁夏、甘肃、固原。
④ 王杰瑜：《明朝军事政策与晋冀沿边地区生态环境变迁》，《山西大学学报（哲学社会科学版）》2006年第3期。

· 143 ·

续表

公元纪年	年号纪年	次数	频次（次/年）
1496—1505	弘治九年至十八年	25	2.5
1506—1515	正德元年至十年	18	1.8
1516—1525	正德十一年至嘉靖四年	13	1.3
1526—1535	嘉靖五年至十四年	18	1.8
1536—1545	嘉靖十五年至二十四年	34	3.4
1546—1555	嘉靖二十五年至三十四年	40	4
1556—1565	嘉靖三十五年至四十四年	44	4.4
1566—1575	嘉靖四十五年至万历三年	25	2.5
1576—1585	万历四年至十三年	14	1.4
1586—1595	万历十四年至二十三年	15	1.5
1596—1605	万历二十四年至三十三年	9	0.9
1606—1615	万历三十四年至四十三年	10	1.0
1616—1619	万历四十四年至四十七年	5	1.7
1426—1619	共计194年	359	1.9

资料来源：刘景纯《明代九边史地研究》，中华书局2014年版，第30页。本表格根据原书表格改绘制成。

由表3-4所统计数据可以发现，明代蒙古诸部对中原地区的侵扰活动极为频繁，越是到了明朝中后期，其侵扰活动的频次也就越高。我们不排除越是靠近后代被记述也越丰富详细的可能，但被记述的数据也都表明明代明蒙之间冲突的频繁。

除表3-4所整理以侵扰次数为统计标准的蒙古诸部侵扰内地情况外，其侵扰活动在季节选择上也有所偏重，根据刘景纯统计1426—1619年蒙古诸部万人以上规模的侵扰就有数十次之多（分别为：春季14次、夏季10次、秋季27次、冬季18次），其侵扰时间选择的基本规律是：秋季第一，春季第二，冬季第三，夏季第四；万人以上规模的侵扰季节分布规律则是：秋季第一，冬季第二，春季第三，夏季第四。[①] 可见，蒙古诸部在秋季侵扰中原地区的频率为最高，因而秋季也是明朝防范蒙古诸部南下侵扰的关键时期，顾炎武在《天下郡国利病书》中也论述了"秋防"在明朝防范蒙古诸部侵扰中的重要性，他指出：

---

① 刘景纯：《明代九边史地研究》，中华书局2014年版，第35—36页。

第三章 明清以来游牧生产方式的衰落及变迁

> 国家御虏，四时不撤备，而独曰防秋者。备虏之道，谨烽明燧，坚壁清野而已。至秋，则农人收获，壁不可坚，禾稼栖亩，野不可清，虏或因粮于我，得遂深入，而秋高马肥，又恒凭强以逞。故防秋之兵，远地调集，主客相参，步军受陴，马军列营，视四时独加严焉。然后，以防秋，秋尽而撤，此自常规。①

由上述可见，秋季作为中原地区的秋收时节，同时也是北方草原战马经过夏季肥美牧草滋养后的强壮阶段，因而秋季也是蒙古族诸部南下侵扰中原地区的主要季节，同时秋季也是明朝防御蒙古诸部侵扰的重要时期。

因此，为防止蒙古游牧部落南下侵扰，明朝在边地设立卫所及驻兵，而驻兵的军需民用若仰仗内地运输，则其运输成本极高，也因路途遥远而多有不便。故而明代吸取前代经验，在戍边地区进行屯田以达到养军的目的。庞尚鹏指出："臣自永宁州（属太原）渡河西入延绥，所至皆高山峭壁，横亘数百里，土人耕牧锄山为田，虽悬崖偏坡，天地不废，及至沿边诸处，地多荒芜。"② 明长城修筑后，"边外漠南地区数百里内原来的草原被开垦为农耕地，且长城内原来优良的草场也未免于难，也成为了农区"③，出现"即山之悬崖峭壁，无尺寸不垦"④ 的景观，这些已垦土地也主要分布在土默特川平原及长城沿线（主要分布在长城南侧）地区。对于明朝时的边地移民及土地屯垦，何炳棣指出：明太祖出于国防安全的需求，在各个重要的战略要地设置军事屯垦区（卫所），从最西南的云南到北部长城内外，遍布各地都普设屯垦区。⑤ 据统计，仅大同地区至嘉靖时屯田多达40000多顷。⑥ 终明一代，西北及北部地

---

① （明）顾炎武：《天下郡国利病书》，《山西备录·吴甡抚晋疏》，载黄珅，顾宏义点校《顾炎武全集》第 14 册，上海古籍出版社 2012 年点校版，第 1836 页。

② （明）庞尚鹏：《清理延绥屯田疏》，载陈子龙等编《明经世文编》卷三百五十九，中华书局 1962 年影印版，第 3874 页。

③ 赵珍：《清代西北生态变迁研究》，人民出版社 2005 年版，第 99 页。

④ （明）庞尚鹏：《清理山西三关屯田疏》，载陈子龙等编《明经世文编》卷三百五十九，中华书局 1962 年影印版，第 3874 页。

⑤ 何炳棣：《明初已降人口及其相关问题》，葛剑雄译，生活·读书·新知三联书店 2000 年版，第 161 页。

⑥ （清）张廷玉：《明史》卷二一一《周尚文传》，中华书局 1974 年标点本，第 5582 页。

区的屯田出现了"国家九边之地,肥沃可种者,悉为屯田"①的壮阔局面。戍边屯田地区的农业也因之有所发展,同时也收获了一些粮食,在一定程度上实现了养军的目的,但其对蒙地草原自然环境及游牧生产方式的破坏也是显著的。

此外,明代以来,随着元朝的灭亡及蒙古诸部退至漠北,游牧经济的影响范围及游牧生产方式的分布范围都逐渐缩小,加上蒙古族在入主中原后与汉族的交融过程中也一定程度上淡化了其对游牧经济的单纯依赖,而是开始通过发展农业及边境贸易以获取自身所需,这些在明代都表现得最为显著,明蒙之间的战争冲突也多与双方贸易往来冲突有关。因此,自明以来蒙古人对游牧经济的利用程度及依赖程度都迅速降低。且游牧经济具有较大脆弱性,极易受到自然及人为因素的影响。如王崇古在《酌许俺王请乞四事疏》中所说:蒙地时常出现"日无一食,岁无二衣,实为难过"②的状况,这也源于游牧民族所依赖的经济形式的脆弱性,"游牧经济的脆弱性是游牧民族的致命伤,游牧国家的衰落和灭亡时有发生、且急促,这和它所依赖的单一游牧业本身的脆弱性直接相关"③。受此影响,明代以来蒙古草原上部分地区(尤其是蒙汉接触的沿边地区)的蒙古族开始接受并逐渐依赖于农业,尤其是明代以后,因元代以来蒙汉之间交流的不断加深,以及因战祸和灾荒而逃至蒙地的汉人逐渐增多,蒙地土地开始被大范围垦殖,同时也出现了蒙汉族聚居的定居聚落,这些聚落在明代被称为"板升",主要分布在土默特川平原及毗邻地区。

关于"板升",根据邢莉等结合《明史》(《鞑靼传》载:"时(丘)富等在敌,招集亡命,居丰州,构宫殿,垦水田,号曰板升。板升,华言屋也。"此处板升是那些逃亡土默特地区的汉族人居住的房子。《王崇古传》载:"俺达又纳叛人赵全等,占古丰州地,招亡命数万,屋佃细作,号曰板升。"这里也是指逃亡土默特地区汉人居住的屋子。《开元图说》载:"房帐营多在楼子(喇嘛庙)旁,其左右前后三四十里,即其板升。板升者,夷人之佃户也。"这里板升与帐房有明显区别,帐房和喇嘛庙占

---

① 谭其骧:《何以黄河在东汉以后会出现一个长期安流的局面——从历史上论证黄河中游的土地合理利用是消弭下游水害的决定性因素》,《学术月刊》1962年第2期。
② (明)王崇古:《酌许俺王请乞四事疏》,载陈子龙等编《明经世文编》卷三一八,中华书局1962年影印版,第3378页。
③ 贾敬颜:《释"行国"——游牧国家的一些特征》,《历史教学》1980年第1期。

有一个空间，而板升则是另外的空间，帐房是游动的场所，而板升则是固定的住所。根据《中国大百科全书》（板升是蒙古语"baising"或"bayishng"的音译，这里所谓的"百姓"，指的不是蒙古族牧民，而是汉族人。由于在土默川"白道"附近的汉族百姓聚成村落居住，所以蒙古人后来把房屋和村庄都叫成"板申"，也即"板升"）等的记载及解释，对"板升"作了概括性的解读，即板升有广义观念和狭义概念。其狭义概念初起的意思指汉族建造的房屋，同时也指汉族建造的村落；根据呼日勒沙的解释："蒙古人称这些汉人聚居的村落为'板升'，为汉语'百姓'的转音，初指汉人，转而指其房屋，后来泛指依附于蒙古贵族的汉族人口及其村落。"① 广义而言，"所谓大'板升'就是指城镇而言"（谭其骧主编《中国历史地图集》认为大板升是归化城的前身）。② 其实，不管学者有关"板升"的解释存在如何大的分歧，"板升"最基本的含义是指固定的住所，其与游牧经济下居住的蒙古包是有着本质的区别的。③

板升聚落的出现也带动了蒙古草原部分地区农业的发展，如明代归化土默特地区，据《九边图说》载："大边之外即为丰州，地多饶沃。先年房虽驻牧，每遇草尽则营帐远移，乃今筑城架物，东西相望，咸称板升，其所群聚者，无非驱掠之民与夫亡命之辈也。"④ 可见，明代土默特川平原业已出现了带有农耕性质的社会形态。但值得注意的是，虽然明代就已出现了农民聚居的板升聚落，但明代移民及土地开垦程度并不深入，农业生产水平也较低，"其耕种惟藉天，不藉人。春种秋敛，广种薄收，不能胼胝作劳，以倍其入。所谓耕而卤莽，亦卤莽报予者非耶？且也腴田沃壤，千里郁苍，厥草惟夭，厥木为乔，不似我塞以内，山童川涤，邈焉不毛也"⑤。明代蒙古草原绝大部分地区的蒙古族始终处于"无定居，无定名；骋强力相雄长；弓骑剽为生业，亦无定业；狼心野性，故亦无定性。是故

---

① 呼日勒沙：《草原文化区域分布研究》，内蒙古人民出版社 2007 年版，第 365 页。
② 蔺璧：《明朝后期的土默川》，载呼和浩特市地方志编修办公室《呼和浩特史料》第四集，内部刊印，1984 年版，第 175 页。
③ 邢莉、邢旗：《内蒙古区域游牧文化的变迁》，中国社会科学出版社 2013 年版，第 94—95 页。
④ （明）霍冀：《九边图说·大同镇图说》，载薄音湖、王雄点校《明代蒙古汉籍史料汇编》第二辑，内蒙古大学出版社 2000 年版，第 37 页。
⑤ （明）萧大亨：《北虏风俗·耕猎》，载薄音湖、王雄点校《明代蒙古汉籍史料汇编》第二辑，内蒙古大学出版社 2000 年版，第 245 页。

类族以领之，居方以别之"①的生存状态。

考察发现，向边地移民及屯田不仅影响到游牧生产方式在本区域的利用，其造成的环境破坏也极为严重。王杰瑜就明代戍边屯田造成的环境破坏指出："屯田的推行，不仅解决了驻兵的粮食需求，也促进了当地经济的发展。但是其环境破坏的代价也逐渐凸显出来，屯田时间持续长，土地的利用超出土地的承载力，造成土地肥力下降，进而出现荒漠化，出现弥望丘墟的荒凉景象。"②屯田无疑对森林与草原等自然环境产生了致命性伤害，中国历朝各代的屯田无疑不是使各脆弱生态区的环境更加恶化。如王元林等人通过对古代各屯田地区的古今对照分析指出："历史上的有名垦区，如果大多成为了沙漠，如呼伦贝尔沙地、科尔沁沙地、毛乌素沙地等，这些地区历史上都是水草丰美的草原，由于屯田农垦而导致牧区面积缩减，草原出现荒漠化。"③

（二）清代移民及屯田情况

至清代，向边地移民屯田仍是戍边及维护边地秩序与巩固国家统治的重要方式之一，清代边地屯田在清朝成立之后就被提上日程。顺治元年（1644），户部尚书英古上书建议在山东推行土地开垦。④顺治十年（1653），户部尚书固山额真、臣噶达洪等建议在蒙汉接触地带大兴屯田并指出："臣考自古屯田之设，每在于边地者独多，开于边地者尤重。今日宣大之屯政，在文职自道厅之裁汰，武职自卫所之归并，以至兵将之减去，寥寥无几。臣每到壹城堡，见地土虽多，成田者绝少，茅庐尚在，人居者最稀。人丁赋税，比视往昔，拾不及壹。"⑤可见，顺治时期就已开始在蒙汉接触地带进行屯田，具体如榆林地区的土地开垦情况，"国朝顺治年间，题免荒地三万四千二百九十六顷四十五亩五分。康熙三年（1664），

---

① （明）张雨：《边政考（节录）》，载薄音湖、王雄点校《明代蒙古汉籍史料汇编》第一辑，内蒙古大学出版社1994年版，第183页。
② 王杰瑜：《明朝军事政策与晋冀沿边地区生态环境变迁》，《山西大学学报（哲学社会科学版）》2006年第3期。
③ 王元林、孟昭锋：《自然灾害与历代中国政府应对研究》，暨南大学出版社2012年版，第336页。
④ 《户部尚书英古代议复山东条请开垦劝农事启本（顺治元年八月二十日）》，载方裕谨选编《顺治年间有关垦荒劝耕的题奏本章》，《历史档案》1981年第2期。
⑤ 《户部尚书噶达洪题复兴宣大边屯牧道事本（顺治十年正月初四日）》，载方裕谨选编《顺治年间有关垦荒劝耕的题奏本章》，《历史档案》1981年第2期。

第三章 明清以来游牧生产方式的衰落及变迁

本卫实熟地一千八百二十顷八十三亩六分,征粮二千一百五十一石五斗七合零,征九厘银一百两二钱六分七厘零,均徭银三十七两七钱六分七厘零"。① 根据《陕西省民赋役全书》的统计,"顺治七年至顺治十一年(1650—1654),共垦殖 11171 顷土地进行农业生产"②。尤其是在对准噶尔用兵与平定叛乱之后,进行了大规模屯田,康熙五十五年(1716)时,《命副都统苏尔德管理图古里克都尔博勒金喀喇乌苏等处屯田事》中对此时期屯田事宜介绍道:

> 谕议政大臣等曰:巴里坤、科布多、乌兰古(固)木等处种地之事,甚属紧要。若种地得收,则诸事俱易,著会议具奏。寻议曰:开垦田地,现今公传尔丹等,率土默特人一千往乌兰古木等处耕种,所需牛种田器,应今都统穆赛等支帑购买,发往军前。赎罪人等,有原耕种者,许其耕种,俟收成后,以米数奏闻议叙。又前者尚书富宁安奏言:哈密所属布鲁尔图古里克接壤之处,并巴里坤、都尔博勒金、喀喇乌苏及西吉木、达里图布、隆吉尔附近之上浦下浦等处,俱可耕种。应各令人耕种,给与口粮牛种。再兵丁有原耕种者,亦令耕种,俟收成后以米数奏闻议叙。尚书富宁安,现驻扎肃州,凡肃州附近之西吉木、达里图布隆吉尔等处,可令富宁安酌量耕种。图古里克、都尔博勒金、喀喇乌苏等处耕种之事,令大臣一人管理,奏入得。
> 上曰:依议,著副都统苏尔德前往管理,是冬苏尔德奏言,都尔博勒金、图古里克、喀喇乌苏所种地,并收获,议政大臣等议,令苏尔德预备牲畜器械籽种,为明年计,奏入。③

由上述可见,在边地进行屯田在清代也是官方主导下的行为,且受到清政府的大力支持,并积极倡导调动当地民众的参与,以实现维护边地安全的目的。

随着清朝对边地统治的逐渐完成及巩固,向边地移民及土地垦种也迅速

---

① (清)谭吉璁纂修,马少甫校注:《康熙延绥镇志》卷一之四《地理志·风俗》,康熙十二年成稿,光绪七年增刻本,上海古籍出版社 2012 年点校版,第 72 页。
② 郭松义、张泽咸:《中国屯垦史》,文津出版社 1997 年版,第 307 页。
③ (清)傅恒等撰:《平定准噶尔方略》第一卷,载西藏社会科学院西藏学汉文文献编辑室编辑《西藏学汉文文献汇刻》第二辑,内部刊印,1990 年版,第 68 页。

开展。康熙五十七年（1718），"甘肃巡抚绰奇疏报：金塔寺地方，安插民人三十五户，西吉木地方安插民人二百七十户，达里图安插民人五百三十户，锡拉谷尔安插民人一百六户，俱经盖造房屋，分拨居住，耕种地亩收粮"①。同年，"议政大臣等议覆靖逆将军福宁安疏言：西吉木设立赤厅卫，达里图设立靖逆卫，各添设卫守备一员；锡拉谷尔设立柳沟所，添设守御所千总一员，再添设同知通判各一员，兼管二卫一所"②。再如乾隆时期的戍边屯田，陕甘总督于乾隆二十三年（1758）上奏清廷指出："奉上谕：军营屯田事关重要，随时鼓舞屯田兵丁，令其筑墙、建造土房，俾伊等各得栖身之所。由是开辟地亩渐加宽广，将来收获自必充裕，可以无需自内运粮，此永远可行之事也。至令屯田兵丁筑墙建屋，亦不得徒劳其力，酌量给与饭食之费。"③由此可见，清朝统治者对于戍边及边地屯田的高度重视。

清初蒙地的移民及土地开垦以归化土默特地区最为突出，土默特川平原也是"京畿之锁钥，晋垣之襟带，乌伊诸盟之屏蔽，库、科、乌诸城之门户"④。且绥远地区"地居四塞，物产丰饶。东连张家口，以通内地。南接杀虎口，以达山西；西跨河套、宁夏、甘肃，直抵新疆之伊犁。北经乌兰察布至库伦及恰克图，以通西伯利亚。诚西北总汇之区，实业之大舞场也"⑤。此外，土默特川平原也是清朝用兵西北的前沿阵地，康熙二十七年（1688），"今喀尔喀、额鲁特交恶作乱，境上急宜防守。……令归化城两旗备兵一千，都统阿拉纳、副都统阿第等将之于彼两旗拔人材雄健，善于约束之员，即令屯驻归化城内，以备紧急调遣"⑥；二十八年（1689），"又令归化城两旗派兵一千屯驻城内，以备紧急调遣"⑦。清初农业就已呈

---

① 《清圣祖实录》卷二百七十七，康熙五十七年二月戊子条，载中国第一历史档案馆等《清实录》第6册，中华书局1986年影印版，第717页。
② 《清圣祖实录》卷二百七十七，康熙五十七年二月己丑条，载中国第一历史档案馆等《清实录》第6册，中华书局1986年影印版，第717页。
③ 《管陕甘总督事黄廷桂正月初二日奏（乾隆二十三年）》，载中国科学院地理科学与资源研究所、中国第一历史档案馆编《清代奏折汇编——农业·环境》，商务印书馆2005年版，第163页。
④ （清）高赓恩纂，（清）贻谷修，李晓秋点校，刘成法审校：《绥远旗志》卷2《城垣》，光绪三十四年刻本，远方出版社2012年点校版，第136页。
⑤ 林竞：《西北考察日记》，中国国际广播出版社2016年点校版，第15页。
⑥ 《清圣祖实录》卷136，康熙二十七年七月丁卯，载中国第一历史档案馆等《清实录》第5册，中华书局1986年影印版，第485页。
⑦ 《清圣祖实录》卷141，康熙二十八年五月癸亥，载中国第一历史档案馆等《清实录》第5册，中华书局1986年影印版，第547页。

规模发展，即"归、武、萨、托清五县之八旗粮地，清初由庄头承种"①。至康熙八年（1669），"因国家承平日久，生齿殷繁，始谕令宗室官员兵丁，有自愿耕种口外闲地者，由其都统资送，按丁拨给，惟是时应命垦荒者，为数寥寥"②。可见，清前期就已开始倡导在蒙地进行土地垦种。再如清初萨拉齐地区的农业，"清初时由庄头承种，以收获之半数纳之官府，充作旗兵饷粮"③。此外，土默特川平原是清朝用兵蒙古及西北地区的枢纽，《平定准噶尔方略》载：

> 于达里图等处耕种，田苗茂盛，丰收可期。但军需莫要于粮米，臣復细访，自嘉峪关至达里图可耕之地尚多。肃州之北口外金塔寺地方亦可耕种，请于八月间，臣亲往遍行踏勘，会同巡抚绰奇募民耕种外，再令甘肃、陕西文武大臣及地方官捐输耕种，无论官民，有原（愿）以己力耕种者，亦令前往耕种。俟收获之后，人民渐集，请设立衙所，于边疆大有裨益。④

至康熙中叶，随着土默特川平原在清朝用兵准噶尔时重要战略位置的凸显，费扬固指出："驻扎边境，绥辑蒙古，镇守归化城等地方"；归化城地区在其治理下出现"兵不敢欺，盗不敢发，于归化城驻节数载，以致商贾骈集，泉货交通，荒莱既垦，黔黎茂育，兵革之余，修成繁华之地。虽古之纪功狼胥，勒石燕然者，未若斯之盛也"⑤的局面。

清代屯田也逐渐被北拓至清朝版图的最北端，农业生产范围的最北界

---

① 郑植昌修，郑裕孚纂，忒莫勒点校，王珺、刘成法审定：《归绥县志》，《经政志·垦务》，民国二十三年铅印本，远方出版社2012年影印版，第1036页。
② 绥远通志馆编纂：《绥远通志稿》（第五册）卷38上，《垦务·历代实边农垦沿革》，内蒙古人民出版社2007年点校版，第177页。
③ 张树培纂，韩绍祖、望月稔修：《萨拉齐县志》卷6《政治·垦务》，1934年铅印本，远方出版社2011年影印版，第605页。
④ （清）傅恒等撰：《平定准噶尔方略》（第一卷），乾隆三十五年刻本，载西藏社会科学院西藏学汉文文献编辑室编辑《西藏学汉文文献汇刻》第二辑，内部刊印，1990年影印版，第74—75页。
⑤ （清）钟秀、（清）张曾编：《古丰识略》卷28《官绩》；卷33《艺文（上）·郑祖桥——费公祠堂碑记》，咸丰九年抄本，载王静主编《清代蒙古汉籍史料汇编》第一辑，内蒙古人民出版社2017年点校版，第79、138页。

分布在48°N—50°N之间。① 如土谢图汗部，康熙三十年（1691），土谢图汗奏言："……臣思得膏腴之地，竭力春耕，以资朝夕。得旨：来年春，著理藩院遣官一员，指授膏腴之地，令其种植。"② 康熙五十四年（1715），"苏勒图哈拉乌苏、拜达拉克河、……乌兰古木等处，俱可种地。再，臣等所统兵丁，现驻扎察罕托辉札布罕河、特斯河一带地方，应派善种地之土默特兵一千名，每旗派台吉塔布囊各一员，前往耕种，遣大臣一员监管"③。再如科布多地区，乾隆二十七年（1762），谕军机大臣等："科布多屯田需用青稞籽种一百石，尚可向蒙古游牧贸易之商民等购买，不须运送等语。"④ 乾隆二十八年（1763），定边左副将军成衮扎布等奏称："是添派蒙古，不若添派绿旗兵。请再拨善于耕种之绿旗兵一百名，并选派木匠、石匠、铁匠数人前来，于修理农具及建筑城垣、仓库诸务，颇为有益。"⑤ 此外，清后期的三音诺颜部与札萨克图汗部也出现了较成规模的农业生产，如咸丰六年（1856），"变通科布多屯田章程，请将原来派屯兵二百五十户拟裁撤五十户（图谢图汗部落额设一百二十五户。三音诺颜部额设八十户，札萨克图汗部额设四十五户），即由所留二百户内之壮丁熟悉屯务者，挑选五十户，抵补所裁之缺，以符原额下，军机大臣会同理藩院议至是奏：应如所拟办理"⑥。光绪六年（1880），"乌里雅苏台迤西博尔豁地方现有草地数段，地势平阔，土色肥润，离河较近，挑挖沟渠，较推河等处似易试垦，且距乌城两台之路，往返照料不费周折，而天道较彼和暖，堪以播种"⑦。

---

① 谭其骧主编：《中国历史地图集：清时期》第八册，中国地图出版社1987年版，第55—56页。

② 《清圣祖实录》卷一百五十二，康熙三十年七月丙午条，载中国第一历史档案馆等《清实录》第5册，中华书局1986年版，第683—684页。

③ 《清圣祖实录》卷二百六十四，康熙五十四年七月辛酉条，载中国第一历史档案馆等《清实录》第6册，中华书局1986年版，第602页。

④ 《清高宗实录》卷六百七十三，乾隆二十七年十月乙巳条，载中国第一历史档案馆等《清实录》第17册，中华书局1986年影印版，第519页。

⑤ 《清高宗实录》卷六百九十四，乾隆二十八年九月戊辰条，载中国第一历史档案馆等《清实录》第17册，中华书局1986年影印版，第783页。

⑥ 《清文宗实录》卷一百九十四，咸丰六年三月戊寅条，载中国第一历史档案馆等《清实录》第43册，中华书局1986年影印版，第98页。

⑦ 《［乌里雅苏台将军］杜嘎尔等（光绪六年）七月初三日（1880年8月8日）奏》，载中国科学院地理科学与资源研究所、中国第一历史档案馆编《清代奏折汇编——农业·环境》，商务印书馆2005年版，第539页。

第三章 明清以来游牧生产方式的衰落及变迁

移民及屯田是清政府官方主导下的边地开发与统治政策，上行下效，清廷各级官吏也对屯田极为重视，然而为迎合统治者和中央政府制定及颁行的政策，对于部分边地是否适宜屯田等也无认真考察而盲目推行，为追求屯田的数量而对边地土地进行了无所节制的大肆开垦。据《募民屯田于嘉峪关外》的记载：

> 上曰：于达里图等处耕种，田苗茂盛，丰收可期，但军需莫要于粮米，臣复细访，自嘉峪关至达里图可耕之地尚多肃州之北口外，金塔寺地方，亦可耕种，请于八月间，臣亲往遍行踏勘，会同巡抚绰奇，募民耕种外，再令甘肃、陕西文武大臣，及地方官，捐输耕种，无论官民，有原以己力耕种者，亦令前往耕种，俟收获之后，人民渐集，请设立衙所，于边疆大有裨益。
>
> 上曰：著议政大臣，九卿詹事科道会议具奏。寻议曰：令富宁安会同督抚等，同往踏勘，详议奏，奏入。
>
> 上谕议政大臣等曰：踏勘垦种地方，及设立衙所之事，令富宁安会同督抚踏勘之议不合。富宁安系驻扎肃州管理军务之人，不宜派往。著巡抚绰奇将可以垦种地方前往勘明，会同富宁安确议具奏。寻富宁安疏报巡抚绰奇，勘阅肃州迤北可以开垦之处甚多，度量河水所溉田，金塔寺可种三百石，自嘉峪关至西吉木，可种一百三十石，达里图可种以前一百余石，方城子等处可种五百余石。臣查今岁西吉木、达里图、布隆吉尔三处耕种，共收粮一万四千余石。明年，诸处请动正帑，遣官募民耕种，议政大臣等议。如所请，从之。①

由此段资料记述可以发现，向边地移民及进行土地垦种，以及由于土地垦种而吸引更多人口的聚集得到了清政府的大力提倡与支持。边地土地垦种在短期内对自然环境的破坏尚不明显，且边地农业开发也在当时交通运输不便的情况下，对边地驻兵生活、巩固边地安全及养活更多人口等有所裨益。但是从长远来说，大量农业生产及农业人口在清朝控制疆域北部边地及蒙古草原南缘的出现，是对游牧生产方式的极大破坏，直接导致原本放牧牲畜的草原

---

① （清）傅恒等撰：《平定准噶尔方略》第一卷，西藏社会科学院西藏学汉文文献编辑室编辑《西藏学汉文文献汇刻》第二辑，内部刊印，1990年版，第74—75页。

成了农业区或是农牧业交错分布区,其所导致的环境代价无疑也是巨大的。

根据唐克丽等利用现代技术及史料分析对清代边地移民及屯田的环境代价指出:"在同治五年(1866)以前,陕北地区西南部的子午岭遭到开垦的垦殖指数就已达到了25%—30%,当地土地遭到的侵蚀强度接近于今日的延安地区,侵蚀规模达到了8000—10000吨/平方千米。"① 如光绪时期,俄国人阿·马·波兹德涅耶夫对所见土默特川平原上荒废聚落及耕地的记述:

> ……由此开始,我们不时地见到一座座破败不堪的村庄。其中有些房屋的泥土墙壁还完整地保存着原来的样子,但无论是门窗还是房顶,都已经没有了。一个同路的农民向我们解释了这一现象。原来最近连续三年的歉收把人们逼到了绝境。他们既无粮食,又无木柴,只得烧掉房屋里所有的木料,然后有的人卖掉土地,有的人则抛弃了土地,纷纷奔走他乡。这些村子是逐渐走空的:一个破了产并决定离开自己住处的人家,一般都是先找个买主,卖掉自己的土地,然后搬到临近的另一户极穷的人家去住,把自己原来房子里的木料全都拆下,供自己和临时的主人作为燃料。等到房子里的东西都拆光用尽,他们就外出逃荒。一个星期以后,同样的命运又落到了他们不久之前的主人头上。几百座村庄就是这样走空拆光了的。我们见到的那座既无门又无窗户的破庙,遭到的就是这样的命运,只不过这是路过的强徒干的罢了。②

此后,阿·马·波兹德涅耶夫离开归化城继续向张家口方向行进途中,又遇到大片沙化了的土地,他记述道:"……来到亦作汉人和土默特人杂居的村庄沙梁儿,这名字在当地汉人的方言中就是'沙丘'的意思。果然不错,离这个村子不远,土壤中的沙土就多了起来,田地离道路也远多了。"继续前行,"所见到的都是零星的小块耕地;除此之外则是荒地。

---

① 唐克丽、王斌科、郑粉莉、张胜利、时明立、方学敏:《黄土高原人类活动对土壤侵蚀的影响》,《人民黄河》1994年第2期。
② [俄]阿·马·波兹德涅耶夫:《蒙古及蒙古人》第二卷,张梦玲、郑德林、卢龙、孟素荣、刘明汉译,内蒙古人民出版社1983年版,第43页。

只偶尔在一些地方能发现从前耕种过的痕迹。由此走不远，我们开始看到盐碱地带"①。可以发现，当时内蒙古草原上的水土流失及环境遭到的破坏是极为惨重的，这也是清代人为屯田及土地开垦对草原自然环境破坏的真实写照。屯田不仅影响了草原地区游牧经济的生存发展，而且因其造成的环境破坏，也致使游牧经济及游牧生产方式难以继续存在。这是导致此时期游牧经济走向衰落的一个重要因素。

二 蒙地社会变迁对游牧生产方式变迁及衰落的影响

内蒙古地区社会在明清两朝的变迁集中体现在以蒙古族为主的草原游牧民族从游牧走向定居，随着元代以来蒙汉之间交流的逐渐增多，中原王朝在边地交界地带的移民屯田及对蒙古草原的开发持续出现，蒙古族逐渐从"逐水草而居之"的游牧生产与生活流向定居村落、城镇等固定区域与固定住所的生产与生活，逐渐由游牧民族转变成为半农半牧人、农民、城镇人或是商人等各样角色，蒙地社会也随之发生深刻变迁，直接影响到游牧经济及游牧生产方式的存在。

（一）明代蒙地游牧社会变迁

在明代，土默特川平原就已出现了汉族移民与土地垦种，以及围绕着农业生产而出现的定居聚落"板升"。《万历武功录》也载："先是，吕老祖与其党李自馨、刘四等归俺答，而赵全又率澡恶民赵宗山、穆教清、张永宝、孙天福，及张从库、王道儿者二十八人，悉往从之，互相延引，党众至数千，房割板升地家焉。自是之后，亡命者窟板升，开云田丰州地万顷，连村数百，驱华人耕田输粟，反资房用。"②自明中叶以至清初一段时期内，土默特川平原上的移民及板升聚落仍持续出现。明代的聚居载体主要是板升，据李漪云统计，"嘉靖末隆庆初，土默特地区村庄林立，千人以上的板升有12个，四百人至千人的板升不少于13个，数户、数十户的板升更多，总计不下三百个板升"③。板升的出现是明代以来内蒙古草原上出现带有农业因素聚居地的开端。

---

① ［俄］阿·马·波兹德涅耶夫：《蒙古及蒙古人》第二卷，张梦玲、郑德林、卢龙、孟素荣、刘明汉译，内蒙古人民出版社1983年版，第142—143页。
② （明）瞿九思：《万历武功录》卷八《中三边二·俺达汗传下》，载薄音湖、王雄编辑点校《明代蒙古汉籍史料》第四辑，内蒙古大学出版社2007年版，第79页。
③ 李漪云：《呼和浩特地区"板升"何其多》，《实践》1981年第5期。

上编　游牧生产方式溯源及发展阶段

　　明代内蒙古地区人口数量减少也导致蒙古贵族在其他地区掠夺人口，以增加劳动力或为蒙古贵族服务。几次大规模的人口掠夺，如正统十四年（1449），脱脱不花侵犯辽东、广宁，掠夺13300人；景泰元年至二年（1450—1451），脱脱不花攻打西海女真，掠夺4万—5万人；嘉靖二十一年（1542），俺答在十卫三十八州杀掠人口20余万（这一数字有些夸大）；嘉靖二十九年（1550），从北京郊外掠夺人口2万余。因此，16世纪初期的鄂尔多斯地区蒙古族有1万户，5万人，汉族也有5万人左右。[①] 这些被掠夺来的人口多数沦为了蒙古贵族的家奴或劳动力，大肆掠夺汉族人口也反映出明代前中期内蒙古地区蒙古族人口数量的减少，而掠夺来的农耕区人口也潜移默化地改变了蒙地社会。

　　仅就明代汉人赵全投靠蒙古之后帮助掠夺山陕地区的汉人而言，其掠夺在千人以上的记载就有多次，如嘉靖三十六年（1557），"杀掳男妇八千余口"；三十八年（1559），"由潘家口进入，抢掳蓟镇遵化等县村落，杀掳男妇一万余名口"，六月，"杀掳军民男妇八千二百余名口"；三十九年（1560），"从拒墙堡进入，直抵山西雁门关内崞县等处，攻毁堡塞一百余处，杀掠男妇万余名口"；四十一年（1562），"杀抢墩军并各堡男妇共一千六百余名口"，"刘天麒节将抢掳人口并召集叛逆汉人管领二千余名口"；四十二年（1563），"管领叛逆并召集被掳汉人一万余名口"；四十五年（1566），"抢杀男妇二千余名口"。再如隆庆时期，元年（1567），"杀掳男妇万余名口"；三年（1569），"杀掳男妇及仪宾王廷枢等二千余口"；四年（1570），"节年抢掳汉人并招集叛逆白莲教人等约一万余名"；等等。[②] 对于被掳来之人，"赵全等人似又将部众割为大板升十二部，小板升三十二部，多者八九百人，少者六七百人，各有头领"；"经过十五六年，丰州川已经有汉人五万余人，蒙古二千余人"。[③]

　　这些人口多沦为蒙古贵族的家奴或劳动力，促进了蒙古草原的土地开发，赵全等所掳之人多被安置于土默特川平原上，促进了当地的土地开发

[①] 宋迺工主编：《中国人口·内蒙古分册》，中国财政经济出版社1987年版，第44—45页。
[②] （明）佚名：《赵全谳牍》，载薄音湖、王雄编辑点校《明代蒙古汉籍史料汇编》第二辑，内蒙古大学出版社2000年版，第110—115页。
[③] 乌云毕力格主编：《内蒙古通史：明朝时期的内蒙古地区》第四卷，人民出版社2011年版，第163页。

第三章　明清以来游牧生产方式的衰落及变迁

与定居聚落的形成。此外，赵全等人也在土默特川平原上组织城市等聚落建设，如明嘉靖四十五年（1566）三月，"（赵）全与（李）自馨、（张）彦文、（刘）天麒等，遣汉人采大木十围以上，复起朝殿及寝殿，凡七重，东南建仓房凡三重，城上起滴水楼五重，会画工绘龙凤五彩，艳甚。已，于土堡中起大宅一所，大厅凡三重，门二，于是题大门曰石青开化府，二门曰威震华夷。已，建东蟾宫、西凤阁凡二重，滴水土楼凡三座。亦题其楼曰沧海蛟腾，其绘龙凤亦如之"①。明代出现的这些板升及城镇聚落建设都体现出人对自然环境的改造利用，成为当地环境景观格局中的组成之一部分。

（二）清代蒙地游牧社会变迁

到了清代，内蒙古地区乡村聚落的出现与汉人移民及土地开垦直接相关，同时也加速了当地人口的聚居。因汉族移民及土地开垦而出现了相当数量的农村及城镇，出现"大同府周边散居土默特各村落的汉民就有2000多家，而归化城外尚有五百余村，更不知有几千家矣"②。清代大青山下的草原上也出现了"山西人携家开垦"的田地及定居的村落。③ 具体如张北县，"雍正年间，坝下初行开辟人口不过三万余口，延至十七年，人口增至二十万以上"④。如集宁县，因大量人口迁入，导致出现"户口滋繁，积户成存在，积村成县，星罗棋布，村里纵横"⑤ 的景象。又如清水河厅，"清水河厅所辖之属，原系蒙古草地，人无土著，所有居民皆由口内附近边墙邻封各州县招徕开垦而来，大率偏关、平鲁两县人居多"⑥。再如包

---

① （明）瞿九思：《万历武功录》卷之七《中三边一·俺达列传中》，载薄音湖、王雄点校《明代蒙古汉籍史料汇编》第四辑，内蒙古大学出版社2007年版，第71—72页。
② 邢莉、邢旗：《内蒙古区域游牧文化的变迁》，中国社会科学出版社2013年版，第251—252页。
③ 台湾故宫博物院编：《宫中档雍正朝奏折》第17册，中国台湾出版社1979年影印版，第837页。
④ 陈继淹修，许闻诗纂：《张北县志》（二）卷五《户籍志·人口》，1935年铅印本，载《中国方志丛书·塞北地方》第35册，成文出版社1969年影印版，第529页。
⑤ 杨葆初撰：《集宁县志》，《凡例》，1924年抄本，载《中国方志丛书·塞北地方》第13册，成文出版社1969年影印版，第7页。
⑥ （清）文秀修，（清）卢梦兰纂：《新修清水河厅志》卷十四《户口》，光绪九年版，远方出版社2009年点校版，第141页。

· 157 ·

头,"自清初,内地人民始因贸易,继以农垦,渐次来包。然春来秋去,合伙经营,罕有携眷属而成立家室者。迨后土地日辟,农商渐繁,携家来包,相沿成风,安居乐业,竟成第二家乡。房屋栉比,蔀室腾欢,鸡犬相闻,始成村落。然后守望相助,出入相友,公会组织,户口编制,循自然发展之顺序,而又成为镇"①。

清代以来内蒙古草原上城市的出现及修建与黄教的发展直接相关,寺庙的修筑对人口聚居产生了重要影响,而人口的大量定居又促进了城市的兴起尤其是大规模城镇的出现。据统计,至18世纪末,"蒙地人口在3000人以上的城市13个,村镇108个,寺庙居民聚居点600多个"②。根据邢莉等学者考察指出:"归化城、多伦诺尔、张家口、库伦、恰克图、乌里雅苏台、西宁、郑家屯等城市的兴起都与清代寺庙的发展有关。"③ 民国时,日本学者剑虹生对多伦诺尔调查时指出:"户数约有千五百六十七,人口数近两万,内有回族三千人,而居住汉者而已,蒙人绝无住市场者。"④ 啸岩在对内外蒙古考察时也就其所见闻的寺庙与村庄做了记述,他指出:"卓索图盟、哲里木盟等地,数十户或百户的蒙古人部落,所在地多有大小市镇,俨然脱离游牧之风气,近于住国稼穑。住室规模狭陋,墙外种植榆、柳等树,以白布或赤细条布写经文悬于其上,乘风飘扬。"⑤

蒙地城市的兴起及商业繁荣也是当地社会变迁的又一表现,这也直接导致更大规模定居聚落及建筑群的出现,更加破坏了游牧经济及游牧生产方式的利用程度及分布范围。光绪十九年(1893),俄国人阿·马·波兹德涅耶夫对喀尔喀朋贝子旗见闻城市商业贸易,其对此商业城市场景记述道:

……在这里,我们遇见了汉人的牛车队,车上装的是皮货。车队是从库伦到多伦诺尔去的。我们从山岭上下来,在孤零零地矗立在草原上的伊罗山不远的地方停下来过宿。到我们的住处来的当地蒙古人告诉我们说,在博力珠特驿站,从多伦诺尔来的汉人开设了几家铺子,那里出售各种各

---

① 孙斌纂,李晓秋点校,胡云晖审定:《包头市志》卷七《风俗志·礼俗》,1943年版,远方出版社2011年点校版,第197页。
② 李儿只斤·吉尔格勒:《游牧文明论》,内蒙古人民出版社2002年版,第29页。
③ 邢莉、邢旗:《内蒙古区域游牧文化的变迁》,中国社会科学出版社2013年版,第127页。
④ [日]剑虹生:《多伦诺尔记》,《东方杂志》1908年第5卷第10号。
⑤ 啸岩:《西北风俗谈·内外蒙古》,《西北汇刊》1925年第1卷第9期。

样的蒙古人日用品以换取牲畜。他们每年从朋贝子旗和本地沙毕纳尔那里赶走约一万只羊，今三千头马和四百头牛。他们运来特别多的东西史黍子，黍子按一百二十斤（约合四普特半）一袋子出售，每袋值三岁羊五只，而一只三岁羊值一两五钱银子。换言之，中国人在这里出售黍子按我国计算法为一俄磅黍子值七个半戈比。①

可以发现，城市的兴起带动了贸易的发展，为了满足城市内定居人口的生存需要提高了互换商品的数量，包括谷物、陶瓷制品及纺织品等，这也导致内蒙古草原出现游牧民族"由牧转农"或"由牧转商"以及逐渐趋于定居的变化，甚至是改变了传统的游牧生产方式，在特定区域内，加大半定居式放牧牲畜的数量并进行农业生产及贸易。

受此影响，草原上的农牧民们大大缩短了土地的休耕期，过度种植与过度放牧现象随处可见，人们开始开拓土地、增加所牧牲畜，致使大量草原土地出现盐碱化及沙化，如前文所述阿·马·波兹德涅耶夫光绪时期所见土默特川平原上的沙化土地就是较好体现。及至民国二年（1913），胡太才途经土默特川平原时记述道："起风猛烈，尘霾蔽天。虽无拔木推垣之威，而乱沙眯眼窒鼻，气息闭塞，口不得张，眼不得见。"② 由此可见，土默特川平原的自然环境在清中后期业已出现严重恶化，当地荒芜自然景观分布已较为普遍，同时也因土地沙化而加剧了大风及沙尘天气出现的频度与烈度。前文中曾指出：蒙地的聚落及都市的存在对草原游牧民族的生存发展至为重要，但是过度的城市化与聚落发展则是不利于草原自然环境的维护及游牧经济与游牧生产方式的利用，且在恶化了的草原上，无论是进行农业生产、聚落建设或是再度发展游牧经济都是难以实现的。

此外，过度的城市化建设及商业发展也极易破坏内蒙古草原的传统游牧经济及游牧生产方式的存在与发展。樊如森曾就此指出："草原地区超载放牧的出现，是在清中后期以后，在中外商人和当地牧民的共同努力下，绥远畜牧业经济的市场化程度得到了很大提高，……所以，在当时只

---

① ［俄］阿·马·波兹德涅耶夫：《蒙古及蒙古人》第二卷，张梦玲、郑德林、卢龙、孟素荣、刘明汉译，内蒙古人民出版社1983年版，第526页。

② 胡太才：《侦蒙记》，1913年版，远方出版社2007年点校版，第142页。

能依靠增加牲畜头数才能提高畜牧业产量和产值的生产技术条件下，牧民们只能依靠增加单位草场的载畜量，才能获取更大的经济收益，这就会使草原出现一定程度的超载现象。"[1] 可以发现，城市化及商业的高度发展增加了游牧民族通过增加牲畜的生产量以获取利益的意识，也因此而导致其改变以往传统游牧生产方式，从而加大了对自然环境的掠夺，出现超载放牧及在固定区域定牧等游牧生产与生活。

但值得注意的是，蒙地社会由游牧走向定居的变迁也导致草原上人口数量持续增长，尤其是定居人口的大量出现。人口增多势必会导致人类活动对当地生态系统产生更多的消极影响，某些时候，这些影响会超出自然环境的承载能力，一旦这些超出环境承载能力的影响累积到自然环境难以承受的程度，也就会引起自然环境的质的变化，环境问题日趋严重。与此同时，随着人类社会生产力水平的提高，技术因素也极易加重人类对生态系统的破坏性影响，导致生态系统变化（尤其是向恶化方向变迁）速度加剧，所造成的影响也远远超出了人类在没有先进技术条件下所产生的影响。[2] 因此，蒙地游牧社会变迁造成的环境代价以及对游牧生产方式变迁及衰落造成的影响都是不可小觑的。

综合而言，由于明清以来蒙地游牧社会变迁导致当地以农业生产为主的定居聚居地开始大量出现，直接导致当地的部分游牧人开始逐渐摒弃传统的游牧生产及生活，转而开始走向定居式的农业生产与生活，这也使得游牧生产方式缺乏必要的生存土壤，进而导致其在这一阶段开始出现变迁并走向衰落。

三　民族交融对游牧生产方式变迁及衰落的影响

明清以来蒙汉民族之间的交流与融合对游牧生产方式走向变迁及衰落的影响主要体现在以下三方面。第一，从中原王朝的角度来看，在中原王朝与草原蒙古族政权的势力对比中，明清两代王朝在多数时候都表现出较

---

[1] 樊如森：《清代以来北方农牧交错地区的经济发展与环境变迁》，载安介生、邱仲麟主编《边界、边地与边民——明清时期北方边塞地区部族分布与地理生态基础研究》，齐鲁书社2009年版，第227页。

[2] ［美］J.唐纳德·休斯：《世界环境史：人类在地球生命中的角色转变》，赵长凤、王宁、张爱萍译，电子工业出版社2004年版，第9页。

第三章　明清以来游牧生产方式的衰落及变迁

大的优势，因而在边地及蒙古草原部分区域推行移民及屯田能够实现，这也增加了双方过渡地带及部分蒙地农业因素的出现。第二，从草原游牧民族蒙古族的角度来看，明代以来蒙古游牧民族对农业的依赖程度有所增强，农业在一定程度上成为蒙古族必不可少的附庸经济，与蒙人生活大有裨益，蒙地也依赖一定的农业生产与农业人口维持其生存及满足他们的物欲需求。第三，从双方之间关系变化的角度来看，明清以来草原蒙古族与中原王朝之间对立趋势弱化，统一和谐共存的倾向明显增强，明蒙之间冲突虽时有发生，但大规模的战争却很少出现，多是中原王朝防御蒙古游牧部落南下侵扰，但这并不表明明代没有北上侵扰蒙古游牧部落；[1] 到了清代，随着清朝对蒙古诸部的征服，将蒙地纳入统治区，尤其是平定准噶尔叛乱之后，更是创造了长久的和谐局面。以及在蒙地推行了移民及土地垦种、盟旗制度、黄教政策，都增加了农牧民族之间的深度交融。因此，明清两代出现了农牧民族之间深层的民族交融也进一步影响了游牧生产方式的利用。

　　明朝成立后，明蒙之间以长城为界形成了严峻的对立形势。明朝通过大修长城作为防御蒙古诸部南下侵扰的地理屏障，且为历朝对长城修葺最勤修筑历史最长者。若从洪武二年（1369）徐达修居庸关开始算起，至万历三年（1575）戚继光在蓟辽边外修筑墩台为止，明代修筑长城时间约二百年，其间各守边将领也多次对长城进行修筑或修缮。明代长城是个十分浩大的工程，西起嘉峪关，东抵鸭绿江畔，绵延一万余里。为加强军事防御，明廷将这一万多里长城分属于九个边镇统辖。[2] 明朝也通过"烧荒"等方式防御蒙古诸部南下侵扰，顾炎武指出："翰林院编修徐珵，亦请每

---

[1] 据《土默特志》所载：明朝从15世纪中叶开始，对蒙古各部实行了"烧荒、捣巢、赶马"等政策，到嘉靖年间，对土默特部更加强化了这一政策。其中尤以"烧荒"政策的利用最为普遍，"烧荒"即在草枯之时派遣军卒烧毁牧场。宣大总督王之诰说："烧荒不早不远无以挖虏，宜及秋深草枯时，督卒出塞五百里之外，分道并力。""捣巢"，即由将帅率兵深入牧区，"或打其营帐，或屠其老少，或夺其牛马，或剿其零骑"。"赶马"则主要由沿边官长豢养的游击家丁进行。如1543年（嘉靖二十二），宣大总督翟鹏差千户火力赤率家丁卢大祥等300余人，至丰州城（今白塔一带），杀20余人，夺器物及马千余匹。再如1560年（嘉靖三十九）三月至七月，大同总兵刘汉两次率兵杀土默特部众110余人，夺马、牛、骆驼近300匹（只），掳70余人，焚宫殿居室无数。见土默特左旗《土默特志》编纂委员会编《土默特志》（上卷）第五章《政治志》，内蒙古人民出版社1997年版，第327—328页。

[2] 张小永：《明代河套地区汉蒙关系研究》，博士学位论文，陕西师范大学，2015年，第85页。

年九月尽敕坐营将官巡边，分为三路：一出宣府抵赤城、独石，一出大同抵万全，一出山海抵辽东。各出塞三五百里，烧荒哨瞭。如遇边寇出没，即相机剿杀。此先朝烧荒旧制，诚守边之良法也。"① 如陕北与河套一带严峻对立形势，并修筑边墙②防御蒙人的侵扰，《陕西通志》有如下记载：

> 皇明洪武初，拨绥德卫千户刘宠屯榆林庄，庄北由河套直至黄河，千有余里。正统中，虏入河套扰边，特敕右府都督王祯镇守，始奏筑榆林城及沿边塞、堡、墩、台以控制之。成化七年，巡抚王锐奏置榆林卫。八年，巡抚余子俊奏筑大边城，东自延绥黄甫川，北距河，西至宁夏红山堡，下至黄河四十里。弘治间，总制秦纮筑二边城，北为河套，东自黄甫川，南距河，西过乾涧，又西过徐斌水，又西过青沙岘，又西过靖虏卫，又西北至花儿岔。乃后大边城西红山、横城堡侧虏数入，总制杨一清西距河，东接大边筑新城，凡四十余里。后大边城内清水至定边营一带，虏复数入，总制王琼南距乾涧、乾沟，北过定边，又西过花马池北，又西过兴武营，北接新边城，筑二百三十余里。后花马、定边营所地碱城恶，虏复数入，总制唐龙（中）改筑城四十余里。后乾涧、乾沟虏复数入，总制刘天和北起乾沟，南过乾涧，接二边，筑六十余里，总三百里许，号新大边城。③

由上述可见，明朝通过修筑长城及烧荒等方式与蒙古诸部之间严格对立，"北部边疆防御体系的建立，从根本上遏制了北方蒙古族整体上向南推进的可能性"。④ 这一时期相对安定局面的出现对"南线"土地垦种及村落形成发挥了重要作用，《山西通志》对明代屯田规定及政策变迁有如下记载：

---

① （明）顾炎武：《日知录》卷二十九《烧荒》，载严文儒、戴扬本点校《顾炎武全集》（第19册），上海古籍出版社2012年点校版，第1111页。

② 河套地区边墙有大边墙和二边墙两道，二边墙之间距离随地段不同有所差异，相距10—30里不等。参见韩昭庆《明代毛乌素沙地变迁及其与周边地区垦殖的关系》，《中国社会科学》2003年第5期。

③ （明）赵延瑞修，（明）马理、（明）吕柟纂，董健桥等校注：嘉靖《陕西通志》卷之十《土地十》，三秦出版社2006年点校版，第467页。

④ 安介生：《山西移民史》，山西人民出版社1999年版，第357页。

> 洪武初，命诸将分屯于龙江等处，后设各卫所，创制屯田，以都司统摄。每军种田五十亩为一分，间亦有多寡不等者。军士三分守城，七分屯种。又分二八、四六、一九、中半等例。又令少壮者守城，老弱者屯种。凡屯粮折征，每军田一分，正粮十五石，收贮屯仓，听本军支用。余粮十二石，给本卫官军俸粮。①

明政府根据边地士兵年龄分布及身体状况合理安排工作，在边地屯田收获之粮食不仅可以满足戍边士兵生存所需，同时也为国家积蓄了粮食，其取得的实际效果较为显著。永乐年间明朝对边地屯田又做出了新调整，如下所述：

> 永乐间更定屯田则例，凡所收子粒多寡不等，除下年种子外，俱照每军岁用十二石正粮为法比较，将剩余并不敷子粒数目通行计算，定为赏罚。如有稻、谷、粟、蜀、秋、大麦、荞麦等项粗种，俱依数折算细粮。如有余剩，不分多寡，听各该旗军自收。不许管屯官员人等，巧立各色，因而取用。又诏屯田余粮，免其一半，止纳六石。又太宗皇帝圣训，听令各屯原额抛荒及空闲地土，不拘土客、官民、军舍，尽力开垦，永不起科。②

终明一代，明朝没有终止在长城（即"南线"）地区开展农业生产，导致明长城沿线出现"即山之悬崖峭壁，无尺寸不垦"③的农业景观。《卢龙塞略》记述道："各置屯田，以五十亩为一分，七分屯种，三分守城，受田之制以五十亩为中也，此军屯之始"；再看屯法，"括军余丁壮耕近塞田实边，峙隙则讲武，视民饷省费不啻倍蓰"。④ 在长城沿线出现了

---

① （清）穆尔赛等修，（清）刘梅、（清）温敞纂，任根珠等点校：康熙《山西通志》卷之十一《屯田》，中华书局2014年点校版，第340页。
② （清）穆尔赛等修，（清）刘梅、（清）温敞纂，任根珠等点校：康熙《山西通志》卷之十一《屯田》，中华书局2014年点校版，第340页。
③ （明）庞尚鹏：《清理山西三关屯田疏》，载［明］陈子龙等编《明经世文编》卷359，中华书局1962年影印版，第3874页。
④ （明）郭造卿初撰，（明）郭应宠编纂：《卢龙塞略》卷之十四《考部·屯考》，载薄音湖、于默颖编辑点校《明代蒙古汉籍史料汇编》（第六辑），内蒙古大学出版社2009年版，第111页。

"国家九边之地，肥沃可种者，悉为屯田"①的壮阔局面，这也促进了清代以来该地区农田与村落出现及逐渐增多。

明长城沿线及以南的华北地区农田与村落在元明之际呈繁盛发展态势，尤其是明朝建立后，倍受蒙古族践踏的华北平原上人口与村落更加稀少。自朱元璋时期便开始积极鼓励向华北地区进行移民垦荒，永乐帝迁都北京后，更是进行了大规模移民以充实边地。②因此，元明易代为明长城沿线及毗邻地区移民、土地开垦及村落大量出现奠定了必要前提，并成为清代农田与村落的前期基础。

（一）明代蒙汉民族交融

前文已提及，明朝时蒙地出现移民及土地垦种的原因包括：晋陕等地严重的灾荒、不满明朝的黑暗统治、民间组织的白莲教起义失败者、俺达汗等劫掠汉人到蒙地等。③明朝的移民及土地垦种也在蒙地产生了一定影响，如土默特地区，出现"……乃曰板升，有众十余万，南至边墙，北至青山，东至威宁海，西至黄河岸，南北四百里，东西千余里。……，花柳蔬圃，与中国无异，各部长分统之"④的景象。

明代内地汉人移民已与部分蒙古人有所交流与融合，出现了与内地农耕区相类似的生活场面。就土默特川平原而言，明代形成并延存至今的村落有135处，分别为（以今日区划）：呼和浩特市郊区31处、和林格尔县8处、清水河县61处、土默特右旗1处、土默特左旗7处、托克托县17处、武川县10处。⑤此外，明代蒙古族在一定程度上已经开始接受并发展农业，明代板升聚落中也会饲养一些家畜，如"鸡豚鹅鸭皆其所无，惟板

---

① 谭其骧：《何以黄河在东汉以后会出现一个长期安流的局面——从历史上论证黄河中游的土地合理利用是消弭下游水害的决定性因素》，《学术月刊》1962年第2期。

② [美]杜赞奇：《文化、权力与国家：1900—1942年的华北农村》，王福明译，江苏人民出版社2003年版，"前言"部分，第7页。

③ 邢莉、邢旗：《内蒙古区域游牧文化的变迁》，中国社会科学出版社2013年版，第96—97页。

④ （明）顾祖禹：《读史方舆纪要》卷四十四《大同府·青山》，贺次君、施和金点校，中华书局2005年版，第2006页。

⑤ 参见内蒙古自治区地名委员会办公室编《内蒙古自治区地名志·乌兰察布盟分册》，内部刊印，1988年版，第348—366、437—454、465—482页。内蒙古自治区地名委员会办公室编《内蒙古自治区地名志·呼和浩特市地名志》，内部刊印，1985年版，第76—140、152—234、253—305页。

升诸夷稍有之野产之物"①。此外，蒙古地区农产品也是游牧社会生活中的必要消费品，如其衣食，"食兼黍谷，衣杂缣布"②。

但明代也只是蒙地农业发展的初期，也只是分布于局部地区。即使是板升农业较发达的土默特及毗邻地区，农业生产也较粗放，生活在这一区域的蒙古族对农业的接受程度也比较有限，如《北虏风俗》所载："但其耕种惟藉天，不藉人。春种秋敛，广种薄收，不能胼胝作劳，以倍其人。所谓耕而卤莽，亦卤莽报予者非耶？且也腴田沃壤，千里郁苍，厥草惟夭，厥木为乔，不似我塞以内，山童川涤，邈焉不毛也。"③ 在更广阔的蒙古草原上，明代蒙古族的绝大部分人口仍是处于"无定居，无定名；骋强力相雄长；弓骑剽为生业，亦无定业；狼心野性，故亦无定性。是故类族以领之，居方以别之"④ 的生存状态。

（二）清代蒙汉民族交融

清代口外移民呈现出"禁止—默许—支持"的过程。清朝初期在蒙地推行了较为严格的封禁蒙古政策。"蒙禁"政策的提出始于顺治时期。顺治初年，清政府提出"令各边口内旷地听兵治田，不得往垦口外牧地"⑤ 的禁令。到顺治十二年（1655），清政府再次颁布禁令，"题准各边口内旷土，听兵垦种，不得往口外开垦牧地"⑥。并划定隔离地带，即"我朝设立中外疆域，于各县边墙口外直北禁留地五十里，作为中国之界"⑦。根据《蒙古民族通史》中的归纳，可分为人口、地域与资源封禁三个方面，具体如下：

---

① （明）萧大亨：《北虏风俗·食用》，载薄音湖、王雄点校《明代蒙古汉籍史料汇编》第二辑，内蒙古大学出版社2000年版，第249页。
② （明）苏志皋：《译语》，载薄音湖、王雄点校《明代蒙古汉籍史料汇编》第一辑，内蒙古大学出版社1994年版，第225页。
③ （明）萧大亨：《北虏风俗·耕猎》，载薄音湖、王雄点校《明代蒙古汉籍史料汇编》第二辑，内蒙古大学出版社2000年版，第245页。
④ （明）张雨：《边政考（节录）》，载薄音湖、王雄点校《明代蒙古汉籍史料汇编》第一辑，内蒙古大学出版社1994年版，第183页。
⑤ （清）赵尔巽：《清史稿》卷一百二十《食货一》，中华书局1977年标点本，第3479页。
⑥ 光绪朝《钦定大清会典事例》卷一百六十六《户部·田赋·开垦》，载（清）昆冈等编《大清会典》第9册，光绪二十五年刻本，新文丰出版公司1976年影印本，第7269页。
⑦ （清）李熙龄纂修，马少甫点校：《榆林府志》（上册）卷三《舆地志·疆界·边界》，道光二十二年增刻本，上海古籍出版社2014年点校版，第56页。

人口封禁：

第一，不准内地农民私入蒙地垦种。

第二，不准内地商人随意到蒙古地区经商贸易。

第三，不准内地人携眷进入蒙古地区，不得在蒙地盖屋造房，不得定居、娶蒙古妇女为妻、取蒙古名字、入蒙古籍。

第四，不准蒙古人随意往来内地。

第五，不准蒙古人拐卖、容留和招致内地农民。

第六，不准蒙古各旗互相买卖及馈送属下人丁，严禁互留逃人。

第七，不准各旗蒙古人私行往来，私行联姻和贸易。

第八，严禁隐匿盗贼。

地域封禁：

第一，严禁私垦牧地。

第二，严禁各旗越界游牧、畋猎。

第三，严禁在牧地放火。

第四，蒙古与俄国之间不得随意贸易，须按照清廷规定，进行交易。

资源封禁：

第一，严禁私自采伐树木。

第二，封禁各处矿藏，禁止私自开采。

第三，除日常生活所需金属器皿外，严禁把军器和其他铁器、金属携入蒙古。[①]

可以发现，清初内蒙古地区的封禁政策较为严格，所禁内容也比较全面，几乎涉及生产与生活的方方面面。

清朝虽制定了完备的"蒙禁"政策，但其实际开展情况及所取得的效果却并不如最初所设想的那样，也可以说基本上没有按照所制禁令有效推行，也没有按照规定对违反行为予以相应处罚。在这样的背景下，私入蒙地经商或土地垦种的收获比起所需付出的代价及担负的风险相比是十分可观的。因此，民间私自到口外进行土地开垦的行为在清朝

---

① 乌云毕力格、成崇德、张永江：《蒙古民族通史》第四卷，内蒙古大学出版社2002年版，第289—290页。

第三章 明清以来游牧生产方式的衰落及变迁

初期并未遭到严格禁止，初入蒙地的汉人也基本上是以垦荒种地为业。姚锡光也指出："夫新开之地，无不先从农业入手为第一著。盖必农业兴而后草莱辟，榛莽芟，于是人始有栖止之所，周行之道，烟户稍聚，工商诸业乃有所附丽。此自然不易之理。"[①] 到雍正时期，被垦土地已极为广阔。雍正二年（1724）时，怡亲王允祥等遵旨议覆都统世子弘升疏奏："丈量察哈尔右翼四旗地亩，共二万九千七百余顷，每年应征银十九万余两，请设满洲理事同知一员，驻扎北新庄地方，督管农民事务。设立满洲千总二员，催粮稽察。"[②] 清初也存在官方招垦，据宣大兴屯道佥事邢以忠呈称："该臣看得宣云地土素称砂债，广种薄收，而地土难与腹里并论也。屯本设处为艰，召种每苦不足，而屯本又不可与腹里并语也。"[③]

开垦土地的第一步是发展农业，而后则是人口的逐渐聚居并因经营土地而长期定居下来。虽然向蒙地移民在清初被严格限制，但是民间私自移民及清后期的政策性移民始终没有终止，大量移民及土地开垦也加速了蒙古草原上的蒙汉民族的交流与融合。如清末时的包头地区：

> 包头城乡居民所住之房屋，多半皆土坯之房屋，后高前低，一门两轩。室内皆设土炕，与灶相连，故冬日和暖，仅铺芦席，富者加以毡毯足矣，乃朔方居民避寒之法，妇孺非此不暖也。夏日则用粮灶炊爨，室中不热。农民则下田野工作，夜晚恒露宿以为常，以防绑票，故膝腿疼者十人而九，受风湿故也。且妇女多缠足者，气血不流通，且多嗜鸦片，故妇女之受与男子为 $1/2$ 之比，五十岁者绝少，三四十岁者即居少数矣。可见常识缺乏，不讲卫生。居家多不洁净，空气亦不流通；且多人聚居一室，甚至父媳、兄妹、母子均可同炕而寝，在内地为绝无之事。市城之院内，房东有喂养猪、羊、鸡、狗者，不施以圈栅锁禁，任其自由出入，粪污满院，扰害住户，侵及四邻，殊属

[①]（清）姚锡光：《续呈实边条议以固北圉说帖（光绪三十一年八月上练兵处王大臣）》，载（清）姚锡光《筹蒙刍议》，光绪三十四年铅印本，远方出版社2008年版，第27页。

[②]《清世宗实录》卷二十二，雍正二年四月甲寅条，载中国第一历史档案馆等《清实录》第7册，中华书局1986年版，第355页。

[③]《宣大总督马鸣佩题宣大地多砂破屯租万难一律事本（顺治十一年五月二十八日）》，载方裕谨《顺治年间有关垦荒劝耕的题奏本章》，《历史档案》1981年第2期。

不合，应改良者二也。①

　　包市为西北都会，侨居者多，土著甚少。因古无村落，五方之人聚处于此，春来秋往，原属流动性，故以行旅为习惯。寄居日久，始筑家室，然春日下乡，秋日回城，仍存昔日之风。试查包市之户口，冬日必较夏日多也。况农户以外，即为商户，往来贩运，视为当然，道路奔驰，养成习惯；且携眷者少，孤身者多，既乏室家，终年羁旅，以派班回家为商号之惯例，故不以行路为苦，恒以为最乐之事也。②

由上述可见，移民及土地开垦导致蒙地社会发生变迁，尤其是蒙汉融合社会形态的形成，这也是两种社会形态碰撞与交融后出现的新社会形态。

虽然清初限制内地人进入蒙地，但"由于内地农民受压迫而大量逃亡口外，蒙古王公又乐于接收逃来的汉民进行开垦土地以取得押荒银和岁租，加上清廷对准噶尔用兵亟须就近解决军粮供应，为此在西部内蒙古组织了大规模的官垦"③。内地民人受压迫而大量逃亡口外的情况也时有发生，加上清政府屡次对准噶尔用兵亟须就近解决军粮供应而在西部内蒙古组织大规模官垦（包括军队屯垦、政府组织招垦和政府批准的蒙旗招垦等），所以，到蒙地垦殖的汉民大大超出限令之外且越来越多。④根据民国时蒙思明的考察，在地方上，蒙古王公为了获取必要的粮食及丰厚的资金，也在灌溉条件较好的土默特川平原（俗称"前套"）和包头以西地区（俗称"后套"）私自招募内地汉人垦殖。⑤此外，清中后期出现了人口大爆炸，1700—1800年的人口从1亿多人增至4亿人。⑥就陕西而言，以雍正十三年（1735）为界，"陕北地区人口密度1.68—4.97人/平方千米"，而到嘉庆二十五年（1820）时，"人口密度已经增至20.59—46.01人/平

---

① 孙斌纂，李晓秋点校，胡云晖审定：《包头市志》卷七《风俗志·居住》，1943年版，远方出版社2011年点校版，第205页。
② 孙斌纂，李晓秋点校，胡云晖审定：《包头市志》卷七《风俗志·行旅》，1943年版，远方出版社2011年点校版，第206页。
③ 况浩林：《评说清代内蒙古地区垦殖的得失》，《民族研究》1985年第1期。
④ 况浩林：《评说清代内蒙古地区垦殖的得失》，《民族研究》1985年第1期。
⑤ 蒙思明：《河套农垦水利开发的沿革》，《禹贡》1936年第6卷第5期。
⑥ [美]李中清：《中国历史人口制度：清代人口行为及其意义》，载李中清、郭松义主编《清代皇族人口行为和社会环境》，北京大学出版社1994年版，第1页。

第三章 明清以来游牧生产方式的衰落及变迁

方千米"①。可以发现，短短的百年间，仅陕北地区的人口就出现了如此快速的增长，在耕地有限且又灾害多发时期，通过疏散过剩人口到内蒙古等边外人口稀少地区则成了首选良策。此外，人地矛盾的缓解也得益于可耕地面积的增加，这也刺激了内地人口向地广人稀的边地移动。为了养活庞大的人口，清廷也采取了移民宽乡的策略，向口外大规模移民。

移民到蒙地草原也成为清政府与各级地方政府的重要任务之一，这也加速了边地土地开发。大量移民进入蒙地加速了蒙汉之间的交流及融合，导致清末民初之时的内蒙古东三盟从事农业生产的蒙古人有几十万之多。②再如汉族移民到来后的归化土默特二旗，两地农牧业用地面积为75048顷，牧场仅14268顷，其余均为农田，占4/5。③值得注意的是，清代蒙地出现的大规模移民及土地开垦并不表明当地的游牧经济已完全被农业取代，如移民及土地开垦程度较深的绥远地区，清代以来绥远大部分土地已被垦为耕地，但所饲养牲畜数量也不在少数，在如此地区民人之日常生产与生活之状况，具体如《绥远通志稿》所载：

> 至本省居民，其初口外也，多为晋北农人，租种蒙地垦荒而外，又多营养牛副业，亦有以孳生羊支为主要，而辅之以农业者。耕牧最早之地，为今归、萨、和、托各县，当时土广人稀，水草平滩，所在皆是，最宜牲畜，且较农事省工利厚而足以赡身家，于是因利乘便，多则百数十只、少或至数只、量力购牧，反复蕃滋，隔年出售，留羔长养，俗谓之存羊，经营多年，往往赖此起家，故土人在昔年农村中，稍有积蓄者，类多为存羊之家，而所谓农业者，即使食用有余，亦每年因年丰粮价甚贱，难获厚利。必遇歉岁，存粮者始可居积以取赢，然此皆大户致富之术，非小农之所敢望也。若小农则年非藉数羊或十数羊之售价，不足以宽裕其生活，盖小农所种旱地，收量有限，每年就草场之便，带牧羊只，其事固易为也。④

---

① 耿占军：《清代陕西农业地理研究》，西北大学出版社1997年版，第28—34页。
② 刘景岚：《西辽河蒙地开发与社会变迁研究》，华文出版社2001年版，第181页。
③ 沈斌华：《内蒙古经济发展札记》，内蒙古人民出版社1982年版，第113页。
④ 绥远通志馆编纂：《绥远通志稿》（第三册）卷二十一《牧业》，民国二十六年版，内蒙古人民出版社2007年点校版，第203页。

上编　游牧生产方式溯源及发展阶段

由上述可见，商业的发展导致市场对畜产品的需求增大，从而带动了清代内蒙古地区畜牧业的繁荣，这也导致当地聚居人口的逐渐增多及超载放牧现象的出现。然而绥远地区农牧业生产并存、蒙汉民族之间的和谐生活画面也体现出此时期民族融合的变迁趋势。

可以发现，随着大量汉族移民进入内蒙古草原，蒙汉之间的交流与融合逐步加强，游牧民族蒙古族自身也随之发生了深刻变迁，如清末吴禄贞考察蒙古地区后的记述：

> 蒙人本系图腾社会，沿边墙一带，汉人出关开垦日多，蒙人习见，遂知出租之利少，自种之利多，乃由牲畜时代进为耕种时代。如近设郡县各旗，皆农重于牧，操作一如汉人，但坚忍耐劳之性为稍逊耳。若有余地，则招佃（耪）青；至中等家，食则不自劳矣。其附近郡县各旗，老哈河以南农牧并重，惟所种漫撒子地不耕不锄，不加肥料，岁一易地，用力綦少，收获转丰，亦因蒙旗地广人稀，牛马粪料、草根腐叶，积久生肥，化瘠土为沃壤，况三四年始行耕种，地力不尽，收获自易。新垦之地，尤为美产。①

蒙汉杂居也导致汉蒙之间的冲突增多，如《归绥道志》所载："口外五方，杂处客民，刁野成俗，细微事故，轻起讼端。"② 但蒙汉之间冲突并没有阻挡双方之间的融合，蒙汉之间民族交流融合的直接体现在蒙古草原地区由典型游牧区向农牧交错带的过渡。在移民及土地开垦的影响下，清代农牧交错带范围大幅度向北拓展，韩茂莉对此指出：到了清朝末年，不仅仅是大凌河至西拉木伦河这一传统的半农半牧区被广泛开垦为农田，吉林及黑龙江等地也在移民浪潮的推动下遭到开垦，农牧交错带循着阴山转向大兴安岭东麓，此线以东、以南地区基本上是以农为主。③ 但根据前文所述清代科布多、乌里雅苏台及土谢图汗等部出现农业生产的记述可以发现，农牧交错带的北界似乎又不止于阴山及至大兴安岭以下，可能会更偏

---

① （清）吴禄贞：《东四盟蒙古实纪》（光绪三十二年四月至七月），载《内蒙古历史文献丛书》之四《筹蒙刍议》，远方出版社2008年版，第192页。
② （清）贻谷等修，（清）高赓恩纂：《归绥道志》（中册）卷二十一《风土·习俗》，光绪三十三年版，远方出版社2007年影印版，第654页。
③ 韩茂莉：《中国历史农业地理》下册，北京大学出版社2012年版，第844—849页。

北分布。农牧交错带在清代蒙古草原上的拓展，则预示着农牧经济及农牧民族之间的碰撞与交融。根据韩茂莉的整理，北方农牧交错带的经济文化环境特征如表3-5所整理。

表3-5 中国北方农牧交错带自然地理特征概述

类型	表现
气候	大致沿400mm等降水量线分布，其西、北两侧降水量为300—400mm，东、南两侧降水量为400—450mm。东部地区属温暖带亚湿润区，西部地区属中温带亚湿润、亚干旱区。年际降水量变化较大，如部分旗县丰雨年降水量可达500—600mm，干旱年份却低于250mm，有时甚至不足100mm。年蒸发量达1600—2500mm。受东亚季风气候强烈影响，这一区域气候条件变得十分不稳定，形成了降水时间分布不均匀、多暴雨、降水量少而变率大、年内旱期长及多风等气候特点。这些气候因素成为本带土地荒漠化的重要自然驱动力。
地貌	处于第二级台阶的边缘带上，带内地貌类型多样且差异显著，如位于最北端的呼伦贝尔地区海拔在650—750m之间，向南至科尔沁沙地的海拔在200—700m之间，向西至河北坝上的海拔在1300—1800m之间。在东部平原与西部高原之间的山脉（由北向南）分布为大兴安岭南端、燕山山脉、太行山脉和吕梁山脉，这种特殊的地貌格局是引发水土流失、土地荒漠化和盐渍化的位能条件，同时地表脆弱的物质基础又为土地沙化、盐渍化等提供了必要的条件。
土壤	带内土壤类型可分为黄土覆盖区、沙质覆盖区和黏土覆盖区三个大的区域，另外还有零星的棕钙土和栗钙土分布。东部平原地区主要是棕壤、褐土，西部高原地区主要是黑钙土、栗钙土、黑垆土，有些地区也分布有风沙土、盐碱土等。
植被	气候的东西差异形成了植被的水平地带性分布规律，植被从东向西形成典型草甸草原—草原—荒漠草原的过渡特点。不同的草原类型生长着不同种类的牧草，但因人为的强烈干预，大部分地区植被出现严重退化，原生植被（疏林及草地）已多被次生的沙生植被代替。
水文	带内水资源在地区、时程等分布上很不均匀，且与人口和耕地的分布不相适应，流域面积在1000km^{2}以上的河流有70多条，流域面积在300km^{2}以上的有258条。在地域分布上，东部地区黑龙江流域人均占水量大，中西部地区的西辽河、海滦河、黄河3个流域除黄河沿岸可利用部分过境水外，大部分地区水资源紧缺，黄河由南向北环绕鄂尔多斯高原形成一个马蹄形。

资料来源：高吉喜、吕世海、刘军会等《中国生态交错带》，中国环境科学出版社2009年版，第104—110页。本表格对原文内容有所调整。

因此，蒙汉之间的融合也加速了农业在内蒙古草原上的推广及对游牧草原地区的逐渐占据，农业的发展（尤其是土地垦种范围的扩大）也进一步促进了蒙汉民族之间的交流与融合，如色音所言："蒙地放垦后，相当多的蒙古人抛弃了游牧生活方式，而转到经营定居的农业。内蒙古地区垦殖农业发展，使一部分蒙民，从原先单一粗放的游牧业生产中分离出来，逐渐转变为'有事南亩'的半牧半农的定居民。"[①]《归绥道志》对清代内蒙古草原游牧社会生活记述道："蒙民杂处，勤力耕牧。"[②]且"由于放垦蒙地，一批批汉族农民像潮水一样涌入内蒙古地区。汉人的大量流入和耕地面积的日益扩大，使内蒙古社会的政治、经济发生了重大变化。这些变化引起了放垦区蒙古族人民在生产、生活和风俗习惯方面的一系列重大变化"[③]。这些变化也直接体现出蒙汉民族之间的交融，直接导致了明清以来尤其是清代游牧生产方式出现变迁及衰落。

[①] 色音：《蒙古游牧社会的变迁》，内蒙古人民出版社1998年版，第113页。
[②] （清）贻谷等修，（清）高赓恩纂：《归绥道志》（中册）卷二十一《风土·习俗》，光绪三十三年版，远方出版社2007年影印版，第654页。
[③] 色音：《蒙古游牧社会的变迁》，内蒙古人民出版社1998年版，第117页。

中 编

游牧生产方式之生态价值

人是自然环境的产物，无论人类的生存还是发展延续，都势必受到自然环境的制约与影响。纵观整个地球自然环境发展变迁的各个历史时期，横览地球上的任何角落，大到亿万人口的都市，小到仅有数人的聚落，所有的人都是生存在一个生态群落之中，并赖以生态群落而生存。各生命之间是相互关联的，人类无法与其他生命隔离而存在，是要依靠生态系统中极复杂而又密切联系的各种生物来维持生命的延续。自然环境的优劣在很大程度上影响着人类的生存与发展延续，早期人类受制于生产力水平较低及交通不便等诸多因素的限制，更是趋向于自然环境优渥之地。历史时期（尤其是清代以前），包括内蒙古草原在内的整个北方草原并未出现今日这样严峻的环境问题，这也得益于草原先民们选择了适当的人与草原自然环境的相处模式。通过考察游牧民族对自然环境的开发利用方式及造成的环境影响，可以发现，游牧生产方式是游牧民族开发利用自然环境的基本环节。建立在此生产方式的基础上，游牧民族探索出了"逐水草而居之"的生活方式及"游动"的生存状态，这也是实现草原自然环境与人类社会协调发展的关键所在。游牧生产方式是以蒙古族为代表的北方草原诸游牧民族，在长期生产实践活动中形成的经典生产方式。遵循自然是游牧生产方式的前提基础，这一方式是游牧民族应对气候变化与草原生物生存特性规律的精准认识与适当抉择，是对灾害应对与草原生态整体和谐的全面系统获悉与把握，是对植被脆弱与生态恢复重建危机化解的深刻理解与洞察，这些都体现出游牧生产方式的较高生态价值。因此，游牧生产方式既是对草原生态资源的合理开发利用与积极修复保护，同时也维持了历史时期诸草原游牧民族的生存延续。游牧经济通过游牧生产方式得以实现，并以最小资源消耗获得最佳经济效益和生态效益。因而游牧生产方式体现出较高的生态价值，其生态价值及经验也是值得讨论并值得在当代环境保护及环境问题治理工作中吸收借鉴的。

第四章　游牧生产方式对草原土地资源的生态利用

草原是地球的重要生态区域类型之一，对地球自然环境的维护发挥着重要作用。内蒙古草原是欧亚草原带的一个重要亚带，更是中国北方的生态屏障。"游而牧之"是历史时期整个蒙古草原地区的主要生产方式和生存状态，在此基础上出现了蒙古草原上各游牧民族的文化形态。同农业一样，"游牧也是人类历史上的一种重要生活类型"[①]。游牧文明与农耕文明都是人类通过自身劳动作用于自然环境而创造的文明形态，然而在作用过程中的不同土地利用方式却导致出现了不同的生态效应。相比而言，游牧民族的土地利用方式更具生态价值，也更符合草原地区自然环境与气候条件的特殊性。但历史记述却往往扭曲了历史的真实，农耕民族记述历史的传统古已有之，然而所记述之历史往往是"美化自己，丑化别人。使后人对游牧人的物质和精神生活产生了相当的错觉，甚至希罗多德和司马迁都在所难免"[②]。人类社会的发展是人与自然环境相互作用、相互选择、相互适应的结果，人的生存离不开其所依托的土地，无论是游牧文明或是农耕文明，都是人在其生存所依托的土地上创造的文化范式。游牧民族的土地利用主要体现在游牧生产方式上，以及建立在游牧生产方式基础上的"游而居之"的生活方式与"游而存之"的生存方式。且在与草原自然环境相互作用、相互影响的运动过程中，游牧民族恰如其分地认识到了其与土地之间的相依存关系，在合理的土地利用方式基础上，实现了游牧民族与土地之间的和谐相处。建立在如此适合草原自然环境特征基础上的土地利用

[①] ［日］松厚正毅：《游牧世界》，杨海英审译，赛音朝格图译，民族出版社2002年版，第4页。

[②] 项英杰：《中亚：马背上的民族》，浙江人民出版社1993年版，第2页。

方式，构筑起了人与自然环境和谐共生的生态生存空间，这对当下草原自然环境保护、环境问题治理及生态文明建设等具有重要的生态启示与借鉴意义。

第一节 游牧民族土地利用方式的解读

人类社会自诞生以来便与土地密不可分，生存与繁衍都在土地之上，劳动是人与土地之间关系的纽带，诚如马克思所说："整个所谓的世界历史不外乎是人通过人的劳动而诞生的过程。"[①] 通过劳动，人与土地之间发生关系，人地关系的相互作用也催生了人类文明的出现与发展。且人是有意识的存在，在与土地的相互作用过程中形成并发展了人对土地的认识及人地关系的辩证思考。游牧民族是草原自然环境中人地关系的运作者，其土地利用方式也决定了草原自然环境的存在方式及发展状况。游牧民族在与草原自然环境的作用过程中，逐渐形成了对草原自然环境与气候特征较为清晰的认识，摸索出适宜草原自然环境与气候特征及符合人类与草原自然环境和谐共生及永续发展的相处模式，也即通过游而牧之的生产方式、游而居之的生活方式、游而存之的生存方式，实现了历史时期人类生存发展与草原生态平衡的维护。

一 "游而牧之"的生产方式

游而牧之的生产方式是"游牧经济"的集中表现与基本环节，"游牧"仅是牲畜的一种生活状态，而"迁徙"则是此种牲畜生活的重点，特别是随着牲畜追逐水草生长衰亡的足迹而将整个家搬来挪去的形态。[②] 因此，游牧生产方式是一种非固定的生产活动状态，是一种动态的存在。游牧文化也是一种"行文化"，文化中的物质建设和观念形成都是围绕着"行"来完成的。游牧民族的"行—流动"模式避免了集中于某地进行生产而对自然环境的过度索取，同时，通过游牧生产方式开展生产活动可以多地

---

① 《马克思恩格斯全集》第42卷，中共中央马克思恩格斯列宁斯大林著作编译局编译，人民出版社1979年版，第19页。

② ［日］杉山正明：《游牧民的世界史》，黄美蓉译，中华工商联合出版社2016年版，第11页。

区、多方面地获得生存所需的物质能量。在人类、牲畜及草原自然环境之间形成一种巧妙的动态平衡状态。

这种"行—流动"的模式在游牧民族的生产活动中体现为游而牧之的生产方式，体现在牲畜"逐水草"而规律性的迁徙，即"轮牧"，这也是清代以前北方草原绝大部分地区各游牧民族较多采用的生产方式。清代盟旗制度则将游牧范围限定于旗内或是旗内更小的区域内，违背了草原自然环境的自然节律。清代以前，北方草原上的各游牧部落在其所属的领地内进行有规律的季节性移动游牧，一般在每年的5月或11月前后，牧民驱赶着畜群向夏季牧场或冬季牧场移动。同一季节中，牧民也不是长期居于一处，而是进行经常性的更换居住地点与牧场，这既满足了各类牲畜对不同牧草的采食需求，也实现了那些已被利用过的草原自然环境的自我修复。因此，汤因比认为"游牧是大草原上最有利的生产方式，既可以开发自然，又不至于将其变成不毛之地"[①]。可见，游牧生产方式是历史时期草原自然环境维护及草原地区人类生存发展最为恰当的选择。如包庆德所说：游牧生产方式有效地"恢复草场的再生产力，提升草原的生态效益……，为了保护草原自然环境，从而更好地保护生存环境，进而提高生活质量"[②]。游牧民族游牧生产方式是由草原地区极为脆弱的生态环境、多变与极端的气候条件及其自身修复能力较差等客观现实所决定的，游牧民族选择这一生产方式也是适应草原自然环境与气候条件特殊性的必然之举，也体现出人对草原自然环境与气候条件的正确认识与合理利用。

现阶段科学研究分析指出：人类的行为活动需要限制在自然环境的承受能力及自我修复能力范围内，这是不能僭越的基本底线。如方修琦等言：自然环境对人类的行为俱有制约作用，表现在它能承受人类开发利用的程度是有限度的，一旦人类的开发利用超过了这个限度，不仅会对自然系统造成伤害，而且会危及人类的长远发展。这也正是中国古人所提出的"竭泽而渔，岂不获得，而明年无鱼；焚薮而田，岂不获得，而明年无兽"

[①] ［英］阿诺尔德·汤因比：《人类与大地母亲》，徐波等译，上海人民出版社2001年版，第78页。

[②] 包庆德：《从生态哲学视界看游牧生态经济及其启示》，《自然辩证法研究》2005年第5期。

（《吕氏春秋·义赏》）的行为规范。① 因此，游牧民族选择的是非固定在某一区域内进行生产活动，而是随着自然、社会等因素的变化而进行有规律的移动。其所依托的是草原广阔区域，而非某一特定的、狭小的、世代相传的固定生活区，这也是符合草原自然环境特征及草原自然环境承载能力与自我修复能力的适当之举。

　　建立在此认识基础上，游牧民族更多的是对草原土地的直接利用，并非农耕区的那种先是各自私人占有基础上的改造性使用，但我们并非是否定农业文明对土地利用的合理性，而是在北方草原特殊自然环境下，游牧相比于农业更合理。游牧民族的土地利用也是保护性、合理性、计划性的利用，是暂时性利用与实现草原永续发展相结合的生态维护。游牧民族并非以长久占有草原为财富，对占据土地作为私人掌控财富的意识较为淡薄。以致清代蒙古族在草原上招垦或是出租转包时，他们对土地的占有观念淡薄，如克什克腾旗，蒙古人向经商和干手艺活的汉人出售土地时关注的"不是售地面积，而是买主的富裕程度，较富的人付一万文钱，穷人付四千文钱"②。可见，游牧民族并不以私人占有土地为目标，而是通过转换土地上的能量资源而为人类生存服务，是公共土地意识影响下的公用牧地文明，因而土地的长期存在及土地生态平衡的维护是其自然前提。所以，游牧民族的土地利用方式对游牧民族的生存发展及草原自然环境的有效维护至为关键，这也体现出游牧生产方式对草原自然环境与人类社会生存发展延续的合理性。

二　"游而居之"的生活方式

　　历史时期草原上各游牧民族的居住区并非农耕民族的固定式建筑或是固定区域的院落居址，而是随畜牧游动并迁徙，也是配合游牧生产方式而采用"游而居之"的生活方式。"行国随畜"③是对游牧民族随牲畜游牧

---

① 方修琦、萧凌波：《中国古代土地开发的环境认知基础和相关行为特征》，《陕西师范大学学报（哲学社会科学版）》2007年第5期。
② ［俄］阿·马·波兹德涅耶夫：《蒙古及蒙古人》第二卷，张梦玲、郑德林、卢龙、孟素荣、刘明汉译，内蒙古人民出版社2001年版，第291页。
③ "行国随畜"一词最早见于《史记》卷一百二十三《大宛列传》，据载：乌孙，在大宛东北可二千里。行国随畜。（正义：乌孙，本塞种，塞本释字，谓并姓释氏也。胡语讹转。案景祐本、黄善本、殿本皆提行。《汉书·西域传》："乌孙国，……本塞种也。"张骞传师古注："塞，西域国名。即佛经所谓释种者。塞、释声相近，本一姓耳。"即正义说所本。）

而移动的恰当形容,历史时期蒙古草原上固定建筑及定居聚落也少有出现,且能够长期延续存在下来的固定建筑聚落也很少。此外,游牧民族一般也不会定居在某一固定区域,而是配合游牧生产方式及游牧经济开展人类社会的各项生产与生活活动。冬季来临时,就会移居到较温暖的平原地区;夏季来临时,又会迁移到山区较凉爽的地方。[①] 其"游而居之"的生活方式是配合游牧生产方式而出现的,也是影响历史时期草原地区少有定居城市及聚落出现的一个主要原因,而草原地区特殊的自然环境与气候条件也决定了定居聚落在这里出现的不恰当,这也是历史时期草原地区生态环境未出现毁灭性破坏且得以有效维持的关键因素之一。

但到清代以来,蒙古草原上的城镇及村落等定居聚落开始大量出现,据统计,"到19世纪初期,以3000人为基准的蒙古城市共有13个,村镇108个,寺院居住点600多个"[②]。清代以来,随着大量移民涌入及土地开垦,内蒙古地区的村落数量及规模较之历史时期都出现了大幅度增长,并奠定了今日内蒙古地区村落基础。相对于陕北、晋北及冀北等地村落研究,内蒙古各地地方志资料相对缺乏,大部分地区直到清中后期及近代才出现几部地方志,难以支撑起对清代内蒙古地区村落的统计分析。时至今日,那些形成但又荒废的村落已难以寻觅踪迹,且清代长城以北地区形成过的村落因资料缺乏难以统计。鉴于早期资料缺乏,本书以20世纪80年代完成的《内蒙古自治区地名志》为基础,对那些形成于清代以来并一直存在至20世纪80年代的村落进行统计。除阿拉善盟、乌海市不计入统计外,其他十盟市村落参见表4-1。

表4-1 "内蒙古自治区地名志"所载村落分布统计

市/旗县	辖乡镇/苏木数量	自然村数量及形成时间分布							
		总数	形成于清及以前		形成于民国		形成于1949年后		形成时间不详	
			数量	占比%	数量	占比%	数量	占比%	数量	占比%
通辽市	191	2899	1408	48.6	1133	39.1	159	5.5	199	6.8

---

① [意] 马可·波罗:《马可·波罗游记》,陈开俊等译,福建科学技术出版社1981年版,第62页。
② 孛尔只斤·吉尔格勒:《游牧文明论》,内蒙古人民出版社2002年版,第29页。

中编　游牧生产方式之生态价值

续表

市/旗县	辖乡镇/苏木数量	总数	形成于清及以前		形成于民国		形成于1949年后		形成时间不详	
			数量	占比%	数量	占比%	数量	占比%	数量	占比%
伊克昭盟	134	6268	1414	22.6	3390	54.1	221	3.5	1243	19.8
呼伦贝尔市	162	2940	179	6.1	1508	51.3	1174	39.9	79	2.7
锡林郭勒盟	191	2092	140	6.7	791	37.8	1041	49.8	119	5.7
赤峰市	271	10937	3334	30.5	3605	33.0	3998	36.5		
兴安盟	81	2243	17	0.8	254	11.3	1882	83.9	90	4.0
包头市	63	2184	921	42.2	349	16.0	49	2.2	865	39.6
呼和浩特市	45	1114	961	86.3	12	1.1	17	1.5	124	11.1
乌兰察布市	281	12353	8557	69.3	2126	17.2	204	1.7	1466	11.8
巴彦淖尔市	120	4105	183	4.5	1460	35.6	34	0.8	2428	59.1
总计	1539	47135	17114	36.3	14628	31.0	8780	18.6	6613	14.1

资料来源：《内蒙古自治区地名志》以今内蒙古自治区12盟市为基础，在1982年地名普查基础上，参照《内蒙古自治区地名志编写大纲》并结合各盟市情况编纂成书。分别是《兴安盟分册》（1989年版）、《伊克昭盟分册》（1986年版）、《呼和浩特市地名志》（1985年版）、《锡林郭勒盟分册》（1987年版）、《赤峰市分册》（1987年版）、《包头市分册》（1985年版）、《哲里木盟分册》（1990年版）、《呼伦贝尔盟分册》（1990年版）、《乌海市分册》（1989年版）、《阿拉善盟分册》（1991年版）、《乌兰察布盟分册》（1988年版）、《巴彦淖尔市分册》（1987年版）。从自然条件上来说，阿拉善盟大部分地区已不属于农牧交错带，虽然当地也存在一定农牧业并存景观，但本书不将其列入统计。由于乌海为1976年巴彦淖尔盟乌达市与伊克昭盟海勃湾市合并组成，以城镇聚落为主，故也不纳入统计。由于12册地名志由各自盟市编写，编修体例与实际呈现内容也有一定差异，如《包头市分册》《呼和浩特市地名志》《哲里木盟分册》等册专门就各自然村形成时间及分布等做了详细介绍，但《兴安盟分册》《乌兰察布盟分册》《巴彦淖尔盟分册》等册多是介绍到"行政村"（或"嘎查"），并没有就行政村下的自然村数量及形成时间等进行介绍。

表4-1梳理了今内蒙古自治区十个盟市村落形成时间及地域分布情况，对于后期重新划分并入其他盟市的旗县仍遵照原书编修时的行政区划（如乌兰察布市所辖清水河县、和林格尔县及武川县等地后划入呼和浩特市管辖）。上述十盟市包括84个市/旗县、1539个乡镇/苏木、47135个村落/嘎查，其中有17114个村落形成于清代或清代以前，占总数36.3%；14628个村落形成于民国时期，占总数31.0%；8780个村落形成于1949年以来，占总数18.6%；6613个村落形成时间不明，占总数14.1%。这

第四章 游牧生产方式对草原土地资源的生态利用

一数据表明清代内蒙古地区形成的村落数量及所占比重在各个阶段均是最多，若将形成时间不明的村落分散至各不同时期，那么清代形成的村落数量及比重则更高，在40.0%上下。上述十个盟市中，呼和浩特市、乌兰察布市、通辽市、包头市等地在清代形成村落数量及所占比重最大；伊克昭盟、呼伦贝尔市等地民国时期形成村落数量及所占比重最大；锡林郭勒盟、兴安盟等地1949年以来形成村落数量及所占比重最大，村落形成的这一时空分布特征，也体现出清代以来移民及土地开垦的基本状况。

就各个盟市村落形成时间分布而言，清代形成村落17114个，占总数36.3%，依序各地形成于清代村落数量及占比分别是：呼和浩特市961个，占总数86.3%；乌兰察布市8557个，占总数69.3%；通辽市1408个，占总数48.6%；包头市921个，占总数42.2%；赤峰市3334个，占总数30.5%；伊克昭盟1414个，占总数22.6%；锡林郭勒盟140个，占总数6.7%；呼伦贝尔市179个，占总数6.1%；巴彦淖尔市183个，占总数4.5%；兴安盟17个，占总数0.8%。① 这一组数据表明，清代以来"北线"村落在东段通辽及赤峰一带、在中西段河套地区形成较多，较之东段而言，中西段②村落形成时间较早且村落数量也较大，约11853个，占总数54.1%，尤其是乌兰察布市形成于清代的村落数量8557个，占总数69.3%。

清末民初以来，随着放垦蒙地的广泛推行，"北线"各地农田、人口及村落大量增加。鸟居龙藏指出：清末以来，"县治盛行、奖励中国人移民政策，由南至北的中国人，源源不断，接踵而至，各安其所辟荒地，热心建设开垦。现今蒙古的农作耕种地，差不多都是中国人的锄头开出来的"。③ 如赤峰地区，清末民国时推行移民实边及放垦政策促进了农田与人口数量的快速增长，根据马戎统计，民初赤峰所辖阿鲁科尔沁旗及林东等地新开垦土地面积都在万顷以上。④ 土地开垦面积及移民数量的增加促进了村落的形成，赤峰地区形成于民国时期的村落约3605个，占总数

---

① 锡林郭勒盟、呼伦贝尔市、巴彦淖尔、兴安盟等地名志中并没详细就每处自然村形成时间进行介绍，故各地清代形成自然村数量应更高，但书中没有明确记述，故此数据有待完善。
② 将呼和浩特市、包头市、乌兰察布市及鄂尔多斯四地划入中西段。
③ [日]鸟居龙藏：《蒙古之今昔——一个三十年前后旅行的比较》，刘亦苹译，《边疆》1936年第1卷第3期。
④ 马戎：《人口迁移与族群交往：内蒙古赤峰调查》，社会科学文献出版社2015年版，第123—124页。

33.0%，这也表明赤峰地区村落约有1/3形成于民国时期，其他各盟市也不同程度存在此类情况，表4-1统计民国时期形成村落14628个，占总数31.0%，依序各地形成村落数量及占比分别是：伊克昭盟3390个，占总数54.1%；呼伦贝尔市1508个，占总数51.3%；通辽市1133个，占总数39.1%；锡林郭勒盟791个，占总数37.8%；巴彦淖尔市1460个，占总数35.6%；赤峰市3605个，占总数33.0%；乌兰察布市2126个，占总数17.2%；包头市349个，占总数16.0%；兴安盟254个，占总数11.3%；呼和浩特市12个，占总数1.1%。这一组数据表明，民国以来开发蒙地形成了大量村落，尤其是伊克昭盟及呼伦贝市形成的村落数量占本地区村落总数的一半以上。通辽市、赤峰市、伊克昭盟及乌兰察布市在清代就已形成了大量村落，但同样受清末民初放垦蒙地政策影响，又出现了许多新的村落，奠定了今日村落分布的地理空间格局基础。呼伦贝尔市、锡林郭勒盟等在清代多以畜牧业为主，村落多是受到清末民初放垦蒙地政策的影响而出现的，这些地区虽出现一些村落，但分布仍较稀疏，如民国时期锡林郭勒盟，仍是"一个纯蒙古民族的游牧地带……总人口52756人，汉商4618人，喇嘛僧占总人口28%，男人42%，有11020名，人口的密度是相当稀少的"。①

具体如归化土默特地区，根据清初清政府的规定："（归化城土默特地区）应征钱粮田地一万八百九顷余，将此照常著各自耕种者耕种，田内中间所有未垦荒田，经补授同知详查开垦，增征钱粮。种田汉人倘连妇孺一并携居，既生反乱，不准携带妇孺。除情愿于边外越冬居住者外，所余人等在秋收粮之后，督管进入边内，每年趁种田时出边播种，出入行走，验看钤同知关防证书准行。"② 但这也未能阻隔内地人外迁，土默特川平原在雍正时期便已出现了大量定居人口。雍正三年（1725），包头地区出现"内地商民赖此贸易者，在西水沟今城内西水沟搭帐房居住"③ 的局面。雍正十一年（1733），"官田自张家口至归化城七百余里，在山谷弯曲处俱耕种田地，民

---

① 宗丕城：《内蒙特约通讯——内蒙锡林郭勒盟旅行记》，《政治月刊》1944年第7卷第1期。
② 《巡察游牧等处兵部员外郎刘格奏报边外耕田等情形折（雍正十一年二月二十四日）》，载中国第一历史档案馆译编《雍正朝满文朱批奏折全译》下册，黄山书社1998年版，第2172页。
③ 孙斌纂，李晓秋点校，胡云晖审定：《包头市志》卷一《地方史·编年大事表》，远方出版社2011年版，第9页。

第四章　游牧生产方式对草原土地资源的生态利用

人建窑携妇孺一并居住，且无票证之人耕田居住者甚多。详细访查，自雍正五年（1727）著妇孺相继居住，每年增垦田亩耕种，准无票人等一并居住，种田时复雇工。逾规定法纪耕田，开烧锅、盗贼之事，仍有发生"①。

然而"游而居之"的生活方式一度被认为是落后的。但随着研究的深入，以及历史事实的不断证明也使人们越来越清楚地认识到"游牧是草原民族遵循自然规律，寻求可持续发展的结果"，"游而居之"的生活方式在古代生产力水平较低的情况下，是更适合于草原自然环境与气候条件的。诚如韩茂莉所言："逐水草而居，不仅包含着牲畜对牧场因时而动的选择，也包含了在不同时代背景下各类草场的利用特征。"②到了清后期，随着大规模移民与土地开垦，内蒙古地区以农业生产为主，定居聚落更是大量出现，如内蒙古东部地区，根据伪满实业部临时产业调查局的考察，内蒙古东部地区的村落形态为：

> 一个典型的拟城村落，不仅全体村民都居住在同一个围墙内，而且村内的打谷场、水井、育肥场也被圈在围墙以内，有的甚至连菜园子也在围墙之中。这种围墙与各个农家自筑的院墙不同，墙体高厚坚实，类似城墙，在门或要害部位筑有炮楼，具有很强的防护作用。肇州县的张家大围子屯、安达县的正四家子屯和科左中旗的郎布窝铺都属此类村落。张家大围子的围墙东西有330米，南北252米，高3.5米，在墙上的要害部位筑有炮楼。墙内村民们用矮墙分割成若干单位，聚族而居。墙外挖有深3米，宽3—4米的土壕。围墙东西各留一门，守卫工作由村民共同负担，每门两户，轮流守卫，日落闭门。③

前文介绍中已提及土地开垦及定居聚落对草原自然环境极易造成破坏性影响，因此，这种定居式的生产及生活方式是难以在蒙古草原上广泛推行的。相比之下，"游而居之"的生活方式是适应草原地区特殊自然环境与气候条件的合适举措，也可以说配合游牧生产方式而出现的"游而居

---

① 《巡察游牧等处兵部员外郎刘格奏报边外耕田等情形折（雍正十一年二月二十四日）》，载中国第一历史档案馆译编《雍正朝满文朱批奏折全译》下册，黄山书社1998年版，第2172—2173页。
② 韩茂莉：《历史时期草原民族游牧方式初探》，《中国经济史研究》2003年第4期。
③ 伪满实业部临时产业调查局：《农村社会生活篇——康德元年农村实态调查报告》，满洲图书株式会社，1938年版，第31页。

之"的生活方式是一大创举。蒙古高原上气候寒冷干燥、土壤贫瘠，草原自然环境一旦利用的稍有不当便易导致水土流失。

有鉴于此，游牧民族住宅的搭建，力图减小对环境的破坏。住宅多是依据游牧生产方式而进行的，游牧民族在一年中至少须搬两次以上。倘若遭受旱灾、水灾、瘟疫、战争等的影响，搬迁次数会更多。因此，若像农耕社会那样大兴土木的建造房屋、城池等定居建筑，那么蒙古草原可能早就变成了荒凉无比的沙漠。历史上蒙古草原上规模较大、人口较多的城镇聚落也多已荒废了，史料中也没有记述能够长久存在的草原城镇。此外，每次搬迁之后，游牧民族还会掩埋垃圾和灰烬，防止荒火及草原上的垃圾污染，游牧民族自古就有这样的生态意识，且能够在日常生产与生活中始终保持利用。

综合以上所述可以看出，游而居之的生活活动中，游牧民族对土地的使用是暂时的，而非农耕民族那种祖祖辈辈、世代相传，这也导致游牧民族对土地利用是短期内的"居"与长期不变的"游"相结合，这也是配合游牧生产方式的合适举措，更是草原自然环境有效维护及游牧民族生存发展的关键之举。

三 "游而存之"的生存方式

此处所言之"存"，即是指草原上人类的生存延续，"游而存之"也即历史时期诸草原游牧民族通过"游"而达到维持本民族生存发展的目标，所以，游牧民族的生产方式是通过游而存之得以实现的。草原是游牧民族生存和延续的根本，其子孙后代的生存和发展延续都依赖于草原自然环境的支撑，因而游牧民族对草原土地的利用不是竭泽而渔式的攫取，而是追求满足自身生存发展所需基础上，人与草原自然环境均可以实现可持续发展的高级目标。草原自然环境的脆弱性，决定了草原所能供养的牲畜数量及所能够承载的人口数量与人类活动压力都是极为有限的，因此，通过游牧的生产及生活活动化解草原生态危机，是人类社会生产力水平较低情况下十分恰当又是极为可取的举动。

游牧社会中人、畜的定期性迁移构成了游牧民族的基本生存状态，也是对草原自然环境积极维护的体现。这种游而存之生存状态的基本价值取向也在于充分利用草原自然资源，但也有效地维持了草原生态系统的动态平衡，更是游牧民族存在发展的较高生存技能。这种游而存之的迁徙和流动,是适应草原自然环境脆弱性的表现。为了实现游而存之的生存目标,四季游牧也是最为精致与恰当的选择。在此生存状态的影响下,游牧民族有效减轻了草原人为压力,保障了草原上牧草、水源及其他各类自然资源的永不枯竭,也是对自然环境利用与修复相结合的合理模式,维持并协调了人类生存发展与草原自然环境之间的内在关系。

游牧民族与草原自然环境之间是相互依存、相互关联的内在密切关系,而非通过剥削和改造性利用土地换取生存发展所需各类资源。是通过"游"的方式实现了"地"的永续利用及"人与草原自然环境"之间的和谐共生。这种"游"的方式得以存在和延续也得益于草原地区人口数量的有效控制,在有限的草原自然环境与资源中,一定数量的人口是使"游"成为可能的基本前提。据统计,自公元初至鸦片战争前一千多年的人类历史中,以整个蒙古草原为考察地域的人口数量得以有效控制,而清代向蒙地移民和土地开垦导致今日内蒙古草原上人口数量的激增。[①] 补充人口数据资料可见,清代以前蒙古草原上人口数量的有效控制是实现游而存之生存状态的必要前提。因此,游牧民族通过游走而实现了草原的自我修复及持续存在发展,并最终实现了人类社会与草原自然环境的永续发展。人口数量的增加也需要牲畜量的同步增加而维持人类生存所需,牲畜量的增加势必加大环境的承载压力,一旦打破人、畜与环境之间的动态平衡,最终也将威胁到人的生存。所以游牧民族通过"游而存之"的生存状态,实现了人与草原自然环境之间的和谐相处,符合可持续发展与生态文明建设的内在要求。

第二节 游牧民族土地利用方式的生态价值

"游而牧之"的生产方式、"游而居之"的生活方式、"游而存之"的生存状态是清代盟旗分区之前蒙古草原绝大部分地区游牧民族的基本生存模式。游牧民族土地利用方式的生态价值体现在土地利用过程中形成的生态认识,以及在此生态认识指导下的生态生产与生活方式。正是

[①] 王耿龙、沈斌华:《蒙古族历史人口初探(11世纪—17世纪中叶)》,《内蒙古大学学报(哲学社会科学版)》1996年第5期。

游牧民族恰如其分地处理了其自身与其所生存土地之间的关系，实现了人与草原自然环境之间的和谐相处，最终实现了草原自然环境得以维护基础上的人类社会的永续发展。因此，游牧民族的土地利用方式是有其生态价值的，更是符合当下可持续发展目标及实现生态文明建设的生态之举。

一 生态土地利用方式基础上的生态认识

游牧民族的生态土地利用方式是在人与草原自然环境相互作用的基础上形成并发展起来的，历史时期蒙古草原上诸游牧民族在长期的生产和生活实践中逐渐探索并形成了较有生态价值的土地利用方式，也积累了丰富的生态认识与实践经验，这些生态认识又反作用于实践活动之中，对历史时期草原自然环境的有效维护及人与草原自然环境之间关系的恰当处理发挥了重要生态功能。游牧民族土地利用过程中对人地之间关系的认识是统一性的，游牧民族将自身置于草原自然环境中，主张尊重、顺应和保护自然，摒弃人定胜天、征服自然、改造自然等错误认识。游牧民族在处理人与草原自然环境关系时，认为人与草原之间是相互统一、相互关联的，而非对立式的存在。

除自然环境及气候条件异常波动导致的自然灾害发生外，人类社会的灾难多是由于人在生产与生活实践活动中，对自然环境自身生存发展需求的忽略，只是一味地索取或是破坏，将人与自然环境之间的活动对立起来，或是建立在等级基础上的人对自然环境的开发利用。人类"在处理人地之间、人人之间关系时难免出现缺陷，尽管缺陷各有不同，但同样很愚蠢，人类之所以陷入如此境地，是因为人类从未置身于宇宙的现实和价值观念中去"[①]。然而游牧民族在长期的生产和生活实际中，认识到自然环境的重要性及人在自然环境中的从属地位，因此，在草原游牧民族的传统思想中不是把人与草原对立起来，而是把自身与草原之间的关系加以有机的统一与结合。

游牧民族土地利用过程中认识到人对土地是依附性而非是对立的关系，土地是人类生存之本，人的生存发展依赖于土地。游牧民族对自身

---

① [美]大卫·格里芬：《后现代科学——科学魅力的再现》，马季方译，中央编译出版社1995年版，第62—63页。

第四章　游牧生产方式对草原土地资源的生态利用

与草原自然环境之间关系有着清楚的认识，游牧之所以成为可能是因为草原自然环境的存在及草原自然环境及气候条件的特殊性使然，但草原自然环境的生态平衡一旦被破坏，依托草原而发展起来的游牧经济及人类文明也将难以维系。因此，充分、合理地利用草原自然环境是维持游牧民族生存发展的关键。对草原高效、合理地利用也就需要其自身的生产和生活活动符合草原自然环境的自然规律与气候条件。瑞典学者多桑也提及游牧生产是"随着季节而迁徙，春季居山，冬近则归平原"①。游牧民族也将其自身融入自然界中，与天地万物浑然一体，但也深知人与天地万物都有着各自的生命和活动规律，同时又是相互依存、相互依赖的共存关系。

游牧民族土地利用过程中对人与土地之间的主体性关系同样有着清楚的认识，人是依附于土地而存在的，人的生存、发展及延续都离不开土地，然而土地自然环境的有效维护和土地功能的发挥也有待于人的主体性功能的发挥。人类社会的生存与发展需要实际地从事认识自然，特别是改造自然的感性现实地改变自然状况的实际活动。换言之，人类需要按照生存所需，依托自然环境的客观实际去改变自然界和人类社会。由此获得人类自身生存发展所需要的物质生活资料，这是无论如何不能也不可能超越的绝对前提。②建立在此认识基础上，游牧民族选择了游牧生产方式，实现了人对草原土地资源的合理开发利用。

游牧民族正是认识到其自身在草原自然环境中的主体性地位，依据其生存发展所需而从事开发利用草原自然环境的活动，在具体的活动中形成了草原土地利用的生态认识及经验，从而选择并长期坚持利用了游牧生产方式。此生产方式的选择，既满足了人类生存发展所需，又注重维护草原自然环境的生态平衡；既发挥了人的主体性功能，也有效地处理了利用自然环境过程中人对自然环境而言的从属地位关系。实现了人与草原自然环境之间的和谐相处，又强调人类为了自己的生存发展而利用自然环境的必然之举，是互利共赢的。

由此，为了保障人类自身的生存发展并维持草原自然环境，游牧民族

---

① ［瑞典］多桑：《多桑蒙古史》上册，冯承钧译，中华书局2004年版，第30页。
② 包庆德、彭月霞：《生态哲学之维：自然价值的双重性及其统一》，《内蒙古大学学报（人文社会科学版）》2006年第2期。

在认识和运用草原自然规律及客观现实的基础上，形成了合理地、保护性地开发利用草原自然环境的生态认识，并在此生态认识的指导下选择了游牧生产方式及相应的土地利用方式，实现了游牧民族自身生存发展与草原自然环境可持续利用的双赢目标，也符合当下我们正在努力建设和追求的生态文明时代的基本要求。

二 生态土地利用方式下的生态生产活动

游牧是符合草原自然环境与气候条件特征的生态生产活动，地球上的自然环境多种多样，这也导致各类生态环境区域内出现了形态各异的生产方式、生活方式及生存状态。正如谢和耐所说："在某种海拔高度之上和气候条件之外，小麦则要让位于大麦，辽阔的蒙古草原更适合发展大规模的畜牧业，温带和热带那些灌溉地区则是水稻灌溉种植业最理想的区域。"① 因此，在生态土地认识指导下的生态生产活动，既满足了草原自然环境的发展所需，也有效地处理了游牧经济发展需求及与草原自然环境之间的关系，实现了满足人类生存所需及处理牲畜与草原自然环境之间的关系，因而其生产方式是一种生态的生产活动。

前文已提及游牧生产方式是化解人类生产活动过程中废弃物的有效方式。就放牧牲畜而言，如果一类家畜在一固定草原区域内长时期排泄畜粪和垃圾，这些粪便非但不能成为草原上放牧植被生长的肥料，反而会成为威胁草原生物生存发展的毒物，最终危及草原自然环境的生态安全，也会导致人畜间传染病的流行。静止的游牧是不适合草原生态平衡维护的，需要不停地游动以实现草原自然环境的可持续利用。游牧生产是适合草原自然环境特殊性的合理选择，草原地区特殊的自然环境及气候条件适于畜牧业发展，而畜牧业又要求地广人稀，以利于草原上各类资源的可持续利用和休养生息，因而游牧是在人类社会生产力水平较低情况下，草原地区最理想的生产方式与人类生存状态。

历史的事实也不断地证实了游牧民族的游牧生产及生活活动是符合草原自然环境与特殊气候条件要求的，是游牧民族在长期的生产及生活活动中根据草原地区的地理环境、气候变化、草原自然环境的承载能力、草原自然环境的自我修复能力等自然条件基础上适地、适时的合理选择，具有

---

① ［法］谢和耐：《中国社会史》，耿昇译，江苏人民出版社1995年版，第12页。

第四章　游牧生产方式对草原土地资源的生态利用

较高的生态价值。游牧也是符合牲畜生存规律的生态生产活动，牲畜是游牧民族的主要生产对象，需要通过游牧生产方式以满足不同牲畜本身各不相同的饮食习性、活动习性及生存特征等。马喜欢吃尖草、羊喜欢吃白蒿子、骆驼喜欢吃榆树叶子、牛喜欢吃尖草。草原上虽植被种类繁多，却分散生长在草原的不同区域，并且随着季节的变化而导致各类植物的生长发育也随之变化。因此，不同牲畜也就需要依据其所喜欢的食物而游走寻找，通过游动也可以不断开发新的牧地，能够确保已被利用草场牧草的休养和再生，避免在同一处草场上采食同一类或某几类牧草而造成区域内的生态失衡。

不仅如此，牲畜游牧而食也有利于维护草原的生态环境安全和生态系统平衡。通过游走，牲畜可以均匀采食，草原各区域内的植被得以均匀利用。游走的牲畜也将粪便和垃圾均匀地广散在草原上，这样可以有效减少因牲畜粪便垃圾聚在某一区域而导致传染病、寄生虫等对人、牲畜生存的危害，这些牲畜粪便也是游牧生活中的重要燃料及草原上的肥料。牲畜自身的不同本能也需要辗转游牧于各草场之间。就马而言，喜食草尖和籽粒，需要较高的牧草；牛则喜以舌头卷草而食，因而草的高矮都无碍于牧牛；骆驼、羊等也都有其不同的食草特征，骆驼喜食榆树叶子，羊则是连草根也一起啃食。所以，放过羊的草场就不能再放牧其他的家畜。可是，放过马的草场却可以放羊。放过羊的草场一年仅能用一次，除非新草再生，否则无法使用。[①] 由此可知，被限定在某一固定区域的放牧难以符合牲畜自身生存与发展所需，游牧生产方式也就显得尤为必要了。迁徙是游牧经济的基本特征，更是游牧生态经济可持续发展的基本要求。

因此，在生态土地认识的指导下，游牧民族的各项生态生产活动是符合草原自然环境的基本要求，对历史时期草原自然环境的有效维护发挥了重要影响的。同时，也恰当地处理了草原游牧民族与草原自然环境之间的和谐及人与草原自然环境之间可持续发展的关系，也是符合人类未来文明走向及生态文明建设较高目标的追求。

---

① 札奇斯钦：《蒙古文化与社会》，台湾商务印书馆1987年版，第1页。

第三节　生态土地观念指导下的生态生存空间

无论游牧民族或是农耕民族，在与土地之间长期的相互作用过程中形成了一定的空间内部关系与生存空间状态。游牧民族的生态土地利用方式恰当地处理了人与草原自然环境之间的关系，在与自然环境的长期作用过程中构筑起了和谐的生态生存空间，这也是建立在游牧生产方式基础上的生态土地利用观念，并在此生态观念指导下构筑起了游牧民族与草原自然环境之间的和谐生态生存空间。通过前面的论述可以发现，草原生态空间建立在"动态"基础上，这也是相对于农耕民族"静态"生态空间而言的。因此，通过对比农耕与游牧民族所构筑起的不同生存空间，也可彰显出游牧民族所构筑起的动态生存空间更适合草原地区自然环境特征、气候条件与维持游牧民族自身的生存发展。

一　游牧民族的动态生存空间

历史时期草原上各游牧民族生存空间的动态性体现在其生产和生活活动之中。在生产活动中，游牧民族的第一天职就是在永不止息的迁徙游动中随着他们的畜群而不断流动，走向新的放牧之地、水源之地，游牧也是人类适应草原自然环境的杰出典范。在动态的游牧生产与生活活动之中，游牧民族的生活也是配合游牧生产方式而开展的游居生活，因而也是建立在动态生存空间的基础之上，构筑起了草原游牧民族的动态生存空间。

基于此，游牧民族会随着季节的变化而迁移，他们带着畜群在辽阔的大地上随一年一度的天气循环而迁移，或是由于气候及自然环境异常波动而迁移。游牧民族的生活空间也是"动态"的，生活空间的动态性也是其"游而牧之"的生产活动及配合游牧生产活动的"游而居之"的生活方式所促成的。诚如马克思、恩格斯所说："游牧即是流动，游牧部落不是定居在某一区域，而是随草场变化而动。所以，部落即是天然的共同体，并

第四章　游牧生产方式对草原土地资源的生态利用

非是共同占有集体土地的结果，而是前提。"① 通过马克思与恩格斯的这段论述可以发现，游牧民族的土地利用方式是更符合草原地区自然环境与特殊气候条件的要求，其构造的动态生存空间也符合当下极力倡导的绿色发展及可持续发展的要求，因而游牧民族的动态生存空间是符合生态位的基本要求，可以实现人与草原自然环境的和谐共生目标。

历史时期，"蒙古之地，自商以前，建国不可考矣，在周为山戎獫狁之所居，其民非土著。其国无城郭，寄穹庐，逐水草，无都府疆域可迹"②。可见，游牧民族所创造的游牧文化也是基于动态的游牧生产和生活活动，游牧文化也只有在运动中才可以存在并继续发展；反言之，如果"停止游牧文化的'行'，那这种文化将失去其生存能力，走向的不是文化转型就是直接毁灭"③。因此，动态是游牧民族的生存常态，也是十分符合草原自然环境与气候条件特征的生存状态，能够充分发挥草原自然环境为人类生存服务的功能。

然而一旦打破了蒙古草原上的"动态"生存空间，那么环境问题很有可能就会接踵而至。如西辽河流域，根据颜廷真等的考察，自清代以来的三百余年里，西辽河流域行政格局、人口、土地利用、动植物等人地关系要素在盟旗制度统治、移民及土地开垦等因素的冲击和影响下都发生了深刻变迁，并据此得出四个主要结论：其一，行政交错格局的变化使流域农业人口增加并确立了以农业为主的生产方式；其二，清代以来政府实行的移民开垦政策是该流域人地关系恶化的主导因素；其三，牧民游牧生活方式的转变是流域人地关系恶化的重要因素；其四，气候和土壤条件是区域农业开发后流域人地关系加速恶化的基本因素。④ 由此不难看出，由动态的"游牧生产"向静态的"农耕生产"的变化，或许可以判定是导致清代以来西辽河流域环境恶化的主要影响因素。

因此，建立在对草原自然环境与气候条件特征正确认识及把握的基础

---

① 《马克思恩格斯全集》第46卷上，中共中央马克思恩格斯列宁斯大林著作编译局编译，人民出版社1979年版，第472页。
② （清）姚明辉辑，（清）夏日烺校：《蒙古志》，光绪三十三年刊本，成文出版社1968年影印版，第122页。
③ 乌云巴图、葛根高娃：《蒙古传统文化论》，远方出版社2001年版，第302页。
④ 颜廷真、韩光辉：《清代以来西辽河流域人地关系的演变》，《中国历史地理论丛》2004年第1期。

上，游牧民族建立起了动态的生存空间，其动态性的存在也是适应草原自然环境与气候条件的合理恰当选择，游牧民族在游牧生活中构筑起了：天（气候环境）、地（土壤营养库）、生（生物多样性）、人（人群社会）相和谐、相配合的复合生态系统，是历史时期草原自然环境内能量流动与物质循环高效和谐的优化组合。游牧民族的生存空间是立体复合式的，这也体现了其自身较高的生态意蕴。由此维度可知，游牧民族所构筑起的动态生存空间是具有极高的生态价值，也是符合草原自然环境及人类社会生存发展所需的，其生态价值也不可小觑。

二 农耕民族的静态生存空间

"静"即是指固定的，相对于"移动"而言，是静止的、静态的。其"静态"也是相对于游牧民族的"动态"而言，如果不动，游牧民族是难以维系其生存发展的，因此，静态的生存空间不符合草原地区的自然环境特征及气候条件的特殊性。然而农耕民族的精耕细作却需在某一区域的长期不间断的进行，在此基础上的生活也是"安土重迁"式的存在，其"静态"的存在也是由农耕民族的生产方式所决定的。韩茂莉曾对农业社会的生活常态有过这样形象的描述："日出而作，日落而息，这是乡村生活的核心。这一核心围绕土地而存在，土地是不动产，在这片不动产上土里刨食的农民，追随着四季的节律，往返于地头、炕头之间，并以此为中心构架了自己的认知世界。"[①]

在中国的广阔区域内，农耕与游牧民族的分界线基本上是以长城为界，根据吴承忠等考察指出：从整体上看，清代以来陕蒙交界地区的土地利用方式呈现为"南田北草"的分布格局。而其分界线有事实分界线和制度分界线之分，陕蒙交界地带常常以长城为界，分为大边和二边，由于"二边"位于黄土地带，其南更利于农业生产，其北是沙土过渡地区，明清两代陕蒙交界的农业的重心一直处于"二边"以南，"二边"是"南田北草"格局的事实分界线：从事实分界线而言，这种格局是稳定的；从制度分界线而言，"南田北草"格局却"相对稳定"。从整体上看，清代陕

---

① 韩茂莉：《十里八村：近代山西乡村社会地理研究》，生活·读书·新知三联书店2017年版，第5页。

第四章　游牧生产方式对草原土地资源的生态利用

蒙交界土地利用"南田北草"格局存在一个从确立到逐步模糊并北移的过程。① 因此，人为土地垦种、相应土地改造建设等是对游牧生产及生活存在区域的改造，这也是清代蒙汉接触地带的基本常态，也由于这一地区较多的人类开发活动而影响其成为环境问题最为凸显的地区。

但是农耕民族的静态生存空间在中原及南方等自然环境较优越的地区尚可长期存在，这也是得益于上述各地区较好的自然环境与气候条件，在人为参与下能够实现农业的可持续发展。但是在北方草原等自然环境承载能力较差、环境自我修复能力较弱及气候条件较恶劣的情况下是难以长期存在的。由此可知，不同生态区域的人类文明形态是各不相同的，这也体现出不同区域地理环境对出现形态各异人类文明的重要影响。如农业发展对历史时期科尔沁地区环境变迁的影响。景爱通过对此区域考察研究指出：由大量的汉族移民在科尔沁地区建立的州县郡城，大多分布在平原上。每修建一座城池要占用大片的草原，还要毁掉一定的林木草场。建造官衙、府邸、居宅时，所需用的木材都是来自附近的山林，森林破坏后的恢复周期则更长。然而那些重要的城镇，如上京、中京、庆州、怀州等地区，几乎都修建有规模宏大的宫殿和寺观，建筑所用的巨大原木要到很远的地方去采伐，为此，当时朝廷设置了专门采伐林木的官署。因此，每一座州县城池的修建，都要破坏一定范围的山林和草场。② 并由此导致当地人类社会的生产方式和社会形态随之发生深刻变迁。

综合而言，农耕民族静态的生产方式及由此而缔造的生存空间不适宜北方草原自然环境的发展规律与气候条件的特殊性，且农业在草原上长期存在的生态环境代价也是值得商榷的。农业耕作的对象植根在大地上，农田与农作物每前进一步均会侵夺天然植被，毫无疑问，农田的出现不仅意味着天然植被的消失、退却，也同时介入了对自然环境的改造。③ 回顾历史时期北方草原地区农业发展历程与环境变迁之间的关系，一个不可规避的事实摆在人们面前，即农业开发并非均是在理性指导之下进行，非理性开发过程每前进一步都渗透着严重的环境代价。历史时期蒙古草原上的农

---

① 吴承忠、邓辉、舒时光：《清代陕蒙交界地区的土地开垦过程》，《地理研究》2014 年第 8 期。
② 景爱：《科尔沁沙地考察》，《中国历史地理论丛》1990 年第 4 期。
③ 韩茂莉：《中国历史地理十五讲》，北京大学出版社 2015 年版，第 73 页。

业生产及村落多成为荒废之地，则是较好的佐证。如俄国人阿·马·波兹德涅耶夫曾对清代土默特川平原上的土地垦种后荒废聚落的记述：

> ……由此开始，我们不时地见到一座座破败不堪的村庄。其中有些房屋的泥土墙壁还完整地保存着原来的样子，但无论是门窗还是房顶，都已经没有了。一个同路的农民向我们解释了这一现象。原来最近连续三年的歉收把人们逼到了绝境。他们既无粮食，又无木柴，只得烧掉房屋里所有的木料，然后有的人卖掉土地，有的人则抛弃了土地，纷纷奔走他乡。这些村子是逐渐走空的：一个破了产并决定离开自己住处的人家，一般都是先找个买主，卖掉自己的土地，然后搬到临近的另一户极穷的人家去住，把自己原来房子里的木料全都拆下，供自己和临时的主人作为燃料。等到房子里的东西都拆光用尽，他们就外出逃荒。一个星期以后，同样的命运又落到了他们不久之前的主人头上。几百座村庄就是这样走空拆光了的。我们见到的那座既无门，又无窗户的破庙，遭到的就是这样的命运，只不过这是路过的强徒干的罢了。①

此后，在阿·马·波兹德涅耶夫离开归化城向张家口方向行进途中，遇到大片退化了的土地，他对此记述道："……来到亦作汉人和土默特人杂居的村庄沙梁儿，这名字在当地汉人的方言中就是'沙丘'的意思。果然不错，离这个村子不远，土壤中的沙土就多了起来，田地离道路也远多了。"继续前行，"所见到的都是零星的小块耕地；除此之外则是荒地。只偶尔在一些地方能发现从前耕种过的痕迹。由此走不远，我们开始看到盐碱地带"②。由此可见"动态"生存状态对草原自然环境的高度契合性及对草原自然环境能够实现有效维护，而农耕民族的生产及生活状态则难以在北方草原上长期推行，这也更凸显出游牧生产方式基础上"动态"生存空间的厚重生态价值。

---

① ［俄］阿·马·波兹德涅耶夫：《蒙古及蒙古人》第二卷，张梦玲、郑德林、卢龙、孟素荣、刘明汉译，内蒙古人民出版社1983年版，第43页。
② ［俄］阿·马·波兹德涅耶夫：《蒙古及蒙古人》第二卷，张梦玲、郑德林、卢龙、孟素荣、刘明汉译，内蒙古人民出版社1983年版，第142—143页。

第四章 游牧生产方式对草原土地资源的生态利用

通过对比农耕与游牧民族的土地利用方式及对自然环境与社会生活的影响可以发现，农耕民族的生产需要开田辟地、兴修水利与精耕细作，不仅费时费工，而且要大肆破坏土地的土壤结构及其原初的植被覆盖，尤其是在古代生产力水平较差的情况下，土地一经垦种便世代相承。尤其是南方温暖湿润地区的农业是一年多季种植，种植的过程也需要人的精心培育，农业生产的各个环节都离不开人的参与，这也就将农耕民族紧紧地束缚在土地之上。年年有收成，农耕区生活的人也往往足不出乡里，行限本地。诚如韩茂莉所说的那样："村庄是村民生存的基础，以此为基础环绕四周首先有赖以生存的农田，随之有因血缘生成的家庭、家族以及远亲近邻，这一切是村民物质生存与精神依托之本，因此，村落是乡村社会任何一个成员的基本空间。"① 作者继而指出："耕作半径的中心是村落，乡村中最小的社会单元是家庭，维系家庭的根本是代代相承的血缘关系以及共同劳动对于财产的拥有权。走出家庭，将村民结合在另一个社会圈层之中的是亲戚、宗族。无论父亲的亲戚、母亲的亲戚，还是父亲亲戚的亲戚、母亲亲戚的亲戚，依据中国传统五服之分，均具有远近不同的血缘关系，血缘将一个家庭与另一个家庭维系在一起，共同形成宗族。乡村生活中，若没有足够的根基，单独的家庭难以成事，独木不成林，但凡遇有危难，宗族的力量往往成为依靠，因此，认祖归宗的意义不仅仅在于血缘认同，更在于相互支援。"②

但农业生产及生存模式在蒙古草原上则难以推行。对于清代以来内蒙古地区出现的严峻环境问题，郝维民等考察指出：随着清代以来汉族移民的不断涌入，大量蒙地遭到开垦，导致内蒙古地区的生态环境不断恶化，当地的大量野生动植物失去了其生存所需依托的自然环境，数量大量减少，甚至灭绝。如喀喇沁、围场地区，因"地与木兰围场相毗连，故平素虎、豹、熊、狼、猞猁狲、野猪、狐狸甚多"。但到清朝末期，"深可惜者，近三十年来，围场各处砍伐树木，开垦荒地，户口日繁，麋鹿潜踪。至于今日，熊豹鹿麂时有所见，惟虎之一种，绝迹无影矣"。③ 可以发现，

---

① 韩茂莉：《十里八村：近代山西乡村社会地理研究》，生活·读书·新知三联书店 2017 年版，第 8 页。
② 韩茂莉：《十里八村：近代山西乡村社会地理研究》，生活·读书·新知三联书店 2017 年版，第 8 页。
③ 郝维民、齐木德道尔吉主编：《内蒙古通史纲要》，人民出版社 2006 年版，第 750 页。

精耕细作农业在历史时期的蒙古草原上是难以长期推行的,其所造成的环境问题及需要人类为此而付出的代价也是极为惨痛的。

费孝通先生也认为:"农耕社会直接取资于土地,是搬不动的。长在地里的庄稼动不得,伺候庄稼的老农也因之像是半身插入了土里,土气是因为不流动而发生的。因此,农业为生的人,世代定居为常态,迁移是变态。"① 在这一生产和生活方式的影响下,农耕民族的生存空间也表现出"静态"的存在特征,农耕社会的经济发展方式是由农牧混合、农渔混合逐渐发展起来的单一农业经济,但不可否认,部分地区还保留着农牧、农渔混合的生产样式,单一农业经济主导下的经济结构却成了农耕社会的主要形式。单一的农业经济使农业社会呈现出一种非网络结构,而是一个垂直系统。② 单纯的垂直系统导致农耕世界的物质流通呈现出周而复始的循环状态,缺乏游牧世界里那种动态的空间运作尤其是缺少与外界的流通。

因此,农耕民族的"静态"生产方式并不适宜草原自然环境的内在发展逻辑,农耕民族的静态生态空间也是难以在草原地区推行并长期存在,这也是导致历史时期蒙古草原环境问题出现的一大重要影响因素,体现出历史时期草原上各游牧民族游牧生产方式影响下出现的"动态"生存空间对草原自然环境维护的重要生态价值。

三 游牧民族的生态生存空间及表现

建立在生态生产及生活方式基础上的"动态"生态生存空间是历史时期游牧民族在草原自然环境与特殊气候条件基础上的伟大创造,游牧民族恰当处理了这一生存空间内"人—畜—地"之间的复杂关联,为游牧民族自身的生存发展及维护人与草原自然环境之间的生态平衡发挥了关键性影响,充分体现出其对草原特殊自然环境及气候条件的有效应对与合理利用。

在游牧民族的世界里,游牧民族恰当处理了各类牲畜的放牧与管理,掌握了各类牲畜的生活习性及生存规律,也有效发挥了放牧牲畜为人类及草原自然环境所能带来的积极影响,妥善处理了游牧民族与草原自然环境之间的关系,这也是游牧民族生存空间中"草原—牲畜"和谐关系的生动

---

① 费孝通:《乡土中国》,生活·读书·新知三联书店1985年版,第2—3页。
② 陈平:《单一的小农经济结构是我国长期动乱贫困的病根》,《光明日报》1979年11月16日。

第四章　游牧生产方式对草原土地资源的生态利用

体现。游牧民族深知"羊得秋气，足以杀物，牛得春气，足以生物。羊食之地，次年春草必疏，牛食之地，次年春草必密。草经羊食者，下次根必短之节；经牛食者，下次根长一节；群相间而牧，翌年食草始均"①的牲畜生存规律及与草原自然环境之间的相互作用关系。可见，"人—草—畜"之间的和谐组合体现出游牧民族缔造的动态生存空间的基本形态，也是符合可持续发展及生态文明建设等较高目标。

"游而牧之"的生产活动中，不同牲畜习性各异，对牧草及生存环境的要求也各不相同，且对牧场的存在发展也有不同影响。游牧民族适应各类牲畜习性游牧方式是适应牲畜生存所需，也是发挥游牧生产活动对草原自然环境有效维护的必由之路。不仅如此，牲畜在游牧过程中，对草场的践踏也对草原自然环境有所影响。适度的践踏有利于草原土壤的疏松及植被种子的入土繁育，从而维护草原生态平衡且游牧也是有利于物种的区域传播与自然环境及生态平衡的维持，而过度集中的在一固定区域践踏草原则易成为生态环境恶化的诱因，这也体现出"动态"的生产与生活对草原自然环境维护的重要价值。

在游牧民族构筑起的生态生存空间内，游牧民族意识到了各类家畜不能在同一条件的草原上放牧，这也是由牲畜本能不同所决定的，所以放牧牲畜的草原也是有区别的。对于牲畜生存习性及规律的把握是实现游牧民族生存空间生态和谐的关键，这也是游牧民族生存空间中"人—畜"相和谐的生动体现。游牧民族饲养牲畜的多样性所要求的管理方式也必然是多样性的，"骆驼、牛、马、羊等都需要通过不同方式加以管理，在不同的草场上生长，各类牲畜的所有权与畜产品使用的组合形式多种多样的优势，各类组合都需要重新调整各个部落所需要的牧场及可供多年游动的范围"②。因此，如何合理使用脆弱草原需要游牧民掌握"五畜"平衡技术，以及掌握适宜各类牲畜生存特征的季节性轮牧和不同类型草场轮牧。此外，在游牧生产方式的影响下，草原各游牧民族需要注意各类牲畜习性各异的特征与草原自然环境与气候的特殊性，因而需要在游牧空间内和谐组合各类牲畜，由此可以看出，动态的游牧生产对游牧生产方式下的土地资源开发利用至为重要。

---

① （清）徐珂编：《清稗类钞·阿里克牧务》，中华书局1984年版，第2276页。
② 邢莉、邢旗：《内蒙古区域游牧文化的变迁》，中国社会科学出版社2013年版，第332页。

▍中编　游牧生产方式之生态价值

　　围绕着游牧生产方式，游牧民族也通过游居的生活方式而配合游牧生产活动，实现了人类游而存之的生存目标，也由此而构筑起了游牧民族的生态生存空间，这些都是符合草原自然环境与气候条件的举措。如阴山及周边地区，当地蒙古人是逐水草而居之的生存状态，即夏趋草木繁茂的水边、冬季则避居到高山之阳，因为游居生活的不固定，也无定居之房屋。①因此，"游而牧之"是游牧民族根据牲畜生存所需而开展的生产方式，也即遵循着牲畜的生活习性及运动规律而选择游牧生产方式，人类也根据游牧生产而安排自己的生活。②因而出现了"行国随畜"的生存状态，这也构筑起了人与草原自然环境相和谐的生存空间。

　　一旦游牧生产方式与"动态"的游牧生存空间遭到破坏，那么蒙古草原地区环境问题也随之出现。对此，况浩林曾作了较为深入的考察研究并指出：随着清代内蒙古地区土地的大量开垦与移民的涌入，农业成为内蒙古相当一部分地区的主要经济类型并存的格局，农业的发展也带动了商业和手工业的发展，从而使内蒙古地区的经济类型由单一的游牧经济发展成"农、牧、商"等多种经济类型，蒙古族也由原来单纯的采用游牧经济及游牧生产方式而转向"牧、农、商、手工业"等多种经济类型。并随着移民的大量涌入与土地的开垦，内蒙古地区也出现了为农产品加工以及为农业生产服务的手工业，包括烧锅、油坊、豆腐坊、粉坊、酱醋坊、铁匠炉、木匠铺等很快发展起来，并推动了原来制毡、制革等手工业的发展，使得独立的手工业部门逐步形成。③随着土地开垦与定居人口数量的增多，导致清代以来蒙古草原上许多不适合耕作的土地也被开垦，结果引起土壤沙化，且蒙古草原的大部分地区本来就是干旱多沙，草场植被很薄，一旦遭到破坏，极难恢复。

　　清代以来，由于人为因素的影响，对蒙汉接触地带及蒙古地区游牧民族生存空间的自然环境产生了严重的破坏性影响。根据吴承忠等的考察，清代以来蒙汉（陕蒙）接触地带的农耕与游牧的基本生产格局为：

　　（1）"南田北草"格局向清初（1644—1696年）完全固化。以陕蒙交界禁留地的设立为标志。"大边"长城开始成为新的"草"与

---

① 王炜民：《阴山文化史》，人民出版社2011年版，第270页。
② 江帆：《生态民俗学》，黑龙江人民出版社2003年版，第93—94页。
③ 况浩林：《评说清代内蒙古地区垦殖的得失》，《民族研究》1985年第1期。

"田"的分界线。

（2）"南田北草"格局自康熙三十六年（1697）开始被打破，以伙盘地与黑界地的出现为标志。随着汉民进入蒙地开垦伙盘地和蒙古自垦的进展，伙盘地不断北移、黑界地不断重置，"草"与"田"的分界线逐步由光绪线到乾隆线到道光线。但清末贻谷放垦（1902—1908年）前，制度上的"草"与"田"的分界线为乾隆线。

（3）贻谷放垦从制度上确立了新的"南田北草"分界线，但事实上打破了"南田北草"格局。贻谷放垦是对自光绪（1875—1878年）初年混乱的私垦的重新制度化，确立了"南田北草"新的界线，即以光绪线（今陕蒙两省交界线）和民国初东胜县（今东胜区与伊金霍洛旗东北、东南部分地区）为界。但是，贻谷放垦事实上从制度上开启了蒙地大规模开垦的闸门，打破了陕蒙交界地区旧有的"南田北草"格局。①

由此段论述可以发现，由于土地开垦与人口定居对草原游牧民族原本"动态"生存空间的打破，内蒙古南部的大部分地区成为"静态"的农耕区，而"静态"的农业生产与生存状态也难以维护草原地区的生态平衡，直接导致当地自然环境问题的出现。因此，我们也需要反思"动态"生存空间对草原自然环境维护的重要价值。诚如汤因比所说："人类要尽一切努力保证这唯一的生物圈永远作为人类的栖身之处。"② 鉴于此，我们需要尽我们所能去维持人类赖以生存的自然环境，在内蒙古草原严峻环境问题的客观现实下，我们则需要重新审视人与草原自然环境之间的关系，努力追求人与自然相处的和谐模式，追求可持续发展与生态文明建设的重要目标。

---

① 吴承忠、邓辉、舒时光：《清代陕蒙交界地区的土地开垦过程》，《地理研究》2014年第8期。

② ［英］阿诺尔德·汤因比：《人类与大地母亲》，徐波等译，上海人民出版社2001年版，第10页。

第五章　游牧生产方式的生态维度解读

游牧生产方式是历史时期游牧民族的经典生产方式，是游牧民族在长期的生产和生活活动中根据北方草原自然环境、季节变化与草原承载力等自然要素做出的合理选择。迁徙不定是游牧生产方式的基本特征，且迁徙也是游牧民族摆脱危机的主要方式。① 游牧生产方式得以成为可能，主要在于草原特殊地理环境与特有生物资源。在草原及游牧民族千百年历史发展演化过程中，游牧生产方式有效地维护了游牧民族自身生存发展与草原自然生态环境系统之间的动态平衡。通过对游牧生产方式的生态维度审视，发现游牧经济是符合人类未来生态文明走向的生态型经济。② 且对当下环境保护、环境问题解决及生态文明建设具有重要借鉴价值，值得深入探索并深度解读。

第一节　游牧生产方式的历史传统

一般而言，人与自然环境之间存在既相适应，又不相适应的复杂关系。就适应性而言，自然环境提供了人类生存发展所需的最基本条件，它构成人类生存发展须臾不能离开的生物圈，以及维持人类社会生存延续的各类给养。就不适应性而言，地球的资源能源并非取之不尽用之不竭，尤其是那些不可再生资源，一旦开发利用殆尽就很难寻找其他替代品，自然

---

① 马瑞江：《短链生产的特点与蒙古草原游牧民族的兴衰》，《内蒙古社会科学（汉文版）》1993 年第 4 期。
② 包庆德：《蒙古族生态经济及其跨世纪有益启示——从生态哲学理论视界审视》，《内蒙古大学学报（人文社会科学版）》1998 年第 6 期。

第五章　游牧生产方式的生态维度解读

界也不会自动满足人类需要，需要人类社会自发自觉的发掘和探索，且一旦方法不当就极易造成环境的破坏或是资源非合理开发造成的恶劣影响。自然界只提供了人类生存发展的可能性，而使这种可能性变为现实性，仍需要人类改造自然环境并创造其能够为人类生存发展服务的价值。[①] 在整个北方草原历史上，游牧生产方式的合理选择，是游牧民族发挥自身主观能动性以适应草原自然环境特征的重要生存智慧，也有其厚重的历史传统。论及游牧生产方式为其传统，则是因为游牧生产方式是绝大多数历史时期草原游牧民族在自身发展过程中一以贯之的基本生产方式，这一生产方式得以历代传承也源于诸草原游牧民族对草原自然环境等各自然要素认识的不断深入，以及适时而持续调整人们的思维方式和行为规范，以积极适应草原地理环境、生物资源和气候条件等的波动，实现游牧民族与草原自然环境可持续发展等目标。

一　游牧生产方式的合理性

在处理人与草原自然环境之间关系时，游牧民族表现出更优越的生态认识。游牧民族将其自身置于草原自然环境中，将人与自然环境真正和谐统一起来，而且通过调整自身的生产与生活方式以适应草原自然环境的特殊性及出现的波动。因此，游牧民族选择游牧生产方式较之农业生产更适于北方草原绝大部分地区的特殊自然环境与气候条件。

首先，游牧民族在与草原自然环境的长期相互影响和相互作用的动态过程中，将其自身置于自然环境中，成为草原自然环境的有机构成之一部分，而绝非与自然环境相互对立冲突的另类存在。

人是自然界的一部分，人对自然环境的开发利用是为维护自身的生存发展所需，但人类绝不是毫无节制、随心所欲或是高高在上的开发利用自然环境，马克思、恩格斯也曾指出："人作为自然的、肉体的、感性的、对象性的存在，和动植物一样，是感受的、受制约的和受限制的存在物。"[②] 就游牧民族而言，其在处理人与牲畜之间、人与自然环境之间关系

---

① 包庆德：《生态哲学的功能与生态素质的提升》，《中国环境管理干部学院学报》2010年第2期。

② 《马克思恩格斯全集》第42卷，中共中央马克思恩格斯列宁斯大林著作编译局编译，人民出版社1979年版，第167页。

时能够将自身有序置于草原自然生态系统之内，将自身与其他动植物一样，作为受自然生态环境制约和约束的有机存在。

此外，"人类是生命物种中的一种，同其他的生命体都是具有相同的根源，大自然中的一切事物都是天地的产物，他们自己有密不可分的渊源，在大自然中，生命是平等的、也是互相依存的，作为一个整体的生命，只是这个大自然中的一部分，是同自然界中其他成分相依存的，并未有类的区分，更不存在高低上下之分，都是神圣而值得尊重的"[①]。受此素朴而深刻的天人合一、民胞物与和万物一体等生态整体主义思想的深度影响，游牧民族与牲畜之间建立了精准组合整体和嵌套不可分割的内在深层关联。游牧民族将其自身置于自然环境之中，将自然环境视为其自身生存与发展须臾不能离开的家园，而不是凌驾于自然环境之上的存在。因此，游牧民族在处理人与自然环境、人与牲畜以及牲畜与草原自然环境的厚重的生态关联思想，是有效实现游牧生产方式，以及游牧生产及生活活动得以长期维持的极为重要的内在深层根源。

其次，游牧民族能够对牲畜的生存活动习性有深刻的认知、精准的把握和灵活的运用，这不仅有效地维持了人与牲畜之间的和谐关系，也因符合牲畜的生存习性而保证了游牧生产的顺利进行。

游牧生产方式得以长期维系的关键节点是作为游牧活动主体的游牧民族能够有效地处理人与牲畜之间、人与草原自然环境之间及牲畜与草原自然环境之间的复杂关系，对自然环境生态规律有较为清晰的感知和富有深度的体认。游牧民族在长期的生产活动过程中，较熟练地了解甚至掌握了牲畜的各类生存习性，"在经营畜牧业中对畜选种、抓膘、保膘、适时的配种、接羔育羔、剪毛收绒、种畜去势、大畜调训、烙印标记、防灾保畜等诸方面，都有一套完整有序的饲养管理办法"[②]。对动物习性的了解和掌握，是实现对牲畜饲养的关键一环，而对自然生态环境规律的深度认知则是实现游牧生产长期持续发展的必要条件。

如历史上北狄的生产及生活状态，据《通典·边防十》载："北狄以畜牧为业，随逐水草。无文书，俗简易，以言语为约束。然各有分地。射

---

① 额灯套格套：《游牧社会形态论》，辽宁民族出版社2013年版，第22页。
② 查干扣：《肃北蒙古人》，民族出版社2005年版，第85—86页。

第五章　游牧生产方式的生态维度解读

猎禽兽，食肉衣皮，习于攻战，此天性也。"[①] 游牧民族永不止息地处于游牧的动态生产和生活活动之中，游牧动态生存与协调平衡发展是游牧民族自觉适应草原自然环境规律以满足自身生存发展需求的精准选择。亨宁·哈士伦也指出："游牧部落永远不会忘记他们的第一天职，是随着他们的畜群，在永不止息的漫游中，流向新的放牧场和新的水源之地。"[②] 因此，以今日之视角考量可以发现，游牧是在粗放经营的条件下，解决牧场与牲畜之间关系的最好办法。[③] 因而游牧生产方式具有重要的生态价值，值得当代借鉴。

最后，在我们看来，深层次的问题还在于，从生态哲学的维度进行审视，真正经典的游牧生产方式应该而且必须是"粗放"的！

草原游牧地区的地理环境、气候条件和生态要素等"生态位"决定了游牧生产方式及其选择和走向。草原上不可能采用农耕文明"深度耕犁"或"深耕细作"等生产方式，这是草原游牧生态环境格局决定了的。如果进一步讲，即使是农耕文化，如果人口数量等条件并非当代如此庞大的规模，而在未来达到一个较为理想的适度规模，也应该是实施保护性耕作。所谓保护性耕作，就是少一些"深度耕犁"，少一些"深耕细作"，少用或不用化学肥料和化学农药，并不一味强调甚至反对不断提高单位面积粮食产量的传统做法，减缓甚至终结不断催化添加化工加工的工业化农耕范式，给农田耕地以"休养生息"的机会并使其不断回归自然原初状态和绿色生态的有机农业，以此彻底结束化肥农药等化工加工工业化农耕历史，当然这需要适度的人口数量、生态思维方式和行为规范，以及生态文明制度保障，如此等等。在游牧生产及生活活动中，也不能为追求牲畜数量的增加及人类对自然资源的物欲享受，而对草原自然环境进行毫无节制的开发利用，包括内蒙古草原在内的整个北方草原的自然条件都算不上是优越，加之在气候条件又多恶劣且极端气候时有出现的情况下，无所节制的增加牲畜数量或开发利用草原，其可持续性多是难以维系的，因而根据草原自然环境的特殊性应选择利用游牧生产方式，且必须是粗放的游牧生产

---

① （唐）杜佑：《通典》卷一百九十四《边防十·北狄一》，中华书局1988年版，第5298页。
② ［丹麦］亨宁·哈士伦：《蒙古的人和神》，徐孝祥译，新疆人民出版社1996年版，第255页。
③ 格·孟和：《论蒙古族草原生态文化观》，《内蒙古社会科学（文史哲版）》1996年第3期。

方式，方是对草原自然环境合理利用的关键。

历史时期蒙古草原上出现了诸多以游牧见长的草原民族，世界范围内历史上出现的游牧民族也难胜数，同世界范围内其他各草原游牧民族相比，蒙古族是一个长期坚持经典游牧生产方式的伟大民族。只是到了近代以来，由于农耕文化及商业元素对游牧地区的"渗透"，游牧地区也开始逐渐采用农耕生产方式或发展起来了商业。他们采用农耕生产方式后一般不愿放弃原来的游牧生产方式，由此形成了半农半牧的生产方式形态或者是农商牧复合存在的社会形态，也由此不断地加剧草原自然环境退化甚至草场的沙化和荒漠化，清代以来内蒙古草原上出现垦区土地沙化或聚落废弃荒漠化就是较好体现。由此也不难看出，在传统游牧社会中，游牧生产方式是游牧民族适应草原自然环境的最为符合生态环境与气候规律的行为方式，是时至清代半游牧半农耕社会形态出现以前，最为符合草原游牧区域特殊自然环境及气候条件的基本社会形态。

在此，笔者想特别强调指出的是，历史时期北方草原上诸游牧民族采用的游牧生产方式以对草原自然生态规律的自觉顺应性，对游牧自然生态环境的积极适应性，特别是对游牧社会生产力的生态文明选择的精准适合性，全面地塑造、系统地强化并有效地提升了游牧民族的身体构造、心灵世界和文明模式。[①] 因此，历史时期北方草原上游牧生产方式的出现不仅维持了游牧民族与草原自然环境的可持续发展，同时也缔造了辉煌灿烂的草原游牧文明。

二 游牧生产方式长期利用的成因

游牧生产方式的长期存在，一个重要原因便是游牧民族不断自觉地调节自身行为以适应草原自然环境的特殊性及其发展变迁，做到人类的生存发展与草原生态系统之间始终维持在一种波动的动态平衡状态。

首先，在整个草原自然环境及游牧经济系统中，游牧民族对草原生物保护性利用及对草原自然环境有所节制的开发利用对游牧生产方式的长期利用至关重要。

这里所谓的保护性开发利用，也就是对草原游牧生物资源和生态资源

---

① 包庆德：《游牧文明：生存智慧及其生态维度研究评述》，《内蒙古社会科学（汉文版）》2015年第1期。

的有序约束、有效限制和有机合理的利用，这与近代西方主体形而上学"征服自然"视野中的雁过拔毛、竭泽而渔甚至杀鸡取卵等急功近利的掠夺式利用方式是完全相反的。历史时期蒙古草原上诸游牧民族多数都是在法律规章及社会道德约束层面，对游牧生产及生活过程中要对草原自然环境有所节制的开发利用制定了相应规定，如元代法律规定："禁止大汗（忽必烈）所属各国的臣民在每年三月至十月间捕杀野兔、獐、黄鹿、赤鹿三类的动物或任何其它大鸟，这种命令的用意在于保护鸟兽的繁殖增长，凡违禁者严惩不贷，所以，每种猎物能够大幅度的繁殖起来。"① 由此可见，游牧民族对动物的生存及延续十分重视，也极为自觉地认识到其自身生存与发展是与动物兴衰休戚相关，换而言之，牲畜繁育对游牧民族的生存与发展至关重要，牲畜也是游牧生产及生活活动开展的必要因素。元代是由游牧民族蒙古族建立的大一统王朝，其流传下来的法律法规及社会道德约束较之其他游牧民族（或部落）而言，不仅种类繁多，而且内容也很系统全面，能够较为精准地反映出游牧民族对草原的保护性开发利用，如《元史·刑法志》及《元典章》中都对草原的保护性开发利用做了具体的规定，此在后文中有具体介绍，在此不作赘述。

正是基于这种基本的而且是富有深度的认识，游牧民族在长期的生产实践活动过程中，也逐渐地然而也很熟练地摸索出适应动物生存繁育习性及草原植被特征的游牧生产方式。包庆德也指出：游牧生产方式是游牧民族在长期的生存过程中依据地理环境、气候条件、季节变化、草原承载力等自然条件而做出的合理选择。② 这是一种基于自然选择原理基础之上的极为精准的游牧文化选择，也是符合"生态位"原理的人类抉择。同时也是自觉尊重、积极适应和有序遵循牲畜繁育的自然习性，并符合牲畜繁殖规律的生产方式，这也是其能够在历史上得以长期存在的一个关键因素。不仅如此，草原上的游牧民族还以非常友善的方式甚至是极为亲善的态度对待牲畜。日本学者后藤十三雄曾对此形象描述道："在朔风凛凛的旷野中，对刚生下来的羔羊或者牛犊予以温情，正像护理一个家族成员一样而

---

① ［意］马可·波罗：《马可·波罗游记》，陈开俊等译，福建科学技术出版社1981年版，第109页。

② 包庆德：《游牧文明：生存智慧及其生态维度研究评述》，《内蒙古社会科学（汉文版）》2015年第1期。

中编　游牧生产方式之生态价值

笑容满面地劳作。"① 由此可见，游牧生产方式的生态价值是值得肯定的，且是高度符合人与草原生物资源和谐共存与可持续发展的，也因此而被游牧民族长期坚持利用并被传承延续下来。

其次，历史时期蒙古草原上游牧民族的人口数量始终控制在草原自然环境所能承载的范围之内，这也是游牧生产方式得以开展并能够长期存在下来的关键所在。

无论是农耕文明社会或是游牧文明社会，都是建立在对自然资源和自然环境的合理有效利用基础之上。深层问题在于，上述"有效利用"应该而且必须以"合理利用"为之重要前提，这也是须臾不能逾越的第一前提。一般而言，各不同自然环境都有其自身差异显著的承载能力，当人类活动超出自然生态环境所能够承受的范围时，必然导致人与自然环境之间对立冲突的加剧，如果对立冲突不断加剧而且被不断地延伸和放大，生态危机便持续不断地生成和持续地加剧，由此严重威胁人类的可持续生存与发展。历史与现实的经验也都表明，蒙古草原地区生态环境十分脆弱，生态环境的自然承载力较低，在相同土地面积情景下，游牧生产方式所能够供养的人口数量是难以同农耕生产方式相媲美的。现代农业生态学计算得出：用农业维持一个人一年的营养只需1—1.5亩土地，而改为牲畜，养活一个人则至少需要10倍以上的土地。或者说在同样的土地面积上，畜牧业能养活的人口数量不及农业的1/10。② 因而经营农业的收益更大，但农业生产所要求的自然条件则更高，对自然环境造成的资源消耗也更显著，因而草原自然环境条件下的农业生产势必难以长期维系。

此外，除了对草原上人口数量的有效控制之外，粗放式游牧生产的开展及长期维持也必须要求地广人稀的人口分布，诚如拉铁摩尔所说："整个游牧经济的进行，是建立在粗放经济及人口分散的原则基础上，是对农业民族精耕细作经济和人口集中的一个极端的反向发展。"③ 因此，倘若是在人口密集且对土地高度开发利用的农耕文明社会里，游牧的生产及生活方式恰恰是难以出现或是开展的。

---

① ［日］后藤十三雄：《蒙古游牧社会》，内蒙古人民出版社1990年版，第49页。
② 王利华：《中古时期北方地区畜牧业的变动》，《历史研究》2001年第4期。
③ ［美］拉铁摩尔：《中国的亚洲内陆边疆》，唐晓峰译，江苏人民出版社2005年版，第331—332页。

第五章 游牧生产方式的生态维度解读

有关历史时期蒙古草原上诸游牧民族的人口数量,史书中并无明确记载,但游牧生产及生活能够长期延续则表明游牧民族的人口数量不会特别多,至少不会超出草原自然环境所能承载的数量,否则势必将引起环境问题及人类生存危机的出现。根据现代人口统计计算方法,王耿龙等对元明时期内蒙古草原地域范围内的人口数量(蒙古族人口)做了大致统计,1206 年成吉思汗统一蒙古各部之后成立千户制与划分封地时,按其征兵制度推算,总人口为 883740 人,而到 13 世纪末 14 世纪初,漠北蒙古地区人口增长到 200 万以上。13—14 世纪的蒙古人中还有约 200 万外族人口,主要有契丹人、汉人、女真人、西夏人以及信奉伊斯兰教的民族,其中契丹人的数量最多。汉人在蒙古人中的数量也很多,约有数十万之众。经历了元末明初的战乱影响,内蒙古草原上的人口数量有所减少,但自从 1480 年达延汗重新统一蒙古时,划分左右翼 6 万户与卫拉特 4 万户,并把科尔沁部 20 万人与兀良哈三卫的 15 万人节制在大汗的统率下,各部之间的内战基本结束,并与明朝建立和平互市关系,出现相对的安定局面,从而使人口又逐步回升。其中人口增加最快的是卫拉特部,在 1480 年时为 4 万户 20 万人,而到明末时已增长到 60 万人,分为准噶尔、杜尔伯特、和硕特、土尔扈特 4 个部。卫拉特人之所以增加很快,是因为 15 世纪中卫拉特曾一度统治全蒙古,控制兀良哈三卫,打败过明朝的 50 万大军,势力强盛一时,裹胁收抚了不少别部的人,又合并了原察哈台汗国的部分蒙古后裔,从而使人口迅速膨胀。喀尔喀万户在明末时发展到 12 个鄂托克,每个鄂托克有兵 4000 个,共 48000 兵,以每家出一个兵计算,共 240000 人。土默特万户也发展到 12 个鄂托克,拥兵 10.8 万人,人口达 54 万。察哈尔万户拥兵不足 10 万人,人口 45 万。兀良哈三卫共 10 万人。(有部分人被别的万户收抚)所以,从 1480 年至 1643 年,在这 163 年中蒙古族人口又回升增加 33 万,至明末时共计为 193 万人。[①] 可以发现,至清代大规模移民及土地开垦之前,历史上蒙古草原的人口数量并不庞大,相比于蒙古草原的辽阔地域而言,可以说是地广人稀的人口分布特征。

人口稀疏的草原自然环境是游牧生产及社会活动开展的必要条件。然而清代以来内蒙古草原上的人口数量更是急剧增加,前文指出:民国初期

---

① 王耿龙、沈斌华:《蒙古族历史人口初探(11 世纪—17 世纪中叶)》,《内蒙古大学学报(哲学社会科学版)》1996 年第 5 期。

中编 游牧生产方式之生态价值

内蒙古地区的汉族人口也有 3956339 人。① 此时期汉族人口已逾数百万，加上蒙古族及其他各族人口，人口数量超过了任何历史阶段。清代以后内蒙古地区的人口数量持续增长。根据联合国粮农组织的标准，在干旱、半干旱地区，没有外界能量输入的情况下，自然承载能力为7—9人/平方千米，而实际上，我国的大部分干旱及半干旱地区的人口密度早已超过了这一数字，在长城沿线的陕西段人口密度已经达到了70—120人/平方千米，而且人口的数量还在持续增加。② 蒙古草原及毗邻地区的人口数量增长趋势自清代以来就已开始出现，且持续加剧。

综合而言，历史时期北方草原（包括内蒙古草原）上人口数量的有效控制，是游牧生产方式得以开展的必要社会前提。因此，历史上游牧文明时代人口数量始终没有大幅度增加，保持适度而必要的弹性张力，这为整个蒙古草原区域游牧生产方式有效合理的实现和游牧生产及生活方式的开展，提供了必要前提并奠定了重要基础。

最后，在我们看来，历史时期北方草原地区的游牧文明与农耕文明在生产方式上存在很大的区别，而且诸游牧民族对待农业和畜牧业的选择上也存在巨大差异，这也是历史时期游牧生产方式得以在草原上长期存在的关键所在。

农耕与游牧两种文明形态对待"草"的态度迥然不同甚至是截然相反的。在传统农耕文明视野中，"草"具有很大的贬义性，如日常用语中的草莽、草包、草率、草纸、草稿、草案……在农业生产中是一定要除草的，草也是农业生产活动中的一大天敌，农耕民族总是要将耕田里的杂草进行"斩草除根"，除了所种植的农作物外，其他一切植被都是要被消灭的对象，而且是不希望它们再生的永久性消灭。由此可见，传统农耕文明思想意识中含有轻视甚至蔑视"草"及其畜牧业的文化理念和价值取向。

而在经典游牧文明的视野中，对"草"、"草原"以及"草场"及其相关形态的深度理解和深层体认，却远非其他民族能够与之媲美的。其深层次的原因恰恰在于，草原在其经济社会生活当中居于特别重要甚至无可替代的地位，反映在其传统文化理念和价值取向上表现出一种与农耕文明截然相反的思维方式、文化心态和价值取向，他们甚至以"草"为命！为

---

① 闫天灵：《汉族移民与近代内蒙古社会变迁研究》，民族出版社2004年版，第2页。
② 刘晓莉：《中国草原保护法律制度研究》，人民出版社2015年版，第30页。

什么有如此根本性的重大反差？这里最为根本的原因，就在于诚如马克思指出的那样："不是人们的意识决定人们的存在，相反，是人们的社会存在决定人们的意识。"① 我们如果说的更为生态化的话语便是："不是人们的生态意识决定人们的生态存在，相反，是人们的生态存在决定人们的生态意识。"② 也即是草原自然环境的生态存在，决定了游牧民族及与游牧息息相关的游牧生产与生活活动的出现，草原则是他们生存的根本，而"草"则是这一切的源泉，这也决定了游牧民族对待"草"的价值取向。

与此有深度关联的是，恰恰在历史上与草原游牧区域正向匹配的适度人口、分散分布和粗放经营的游牧生产方式，极其成功地塑造、持续地演绎并经典地呈现协调的游牧生态经济、动态的草原生态平衡以及和谐的人与自然发展格局维持了历史时期草原自然环境。因此，游牧生产方式的出现及长期存在，对于蒙古草原自然环境而言是尤其合理的，也是历史时期最为合理的生产方式。

第二节 游牧生产方式的长期存在

蒙古高原自古以来（这里所说的"自古"是指自史前草原自然环境形成以来）就是游牧民族的天堂，游牧民族也一直以"逐水草而居之"的生存方式生动具体而非呆板抽象地演绎着他们经典的游牧文明历史。游牧生产方式是蒙古高原上所特有的，是游牧先民们适应草原自然环境与气候条件而做出的合理选择，更是维持草原游牧区域生态平衡的精准选择。游牧生产方式之所以成为可能并能够在历史上被长期坚持利用下来，正是游牧草原宽广辽阔的自然生态空间、丰富独特的自然生物资源、适宜驯养的自然野生动物以及人对自然与动物习性规律的掌握等基于自然选择原理基础之上的游牧文化选择，并且草原广阔生存空间、丰富独特生物资源及动物资源等长期稳定的存在也维持了游牧生产方式的长期存在。这种文化选择

---

① 《马克思恩格斯选集》第 2 卷，中共中央马克思恩格斯列宁斯大林著作编译局编译，人民出版社 1995 年版，第 32 页。

② 包庆德：《从遮蔽到彰显生态存在：生态意识新进展》，《自然辩证法研究》2011 年第 6 期。

▋ 中编　游牧生产方式之生态价值

由于非常符合"生态位"原理和方法要求，特别适合当代生态文明建设的时代基本要求，而成为当代人类生产方式和生活方式等文明样式值得有效参照的重要借鉴，值得我们进行深入反思、深度探讨和深层解读。

一　游牧草原宽广辽阔自然生态空间的长期存在

费孝通先生曾指出："中华民族的家园坐落在亚洲东部，西起帕米尔高原，东到太平洋诸岛，北有广漠，东南是海，西南是山的这一片广阔的大路上。"① 不同地区的地理环境各异，也影响到不同地区的人类文明形态同样差异显著。在我国的广阔地域内，有广阔肥沃的平原，有高耸入云的山系，也有高低不等的高原等，地理环境及在不同地理环境基础上形成的人类文明形态可谓是复杂多样。就游牧生产方式及蒙古草原自然环境而言，蒙古草原地区宽广辽阔的自然环境是游牧民族选择游牧生产方式的关键，也是其必要自然前提，换言之，正是草原地区辽阔的自然生态空间与自然资源特征使游牧生产方式成为可能，并且由于这一自然生态空间和生物资源的长久存在，使得游牧生产方式能够在蒙古草原上长期存在下来。

（一）草原地区的特殊自然环境

地理环境虽然没有完全决定着人类社会，但在人类社会生产力水平较低的情况下却对人类社会形态的出现及发展演变有重要影响。法国社会学家谢和耐曾指出："地域导致采纳某种生活方式，并对其有所限定。在某一海拔高度之上，超乎某种气候条件，小麦便无法生长而要让位于大麦与小米。蒙古的广阔草原地带更有利于畜牧业而不宜于农业。……华北与蒙古南部不但适宜于农业而且亦宜于放牧马牛羊。地域规定着各种生活方式，反映出其发展、消退以及共存状态。"② 地理环境是影响人类生产方式和生产活动的关键性制约因素，更是人类社会生存与发展的历史舞台。黑格尔针对地理环境区域差异，将"世界的地理环境分为三大种：干燥的高地，广阔的草原和平原，巨川、大江所流过的地方和海相连的海岸区域"③。根据这三种不同的地理环境，学者东海寓公提出与这三种地理环境

---

① 费孝通主编：《中华民族多元一体格局》，中央民族大学出版社1999年版，第4页。
② ［法］谢和耐：《中国社会史》，黄建华、黄迅余译，江苏人民出版社2010年版，第11—14页。
③ ［德］黑格尔：《历史哲学》，王造时译，生活·读书·新知三联书店1956年版，第152页。

相适应的生产活动方式,即"高原适于畜牧、平原适于农耕、海滨适于贸易"①。蒙古草原位于蒙古高原之上,平均海拔也在 1000 米上下,受到蒙古—西伯利亚高压的影响,高原内陆性气候显著,难以满足绝大部分农作物的生长需求,但却是发展畜牧业的理想之地,自古就是游牧民族的生存天堂,这也体现出地理环境对人类社会生存状态的重要影响。

即便是到了今天,不同地域环境的人类文明形态依旧存在巨大差异,究其根源,"最先还是受到自然环境的制约。环境影响到生活方式,生活方式又影响到文化精神。游牧文化发源于高原地区,农耕文化发源于灌溉便利的平原,商业文化发源于海滨地区及近海岛屿,三种形态各异的自然环境,决定了三种不同的文化类型"②。草原自然环境和自然资源状况适合发展游牧经济,而草原畜牧经济发展需要地广人稀的辽阔空间,有足够的能够满足"游而牧之"的回旋余地和转场可能,以利于草原生态植被的自然恢复与循环再生。

在历史时期草原诸多经济类型中,游牧经济是最适合于草原自然环境的经济类型,游牧生产及生活方式对历史时期草原自然环境的保护及人与自然环境之间动态平衡的维持也都体现出游牧经济的生态价值。历史时期草原地区地广人稀的游牧生产也导致人类生活格局的分散性。即使是到了清代,在移民及土地开垦的影响下,蒙古草原上逐渐由游牧走向定居或半定居式的生存状态,但蒙古部落中仍少有大规模的定居生活,且还存在一定比例继续从事游牧生产及生活的蒙古人。但游牧的空间范围及方式均发生了变化,由"游牧"转向"定牧"。正如临川花楞所记述:"蒙人生涯,端资牲畜,孳养生息需广阔之领域。聚族而居,实与其生计不能相容,故村落之集团,多不过二三十户,少或二三户,远隔数里或十余里。开放地域外,几无市街,平沙无垠,人迹罕见,草泉深处,始有人居,其与内地比邻者,情形稍异。"③ 因此,历史时期蒙古草原上城镇等定居聚落少有出现,并且也很难长期存在下来。且游牧生产方式影响下的生活状态必须是分散的,这不仅仅是为了配合游牧生产活动,也因为草原地区特殊的自然

---

① 东海寓公:《地理与文明之关系》,《东方杂志》1913 年 10 卷 8 号。
② 钱穆:《中国文化史导论》,商务印书馆 1994 年版,第 2 页。
③ 临川花楞:《内蒙古纪要》,文海出版社 1916 年版,第 38 页。

中编　游牧生产方式之生态价值

条件难以满足长期定居于一地或是人口高度密集分布情况下对草原自然环境的开发利用。

由此可见，草原游牧区域独特自然环境及气候与资源条件决定了游牧民族应该而且必须选择游牧生产方式，且因草原自然环境与气候条件的长期稳定存在而维持了游牧生产方式的出现和被利用。

（二）草原广阔的生存空间

游牧生产活动建立在广阔土地之上，游牧生产活动的开展需要面积充足的天然草场。刘明远也指出：放牧需要广阔的天然牧场，在游牧生产中建立广阔的生存空间，通过游牧生产，创造了公地养牧的文明。[1] 据统计，全球天然草原的面积约为67.57亿公顷，占陆地面积的50%。其中，亚洲土地面积的48%，欧洲土地面积的32%，北美洲土地面积的50%，非洲土地面积的66%，大洋洲土地面积的72%都是草原。[2] 历史上的内蒙古地区更是以草原自然环境为主，自渐新世蒙古草原开始形成，以至清代蒙地被大规模垦种与土地开发建设利用之前，今日内蒙古的绝大部分地区始终是以草原自然环境为主，草原自然环境自形成并一直存在至今是游牧生产方式得以被长期利用的环境基础。时至今日，内蒙古草原也是我国可资利用的草原资源最为丰富的地区，是我国的六大草原之首。

面积广阔的草原是游牧经济发展的先天条件，然而并非占据世界陆地面积50%的草原都是采用游牧生产方式，但是在这广阔的草原自然环境里，游牧经济及游牧生产方式却占据主要地位，在中国的草原地区尤为突出。尽管全球各草原区域的经济类型不尽相同，但在全球的陆地面积当中，大部分草原区仍维持着草原自然景观。在不同草原区域内，人们土地利用方式也不尽相同，即使是发展游牧经济，游牧生产及生活方式也存在一定差异。在我国，游牧地区范围广大，自松花江流域为起点，向西南延伸，沿着长城北侧经过西藏高原转向阿拉伯半岛，这一线大致将亚洲分为南北两段，沿线西北侧是干旱、高寒等气候，是游牧民族区；沿线东南则

---

[1] 刘明远：《论游牧生产方式的生产力属性》，《内蒙古社会科学（汉文版）》2005年第5期。

[2] 张立中主编：《中国草原畜牧业发展模式研究》，中国农业出版社2004年版，第61—62页。

是湿润、温暖的农耕民族区。这两个不同区域的自然环境迥然不同，也导致出现了两个地区各异的生活方式。①

蒙古族是历史时期北方草原上游牧民族的典型代表，也是历史上对游牧生活传承延续最久并将游牧生产方式发扬光大的草原游牧民族。对蒙古族分布区域的划分说法众说纷纭。受到政治疆界和文化疆界的双重影响，蒙古地区的大致范围为"东起125°E的嫩江流域、西至80°E天山地区，南至黄河大弯曲处的鄂尔多斯高原，北至53°N的西伯利亚的贝加尔湖。除此之外，还包括青海湖及其以西北地区，另一处为南俄草原的伏尔加河与顿河流域"②。即使是到了明清两代，蒙古族的游牧区域仍是十分广阔的，占据着北方草原的绝大部分地区。历史上，在如此宽广辽阔的草原游牧区域内，游牧始终是占据绝对优势的经济类型与生产方式，但这也都是由于草原广阔的生存空间。诚如马克思所说："在天然牧场上饲养牲畜，几乎不需要任何费用。这里起决定作用的，不是土地的质，而是土地的量。"③ 因此，内蒙古游牧草原的广阔地域为游牧生产方式的出现及发展奠定了必要自然前提。

二 草原地区独特丰富的生物资源

在第一章中，本书以较大篇幅论述了草原上植被变迁及适宜放牧牲畜植被的出现，这些植物资源不仅影响到游牧生产方式的出现，同时也因这些独特丰富的生物资源的长期存在而保障了游牧经济及游牧生产方式的长期延续。因而可以确信的是，草原地区丰富独特的自然植被资源以及适宜发展游牧的牲畜资源使游牧生产方式成为可能。地理环境宽广开阔的草原游牧之地，加上年降水量较低而且变率较高，河流与湖泊相对较少。不断寻求水源成了动物和家畜的主要生存目标。因此，野马、驴、黄羊等善于奔跑的有蹄类动物成为草原游牧动物群的基本特征，也为人类游牧牛羊提供了自然参照系。正是有足够量的草原自然环境资源和相应的地理气候条

---

① 札奇斯钦：《蒙古文化与社会》，台湾商务印书馆1987年版，第1页。
② 札奇斯钦：《蒙古文化与社会》，台湾商务印书馆1987年版，第7页。
③ 马克思：《资本论》第3卷，中共中央马克思恩格斯列宁斯大林著作编译局编译，人民出版社2004年版，第756页。

件，才促成游牧生产方式成为现实可能。也正是因为草原上存在丰富多样的动植物资源，才为畜牧业发展提供了充足的能量供给。

中华人民共和国成立以来，对内蒙古地区草原物种的科学考察和系统整理工作一直在继续，为我们了解历史时期草原植被状况提供了重要线索。据统计，目前所能够搜集到的内蒙古草原上的高等植物共计 2781 种。其中种子植物 2208 种，蕨类植物 62 种，苔藓类植物 511 种。这些植物分属 197 科 865 属。具体如表 5-1 所统计。据考证，内蒙古地区的野生种子植物达 2212 种，而天然草地饲用的植物约有 1000 种之多。包括禾草类、苔草类、葱类、蒿类、豆科草类、猪毛菜类、一年生草类、灌木盐柴类和乔木枝叶类等。而禾草类是家畜采食的基本饲料，在内蒙古东部地区，禾草类的优势植物包括贝加尔针茅、大针茅、羊草、冰草等；中部地区，禾草类的优势植物包括大针茅、克氏针茅、羊草、米氏冰草、小禾草等；中西部地区，禾草类的优势植物包括小针茅、沙芦草、隐子草等小型禾草。这些都是家畜喜食的植物。此外，还有葱类植物，在草原分布广泛，叶肉质多汁。[①] 由此可见，蒙古草原地区植物资源之丰富，这些适宜发展畜牧业的动植物资源也奠定了蒙古草原上发达的游牧经济及游牧生产方式的自然基础。

表 5-1　　　　　　内蒙古地区草原植物类群多样性统计

植物类群		科属种类						
		科数	占总科数(%)	野生植物属数	占总属数(%)	栽培植物属数	野生植物种数	占总种数(%)	栽培植物种数
苔藓植物		63	32.1	184	21.3		511	18.4	
维管植物	蕨类植物	17	8.6	28	3.2		62	2.2	
	裸子植物	3	1.5	7	0.8		23	0.8	3
	被子植物 双子叶植物	95	48.2	501	57.9	62	1676	60.3	146
	被子植物 单子叶植物	19	9.6	145	16.9	8	509	18.3	23
高等植物（总计）		197	100	865	100	70	2781	100	172

资料来源：刘钟龄主编《内蒙古通史：生态环境与生态文明》第八卷，人民出版社 2011 年版，第 73 页。

---

① 刘钟龄主编：《内蒙古通史：生态环境与生态文明》第八卷，人民出版社 2011 年版，第 90—91 页。

由表5-1所统计信息可以发现，内蒙古草原地区存在丰富的生物植物和生态资源，以及适宜家畜食用的优质牧草等资源都是促成历史时期北方草原上出现极为发达游牧生态经济的关键，并维持了游牧生产及生活方式的长期存在。

英国历史学家汤因比也十分推崇游牧生产方式的生存智慧，并指出："驯化动物显然是一种比驯化植物高明得多的艺术。因为在这里表现了人类的智慧和意志力对于一种更难控制的对象的胜利。牧人同农民相比，牧人是更高明的专家"，而千百年来"游牧民族设法依靠他们自己不能食用的粗草来维持生活，把粗草变成他所驯化了的动物的乳品和肉类"。[1] 游牧民族深谙"肉乳来自青草"的生态生活智慧的真谛，为我们今天的循环经济、低碳生活和绿色发展等提供重要生态智慧参照和环境保护理念的生态价值启示。诚如美国学者玛莉亚·费尔南德斯·吉梅内斯所言：生态智慧在蒙古族游牧者草场管理中扮演着极其重要的角色并发挥极为重要的作用。[2] 因此，草原地区独特丰富的生物资源及长期存在，也维持了游牧生产方式的长期延续，游牧生产方式对草原植物资源的高效利用也是此生产方式得以长期存在的重要原因，此二者之间是相互作用又互为影响的。

三 草原上适宜畜牧生产的动物资源

除了丰富的适宜牲畜食用的植物资源外，草原地区也存在大量适宜驯养的自然野生动物资源，以及人对自然与动物习性规律的掌握等，使游牧生产方式成为可能并能够长期存在下来。但并不是所有草原上的动物都能成为被驯养的对象，生活在北方草原上的人类先民们在漫长丰富的生产实践中，随着征服野兽能力的不断增强，对自然野生动物习性的逐步了解，为畜牧业的生产准备了重要前提条件。

（一）适宜放牧的牲畜资源

游牧先民们在长期的生产和生活活动中发现，动物能否被驯养，与动物自身的自然天性具有重要内在深层关联。性情温顺并喜欢与人亲近的动

---

[1] ［英］阿诺尔德·汤因比：《历史研究》上册，曹未风等译，上海人民出版社1985年版，第210—211页。

[2] Maria E. Fernandez-Gimenez, "The Role of Mongolian Nomadic Pastoralists' Ecological Knowledge in Rangeland Management", *Ecological Applications*, Vol. 5, 2000.

物也就具备了被驯养的自然前提和生物基础，而有的动物天性暴虐，对人类也存在某种威胁，这样的动物是永远也不能被驯服的。根据当代学者的考察，一般而言，能够被驯服的自然野生动物需要具备以下几种基本特征：

  一是具有顽强的生命力，轻易不会死掉；
  二是喜欢与人类亲近；
  三是喜欢安适的生存环境，故而可以割舍山野而与人类居住在一起；
  四是能够自由的繁殖，其生殖习性不会因所拘束而改变；
  五是性情较温性，易于看护；
  六是对人类具有实用价值。①

  随着游牧先民对草原上动物习性的逐步掌握，渐渐地摸索出几类适宜饲养的动物，包括：牛、马、羊（山羊、绵羊）、骆驼等畜类。牧民将此五种畜牧称为五畜，视为牲畜的正宗，牲畜的基础建立于自然环境，其发展也须臾不能超越自然环境的阈限。② 也即对草原自然环境的适应，以及调整人类社会对自然环境开发利用的方式，以实现人与草原自然环境之间的动态平衡，而牛、马、羊、骆驼又都是蒙古草原上的优势物种，这也为游牧经济及游牧生产方式的出现提供了可能。
  因此，草原上的这些适宜畜牧饲养的且是较为丰富的动物及植物资源，为游牧生产方式成为可能奠定了极为必要的自然前提和十分重要的生物（动物资源）基础。
  （二）游牧牲畜对草原自然环境的适应
  游牧业与畜牧业是两种不同的经济类型，"随着农业生产内部结构进一步分化，以迁移生活为代表的游牧业逐渐游离出来，形成独立的生产部门；而依附于定居农业的放养型畜牧业继续与农业生产保持着密切联系，并以家庭舍养、近地放牧等不同形式持续发展到近现代"③。无论游牧业或

---

① 江帆：《生态民俗学》，黑龙江人民出版社2003年版，第29页。
② 江帆：《生态民俗学》，黑龙江人民出版社2003年版，第101页。
③ 韩茂莉：《中国历史农业地理》下册，北京大学出版社2012年版，第789页。

第五章 游牧生产方式的生态维度解读

是畜牧业,牲畜都是其基本作用对象。马克思、恩格斯也指出:"在游牧的畜牧部落中,公社事实上总是聚集在一起的;这是旅行团体,是结队旅行者,是游牧群,而上下级从属关系的形式便由这种生活方式的条件中发展出来。在这里,被占有和再生产的,事实上只是畜群,而不是土地,在每一处停留地上,土地都是被暂时共同使用的。"① 可见,游牧民族的传统游牧生产活动是以部落为单位,而牲畜则是游牧经济的基本作用对象,土地是实现游牧经济的必要前提。对于16—17世纪前期蒙古草原上牲畜在游牧生产及生活中的重要性,明人萧大亨在《北虏风俗》中曾记述道:

……惟牛、羊、犬、马、骆驼而已,其爱惜之勤,视南人爱惜田禾尤甚。其爱惜良马,视爱惜他畜尤甚,见一良马即不吝三四马易之。得之则旦视而暮抚剪拂,珍重更无以加,出入不以骑,惟蓄其力以为涉猎战阵所需而已。②

又如各类牲畜之繁育情况:

大抵马之驹,牛之犊,羊之羔,每一年一产,产于春月者为佳羊。有一年再产者,然秋羔多有倒损之患,故牧羊每于春夏时,以毡片裹羝羊之腹,防其与牝羊交接也。③

根据萧大亨的叙述,牲畜之于游牧业及游牧民族,犹如田禾之于农业及农耕民族,是游牧业及游牧民族生存的根本,可见牲畜在游牧业及游牧民族中的重要性。

此外,上述引文内容也指出了马在游牧社会生产及生活中的重要地位,在放牧活动中:"男子常在马上执竿牧放,以驱逐群畜,其有距离远或险峻不能到之处,则于杖端曲处置小石,时抛放之,以制群畜之缓逸,

---

① 《马克思恩格斯全集》第46卷上,中共中央马克思恩格斯列宁斯大林著作编译局编译,人民出版社1979年版,第490页。
② (明)萧大亨:《北虏风俗·食用》,载薄音湖、王雄点校《明代蒙古汉籍史料汇编》第二辑,内蒙古大学出版社2000年版,第250页。
③ (明)萧大亨:《北虏风俗·食用》,载薄音湖、王雄点校《明代蒙古汉籍史料汇编》第二辑,内蒙古大学出版社2000年版,第250页。

· 217 ·

故一人能牧畜数百。"① 无论是游牧生产或生活中，游牧民族首先要学会"骑马"②。如蒙古族，"平时皆好乘马，虽近百步之间，亦常骑马，决不步行，跨骏马以驰骋于广漠之野，为蒙古人最得意之事，除寝食外，殆俱不离马上，故驭马之法，甚巧野生悍马，一经其御，辄变为驯顺良马"③。对于马在16—17世纪前期蒙古草原上游牧生产及生活中的利用，萧大亨在《北虏风俗》也记述道：

> 凡马至秋高则甚肥，此而急驰骤之不舍，而马毙矣，以其膘未实也。于是择其优良者，加以控马之方，每日步马二三十里，俟其微汗，则执其前足，不令之跳跃踯躅也。促其衔辔，不令之饮之吃草也。每日午后，控之至晚，或晚控之至黎明，始散之。牧场中，至次日又复如是，控之至三五日或八九日，则马之脂膏皆凝聚于脊，其腹小而坚，其臀大而实，向之青草虚膘。至此，皆坚实凝聚，即尽力奔走而气不喘，即经阵七八日不足水草而力不竭。我中国不知控马之方，往往乘肥马以涉远道，则马之死者，十而九矣。故马不在肥而实，相马以肥，则骐骥不御有以也。
>
> 且其人平日闲，缓步以马急驰。以马射猎，故周旋熟而罄控精，我中国人能如是乎？即有从马上弄弓矢者，亦月不数次，此所以人马不相得，而驰骋不如意，与乘异产无异也。虏酒多取马乳，为之故，马之乳，人与驹而分食，彼且日二分其乳，则驹食乳少，故冬月耐寒。不分其乳，则驹食乳多至冬日，不耐寒，此亦曲为之说耳。若驹以全乳食之，我想其胜骧更数倍也。④

由上述可见，马对于游牧民族生产及生活的重要性极为显著，也是促成游牧生产及生活成为可能的关键因素。蒙古族对马的爱护，无疑是对整个游

---

① （清）贻谷等修，（清）高赓恩纂：《归绥道志》（中册）卷二十一《风土·习俗》，光绪三十三年抄本，远方出版社2007年版，第665页。
② [日]杉山正明：《游牧民的世界史》，黄美蓉译，中华工商联合出版社2016年版，第12页。
③ （清）贻谷等修，（清）高赓恩纂：《归绥道志》（中册）卷二十一《风土·习俗》，光绪三十三年抄本，远方出版社2007年版，第665—666页。
④ （明）萧大亨：《北虏风俗·食用》，载薄音湖、王雄点校《明代蒙古汉籍史料汇编》第二辑，内蒙古大学出版社2000年版，第250页。

第五章 游牧生产方式的生态维度解读

牧社会及游牧生产的重视。《元史·刑法志》规定："诸宴会，虽达官，杀马为礼者，禁之。其有老病不任鞍勒者，亦必众验而杀之。诸私宰牛马者，杖一百，征钞二十五两，付告人充赏。"①

上述引文所述牛、马、羊（山羊、绵羊）、骆驼等牲畜的选择是随着游牧先民们对草原上动物习性的逐步掌握而渐渐地摸索出来的，牧民将此五种牲畜称为五畜，并视其为牲畜正宗，牲畜生存的基础建立于自然环境的基础上，其发展也须臾不能超越自然环境的囿限。② 这几类牲畜的选择也取决于其自身能够适应蒙古草原的特殊自然环境与气候条件，以及能够实现人为经营管理这两大基本要求。

其一，游牧经济中的牛、马、羊、骆驼、驯鹿等是有很好移动力的牲畜，而且幼畜在出生数十分钟内便可自己独立行走，这在配合游牧经济游动和节省人力上至关重要。③ 这也是游牧生产对其基本生产资料"牲畜"最起码的要求。如上述牲畜之习性，蒙古马，"能够适应严酷的生态环境，可终日生活在野外不需棚圈，冬季可觅食枯草，若遇大雪，蒙古马可以用蹄子深刨约一肘的冰雪采食枯草"；蒙古牛，"耐粗放，抗病性强，能适应严酷环境。全年在天然的草场上放牧，不须喂草料"；蒙古羊，"个体较大，体制结实，骨骼健硕，性情温顺，适应性强；而且耐粗放饲养，能够全年游牧，并适宜干燥的环境"；再如双峰驼，"采食能力强，能够食用粗大、刺多、干硬的牧草及木质化的植物。每次采食量大，一次采食能够坚持数日"。④ 因此，这些游牧经济中所选择的牲畜能够有效适应蒙古草原的自然环境及地理气候条件。

其二，倘若所放牧牲畜不能成群管理，那么在人力资源和生产力水平较低的情况下，是无论如何都难以实现游牧生产的。而诸如黄羊及野牛、野马等难以驯养之牲畜，多分布在偏远之地，多被作为游牧经济之外补充社会生产及生活的狩猎之物。据载："若黄羊、盘羊、野猪、野

---

① （明）宋濂等：《元史》卷一百零五《刑法志四》，中华书局1976年标点本，第2683—2684页。
② 江帆：《生态民俗学》，黑龙江人民出版社2003年版，第101页。
③ 王明珂：《游牧者的抉择：面对汉帝国的北亚游牧部落》，广西师范大学出版社2008年版，第8页。
④ 刘钟龄主编：《内蒙古通史：生态环境与生态文明》第八卷，人民出版社2011年版，第93—97页。

牛、野马、野驼、野鹿之类皆不可驯,致惟大猎时则能获之,皆在极东、极西、极北三处最为繁盛,宜大边外之地所产不多,盖彼三处地广人稀,食之者寡,而宣大以外互聚数十万虏于此,此正江河不能实漏巵所产,安能供给食哉,故虏以湩酪谋其旦夕也。"① 除所饲养的几类主要牲畜外,野马、野驼等难以驯服及成群管理的狩猎之物也是游牧经济的补充。对于明代蒙古族的狩猎活动,如《译语》载:"虏善猎,觇兽所在,则集众合围,多至万人(或数千人,或数百人),自疏而密,任其驰骛。所谓百兽凌遽,骇瞿奔触,不较也,惟无使突围而出尔。度其困乏,乃纵横射击之,矢不虚舍,铤不苟跃,僵禽毙兽,烂若碛砾。"②

可见,这些适宜放牧的牲畜能够有效适应蒙古草原地区的自然环境和地理气候条件,而且这些动物也多是适宜群居和群栖的生活习性,可以实现大规模的游牧生产及生活。此外,群栖性动物能够有效地减轻人的劳动量,也十分有利于放牧。牲畜是游牧经济的基本生产资料,草原上的游牧民族还以非常友善的方式甚至是极为亲善的态度对待牲畜。后藤十三雄曾对此形象描述道:"在朔风凛凛的旷野中,对刚生下来的羔羊或者牛犊予以温情,正像护理一个家族成员一样而笑容满面地劳作。"③ 因此,16—17世纪前期蒙古草原上仍是以游牧经济为主,其游牧生产方式及所放牧牲畜种类也与前代无异。

第三节 游牧生产方式的生态审视

游牧生产方式是不断适应草原地区恶劣自然环境、多变气候条件、牲畜繁育习性并不断应对自然灾害侵袭,人与自然环境不断相互适应的精致选择、精准组合和精当创造。考察发现,游牧生产方式有效地维护了历史时期诸草原游牧民族生存发展与草原自然生态环境系统之间的动态平衡,

---

① (明)萧大亨:《北虏风俗·食用》,载薄音湖、王雄点校《明代蒙古汉籍史料汇编》第二辑,内蒙古大学出版社2000年版,第251页。
② 苏志皋:《译语》,载薄音湖、王雄编辑点校《明代蒙古汉籍史料汇编》第一辑,内蒙古大学出版社1994年版,第236页。
③ [日]后藤十三雄:《蒙古游牧社会》,布林译,伊德尔校,内蒙古人民出版社1990年版,第49页。

凸显其厚重的生态文明生存智慧与生态哲学发展理念。① 因此，游牧生产方式具有极高的生态价值，对其加以生态维度审视并吸收和借鉴其有益的生态经验也是极为必要的。

一　对草原恶劣生态环境的适应

人与自然环境相互适应是维持生态环境可持续发展的重要原因。人类活动必然要受到自然环境客观规律的约束，因此人类要学会遵循生态环境的客观规律而安排人类社会的各项行为活动。游牧民选择以对草原自然环境的单纯适应并主动调节自身以应对草原自然环境的特殊性及出现的变迁，而非农耕民族以生产力稳定与地力持续为基础。② 由此可见，自然环境是影响人类生产活动出现及不同选择的关键性因素，人类只有选择适合地理环境特征的生产方式才是维持人与自然环境和谐发展的关键。游牧民族恰如其分地选择了游牧生产与生活方式，有效协调了人与牲畜以及自然环境之间的复杂关系，并最终实现了其自身与草原自然环境之间和谐共存的目标追求。

（一）内蒙古草原的多灾自然环境

蒙古草原所在的欧亚大陆草原属于北温带及寒带，整个内蒙古草原也位于北温带内。平均海拔多在700米至1500米之间，自然条件严酷，自然灾害频仍，这些无疑都给游牧生产带来极大的威胁，且极易对游牧生产及生活造成破坏。根据现阶段研究，自地质时代第三纪渐新世以后，在内蒙古地区经历了以草原化为主的变迁过程，随着喜马拉雅运动的持续进行，内蒙古的广大地区逐渐被抬升，使特提斯海从我国西南部退出，高原及陆地开始隆起并大量出现。海陆对比所造成的季风环流形势渐渐取代了原来的行星风系环流形势，我国的气候带逐渐出现了东西之间的梯度分布差异。内蒙古的大陆性气候也在加强，与我国东部区相比，晚第三纪的内蒙古气候已发生了较明显的东西差异，东半部属于湿润暖温带，西半部属于干旱暖温带。与此气候条件变迁相适应，内蒙古地区的植被由针叶林及

---

① 包庆德、蔚蓝、安昊楠：《生态哲学之维：蒙古族游牧文化的生态智慧》，《内蒙古大学学报（哲学社会科学版）》2014年第6期。
② 麻国庆：《草原生态与蒙古族的民间环境知识》，《内蒙古社会科学（汉文版）》2001年第1期。

夏绿阔叶林向疏林草原与典型草原及荒漠演变。① 其气候也向着较为恶劣的高原内陆性高寒干旱的气候方向过渡。

内蒙古地区恶劣的自然环境导致当地灾害多发，根据自然灾害的成因分类，主要包括："水灾、旱灾、蝗灾、地震灾、火山灾、低温灾、风灾、风暴潮灾、盐渍化灾、海啸灾、时疫（烈性传染病）灾、崩塌灾、滑坡灾、野兽灾及物种灭绝等。"② 在中国传统社会里，广大民众（尤其是社会下层民众）对突如其来的自然灾害缺乏科学认识和心理准备，他们对各种自然灾害惶恐不安，祈求神灵的保佑。频繁不断的自然灾害，特别是奇灾（或是大灾及特大灾害）的袭击，在他们身上所产生的灾害恐惧心理，心灵上留下的创伤，很长时间难以抚平。③ 因此，自然灾害对古代社会及民众带来的消极影响有时比自然灾害本身对民众造成的破坏性影响更为深远。在整个蒙古草原上，由于游牧经济的不稳定性以及游牧社会的分散性，自然灾害的破坏性影响更甚。

据史料所载，自春秋战国以来，内蒙古地区发生各类灾害次数统计为：战国时期5次、秦汉时期80次、魏晋南北朝时期146次、隋唐五代时期64次、宋辽金元时期336次、明代时期441次、清代时期460次。④ 各类灾害中，旱灾的发生频率为最高，频率为89.2%，大旱频率为32.4%，牧区发生旱灾频率为91.4%，大旱频率为31.4%。而干旱灾害是蒙古草原畜牧业发展的主要制约因素。在各类灾害中，旱灾对游牧经济及社会造成的破坏性影响也更为深远。如赫治清所言："在我国，北方少数民族过着逐水草而居的游牧生活。西汉时期，匈奴不断南侵内扰、南北匈奴分裂、衰落，被迫和亲，改善与汉朝的关系，都与惨遭大雪奇寒有直接关系。"⑤ 因此，自然灾害对原本自然条件就较为恶劣的蒙古草原而言，其对游牧生产及生活的破坏性影响也就更加显著了。

值得注意的是，灾害统计的影响因素里，除了自然因素之外，历史记

---

① 刘钟龄主编：《内蒙古通史：生态环境与生态文明》第八卷，人民出版社2011年版，第33—34页。
② 张建民、宋俭：《灾害历史学》，湖南人民出版社1998年版，第121页。
③ 赫治清：《中国古代自然灾害与对策研究》，载赫治清主编《中国古代灾荒史研究》，中国社会科学出版社2007年版，第28页。
④ 包庆德：《内蒙古地区灾荒研究》，人民出版社2015年版，第37—48页。
⑤ 赫治清：《中国古代自然灾害与对策研究》，载赫治清主编《中国古代灾荒史研究》，中国社会科学出版社2007年版，第27页。

录也是需要考虑的因素之一。时代越久远,历史记录保留的越稀少;时代越晚近,历史记录保留下来的信息也越丰富。历史记录的历时性特征也对统计次数和曲线产生了一定影响。这是利用统计方法来描述历代灾害发生频率时需要加以考虑的要素之一。因此,清前期的顺治、康熙及雍正三朝被记述的灾害较少,但这并不意味着这一时期没有灾害发生。葛剑雄也指出:"灾害发生时间越久,人们的记忆也就越淡,被记录的可能性也就越小。再如无人区,无论何种灾害,都不会有人注意。若是在繁华地区,情况则恰恰相反。越是靠近现代,灾害被记录也就越多越详细。从现代到远古,朝代越前,灾害次数越少,到了先秦,有的年份完全是空白。"他反问道:"能说那时没有灾害吗?"① 因此,越靠近现代社会记述灾害频次越多,但并非古代发生灾害少。内蒙古地区草原脆弱的生态环境,频发的自然灾害给人类生存与发展带来严峻挑战。因此,在极为干旱情况下,"生态系统内生物有机体与环境条件处在脆弱的相互依存的平衡状态,这种平衡状态极容易受到破坏,而且破坏后又很不易复原"②。因而游牧民族生产活动需要充分考虑自然环境的承载力,自觉适应恶劣自然环境与多发灾害,实现人与自然环境之间的可持续发展。

(二) 内蒙古草原的特殊地理区位

到了第四纪时,喜马拉雅运动以大幅度整体断块隆起为特色,形成了气势雄伟的青藏高原,这一大高原以东及以北的黄土高原与蒙古高原也都是整体抬升的新构造运动区。此外,第四纪使海平面下降,我国的海岸线大幅度东移,大陆腹地距离海洋越来越远,使今日的内蒙古及西北地区成为身居内陆的典型陆地。又由于内蒙古大部分地区处在西伯利亚高压侵入的前沿,所以从第四纪以来,尤其是早更新世纪以后,内蒙古进入了以荒漠化过程为总过渡趋势的环境演变时期。③ 这也即是向着今日的草原自然环境转变,内蒙古地区自然环境的逐渐草原化的过程,也是当地气候条件及自然环境逐渐恶化的过程。

通过回溯前文的叙述可知,自第四纪以来,蒙古高原上草原自然环

---

① 葛剑雄:《未来生存空间:自然空间》,生活·读书·新知三联书店1998年版,第177—181页。
② 朱震达等:《中国沙漠概论》,科学出版社1980年版,第21页。
③ 刘钟龄主编:《内蒙古通史:生态环境与生态文明》第八卷,人民出版社2011年版,第35页。

境的形成与稳定奠定了这一区域特殊生态系统的基础，适宜的草原自然环境特征也形成了相应的气候条件及植被景观。如今日内蒙古地区的草原自然环境及气候状况，根据袁烨城等考察指出：内蒙古地区各气候因子分布呈现东北—西南走向弧形带状分布特征，跨越了湿润、半湿润、半干旱、干旱与极端干旱地带，由东向西发育形成了森林、森林草原、典型草原、荒漠草原、草原化荒漠与典型荒漠等植被亚带；由南向北发育出暖温带植被带、中温带植被带与寒温带植被带的依次分布规律。①这在前文中已有提及，但在本部分重复叙述则意在说明蒙古草原上的各子区域内的环境也极为复杂，且是较为恶劣的。由于气候条件与自然环境的变迁是长期而且缓慢的，虽在短期内时常出现气候与自然环境的波动，但置于较长历史时段内，气候与自然环境的稳定性则较强，因而今日内蒙古地区的气候与自然环境状况也一定程度上可以作为历史时期自然环境的参照。

我们以历史时期气候波动较为显著的小冰期内蒙古草原环境状况为参照，自元朝开始中国境内尤其是中高纬度的生态环境过渡带的气候波动就已凸显出来，如元代丘处机游历蒙古时曾做过如下记述，其写道："北渡野狐岭，登高难忘，俯视太行诸山，晴岚可爱。北顾但寒烟衰草。中原之风，自此隔绝矣"，"在漠南蒙古（今锡林郭勒）境内，坡坨折叠路弯环，到处盐场死水湾，近日不逢人过往，经年惟于马回还。地无木植惟荒草，天产丘陵没大山"②。由此可知蒙古高原上的恶劣自然环境。在如此恶劣的气候与自然条件下，内蒙古草原的生态环境极其脆弱，一旦破坏极不容易恢复。但游牧先民们深谙调整自身以适应草原地区生态环境。如美国学者威廉·哈维兰曾指出："游牧者是人类适应环境的一个杰出典范，通过放牧牛、马、羊和骆驼等牲畜，是对草原、山区、沙漠或其他适宜放牧地区的适应。随季节变化而迁移的游牧生活，带着畜群在大草原上随着一年一度的提前循环而迁移。"③游牧也即是流动或迁徙，是人类社会生存方式的一种表现形态。因此，游牧生产方式体现出草原游牧民族对草原地区恶劣

---

① 袁烨城、李宝林、高锡章、许丽丽、刘海江、周成虎：《内蒙古自治区土地覆被相互转换现象研究》，《干旱区资源与环境》2015 年第 5 期。
② （元）李志常：《长春真人西游记》，党宝海译注，河北人民出版社 2001 年版，第 27 页。
③ [美] 威廉·哈维兰：《当代人类学》，王铭铭等译，上海人民出版社 1987 年版，第 345 页。

自然环境的高效适应与合理开发利用。

（三）游牧生产方式对草原自然环境的适应

游牧生产方式是对内蒙古草原自然环境的有效适应与合理开发利用。王利华曾指出："人正是具有永不磨灭的生物属性，决定人类虽然不断增加文化能力以适应、利用和改造生存环境，但自始至终都必须依存于环境，同其他生物一样受气候、土壤、光照、山川以及各种生物的影响和制约，只是所受影响和制约的程度和方式发生了变化。"[①] 因此，在人类社会初期，原始初民"顺应自然或者模拟自然是人类生存最合适的模式，此阶段人类生活多取资于自然物以为食，食草木之实，鸟兽之肉，饮其血，茹其毛，衣其羽皮"[②]。人类对自然环境的适应是实现其生存与发展的关键所在，更是决定其能否生存延续的重要一环。

因此，地理环境对于人类社会生产方式等的影响极为深远，根据《中国大百科全书》的解释："地理环境区别于作为地球存在条件的宇宙空间环境和地外环境，是指社会在地球上所处的地理位置和这一位置上的各种自然条件。"[③] 正是由于草原地区独特的地理环境，决定了游牧生产方式及游牧社会形态的出现。但是我们不能将地理环境视为决定人类社会生产及生活方式的决定性因素。黑格尔曾就此指出："我们不应该把自然界估量得太高或者太低。爱奥尼亚的明媚的天空固然大大地有助于荷马诗的优美，但是这个明媚的天空决不能单独产生荷马。而且事实上，它也并没有继续产生其他的荷马；在土耳其统治下，就没有出过诗人了。"[④] 马克思、恩格斯也指出：自然界有两种自然富源，在人类社会不同时期，其作用不同，不能片面认为地理环境具有决定作用。在不同历史时期地理因素的作用不同。没有什么超历史的万能钥匙。[⑤] 因此，我们需要辩证地看待地理环境对蒙古草原上游牧民族及游牧生产方式出现的重要影响，而不能将游牧民族及社会的出现完全归因于蒙古草原自

---

① 王利华：《生态环境史的学术界域与学科定位》，《学术研究》2006年第9期。
② 江帆：《生态民俗学》，黑龙江人民出版社2003年版，第33页。
③ 中国大百科全书编辑部：《中国大百科全书·哲学》，中国大百科全书出版社1987年版，第152—153页。
④ ［德］黑格尔：《历史哲学》，王造时译，生活·读书·新知三联书店1956年版，第123—124页。
⑤ 《马克思恩格斯全集》第19卷，中共中央马克思恩格斯列宁斯大林著作编译局编译，人民出版社1963年版，第130—131页。

然及气候环境为其出现的决定性影响因素。但是有一点是值得肯定的，那就是蒙古高原上草原自然环境的形成对游牧经济及游牧生产方式出现的影响极为重要。

即使是在当代社会，自觉遵循尊重自然、顺应自然和保护自然的生态文明理论理念，积极探寻绿色发展、循环发展和低碳发展的发展哲学实践理念，也成为指导人类生存与发展应该而且必须坚持的生态哲学智慧！就游牧民族而言，"游而牧之"是历史时期草原上游牧民族以文化的力量，支撑并整合于被人类所改变的自然平衡的生态系统结构。而游牧生产方式之所以是适应草原自然环境的正确行为方式，其合理性就在于：一是可以使牲畜均匀采食，植被得以充分利用；二是游牧可减少牲畜的寄生虫和传染病，对牧草也有施肥功能；三是可防止草原因过度放牧而造成的退化，保证草原的生态恢复。[1] 因此，游牧生产方式的生态价值也体现在其能够有效适应草原的特殊自然环境方面。

二 对草原多变气候条件的适应

内蒙古地区独特地理空间区位与地形特征是造成该地区气候多变的主要原因，草原上复杂多变的气候也是影响游牧生产方式出现并长期被游牧民族坚持利用的重要因素，与此同时，游牧生产方式也是历史时期诸草原游牧民族适应草原多变气候的合理、适当之举。

（一）内蒙古草原的特殊气候条件

内蒙古地区气候条件较为恶劣，内蒙古地处亚洲中纬度的内陆地区，具有明显的大陆性气候特征。漫长的冬季，全区均受到蒙古高压的控制，从大陆中心向沿海地区移动的寒潮极为盛行。夏季虽然受到东南海洋湿热气团的一定影响能够出现一定降雨，但整体来说，蒙古草原绝大部分地区仍是较为干旱的，夏季短暂，年均温较低，自然条件也很难说得上是优越。此外，由于全区外围有长白山、燕山、太行山、吕梁山等山系在东南面环绕，又有区内的大兴安岭和阴山山脉阻隔，使海洋季风的势力由东南向西北渐趋削弱，所以内蒙古地区的东南季风作用不强。它所能影响的范围一般也只能波及内蒙古高原的东、南部，不能深入高原的中心，狼山与

---

[1] 邢莉、邢旗：《内蒙古区域游牧文化的变迁》，中国社会科学出版社2013年版，第27—28页。

第五章 游牧生产方式的生态维度解读

贺兰山以西的地区，仍在大陆气团的控制之下。① 因此，内蒙古草原的气候较为特殊且又是较为恶劣的。

蒙古草原处于干旱、半干旱区，干旱气候导致降水量小而蒸发量大。年均降水量不足 400 毫米，最低地区仅有 120 毫米，平均降水量在 250 毫米至 300 毫米之间，且降水时空分布不均，从季节分布而言，多集中在夏季，其余季节多较干旱，从地域分布来看，东部区的降雨量及降雨频率明显多于西部及西北部地区。降水量稀少但蒸发量却达到年均 3000 毫米以上，湿度仅有 0.13—0.5，地表水和地下水严重匮乏。蒙古草原气温变化明显，各地年均温在 -5℃—7℃ 之间，全年积温仅有 1800℃—3000℃，无霜期平均 100—120 天，但是日照时间长，太阳辐射强烈。② 充足日照与太阳辐射、紧缺雨水及大风天气较多等都导致蒙古草原地区干旱频现，越是靠近蒙古草原北部及西北部，干旱发生频率也就越高。加上蒙古草原"地理条件相对封闭，且离海洋较远。高原地形区海拔高，使这片草原地带的气候是极端大陆性，夏季酷暑，冬季严寒"③。这些都加剧极端气候及自然灾害的频繁出现。就干旱灾害而言，当干旱达到一定程度时，草原不再能为畜群提供充足牧草，游牧民不改变生活方式就要改变生活地点，需要不停迁徙。

具体如内蒙古西部阿拉善地区的气候。民国初年，马鹤天对当地气候记述道："十月二十日（1925 年），下午一时，驼已吃饱饮足，即上驼行。除十里内不出板桥一堡外，渐行渐无人烟，连树木亦看不见，二十余里后，一望皆沙，四无人迹；惟尚有车迹可寻，沙亦较硬。道旁荒草丛生，时有倒毙的驼骨。沙丘忽起忽伏，但一路平坦。远望沙原，或突起如塚，或白平如场，如墙。细加研究，如塚的是上有草根被风吹冲后遗留的地方，如场如墙的，是水过沙黏，风水冲不动的地方"；"10 月 25 日，风狂似虎，人人饥寒交迫，无法亦无人去架张帐棚，惟驼夫把小帐棚搭起，大家挤在里面。因不是有井宿驼的站口，惟一的燃料驼粪也没有，采草燃

---

① 刘钟龄主编：《内蒙古通史：生态环境与生态文明》第八卷，人民出版社 2011 年版，第 41 页。
② 刘钟龄主编：《内蒙古通史：生态环境与生态文明》第八卷，人民出版社 2011 年版，第 175 页。
③ ［法］勒内·格鲁塞：《草原帝国》，黎荔、冯京瑶、李丹丹译，国际文化出版社 2003 年版，第 1 页。

烧，黑烟四起，人人眼泪交流"①。由此可见，蒙古草原地区（尤其是西部及西北部地区）气候的复杂与极端性特征。

　　受到多变且极端气候的影响，游牧民族便不得不通过游牧的方式，寻找新的牧场以维持生存。蒙古草原气候恶劣古已如此。丘处机游经蒙古草原时记述道：在漠南蒙古，冰雪在四月初才开始融化，草才开始萌芽。但此时期天气还很冷，并时有大雪降落，到了漠北蒙古，即使六月中旬，天气也极为寒冷，就算是强北人也难以忍受，早晚帐篷外面还结着薄薄的冰。有时一天会有三次霜，但河水中还有流水，不过天气就已经像严冬一样寒冷了。漠北的山上即使是在七月还会残留着积雪，降雪也从八月初便已经开始，到了八九月，半山上皆为雪。② 与丘处机大致同一时期的意大利人柏朗嘉宾在游历蒙古时也记述道："该地区气候的变化无常令人感到十分震惊。即便是在盛夏酷暑，其他地区的酷热袭人、甚至令人窒息的时候，这里却是骤生狂风暴雨，雷电会使许多人死于非命。同时也会有大雪，并且还有强大的凛冽寒风，以至于难以骑马。"③

　　明代岷峨山人也对蒙古高原寒冷气候做了较为具体的描述，转述如下："（蒙古草原）地形以西北为最高，逼近昆仑。地高则风劲，即所谓罡风也，故寒。今宣府大同，与之临壤，故亦寒。闻房中夏不挥扇，不衣葛，则其寒可知。至冬多阴风怒号，飘忽溯湾，或卷地扬沙，或蹶石伐木，天日昏惨，咫尺莫辨，即唐崔融所谓，被风卷沙左右不相识者，又或散漫交错，积雪皑皑。"④ 由此可见，在蒙古草原如此恶劣严峻的气候条件下，游牧生产方式也就成了较为合理的选择，它能够有效适应当地特殊的气候条件。我们可以假想，当极端恶劣气候出现时，倘若继续在原地不动，恶劣气候对人类的破坏影响则可想而知。但通过游牧迁徙则可换到另一无异常气候或灾害的土地上继续进行生产及生活，则避免了恶劣极端气候的破坏性影响，这也体现出游牧生产方式的合理性及生态性。

---

　　① 马鹤天：《内外蒙古考察日记》，新亚西亚学会边疆丛书之三，新亚西亚学会出版，1932年版，第6—7页。
　　② （元）李志常：《长春真人西游记》，党宝海译注，河北人民出版社2001年版，第51页。
　　③ ［美］柔克义译注：《柏朗嘉宾蒙古行纪·鲁布鲁克东行纪》，耿昇、何济高译，中华书局2002年版，第26页。
　　④ （明）苏志皋：《译语》，载《内蒙古史志资料选编》第三编，内蒙古地方志编纂委员会总编印室，内部刊印，1985年版，第100页。

（二）游牧生产方式对蒙古草原多变气候的适应

在整个蒙古草原地区，多变的气候也表现在气候年际变动率较大。根据周毅研究指出："在同一时期内，气候的相对变动率较大，超过其他地区。气候的稳定性也较差，在相同的影响力作用下，环境变动远远超过其他地区，恢复原状的功能低。草原自然环境受到各种负面影响后会发生急剧变动，恢复原貌的自动调节功能明显低于其他地区。"[①] 不仅如此，游牧民族生存环境多为高山戈壁等自然环境贫瘠之地，更加剧了当地气候的极端性与多变性。

王元林等分析我国的气候环境分布情况及其特殊性时指出：我国北部地区冬季常常发生极地大陆气团与变性大陆气团的交锋，交锋的界面被称作寒潮冷锋，在内蒙古、东北、华北、西北地区，往往会引起强烈的降温和大风，在东北还会引起雨雪天气。特别是当乌拉尔阻塞高压崩溃时，阻挡下游的冷空气，在西北气流的引导下，迅速南侵，遂暴发一次寒潮天气过程。入侵我国的寒潮分为三路：西路从新疆入境，势力最强，范围最广，影响最大，波及整个北方甚至南下至华南地区，其危害也是最大；西北路（中路）从蒙古高原入侵我国，由于离源地较近，发生次数多，且势力强，降温明显，危害较大；东路（北路）势力较弱，次数少，从内蒙古、黑龙江入境，主要影响东三省，因路经海洋，寒温不强。寒潮主要带来降温、大风和雨雪等，使草原人畜冷冻灾荒，许多地方降雪，出现白灾，危害人畜的生命。[②] 因此，草原地区的特殊气候条件尤其是极端恶劣的气候对于当地人类社会生产及生活带来的破坏性影响是极为关键的，且直接影响人类社会的生产及生活方式的选择。

历史上的蒙古草原自然环境状况对游牧民族选择居停或迁移几乎是发挥着决定性影响。受多变与极端气候的影响，游牧民族是不会永远定居于一个固定区域生产及生活的。根据马可·波罗的记述："每逢冬季来临，就会移居到较为温暖的平原，便于为牲畜寻找水草丰富的地方；夏季到来时，又会迁移至较为凉爽的山里，那里水草较为充裕，又可避免马蝇和其

[①] 周毅：《西部屏障重构：生态安全预警》，内蒙古教育出版社2001年版，第97页。
[②] 王元林、孟昭锋：《自然灾害与历代中国政府应对研究》，暨南大学出版社2012年版，第330页。

他各种吸血害虫对牲畜的侵扰。"① 总之，游牧民族会随着季节变动及自然环境的变化而有规律地迁徙，其基本迁徙规律是"春季居山，冬徙则归平原"②。根据季节、自然环境状况、气候波动及灾害等而游牧。

综合而言，通过人为方式适应草原地区的多变气候，是在长期生产实践活动中，摸索出的一套适应草原气候条件与自然环境特征的游牧方式。如春季，针对牲畜过冬后膘情下降，体力衰弱等情况，牧民对畜群进行分组，怀胎或产后牲畜及瘦弱畜为一群，选择阳坡、背风暖和、距离较近且牧场较好地区进行放牧。春季青草萌芽时，先放阴坡，后放阳坡，逐步由枯草过渡到青草，以保证牲畜体力恢复。③ 再如冬季，冬天频降大雪会将野草覆盖，导致牲畜饥渴难耐。这时牲畜会用嘴唇推开冰雪，啃食枯草以充饥。有的时候牲畜饥寒交迫过甚，往往会顺风疾走，葬送于冰雪中而倒毙。④ 因而在冬季放牧时，牧民会选择洼地地区或者山间盆地放牧，将谷地作为冬季营地。放牧时也先远坡后近坡，先高处后低处。

三 对放牧各类牲畜习性的适应

生物多样性决定了草原地区各类牲畜不同习性和生存特征，人为干预在某种程度上会改变动物习性以适应人类的预期设想，然而这种人为干预对某些动物来说也会导致其面临灭顶之灾。游牧民族在长期生产实践活动中，逐渐摸索出适应各类牲畜习性的游牧生产方式，通过游牧使各类牲畜能够寻找到自己喜食的牧草、自身生存所需的能量等，同时草原自然环境也不至于遭到严重破坏，这对于促进游牧业的发展、草原自然环境维护及人类社会生存等都起到了重要作用。

（一）对牲畜食草习性的适应

不同牲畜对牧草要求不同，如"羊喜食白蒿子，马喜食尖草及哈拉禾奈，牛喜食尖草，骆驼喜食榆树叶子。蒙古草原的植物资源较为丰富，生长着适宜各类牲口喜食的植物。不同的饲用植物的适口性随着放牧牲畜种

---

① ［意］马可·波罗：《马可·波罗游记》，陈开俊等译，福建科学技术出版社1981年版，第62页。
② ［瑞典］多桑：《多桑蒙古史》上册，冯承钧译，中华书局2004年版，第30页。
③ 邢莉、邢旗：《内蒙古区域游牧文化的变迁》，中国社会科学出版社2013年版，第30页。
④ 曾雄镇：《绥远人口调查记》，《西北汇刊》1925年第2卷第10期。

第五章 游牧生产方式的生态维度解读

类及季节生长发育阶段而变化"①。由于天然草原植被种类多样,且各类植被多分散分布,因而游牧民族便选择游牧以适应不同牲畜对不同草类的需求。此外,游牧也是对各类牲畜对饮水习惯的适应,清人徐珂对此记述道:"草贵有碱性,而牛马所饮之水不宜碱,碱水唯驼为宜。"② 牧草和水源是牲畜生存延续所必备的基本能量,而游牧民族放牧牲畜多样性与畜牧生产规模性都对游牧生产带来挑战,在生产力较低的情况下,通过游牧是满足畜牧生产与牲畜生存的重要手段。

就马而言,马的饲养相比于其他牲畜是较为不易的,四季牧场轮牧是适应马生存要求的必然选择。且马的放牧比其他牲畜更为复杂,游牧民族根据长期生产实践,对马放牧四季牧场进行了合理选择,蔡志纯等指出:"蒙古族的养马业非常发达,很早就重视对马匹的放牧,改良繁殖,对马匹的管理也非常严格。成吉思汗时期为了军事上的需要,对马匹的饲养尤为重视。成吉思汗曾任命哈喇赤(牧马官)及千户、百户世袭,专司马匹的训练和提高军马质量。蒙古法中也有保护马匹的法律条文。蒙古牧民经过长期的牧放马匹,积累了丰富的放牧经验。"③ 现将蒙古族四季牧马情形转述如下:

> 马的放牧比其它牲畜复杂,蒙古族根据长期的放牧经验很重视选择好四季收场。他们知道马最喜吃尖草、阿给草、宝套草、碱草。春季牧场,要选择可避免风雪灾害的草场,原因是经过漫长冬天枯草季节,马匹很瘦弱,必须选离河近,地势低或去冬牲畜未曾踏过,可以避风的地方放牧,即选择有苇子、山荒草、蒿草、地势低洼和有树木的沙坨子等地方。春季常有风雪、自然灾害,要用更多的马倌照看,大风雪袭来时,不让马狂跑,因跑后出汗再吃凉草,易得"尚哈德"病,死亡率很高。河解冻期马饮水时需防陷入泥沼中,最好饮用雪化水。春末正是骒马下驹期,初下驹之马往往扔下驹,随群走去,故需格外照看,要用皮褥或大衣保护驹仔以免冻死,还要设法使母马与驹仔相认。

---

① 邢莉、邢旗:《内蒙古区域游牧文化的变迁》,中国社会科学出版社2013年版,第32页。
② (清)徐珂编:《清稗类钞·阿里克牧务》,中华书局1984年版,第2276页。
③ 蔡志纯、洪用斌、王龙耿:《蒙古族文化》,中国社会科学出版社1993年版,第225页。

夏季牧场通常选在离河边不远、潮湿、草高的地方。尽量找活河水饮马,池水容易晒热,对马不利。夏季的五、六、七三个月内,牧民时刻不离开马群,因天气炎热马好到水里站着,尾摆得浑身是水,再经烈日一晒,毛色失去油性光泽,而站立过久会耽误吃草,使马掉膘,故马倌总是在马饮完水后把它们赶到有高草之处。高草虽然不如低草营养价值高,但都是夏季新长的嫩草,马能充分饱餐。夏夜,把马赶到半山坡上,不使其走动,让其悠然食夜草。夏季每隔七、八天把马赶到有碱的地方吃一次草,以补充其身体所需要的碱,增加其食欲,否则马来回走动,什么好草也不愿意吃。蒙古牧民知道有杨树的地方不能放牧,因马被蚊子叮后要向树干摩擦,皮一磨破就会发炎生蛆。

秋季的八、九、十月份是逐水草走"敖特尔"时期。因为秋季是马抓膘的季节,故不管离据点多么远,也要找最好的草场移牧,使马在高处吃尖草,吃饱后下来饮水,途中再吃些碱草。通常有蘑菇圈的地方草长得最好,马都自动寻找饱食。蒙古牧民都知道在秋季还要注意不让马跑出汗来。还需特别注意狼害,马倌必须采取措施如打更等。

冬季天冷要使马多吃碱。因马缺碱就会走来走去不安心吃草,而吃碱就会专心吃草而不走动。冬季可融化冰雪供马饮用。夏季可以充分利用因无水而没有利用过的草场,以尖草、宝特草、阿给草为主。冬季收场被深雪覆盖时,马倌要选择草场。他们知道鉴别宝特、阿给草营养价值高低是看草根是何种颜色,若是黄色,尤其是绿色的便是好草,还可用口嚼,有味道的才是有营养的好草。马有较强的刨雪能力,只要选择好草场,马群能吃到雪埋的牧草。在最冷的"三九"天,马容易掉膘,特别是怀孕的骒马、马驹要特别照顾。要多吃碱,因这时马的眼毛、尾根往往整天结霜不化,多吃碱就会周身舒适,就地打滚,化掉霜冻。吃碱有防止冷冻,促进吃草保膘的作用。马群以200—500匹之间为适宜。再多的好草也会被壮马抢吃,而瘦弱马被排挤得吃不到好草。因此蒙古收民都知道马群不宜过大。[1]

---

[1] 蔡志纯、洪用斌、王龙耿:《蒙古族文化》,中国社会科学出版社1993年版,第226—227页。

第五章　游牧生产方式的生态维度解读

由上述可以看出，游牧不仅满足了牲畜自身生存习惯的特殊性要求，也实现了对草原自然环境的合理开发利用。

此外，各类家畜是不能在同一条件的草原上放牧的，这也是由它们本能不同所决定的，所以放牧牲畜的草原及对不同牲畜的经营也是有区别的。马爱吃草的尖端和籽粒，因而草长得高矮是无碍于放牧的。但羊的牙齿锐利，每每啮到草根，对牧草生长及草原自然环境的破坏性极大。所以放过羊的草场一般是不能再放养其他家畜，尤其是不能放马。可是经过放马的草场是毫无疑问可以放羊的，因为马食草的尖部，放牧过马的草场仍有大量可供放牧其他牲畜的牧草。只不过，放过羊的草场，一年仅能使用一次，除非新草再生，否则是无法继续使用的。① 游牧民族所饲养牲畜的多样性也要求管理方式的多样性，即骆驼、牛、马、羊等都需要通过不同方式加以管理，各类牲畜的所有权与畜产品使用的组合形式多种多样的优势，各类组合都需要重新调整各个部落所需要的牧场及可供多年游动的范围。②

因此，合理使用脆弱草原并应对多变与极端气候，需要游牧民掌握"五畜"平衡的技术，以及掌握适宜各类牲畜生存的季节性轮牧和不同类型草场轮牧的经验。这些技术与经验的形成也是历史时期游牧生产方式能够顺利开展并长期存在的关键所在，同时也有效地维持了历史时期蒙古草原大部分区域的自然环境。

（二）合理安排各类牲畜放牧

掌握各类牲畜生活习性，也能够有效发挥牲畜游牧生产方式对草原自然环境所带来的积极影响，如前文提及的对牛、羊、马、骆驼等不同牲畜的不同放牧规定，以及如何根据各不同牲畜采食习性而合理安排放牧。③此外，游牧民族对牲畜放牧的合理安排也体现在其法律体系之中，游牧民族法制体系大致由三个层次结构构成。基本层次是基于共同宗教信仰与价值观念的"约孙"（蒙古语，意为"习惯"），是大家自觉遵守的基本行为准则。第二层次是依托国家社会强制力量的"吉如姆"（蒙古语，意为

---

① 札奇斯钦：《蒙古文化与社会》，台湾商务印书馆1987年版，第20页。
② 邢莉、邢旗：《内蒙古区域游牧文化的变迁》，中国社会科学出版社2013年版，第332页。
③ （清）徐珂编：《清稗类钞·阿里克牧务》，中华书局1984年版，第2276页。

· 233 ·

"规矩")。最高层次是国家向全国全社会颁布的成文"大法"——"大扎撒"。① 历史时期蒙古草原上存在如此严格的法律规定及社会道德约束,既保障了游牧生产方式的顺利进行,同时也维护了草原地区人与草原自然环境之间的和谐发展。

在草原游牧生产及生活活动中,不同牲畜的生存习性各异,对牧草要求及对牧场的影响也各不相同,且对牧场发展也产生了不同的影响。游牧民族适应各类牲畜习性的游牧生产方式是适应牲畜生存所需而开展的,也是发展游牧经济及发挥游牧生产方式对草场有效影响的必由之路。受此影响,出现了春夏秋冬四季不同营盘的游牧习惯并一以贯之的传承下来,根据郝益东的考察介绍,春夏秋冬四季放牧的大致情况分别为:

秋季走场(敖特尔):秋季是水草最为丰美,走场搬迁最为频繁,牲畜最为肥壮的季节。在进入冬季以前,牧民们千方百计要使牲畜把油膘积累到最为丰满(十分膘)的程度。因为整个冬季草原上牧草干枯,牲畜还有维持接续而来的春季繁殖和哺乳。因而"抓膘"成为秋季的头号任务。秋季的草原也在相当程度上满足了人们的愿望。牧草进入成熟结籽的阶段,营养和能量最为充足。星罗棋布的季节性小河和水泡子这时都充满了水,为集中利用其他季节因缺水而无法利用的草原创造了条件。牧民们有的举家随牲畜搬迁到最偏远的牧场,有的则轻装出发,只有一两个人带一辆篷车、几个水囊或水壶,或者搭一个简易"套包",深入到几十千米外平常视为"缺水草场"抢时间抓膘。秋季抓膘也是考验一个牧民见识和经验的时机。

漫漫的冬营地(额布勒哲):冬季游牧生产的核心要求是"抓膘",也是为了防止牲畜体内贮存的脂肪——能量物质过快的消耗,以便安然渡过冬春半年多的牧草短缺期。选择冬营地的条件,一是要有较高的黄草植株,一方面提供牲畜采食充饥,另一方面则是可以保持雪不被吹走,供牲畜吃雪代替饮水。草原上一般都零散分布着一些地上无河湖、地下水位低、靠传统手工打井无法找到水的地方,被称为"无水草场"。这类草场在暖季因缺水而无法进行放牧,因而在冷

---

① 海山:《蒙古高原游牧文化中的环境道德及其现实意义》,《中央民族大学学报(哲学社会科学版)》2012年第5期。

季成为绝佳的营地。人畜防寒是过冬营地的难题，在有黄柳、红柳等高大灌木的地方，牧民们利用柳条扎成栅栏，在迎风面挂上羊毛毡，给牲畜挡风保暖，这也是游牧状态下较好的防寒方法了。

春季营地（哈布日加）先期过牧退化：春季是牲畜产仔、牧业收获的季节，同时也是草原青黄不接、牲畜极度瘦弱的艰难时期。牲畜在没有任何补饲的条件下，经过漫长寒冷的冬季，体内脂肪能量消耗殆尽，适宜放牧的枯草已经所剩无几，青草尚未萌发。在营养补充跟不上的情况下，母畜还要承担产仔哺乳的营养输出，所以，往往会出现母子双双死亡或者流产、难产、奶水不足、母不认仔的现象。春季是牲畜"生"和"死"博弈的时期，所以春季的保畜率、繁殖成活也就成为衡量工作成败的指标。春季气候变化不定，大风暴雪和气温剧烈波动容易引起自然灾害，引发人畜疾病。春季也是牧民最为繁忙的季节，放牧、守夜时人不可离开畜群，整天都要有人精心观察产仔母畜，白天放牧时，羊群要一分为二，尽量为接羔群保留近处的草场，羔羊出生即装入特制的毡袋，骑马送回营地；晚间出生的则需及时移入避寒的棚舍或者入住蒙古包内。

既繁忙又欢乐的夏营地（召斯郎）：随着天气转暖，青草萌发，肆虐草原的风雪灾害也很少了。按理说，牧民们应该过一段消闲日子了，但是接踵而来各项活计也是永远干不完的。如：剪毛抓绒、减鬃烙印、鞣制皮革、赶制奶制品、牧区贸易等等，整个夏季可谓是四季中最为繁忙的时节。[①]

通过此段介绍可以发现，游牧民族最基本的四季游牧习惯既充分考虑到了蒙古草原特殊的自然地理环境及气候条件特征，同时也有效地照顾到了各类牲畜的生存、采食习性特征及对自然环境产生的不同影响，做到了既合理放牧各类牲畜，但又不过度利用草原，实现了游牧经济的发展及草原自然环境之间的动态生态平衡。

不仅如此，牲畜在游牧过程中，对草场的过度践踏或在某一特定区域内的长期持续践踏也会对草原自然环境造成一定程度的破坏，但适当的踩踏则是有利于草原自然环境的，因为这样能够起到疏松土壤以及将植物种

---

① 郝益东：《游牧变迁》，民族出版社2015年版，第21—27页。

子传播及踩踏入土的作用，有利于草原植被的循环再生与可持续性利用。因此，游牧生产方式是适应牲畜多样性生产方式与经营管理方式的有效举措，也是发挥游牧生产方式对草原自然环境保护性开发利用的重要举措。

蒙古族的民歌《十三匹骏马》中唱道："牧人爱惜大地，大地赐给我们幸福，牧人保护大地，苍天交给我们的任务。"[①] 在草原上，大部分地区草原的植被稀疏，牧草生长期短，一年之中有一半以上的时间牲畜处于饥饿和营养下降的状态中，单纯地依赖天然草原，牲畜只能年复一年的陷入"夏壮、秋肥、冬瘦、春死"的循环之中。[②] 因此，游牧生产方式是对草原自然环境及牲畜习性的高度契合，实现了合理安排各类牲畜的饲养，也由此而构筑起了草原生态系统中人、草、畜之间的和谐共生状态，实现了草原生态系统的动态平衡，符合可持续发展的基本要求。

本章小结

蒙古草原的自然环境与气候条件的特殊性决定了当地无法满足长期持续发展农耕渔猎业或是大规模的商业，历史上，蒙古草原地区的生物量与气候条件也不足以维持日益增长的人口数量及长期定居于一地的生活。根据现阶段科学研究表明，北方干旱半干旱草原区（干旱半干旱草原区，位于我国西北、华北北部以及东北西部等地，涉及河北、山西、内蒙古、辽宁、吉林、黑龙江、陕西、甘肃、宁夏和新疆等10省区）的草原类型以温性草原类、温性荒漠类和温性荒漠类为主，年产干草量约为200—1000千克/公顷，草原载畜量为0.2—0.5羊单位/公顷。[③] 若是将整个草原上的生物量均摊到宽广辽阔的蒙古草原上时，草原地区的生物量显得并不十分丰富，因而如何在合理高效但又不破坏草原的情况下利用这些有限的生物资源，需要人们有所思考并加以反思。

面对草原总量并不十分丰富且地区间分布不均的牧草资源，游牧民族

---

① 金海：《蒙古族生态文化的核心价值观及其表现形态》，载宝力高主编《蒙古族传统生态文化研究》，内蒙古教育出版社2007年版，第34—46页。
② 郝益东：《游牧变迁》，民族出版社2015年版，第28页。
③ 农业部草原监理中心编：《草原执法理论与实践》，中国农业出版社2010年版，第11页。

深谙"肉乳来自青草"的生存智慧,"设法依靠他自己不能食用的粗草来维持生活,把粗草变成他所驯化了的动物的乳品和肉类"。① 游牧生产方式是游牧民族历史发展过程中,适应草原自然环境与气候条件下的特殊生物资源及生物量分布特征而做出的适当选择。《汉书·匈奴传》载:"逐水草迁徙,无城郭常居耕田之业。"②《北史·突厥传》也载:"其俗被发左衽,穹庐毡帐,随水草迁徙,以畜牧射猎为事,食肉饮酪,身衣裘褐。"③ 这是对历史上蒙古草原早期游牧民族生产活动的真实描述,但由此也可看出历史时期蒙古草原上各游牧民族逐水草而居之的游牧生产与生活状态。

"游而牧之"是游牧民族生产与生活方式的基本特征,正是基于此种生产方式的精准选择,不仅维持游牧民族自身的生存延续与可持续发展,也对草原自然环境的有序维护和有效保护产生至关重要的深远影响。这对当代中国绿色发展、生态文明建设以及美丽中国建设,均具有重要的历史经验借鉴价值,值得深入发掘利用。

---

① [英]阿诺尔德·汤因比:《历史研究》上册,曹未风等译,上海人民出版社1985年版,第210页。
② (东汉)班固:《汉书》卷九十四《匈奴传》,中华书局1962年版,第3743页。
③ (唐)李延寿:《北史》卷九十四《契丹传》,中华书局1974年版,第3287页。

第六章　游牧生产方式的生态哲学智慧

　　游牧生产方式是以蒙古族为典型代表的历史时期蒙古草原上各游牧民族在长期生产实践活动中形成的经典生产方式。在历史时期的蒙古草原上，游牧经济始终占据着主导地位，虽在某些历史时期或部分草原区域也出现过或是存在一定的农耕经济，但大多数情况下却是以游牧业为主导的农牧业混合经济。① 或是粗放的漫撒子式农业，农业生产存在较大随机性与不稳定性，人们更多关注的是如何维持游牧经济的发展，农业多是依附性的存在。前一章内容已介绍指出：游牧生产方式是对草原自然环境利用与休养的有效结合，建立在对草原自然规律正确认识并严格遵循基础之上；游牧生产方式在遵循自然规律基础上有效发挥了人的主体作用与调节功能，恰当地处理了人与草原自然环境之间的辩证关系。此外，游牧生产方式既是对草原自然资源的合理开发与利用，同时也做到了对草原自然环境问题的积极修复与保护性开发利用，真正做到了草原自然环境的可持续存在与发展利用并举，体现了人与自然环境之共生和谐。因此，若以生态哲学的视角加以考察，游牧生产方式最根本的生态哲学智慧是在于遵循草原生态规律基础之上的尊重自然、顺应自然、保护自然的生态生存方式与绿色发展理念，体现出游牧民族非凡的生态哲学智慧。

第一节　遵循自然：游牧生产方式的前提基础

　　遵循自然是游牧生产方式的前提基础，游牧生产方式是游牧民族对气候变化与草原生物生存特性规律的精准认识与适时抉择，灾害应对与草原

---

① ［美］拉铁摩尔：《中国的亚洲内陆边疆》，唐晓峰译，江苏人民出版社2008年版，第40页。

第六章 游牧生产方式的生态哲学智慧

生态整体和谐的全面系统获悉与把握，植被脆弱与生态恢复重建危机化解的深刻理解与洞察。游牧生产方式的出现也源于中国地理环境与气候条件复杂性对人类社会出现不同文明形态的影响。施正一曾指出："中国的地质、地貌与地理环境的特殊构造，不仅决定了中国生产力与生产方式发展的基础，形成了北方地域的牧业经济形态，在中部与东部的南方地区农耕经济形态，西部地域的山地经济形态和沿海疆域的渔业经济形态，而且也影响了民族形成与发展的不同过程及其不同文化表现形态，故而有牧业民族与文化，农业民族与文化，山地民族与文化，海洋民族与文化等等。复杂的生态环境与不同的生产类型，决定了多元民族文化的形成与发展。"① 因此，游牧生产方式的出现，也体现出不同地理环境与气候条件对草原游牧民族文化出现的重要影响，游牧生产方式是对草原生态资源的合理开发利用与积极修复保护，游牧经济通过游牧生产方式得以实现并以最小资源消耗获得最佳经济效益和生态效益，其生态哲学智慧及生态价值是值得当下环境保护、环境问题治理及生态文明建设所吸收借鉴的。

一　气候变化与草原生物生存特性规律的认识与适时抉择

所谓游牧，是指游牧民族根据草原气候变化、牲畜生长规律及草原牧草枯荣等情况进行的季节性或非季节性地转换牧场。根据日本满铁调查部对扎鲁特旗、阿鲁科尔沁旗等地的调查报告指出：当地牧民采取季节性迁徙的游牧方式，即每年三季营地游牧，每年四五月份北迁，利用 2—3 天时间，迁至距其约 70 千米的平原放牧。之后北迁至霍林河过夏，转过年四五月份又回到春天营地。除此三季营地迁徙外，还有两季营地放牧形式，这也是最普遍的放牧形式。② 因此，游牧生产方式最大特征体现在游动上，这也是古代草原自然环境在开发利用过程中实现恢复和休养目的的基本手段。在游牧生产和生活过程中，游牧民族从不住在有屋顶的房屋中，并视这种房屋为坟墓。在游牧世界中，找不到一间简单的固定建筑的房屋。③ 游牧生产方式选择是受多方因素影响下形成的，且是对草原生物

---

① 施正一：《施正一文集》，中国社会科学出版社 2001 年版，第 801 页。
② [日] 满铁调查部：《兴安西省扎鲁特旗、阿尔科尔沁旗畜产调查报告》，1940 年版，第 240—248 页。
③ [美] W. M. 麦高文：《中亚古国史》，章巽译，中华书局 1958 年版，第 70 页。

中编　游牧生产方式之生态价值

生存规律的有效适应，实现了人类生存与草原自然环境可持续发展的双赢目标，由此凸显其厚重的生态价值。

首先，游牧生产方式是受蒙古草原地区独特气候及自然环境影响而出现的。草原地区自然地理环境及当地特殊气候是游牧民族选择游牧生产方式的基本自然要素。《黑鞑事略》中载："其地出居庸关，则渐高渐阔，出沙井（赤峰天山县八十里），则四望平旷，荒芜际天间有远山，初若崇峻，近前则坡阜而已，大率皆沙石。"① 再如这一地区的气候状况，"气候寒冽，无四时八节，四月八月常雪，风色微变，而居庸关北，如官山等处，虽六月亦雪"②。蒙古草原处于北温带及偏寒带气候区，季节变更导致草原生物量的增减与繁弱时有出现。受季风气候影响，草原地区多雨热同期，夏季是水草繁茂期，冬季则是枯草期。受到气候等自然因素与草原自然环境变化的影响，游牧民族便随着季节变动及草原的气候与环境等突然波动而时有游动。因而出现马可波罗游历内蒙古地区时见到的，"鞑靼人永远不会居住在固定的一处，冬天来临时会迁到较为温暖的平原，夏天到来后，又会回到山中凉爽处"③ 的游动生产与生活。

其次，游牧生产方式的选择也是受到草原上物质能量多寡的影响而出现的，草原上的物质能量多寡及灾害发生频次的时空分布也是促成游牧生产方式出现的另一成因。如游牧生产及生活活动中的走"敖特尔"，是根据草场和牲畜状况临时进行的迁徙，即当某一草场无力满足牲畜饲草需求或当草场发生灾害时，为牲畜抓膘或减轻受灾草场的压力而暂时性的迁走部分家畜。其实质是牧民根据草场中物质能量和信息的变化而改变其生态位置的一种做法。④ 虽在特殊时期因受草原地区的人口与牲畜压力、自然灾害等的影响而出现临时性的游牧，但这并不是常态，在大多数时期则是根据季节变化而有规律的进行迁徙。

再次，游牧生产方式的选择也是受到草原地区动物资源特征及其生存特征所决定的。如前文所指出的："羊得秋气，足以杀物；牛得春气，足

---

① （南宋）彭大雅撰，（南宋）徐霆疏证：《黑鞑事略》，载王国维笺证《内蒙古史志资料选编》第三辑，内蒙古地方志编纂委员会总编印室，内部刊印，1985年版，第25页。
② （南宋）彭大雅撰，（南宋）徐霆疏证：《黑鞑事略》，载王国维笺证《内蒙古史志资料选编》第三辑，内蒙古地方志编纂委员会总编印室，内部刊印，1985年版，第6页。
③ ［意］马可·波罗：《马可·波罗游记》，梁生智译，中国文史出版社1998年版，第80页。
④ 马桂英：《蒙古文化中的人与自然关系研究》，辽宁民族出版社2013年版，第61页。

以生物。……草经羊食者，下次根必短之节。经牛食者，下次根长一节，群相间而牧，翌年食草始匀。"① 此外，不同牲畜食草习惯也不尽相同，如羊喜食白蒿子、牛喜食草尖、马喜食草尖、骆驼喜食榆树叶子等，这些不同的牲畜采食特征及环境影响也要求放牧区域足够广阔方能实现。因此，游牧民族所饲养牲畜习性决定了不能居于一隅放牧，需根据动物习性与对草原采食影响进行游牧。

最后，在蒙古高原人与草原自然环境的和谐生态系统中，人——"游牧民族"始终扮演着调节者的角色，有意识的为草原生态系统正常运转主动服务。诚如威廉·哈维兰所说："畜牧者是人类适应自然环境的杰出典范，其所饲养的牲畜是对大草原、山区、沙漠及其他非农业区自然环境的适应。此外，牲畜也随着季节变更与其他自然与社会因素的变化而跟随游牧者进行迁徙。在辽阔的大草原上，随着一年一度的天气循环而移动。"② 因此，在人类的干预和主动调控之下，适宜草原自然环境及气候特征的游牧生产方式得以出现，并因其对草原自然环境及人类社会生存的有效维护而在历史时期被长期坚持利用了下来。

二 灾害应对与草原生态整体和谐的全面系统获悉与把握

无论是古代还是现代社会，蒙古草原上自然灾害发生均较为频繁，在前面的介绍中列举了史书中关于内蒙古地区灾害发生次数的统计，受到蒙古地区各草原游牧民族缺少记史传统与编修地方志的制约，这一统计数据尚不完全，但是从今日蒙古草原灾害多发的客观现实也可推知历史时期当地严重的自然灾害。灾害的出现无疑会给人类社会带来深重的灾难，如何应对灾害的出现及减轻或预防灾害，也是历史时期人类社会的一项重要工作，在蒙古草原上也是一样。通过考察可以发现，在草原上，游牧经济及其影响下的游牧生产方式能够有效缓解或是减轻灾害对游牧社会生活的影响，其合理性可以从以下几个维度进行考察。

首先，游牧生产方式是对草原和谐生态系统的积极维护。草原自然生态系统的形成并非是因人的意志而出现的，人也只是草原自然生态系统的组成之一部分，在人类出现之前，自然生态系统就是有规律的存在与发展

---

① （清）徐珂编：《清稗类钞·阿里克牧务》，中华书局1984年版，第2276页。
② ［美］威廉·哈维兰：《当代人类学》，王铭铭等译，上海人民出版社1987年版，第345页。

变迁着的，物种的兴衰、季节的更迭、海陆的变迁等都在有条不紊的进行着，我们不能说一个物种的灭绝就意味着生态系统出现了问题，只能说是物种本身不适应当时的生态系统。因此，人类也是生态系统的物种之一，人的生存依赖于自然，"我们连同我们的肉、血和头脑都属于自然"①。因此，我们不能过高的评价人类在自然环境与生态系统中的位置，更不能将自己凌驾于整个自然界之上。与之相反，我们应该主动地融入自然环境之中，将自己视为自然界的组成之一部分，更要认识和了解能够维持我们生存的自然环境，积极发挥人的主观能动性去协调人与自然环境之间的关系，而不是让自然环境听命于人类的意志，自然灾害的出现就是非人类的意志而时有出现的，且人类社会的非合理行为也会增加灾害发生的频次和强度。因此，我们不能妄想如何可以消除自然灾害，但却可以通过调节人类开发利用自然环境的方式，从而减轻灾害出现的频次、发生强度及对人类社会的影响程度。在蒙古草原上，由于当地的特殊地理环境及气候条件，灾害更是时有发生尤其是较大灾害的发生也较为频繁，而历史时期诸草原游牧民族则是通过游牧生产方式减小了对草原的非合理开发，从而也减轻了因人类而致灾的概率，维护了人与草原自然环境之间的和谐生态关系，从这一维度而言，游牧生产方式能够有效减轻灾害的破坏性影响。

其次，面对自然生态系统中本已存在的自然灾害等破坏性因素，游牧生产方式是以最小代价应付灾害或者说是规避灾害。自人类社会诞生以来，人类是生存在较和谐的生态系统中，然而各类灾害却是存在着的，但发生的频次及强度较之地球形成初期及地质时代而言却是极为微弱的。就旱灾而言，人为因素与自然因素都极易导致旱灾发生，草原旱灾也是各类自然灾害中发生频率和影响最严重的灾害。如"清代内蒙古地区共有 142 年份发生 185 次旱灾"②。唐吉斯指出："我区（内蒙古自治区）位于季风区边缘带，自然环境恶劣。冬季受蒙古西伯利亚干旱寒冷气流影响，而夏季来自海洋的温暖湿润气流的影响小，所以干旱少雨寒冷大风是我区气候特点。一年时间里 2/3 的时间是大风。加上草地退化，生态环境恶劣影响下，使得干旱、沙尘暴、黑灾、蝗灾、雪灾等自然灾害频繁发生。根据内

---

① [德]恩格斯：《自然辩证法》，曹葆华、于光远、谢宁译，人民出版社 1964 年版，第 159 页。
② 包庆德：《清代内蒙古地区灾荒研究》，人民出版社 2015 年版，第 87 页。

蒙古牧区78%的中西部地区500年的旱涝史料分析，干旱年份占据70%—75%，存在'3年约有两年干旱，7年左右一大旱'的规律。1951—1990年，内蒙古牧区干旱频率为92.1%。1998年牧区雨水丰沛，牧草茂盛，但同时遭受了干旱的面积为520万 hm²。由于草场承包，不能游牧受灾地区损失3.1万头牲畜。"① 干旱是制约游牧经济发展的重要自然因素，因为干旱影响着草原上牧草生长、生物量积累、人畜生存水源等。当干旱达到一定程度而使草原不能再为游牧生产提供足够能量供给时，游牧民族便选择"改变生活地点而不是通过人为干预而同干旱对抗"②。游牧生产方式则恰如其分地做到了这一点，更为关键的是，当灾害出现时，都无可避免地会对草场和人类社会造成一定程度的破坏性影响，当人类继续在这一灾害发生区域内生存时，势必会加重对当地自然环境的破坏，对人类社会破坏持续加重也是在所难免的，灾害的破坏性影响会持续增加。然而游牧生产方式则可有效减轻灾害的破坏性影响，并可以通过游动而由灾区转移到非灾区，这对受灾区及人类社会而言都是有益的。此外，游牧也能够有效减轻对灾区的持续性破坏，给自然环境以自然修复的时间和空间，"游牧民族季节性迁移的全部意义就在于恢复牧地的收获量"③。这也更加凸显出游牧生产方式对于抵抗自然灾害的重要价值了。

三 植被脆弱与生态恢复重建危机化解的深刻理解与洞察

人与草原自然环境在相互作用过程中，非合理的人类开发行为或是自然灾害的出现难免会导致人与草原自然环境之间矛盾的激化及草原自然环境生态危机的出现。虽然北方草原上游牧民族有意识地选择了符合草原自然环境与气候条件的游牧生产方式，但环境问题的出现却是无可避免的。环境问题的出现，一方面是由于自然因素变化导致草原自然环境问题及危机的出现；另一方面则是由于人口激增与不合理生产活动等人为因素所导致的。而在历史时期人为环境压力的减轻及环境恢复手段尚不成熟的情况下，通过游牧生产方式化解草原地区生态危机及已破坏自然环境的自我生

---

① 唐吉斯：《内蒙古牧区牧民经济合作影响因素初探——以东乌珠穆沁旗哈日高毕嘎查为例》，《北方经济》2013年第16期。
② 敖仁其主编：《制度变迁与游牧文明》，内蒙古人民出版社2004年版，第337页。
③ [苏联] 伊·亚·兹拉特金：《准噶尔汗国》，马曼丽译，商务印书馆1980年版，第379—380页。

态修复是行之有效的。

　　草原地区自然环境植被脆弱，气候的频繁波动更加剧了自然环境的剧烈变迁。据柏朗嘉宾游历内蒙古地区时的记述："该地区有些地方的某些地带覆盖着稀疏的森林，而其他地区则没有任何树木。"[①] 蒙古草原上自然植被情况是草原生态环境脆弱性较高的直接表现，也由此导致草原自然环境极易遭到人为因素的破坏，又由于当地特殊气候及地理环境而加剧了环境破坏后的恢复难度和恢复周期。根据当代科学研究结论表明："过度放牧会导致草场被牲畜的反复啃食，得不到修养与恢复，致使原本就很脆弱的地表环境失去了应有的植被保护，以及因牲畜过度践踏而引起的土壤结构弱化，进而引发土地的荒漠化。"[②] 因此，在草原上固定于一地的放牧是极为少见的，在历史上也可以说是很难见到的。虽然历史上的游牧人尚无对固定于一地放牧或过度放牧会对草场造成破坏有正确全面的科学认知，但他们在日常游牧生产及生活实践中，草原民族一定很清楚地知道，不同牲畜的生存习性各异，草场并非可以毫无节制的利用，草原利用之后的恢复也需要一定周期，否则游牧先民们也不会探索出游牧生产方式及生存状态。

　　因此，草原脆弱的生态环境特征及特殊气候条件也极易引起环境问题的出现。在古代社会，人类社会的"生产力水平与技术难以实现草原自然生产力的恢复，因此，迁徙是草场恢复肥力的唯一可能的办法，而使牲畜牧者们为迁徙而耗费的劳动成为农业劳动的一种变种"[③]。在传统游牧生产活动中，游牧民族投入巨大劳动和精力进行迁移。不可否认，其迁移过程中带有寻找新牧场的目的，但置于整个草原自然环境下，游牧则是从一处已被利用而需要恢复的草场迁至另一处新的可被利用的草场，使旧草场得以休养生息，这是对草原自然环境的保护性开发与利用，是符合今日所提出的可持续发展与生态文明建设的要求的。

　　综合上述可知，游牧经济是一种生态型经济，游牧经济影响下的生产

[①] ［美］柔克义译注：《柏朗嘉宾蒙古行纪·鲁布鲁克东行纪》，耿昇、何高济译，中华书局2002年版，第25—26页。

[②] 孙德祥、王北、袁世杰：《盐池半荒漠风沙区土地沙漠化发生发展规律的研究》，《干旱区资源与环境》1997年第3期。

[③] ［苏联］伊·亚·兹拉特金：《游牧民族社会经济史的几个问题》，蔡曼华译，《民族译丛》1981年第5期。

也是一种生态型生产。① 然而这种经济具有很大的不稳定性。历史上,北方草原游牧民族时常出现东移与南下,这些都是源于草原地区诸自然因素的不稳定性,也即人口激增、灾害频发、极端气候等导致生存危机的出现,于是出现了人类社会生产及生活的流动。在古代生产力水平较低情况下,"游牧部落摆脱危机的唯一办法是迁徙,通过游动而摆脱危机,但这也是导致游牧民族、部落争夺草原战争的开始"②。当然,这也是游牧经济不稳定性给人类社会造成的破坏性影响,但自然灾害、气候波动等人类生存危机并不是频繁的出现,因而在更多的时期则是游牧生产方式发挥对草原上人类社会与自然环境有益影响的作用。如伊·亚·兹拉特金所说:"游牧民族投入迁移中的巨大劳动不仅是为了开发新的牧地,更是为了要使已经被使用过的老牧场恢复肥力,迁移是古代牧民恢复被用过牧场饲料资源唯一可行的办法。"③ 由此论述不难看出,游牧生产方式有效地维持了草原地区的生态平衡,实现了人与草原自然环境的和谐共存。因此可以得出,游牧生产方式的选择对于历史时期草原自然环境压力缓解、草原自然环境被利用或破坏后的恢复等发挥了重要作用,并积极有效地应对了草原植被的脆弱性及对草原生态系统的维护与已破坏草原自然环境的修复。

第二节 能动功能:游牧生产方式的动力源泉

包庆德曾就人类社会与自然环境之间的关系指出:人既是社会文化的存在,又是自然生物的存在,是这两者的对立统一。④ 在游而牧之的生产方式中,人与草原生态系统保持着动态平衡关系,也依赖于游牧民族主观能动性的合理发挥,但游牧生产方式对草原自然资源的开发与利用是合乎草原自然环境及气候规律的适当行为。而就草原自然资源开发利用与自然

---

① 包庆德:《蒙古族生态经济及其跨世纪有益启示——从生态哲学理论视界审视》,《内蒙古大学学报(人文社会科学版)》1998年第6期。
② 马瑞江:《短链生产的特点与蒙古草原游牧民族的兴衰》,《内蒙古社会科学(文史哲版)》1993年第4期。
③ [苏联]伊·亚·兹拉特金:《准噶尔汗国史》,马曼丽译,商务印书馆1980年版,第379页。
④ 包庆德:《消费模式转型:生态文明建设的重要路径》,《中国社会科学院研究生院学报》2011年第2期。

环境保护两者之间的关系而言，资源开发的科学合理和符合规范是首要的。① 因此，合理发挥人的能动功能是游牧生产方式的第一动力源泉，游牧生产方式既有自觉遵循自然生态节律基础上的"逐水草而居"，又有合理把握自然承载能力基础上的游牧生产与人口控制，这也是历史时期草原自然环境能够有效维持的关键。

一　自觉遵循草原自然生态节律基础上的"逐水草而居"

（一）对草原自然环境生态节律的把握

自蒙古高原地形及草原自然环境形成以来，其自然景观也逐渐由暖湿气候影响下的森林及灌丛植被过渡到典型草原、荒漠草原及荒漠景观。以今日之环境状况考察，"蒙古之沙漠，占全境的三分之一"；若是在蒙古中央地带，甚至清末民初时也是"数千里不见一水，虽盛夏大雨后，不半日而尽涸，水迹难寻，其土性之干燥如此，以故无从耕种，不宜牲畜，是物凋零，杳无人迹"的景象；再论其气候，"径受日光，沙漠旷野，空气干燥，故夏季患酷暑；而广漠平原，温气易散，故冬季又苦严寒"②。由此可见，蒙古草原上恶劣的自然环境状况，无疑给历史时期人类社会的生存生产发展带来了巨大的破坏性影响，虽然人类选择了较为符合草原自然环境及气候条件特征的游牧生产方式，但这也体现出草原各游牧民族对草原自然环境、气候条件及自然节律的正确认识与精准把握。但游牧生产方式在此种自然环境及气候条件下也是很难顺利开展的，因而这也给游牧生产方式的利用带来了极大挑战，如何在遵循自然节律基础上开展人类社会的各项行为活动也就成为历史时期草原上各游牧民族的首要任务。

毫无疑问，人类生存是取诸物于自然，同时人也是自然的产物，人类生存发展的可持续也依赖于对自然环境有机整体的维护。因此，游牧民族在其生产与生活活动中，在遵循草原自然规律前提下，调节自身行为方式以适应草原自然环境与气候条件特殊性的要求。通过"游而牧之"的生产活动而随牲畜有规律迁徙的游居生活。在蒙古草原上，牲畜迁徙规律受到

---

①　包庆德：《生态哲学操作：西部资源环境与经济生态三题》，《自然辩证法研究》2002年第2期。

②　（清）姚明辉辑，夏日钬校：《蒙古志》，光绪三十三年刊本，台湾成文出版社1961年影印版，第108、110页。

第六章　游牧生产方式的生态哲学智慧

自然环境与气候条件的制约,牧民们则也须据此而按照自然节律移动,牲畜和人都要接受自然环境制约。诚如刘钟龄所指出的那样:"大自然的变化成为游牧经济必须顺应的客观规律。面对不可抗拒的严重自然灾害就难免遭受重大损失以至倾家荡产,还要再利用草地环境与资源的有利时节重振家业。这是游牧经济的基本经验。"[①]

因此,游牧民族对人与草原自然环境之间关系的正确认识与精准把握,为游牧民族的持续发展与草原自然环境的可持续开发利用提供了有益的经验与借鉴,更是实现历史时期游牧民族与草原生态系统之间动态平衡的关键所在,值得深入发掘。此外,游牧民族在长期的生产和生活活动中,也逐渐意识到人类对人与草原自然环境系统具有一定调节功能,但这种调节不是随心所欲的,而是根据自然环境与气候条件特征而有所制约的适度调节。所谓适度调节,是有条件有程度限制的调节,并非是无节制的、任意人为干预下的调节。根本而言,游牧民族传统思想中是把人与自然环境有机统一起来。这样既发挥自然能为人类生存发展服务的功能,如在调节牲畜繁育时,游牧民族就需对各类不同牲畜的习性有所了解,发挥人的调节功能以把损失降到最低,因为"有些母畜会将刚产下的子畜遗弃不认,如果不及时采取措施,就会使幼畜夭折,因而需要人工畜养"[②]。再如草场的有序利用,游牧民族根据草原牧场生长状况,进行一年 2—20 次不等的游牧。因此,游牧民族在人与草原生态系统中的调节作用,既保护草原自然环境,同时也维持人类自身生存发展。

地球上的自然环境区域种类纷繁复杂,依据生命生存条件状况,汪涛将地球土地划分为四个基本类型:①高生命区:是最适宜生命生存地区,如热带雨林、沿海低纬度平原地区等;②中生命区:树木极少高原及草原地区;③低生命区:只能生长少量植物,戈壁等地区;④无生命区:荒漠、雪山、极地等,无生命并非绝对没有生命,只是生物量极其缺少。[③]不同生命区内自然环境与气候条件特征各不相同,因而人类生存需要建立在对自然环境与气候条件特征正确认识与准确把握基础上,实现人与自然

[①] 刘钟龄主编:《内蒙古通史:生态环境与生态文明》第八卷,人民出版社 2011 年版,第 434 页。

[②] 金海、齐木德道尔吉、胡日查、哈斯巴根:《清代蒙古志》,内蒙古人民出版社 2009 年版,第 286 页。

[③] 汪涛:《生态社会人口论》,人民出版社 2015 年版,第 99 页。

环境的协调可持续发展。根据汪涛的划分标准，今日内蒙古范围内的大部分区域均处于中低生命区。但在历史发展过程中，并非是人类社会完全顺从自然，或是人为目的性改造自然环境以适应人类所需，这样的生存模式都难以有效实现人类社会与草原自然环境之间的生存和发展延续。

但需要注意的是，游牧生产方式及生产活动并非是在草原上随意的进行游牧，草原虽然不是归属于某个个人所特有的，但是在草原上却是各有分区，也即固定特定部族的放牧之地，草原上的游牧民族也基本上是在各自的部落牧场内进行游牧生产与生活，虽然时有越界放牧事件发生，但是以部落为单位的牧场却是游牧民族游牧生产方式的主要作业区域。若非自然灾害、气候波动或是战争等导致人类生存危机的出现，越界放牧是很少出现的。因此，在人与草原自然环境的双向互动中，游牧民族的行为恰当与否直接影响着草原自然环境的生存状态，一旦打破人与草原自然环境之间的动态平衡，生态环境问题也由此而生，当出现严重环境问题时，人类与草原自然环境都将面临着生存危机，只是情节的轻重不同罢了。

（二）建立在草原生态节律基础上的游牧生产

历史时期蒙古草原上的各游牧民族对"自然对人类的制约性关系"有着清醒认识。人类生存发展必须依赖并利用自然环境，尤其是"改造自然的感性现实地改造自然状况的实践活动，也即人类必须按照人的生存方式，实际的改变自然和人类社会，从而获得自己生存发展所需的物质生活资料，这是无论如何也不可能超越的绝对前提"[①]。这也体现出游牧民族对草原自然环境特征及气候条件的精准把握，并在此认识基础上调节并规范游牧民族自身的各项行为。

在草原上划分牧场（或称为"各有分地"的游牧）至少在匈奴时期就已被记录在文献之中。韩茂莉根据林幹《匈奴史》一书所整理的关于汉代部分匈奴诸王之驻牧地情况（如表6-1所整理）及清以前各草原游牧民族的分地放牧的记述，分析了蒙古草原上自匈奴以至清代以前分地放牧的一般情况，将其称为"游牧空间—各有分地"，笔者也认为此归纳与评价是十分妥当的，故以此较早文字记载中有关游牧民族的游牧分区情况加以介绍，如表6-1所列内容。

[①] 包庆德、彭月霞：《生态哲学之维：自然价值的双重性及其统一》，《内蒙古大学学报（人文社会科学版）》2006年第2期。

第六章 游牧生产方式的生态哲学智慧

表 6-1　　　　　　　　　部分匈奴诸王及其驻牧地

名称	驻牧地
浑邪王、休屠王	今甘肃河西走廊一带
犁污王、温偶駼王	今甘肃河西走廊以北地区
姑夕王	今内蒙古哲里木盟、昭乌达盟、锡林郭勒盟一带
左犁污王	今内蒙古托克托县北部地区
日逐王	今新疆焉耆一带
东蒲类王	今新疆准噶尔盆地西南部地区
南犁污王	今贝加尔湖一带
於軒王	今内蒙古锡林郭勒盟一带
右奥鞬日逐王	今蒙古人民共和国满达勒戈壁一带
左伊秩訾王	今甘肃居延海北 600 余里处
皋林温禺犊王	今新疆吐鲁番及巴里坤湖一带
句林王	今甘肃居延海北 600 余里处
呼衍王	今新疆吐鲁番及巴里坤湖一带
伊蠡王	今新疆吐鲁番以西腾格里山一带

资料来源：主要依据韩茂莉《中国历史农业地理》下册（北京大学出版社 2012 年版，第 817 页）内容所整理制成的表格，并参照了林幹《匈奴史》（内蒙古人民出版社 1977 年，第 35—47 页）原文出处内容，对于表格中所罗列匈奴王，林幹先生基本依据《史记》、《汉书》及《后汉书》所载内容整理而成。

通过表 6-1 对部分匈奴王及其分地的介绍可以发现，当时的部落诸王所辖牧地是极为宽广的，这也是大多数历史时期蒙古草原上诸游牧民族的游牧生产及生活的常态，这较之于清代盟旗制度下在旗境内或是旗内更狭小范围内还要继续划分牧场且对越界放牧予以严惩而言，历史上各有分地的游牧是更能发挥游牧生产方式的生态价值。

对于清代盟旗制度影响下的放牧生产及对越界放牧的惩处在前文中已有提及，本部分再选取清初对蒙古地区划定界限放牧及对越界放牧惩处的档案资料，进一步展现出清代旗内"定牧"及对于游牧生产方式影响的理解，具体规定及惩罚措施如下所述：

　　奉汗谕：济尔哈朗诺颜、萨哈廉诺颜，于申年孟冬初五日，前往席日勒济台，划定牧界，订立法规。们楚克至巴噶萨尔为孙杜棱；巴噶萨尔至浩塔齐为巴林；浩塔齐至桦堂为敖汉、奈曼；桦堂至毕茹图

· 249 ·

中编 游牧生产方式之生态价值

杭安为四子、达赖,毕茹图杭安至塔尔浑为扎鲁特。自所划订之牧界,进入他人之界者。若为诺颜,则罚马十;若为平民,则罚其长马一;若越希喇木伦河,则视其为敌。

杀来投之逃人者,若为诺颜,则罚十户;若为平民,则尽屠杀人之人,其妻子家产牲畜由所投诺颜取之。诸诺颜若交出杀逃人之人,则由该诺颜尽收其妻子家产牲畜,并应加倍给所投诺颜以补偿。若为被人首告者,其杀人者之妻子家产牲畜,由出首人及该逃人之所投诺颜二人平分之。

若诸诺颜行窃,则罚马百、驼十;若平民行窃,则尽屠行窃之人,执送其妻子家产牲畜,不得赎回,由牲畜主人及出首人平分之,并罚盗贼所属之长马二。若诺颜自行交出盗贼,则加倍给予抵偿及使臣酬劳,其妻子及所余家产牲畜,则由该诺颜取之;若平民行窃,则自其所属部诺颜加倍索要,抵偿及使臣酬劳;呈控牲畜被盗,若获畜毛,则将盗贼仍以死罪定拟。若其长交出盗贼,则依出首之例取之。诸诺颜若窝隐盗贼后,原赃发觉并由人出首,则罚该诺颜马二十、驼二,斩其户所属长。

十家设长一。若未设长,则罚其诺颜马五。所有罪行,诺颜若以向他人出首为由责罚证人,则罚该诺颜马十、驼一,其所责罚之牲畜还给主人。原告、被告二者内,由盗贼付给使臣及原告方证人酬劳。若获被窃之牲畜,其所获之人选一上等牲畜取之。二位诺颜若合谋不治盗贼以死罪,则各罚马二十、驼二。不容搜者,以死罪定拟。是日于牧界若有踪迹者,则令立誓。为过往之人提供释马,否则罚希杜棱牛。

不论何方有敌前来,掳掠邻边部族,所有各部将家产牲畜收送内地,并领所有兵马,速集于被替之境。未前往会兵之诸诺颜,驱逐出国。会兵之后,于追敌途次之过失,所会诺颜公议裁之。

箭袋人逃逸,若系二十人,则由本部追赶;若系二十人以上,由伴牧之部,计量逃人多少追赶。未追者,罚马二十、驼二。阖部逃逸,不论部分,均照军制,起程追赶。若诺颜等有未追者,驱逐出国。所有人等,若追赶逃人,杀死逃人头目,其掳获之物,则归追赶者所有。若使逃人头目逃脱,则不与掳获之物。

所有议罪之人,由其事主前往议取,倘若不与,则请其所属扎萨克诺诺颜，遣使前往有罪之人处，骑其乌拉、食其糜，给议之。若确有命案，则请汗派遣使臣。

诺颜杀死逃人，所罚十户。信马由组而来之逃人，诺颜行窃所罚马一百、驼十。诺颜窝隐盗贼后，原赃发觉所罚马二十、驼二。罚未设什长之诺颜之马五，罚未追赶逃人之罪之马二十、驼二，罚责罚出首人之诺颜之马十、驼一，二位诺颜合谋不治盗城以死罪，所各罚马二十、驼二，依此律罚之者，由汗取之。

天聪六年孟冬初五日。[①]

因此，历史时期蒙古草原上的各游牧民族及部落分别拥有较为宽广的牧地，且各游牧民族也是以此部落为单位而进行的游牧生产与生活，也是清代以前游牧生产方式能够有效发挥其在处理草原游牧民族与草原自然环境之间和谐关系的必要前提。概括而言，对自然规律的正确认识，才是实现人与自然环境和谐共存的关键所在。人类的行为活动如果遵循自然规律，那么人类就可以受益于自然，人与自然环境之间的关系就有望达到和谐融洽的状态，自然资源也可以得到更新和延续；相反，自然环境与资源就会受到破坏，会直接导致环境质量下降，生态就会失衡，最终也将影响到人类社会的生存与发展。游牧生产方式的选择是游牧民族对草原自然规律的正确把控，更是实现了对草原自然环境与自然资源的合理利用，具有较高的生态价值。

二 合理把握自然环境承载能力基础上的游牧与人口控制

人类作为有思想意识的存在，是行为活动的主体，同时也是游牧生产方式的创造者与践行者。但游牧生产方式对人类社会的制约性影响却是长期存在的，受制于此，游牧民族便通过调节自身行为而适应游牧生产方式的特殊性及制约性，从而维持游牧生产方式的长期利用及人与草原自然环境之间的动态平衡关系体现在如下四个方面。

首先，游牧民族根据草原的自然条件选择了游牧生产方式，游牧生产方式是草原游牧民族在长期生产和生活中根据蒙古草原地理环境、季节变

[①] 《申年法规二（天聪六年十月初五日）》，载李保文选编《天命天聪年间蒙古文档案译稿（中）》，《历史档案》2011年第4期。

化和草原自然环境承载力等一系列自然条件而做出的适应自然生态环境演化规律的合理选择。① 如前文已指出《马可·波罗游记》中的记载："鞑靼人永远不会固定地居住在某一地区，冬季来临时，会迁到较为温暖的平原，便于牲畜躲避严寒；夏季来临时，会迁至山中凉爽之处，便于牲畜躲避虫害与高温。"② 由此可见，草原自然环境与季节的变化，是决定游牧民族生产活动的先天条件。因此，游牧民族选择游牧生产方式实现游牧民族的生存发展与草原自然环境的维护。

其次，游牧民族根据草原自然条件而选择适合于游牧生产活动的"游居"生活。游牧生产方式的产生基于草原自然环境与较为干旱寒冷的自然条件，依托游牧民族独特的生产方式，综合人类社会与自然环境的双重条件才得以形成。③ 在这里，笔者想还是有必要重复一下前文中已经提及的关于历史时期部分草原民族的游牧生产状况。《汉书·匈奴传》载："逐水草迁徙，无城郭常居耕田之业。"④《北史·突厥传》中载："其俗被发左衽，穹庐毡帐，随水草迁徙，以畜牧射猎为事，食肉饮酪，身衣裘褐。"⑤ 这是对游牧民族早期生活场景的描述，也是游牧民族在清代"盟旗制度"下"定牧"生产方式出现之前的基本生活范式。清初，"清朝在蒙古地区推行划分牧地，设旗编佐，严禁蒙古各部游牧人跨旗放牧。自此，蒙古地区传统畜牧业中实行的逐水草而居的远距离游牧的'古列延'方式基本结束，出现了旗内小范围的'阿寅勒'式的游牧方式"⑥。但相比于北方草原自然环境的发展历史，清代定牧游猎是较为短暂的，因而传统游牧生产方式对当地自然环境的影响更为显著，其对历史时期草原自然环境的维护及被破坏自然环境的修复更加有效。

再次，游牧民族通过调节与控制自身行为而保持游牧生产的顺利进行，这主要是通过游牧民族统治阶层的官方制度规定及游牧民们生活中

---

① 包庆德：《从生态哲学视界看游牧生态经济及其启示》，《自然辩证法研究》2005年第5期。
② [意] 马可·波罗：《马可·波罗游记》，梁生智译，中国文史出版社1998年版，第80页。
③ 包庆德、蔚蓝、安昊楠：《生态哲学之维：蒙古族游牧文化的生态智慧》，《内蒙古大学学报（哲学社会科学版）》2014年第6期。
④ （东汉）班固：《汉书》卷九十四《匈奴传》，中华书局1962年标点本，第3743页。
⑤ （唐）李延寿：《北史》卷九十九《突厥传》，中华书局1974年标点本，第3287页。
⑥ 金海、齐木德道尔吉、胡日查、哈斯巴根：《清代蒙古志》，内蒙古人民出版社2009年版，第294页。

第六章 游牧生产方式的生态哲学智慧

约定俗成的社会道德约束所控制。就统治层面而言，元朝时针对草原自然环境保护与游牧生产方式利用最为突出，如至元二十四年（1287）二月下令："禁畏吾地禽兽孕挚时畋猎。"至元二十五年（1288）又下令："敕驰辽阳渔猎之禁，唯毋杀孕兽。"①《元典章》也载："从正月为头至七月二十八日禁猎。"② 因此，以蒙古族为代表的各草原游牧民族通过对自身行为的有效调节，有效维持了草原自然环境的生态平衡。

最后，游牧民族对本区域人口数量的控制，有效控制因人口过度增加而导致人地矛盾的出现与激化。不仅如此，"人口的过度增长所造成的消费需求绝对量的增加，对生态系统所造成巨大的冲击"③。至清末时，内蒙古部分地区人口始终控制在草原自然环境所能承载范围内。如清末民初时内蒙古地区社会生活场景，"蒙人生涯，端资牲畜，挚养生息需广阔之领域。聚族而居，实与其生计不能相容，故村落之集团，多不过二三十户，少或二三户，远隔数里或十余里。开放地域外，几无市街，平沙无垠，人迹罕见，草泉深处，始有人居，其与内地比邻者，情形稍异"④。但部分移民及土地开垦时间较早且规模较大的地区人口密度已较大，如前文提及的土默特地区及科尔沁等地，这些地区的环境问题也较为凸显。

前文中已经提及历史时期蒙古高原上的人口数量及分布，即13世纪末到14世纪初的蒙古草原上人口数量较多，漠北蒙古地区人口增长到200万以上，此外，13—14世纪的蒙古人中还有约200万外族人口，主要有契丹人、汉人、女真人、西夏人以及信奉伊斯兰教的民族，其中契丹人的数量最大。汉人在蒙古人中的数量也很大，约有数十万之众。经历了元末明初的战乱影响，内蒙古草原上的人口数量有所减少，但自从1480年达延汗重新统一蒙古时，各部之间的内战基本结束，并与明朝建立和平互市关系，出现相对的安定局面，从而使人口又逐步回升，但整体而言人数并不大。统计指出，自1480年至1643年的163年间，蒙古族人口数量又回升增加33万，至明末时统计，共计为193万人。⑤ 清末大部分蒙古地区仍是

---

① （明）宋濂等：《元史》卷十五《世祖本纪》，中华书局1976年标点本，第307页。
② 《元典章》卷五《兵部·捕猎》，中国书店出版社1990年版，第79页。
③ 包庆德、张燕：《关于绿色消费的生态哲学思考》，《自然辩证法研究》2004年第2期。
④ 临川花楞《内蒙古纪要》，台湾文海出版社1916年版，第38页。
⑤ 王耿龙、沈斌华：《蒙古族历史人口初探（11世纪—17世纪中叶）》，《内蒙古大学学报（哲学社会科学版）》1996年第5期。

人口稀少区，尤其是蒙古草原西部自然环境与气候条件相对恶劣地区，如民国时期额济纳旗，1926年，马鹤天考察内外蒙古时记述，"仅河沿岸有人居住，余无人，全境仅一百二十余家，约四百余人，喇嘛五十余人"[①]。由此可见，即便是在清代大量移民迁入的情况下，自然环境与气候条件相对较差的阿拉善等地区的人口仍相对较少，对于历史时期内蒙古地区人口，可参见表6-2所统计之历史时期部分年份内蒙古地区的人口密度。

表6-2　　　　　　内蒙古地区历代人口密度统计　　　　单位：人/km²

年代	2年	140年	282年	609年	640年	713年	752年	813年	980年
人口密度	1.26	0.69	0.74	0.84	0.72	1.03	0.94	0.97	0.59
年代	1079年	1210年	1381年	1491年	1685年	1749年	1767年	1790年	1820年
人口密度	0.84	1.07	0.68	0.96	0.63	0.77	0.82	0.88	0.97
年代	1840年	1860年	1880年	1898年	1912年	1925年	1928年	1931年	1936年
人口密度	1.03	1.10	1.17	1.24	1.29	2.25	2.65	2.65	2.66
年代	1953年	1957年	1964年	1980年	1983年				
人口密度	5.08	7.66	10.27	15.62	16.28				

资料来源：暴庆五《草原生态经济协调持续发展》，内蒙古人民出版社1997年版；盖志毅《草原生态经济系统可持续发展研究》，中国林业出版社2007年版，第122页。

由表6-2所整理数字可知，历史时期游牧民族对自身人口数量的有效控制，对草原自然环境维护发挥重要作用，这也是受到游牧经济产出物资有限及畜产品较之农产品不易长期存储的制约，从而影响到人口数量难以大量增长。

由以上诸段论述可知，对自然环境的合理利用可以保证在不破坏生态平衡的情况下维持人类的生存与发展，也有利于生态环境的可持续存在与永续发展，因而可以人为的培植或是控制不同种类植被的生长，从而促进草原生态环境的优化，同时也因人为放牧牲畜而采食了草原上过多的生物量，促进了生物之间物质的新陈代谢。在人与草原自然环境的相互作用过程中，游而牧之的生产方式体现了人对人类自身行为的有效调节及对草原自然环境与气候条件特征的精准认识与把握，这也是对人类主观能动性的有效发挥，最终实现了人与草原自然环境的可持续发展。

---

① 马鹤天：《内外蒙古考察日记》，新亚西亚学会出版，1932年版，第30页。

第三节　顺势而为：游牧生产方式的终极趣旨

顺势而为是游牧民族选择游牧生产方式的终极趣旨，相比于农耕民族在农业生产过程中对自然环境原貌的改造性利用，游牧生产方式更符合草原地区的自然环境特征与气候条件，有序维持了历史时期草原上的生态平衡，也凸显了游牧经济较之农耕经济更适于草原自然环境的优越性，对草原生态平衡的维护也是游牧生产方式的最高目标追求。

一　游牧休养对草原生态的促进与持续利用

游而牧之的生产方式是维持千百年来蒙古草原生态平衡的重要手段，也是历史时期各草原游牧民族的精致精当之选，并实现了对历史时期蒙古草原地区自然环境利用的同时也进行了有效维护，也保证了游牧民族的生存发展，因而是有其合理性的。

首先，游牧是缓解人、畜、地之间危机的恰当方式。拉铁摩尔曾就此指出："汉族与草原民族是难以融合的，因为众所周知的是，草原社会并非中原地区那样是以土地所有权为基准的，没有一个单独的牧草是有价值的，除非使用它的人可以随时转移到另一草场上，因为没有一个草场能够经得起长期放牧。"[1] 可以看出，草场资源的开发利用应该具有一定间歇性才是合理的，在开发利用过程中会对自然环境进行一定改造，由此也会导致环境问题的出现，这就需要自然或人工恢复过程。在生产力水平较低的情况下，自然恢复则显得尤为关键。在粗放条件下，游牧是解决牧场和牲畜之间矛盾最适宜也是最可行的办法。通过游牧可以实现对草原自然环境的保护性开发利用、牧场繁殖能力恢复和提高，也是增强牧业经济效益的有力措施。

其次，游牧是发挥牲畜对草原自然环境积极影响的重要方式。牲畜粪便并非都能成为补给草原土地的肥料，长期在一地堆积牲畜的粪便极易导致蚊虫滋生，不仅无法成为草原植被生长的肥料给养，反而会成为有害干扰，也直接影响到人类社会的生存并给各类放牧牲畜造成传染性病虫灾

---

[1]　[美]拉铁摩尔：《中国的亚洲内陆边疆》，唐晓峰译，江苏人民出版社2008年版，第47页。

害。此外，游牧不仅可以分散牲畜粪便，避免出现长期堆积一地的有害影响，同时分散的牲畜粪便在草原上，也成为草原的天然有机粪肥补给。然而一旦草原上的游牧生产难以维系，则草原生态维护所需粪肥补给也将中断。《归绥县志·经略志》曾记载：这一地区"地广人稀无从得粪，以沙地而无粪培，耕种久则地力乏，往往种而不生，必须歇一二年后，始终以年，方能收获"[1]。粪便虽然是蒙古草原上的重要肥料补给，然而过多而不能发酵的粪便与干燥粪便甚至会成为影响草原生物生存的杀手。如果一类家畜在同一草场上排泄物增多而得不到有效化解，就会成为有毒物质，也会造成牧草与牲畜的死亡、草原自然环境的恶化，甚至还会导致传染病流行。反言之，通过游动而有效分散了牲畜排泄物，即有效分解了这些排泄物对草原的污染。更为重要的是，这些排泄物四散在草原上，也成了草原自然环境所需的补给物。

再次，游牧过程也是播种与促进草原植物生长、繁衍过程。自然界中大多数显花类的植物依靠动物进行传粉受精、结实与后代繁衍。据统计，高原地区"植物靠动物传粉是互惠共生的一种特殊形式，是人工所不能代替的。在已知繁殖方式的24万种植物中，70%的农作物和牧草需要动物传粉"[2]。在以蒙古族为代表的游牧生产与生活活动中，牧民们在放牧时会收集优良草种，并随身携带，在游牧过程中会播撒所采集的种子，促进牧草生长与繁殖。此外，游牧过程也是通过人工驱使动物迁徙而促进草原植物生长、繁殖的过程。这对于改良牧草种类、繁荣草原牧场、维持草原生态平衡等具有重要作用。

最后，随季节而进行的游牧生产方式也是充分合理利用草原牧草资源的关键。草场牧草的质量与数量是开展游牧生产与生活活动的决定性因素。通常而言，在畜群规模一定的情况下，在水草丰茂的地方迁徙次数少，停留的天数多；反之，则迁徙的次数多，停留的天数少。根据四季里草场质量的变化，确定春夏秋冬的四季轮牧营盘，也有根据营盘内水草的变化加以选择游牧地，自觉调节草畜之间的动态平衡。[3] 因此，游牧民族

---

[1] （清）郑裕孚：《归绥县志·经略志》附录，光绪十二年同知方龙光上归绥道禀，1934年铅印本。

[2] 何亚平、刘建全：《青藏高原高山植物麻花艽的传粉生态学研究》，《生态学报》2004年第2期。

[3] 马桂英：《蒙古文化中的人与自然关系研究》，辽宁民族出版社2013年版，第57页。

根据畜种的营养需求与牧场牧草的长势，按季节轮牧或倒换牧场，这样既保证了植物与牲畜的生长，同时也有效利用了草原牧场上的剩余生物量。[①] 从这一角度而言，游牧生产方式是较为合理的，也是较为适宜草原自然环境与气候条件特殊性的。

需要注意到，一旦草原自然环境遭到破坏，尤其是草原出现的沙漠化等环境问题，对生态系统本身及人类生存所造成的恶劣影响极为惨痛。清代以来蒙古草原上游牧生产方式逐渐遭到破坏，环境问题也日渐严峻，集中体现在草原自然环境的恶化及沙漠化等方面。依据现代对内蒙古自治区及毗邻地区各草原区域沙化及荒漠化对大气中 CO_2 含量变化影响的研究，如表 6-3 整理。

表 6-3　近 40 年来内蒙古部分地区沙化土地扩大与 CO_2 释放量

地区	正在发展的沙漠化土地			强烈发展的沙漠化土地			严重沙漠化土地		
	平面 Km^2	C (%)	含碳量 (Mt)	平面 Km^2	C (%)	含碳量 (Mt)	平面 Km^2	C (%)	含碳量 (Mt)
呼伦贝尔	1542.5	0.538	6.640	284.9	0.164	0.374	64.5	0.284	0.147
科尔沁草原	7831.8	0.385	24.134	4057.8	0.117	3.800	1761.8	0.126	1.777
西拉木伦河上游	1761.3	0.293	2.721	1942.4	0.075	1.166	2436.5	0.073	1.424
察哈尔草原	3804.9	0.095	2.893	7458.6	0.043	2.567	1611.8	0.037	0.477
晋西北及陕北	3327.0	0.050	1.349	4754.9	0.016	0.609	12271.0	0.026	2.554
鄂尔多斯	3994.1	0.124	3.964	7997.4	0.037	2.368	15266.8	0.066	8.065
阿拉善地区	606.1	0.100	0.485	7191.3	0.099	5.698	431.9	0.099	0.342

资料来源：段争虎、刘建明、曲建军《中国土地沙漠化对大气 CO_2 含量的影响》，《干旱区资源与环境》1996 年第 2 期。原文中所罗列地区较多，笔者仅选取内蒙古地区加以介绍。

由表 6-3 所统计数据可以发现，草原退化也就意味着草原生态系统对 CO_2 的吸收能力减弱，也可推知历史时期草原环境沙化对人类社会造成的影响，尤其是对大气中各类气体组成成分的影响，无论是人还是生态系统中的其他生物，绝大多数都是喜氧型生物，都是离不开空气的。因此，草原植被退化及沙漠化的出现，对整个草原生态系统及人类社会造成的消极影响都是极为显著的。

---

① 内蒙古农牧学院：《草原管理学》，农业出版社 1981 年版，第 86 页。

二　整体生态意识下牧草为生命之根的劳作

包庆德曾就生态存在和生态意识之间的关系指出：不是生态意识决定生态存在，而是生态存在决定生态意识。[①] 存在决定认识是一个基本哲学常识，在此认识基础上，我们可以发现，无论农耕或是游牧经济的选择与发展，都是建立在对自然环境正确认识与利用的基础上。纵观地球上普遍出现的荒漠化或生态环境问题的各个区域，多是由于过度砍伐、过度开垦或过度放牧等无节制的索取自然的行为而出现的。

就农耕民族而言，农业生产活动各要素中，土地是其中之一，通过人为干预而使土地向人所需要的方向改变，其造成的环境代价是极为惨重的。尤其是在古代生产力水平较低的情况下，多是通过扩大耕地面积而发展农业经济。如毁林开荒、围湖造田、草原垦殖等，都是对土地"先破后立"的过程。这在自然条件较为优越的中原及中国南方地区或可施行，虽也不可避免地会对自然环境造成一定破坏影响，但由于这些地区的自然环境与气候条件均较优越，自然环境利用后的恢复周期也较短，且人类社会在长期的生产劳作中也积累了丰富的维护自然环境可持续利用的生态认识，因而可以有效保证人与自然环境之间的生态平衡关系。然而当所开发地区的生态环境脆弱、气候波动较剧烈时，自然环境一旦破坏后便很难修复，这也是历史时期蒙古草原上土地开垦导致环境问题出现的重要成因。

相比于农耕民族向土地的索取及对土地的改造性利用，游牧经济则是建立在单纯依赖草原自然环境的基础上，利用草原自然环境原初生物而选择并长期坚持利用了游牧生产及生活方式。农耕区较为优越的自然条件或可支持较大程度的自然索取，但在草原地区的这类索取则是难以维系的。历史时期蒙古草原大部分垦区都很难长期维持存在下去，垦种土地的荒漠化就是较好的例证。因此，通过游牧生产方式则可恰好地实现对草原自然环境的保护性开发利用，诚如英国历史学家汤因比指出的那样：游牧是最适合草原自然环境特征的人类生产方式，不仅可以开发和利用自然，也不

[①]　包庆德：《论生态存在与生态意识》，《北京林业大学学报（社会科学版）》2005年第1期。

至于把草原变成不毛之地。① 游而牧之的生产方式中，牧草是游牧行为的物质基础，牧草生长和增减直接影响着游牧民族的兴衰与游牧生产方式的能否维系。因为，丰美的牧草是牲畜能够生存下来的基础，更是游牧生产方式开展的必要前提。有了丰美的牧场才有可能培育出肥壮牲畜，有了足够数量的肥壮牲畜，才能确保游牧生产方式的持续开展及游牧民族的生存和发展。

因此，游牧民族的劳动首先体现在保护草原自然环境，牧草可以说是游牧生产及生活活动开展的动力来源，游牧业的发展可以说是完全依赖草原自然环境。当人的劳作投入天然草原自然环境时，游牧人便逐渐掌握了干旱、半干旱草原自然状况，以及气候、土壤、水源、植被、风向等草原环境的基本自然规律，游牧民族也按此规律而主动选择了游而牧之的生产方式。由此可见，游牧过程中游牧民族自觉了解自然规律，逐渐形成并确立起游牧生产方式，有效维护草原自然环境，这也体现出游牧民族整体生命意识之下的游牧生产与生活。

三 当代环境问题的思考及游牧生产方式的启示

20 世纪以来尤其是在 20 世纪后期及 21 世纪初期，无论是世界还是中国，都出现了严峻的生态环境问题，严峻的环境问题也日益成为制约全球及中国生存和发展的关键因素。就我国而言，根据汪涛的考察：21 世纪以来，"中国土地荒漠化的速度以每年超过 2000km² 的速度增加。通常情况下，土地荒漠化直接导致物种丰富程度降低，也会导致生物质量日益降低。甚至引起珍贵稀有生物物种数量与种类的减少，以及劣草和杂草的增多。因此，迅速发展的荒漠化无疑也是对生物多样性的威胁"②。

就内蒙古地区草原自然环境而言，前文已提及清代以来当地的环境问题已是极为严峻，相比于全国其他各区域而言，其破坏（尤其是向着荒漠化方向）程度有过之而无不及。荒漠化缩小了人与各类生物的生存空间、破坏生产能力、影响生活质量、加剧生态恶化。③ 内蒙古的绝大部分地区

---

① ［英］阿诺尔德·汤因比：《人类与大地母亲》，徐波等译，上海人民出版社 2001 年版，第 78 页。
② 汪涛：《生态社会人口论》，人民出版社 2015 年版，第 102 页。
③ 包庆德：《内蒙古荒漠化现状分析与对策研究》，《内蒙古社会科学（汉文版）》2002 年第 6 期。

| 中编　游牧生产方式之生态价值

在历史时期均是以草原自然环境为主，然而草原自然环境退化也成为时下最主要的生态环境问题，草原在人为破坏及土地改造利用的过程中不断萎缩，土地沙化及荒漠化面积持续扩大，对人类社会生存延续的危害也日益加深。据统计，目前全区荒漠化草原面积达9538万公顷，占到土地总面积的82.58%。其中，有2/3耕地处于水土流失区，风蚀土地面积有6378万公顷，占到土地总面积的55.2%，盐渍化土地约有320万公顷，占到土地总面积的2.77%。第三次草场调查数据显示，全区退化的草场面积已经占到了可利用草场面积的一半以上。[①] 内蒙古地区的草原环境问题业已十分严峻，并已严重威胁到人类社会的生存发展。

综合而言，当下中国及内蒙古地区的环境问题已严重威胁到当地甚至是整个中国的生存发展。不仅是中国，环境问题也成为全球范围内的公共问题。追溯环境问题的发展历程，主要还是受近代工业文明发展影响，人对自然环境征服与掠夺程度加重，人与自然环境之间关系对立凸显。再者，则是因为人类非合理的开发利用活动而导致自然环境遭到的破坏。因此，环境问题需要且也必须引起人们关注。环境问题的解决势在必行，这也需要反思造成环境问题的根源，同时更要思考历史上自然环境能够有效维持的历史经验，以便更好的开展环境保护及环境问题治理工作。

马克思曾指出："不同的共同体在其各自的自然环境中，找到不同的生产资料和不同的生活资料。因此，它们的生产方式、生活方式和产品，也就各不相同。"[②] 在此认识基础上，我们回归到草原上人与自然之间的关系中，游牧生产方式是适应草原地区自然环境与气候条件而出现的，同时也因游牧生产方式能够有效维持草原自然环境可持续发展与人类生存之间的关系而被长期坚持利用。游牧生产活动注重协调人与草原自然环境之间的和谐关系，也关注人在谋求生存与发展过程中同自然竞争的现实。因此，游而牧之的生产方式既反对盲目的、破坏性的、掠夺性的开发草原，又主张在认识草原自然规律的基础上，巧妙地、可持续地、永续性开发和利用自然资源，这也是值得今人治理环境问题、环境保护及生态文明建设

[①] 刘钟龄主编：《内蒙古通史：生态环境与生态文明》第八卷，人民出版社2011年版，第442—443页。

[②] 马克思：《资本论》第1卷，中共中央马克思恩格斯列宁斯大林著作编译局编译，人民出版社2004年版，第407页。

借鉴的。

因此，在游牧民族的历史发展过程中，形成了人与草原自然环境之间和谐相处的生态观念，游牧生产方式对草原自然环境的维护更是功不可没的。游而牧之的生产方式在蒙古草原地区千百年来的发展过程中，更有效地维护了草原地区的生产力及草原上的生物多样性优势，实现了游牧民族与草原自然环境之间的和谐共存与永续发展，因而其生态价值是值得开发和借鉴的。总之，游牧生产方式是北方草原游牧民族历史发展过程中对草原自然环境及气候特征不断摸索和对自然规律掌握基础上发展而成的，这一生产方式也是符合北方草原自然规律的恰当行为，是人类生产活动和生态环境体系有效结合基础上的精致选择，是有序、有度、有机的协调统一，是摆脱破坏生态、污染环境与浪费资源的发展模式。[①] 这对当代草原地区环境问题的解决及生态文明建设等都不无重要的借鉴价值。

[①] 包庆德：《游牧文明：生存智慧及其生态维度研究评述》，《内蒙古社会科学（汉文版）》2015年第1期。

下 编

游牧生产方式之生态启示

北方草原（或者说内蒙古草原）的自然环境决定了历史时期人类社会生产力水平相对低下时，当地不能发展纯粹的农耕渔猎业而必须选择适合当地自然环境的游牧生产方式，以及配合游牧生产方式的"游而居之"的生活方式及"游而存之"的生存状态。不仅如此，草原地区的生物量及草原自然环境的特殊性也不足以维持过剩的人口及在某一固定区域长期定居生存的人口。但是面对草原地区丰富的牧草资源，以及草原地区独特的生态环境与气候特征，通过游动的生产、生活方式及生存状态也是游牧民族历史发展过程中，适应草原自然环境与气候条件而做出的适当选择，这对于历史时期草原自然环境的有效维护，以及人类社会的永续发展起到了重要影响。此外，游牧民族对土地利用的观念、方式等具有较高的生态价值。千百年来，游牧民族正是在此生态思想的指导下，实现了内蒙古草原地区的自然环境在恶劣自然及气候条件下能够为人类生存提供服务，同时也有效维持了草原自然环境的生态平衡。随着清朝入主中原建立起对全国的统治之后，盟旗制度及对蒙古地区放垦、移民等政策的推行，内蒙古草原地区传统的游牧生产活动逐渐被打破，这也是导致内蒙古地区自然环境变化尤其是环境问题出现的关键人为因素所在，这也直接体现出非合理的农业发展及其他方式的土地开发利用导致内蒙古草原自然环境破坏的必然结果。今日全球生态环境问题频繁出现，生态环境恶化严重并制约人类社会的生存延续，生态文明建设势在必行，这些都离不开对人类历史时期有益生态思想及经验的吸收与借鉴，游牧民族的游牧生产方式是人与草原自然环境相互作用过程中的有益探索，也是生态和谐之举。当下内蒙古草原自然环境危机的解决与生态文明建设离不开传统文化中所蕴含的生态思想，充分发挥内蒙古草原地区历史时期游牧民族所实践并积累的游牧生产方式的生态经验，古为今用。

第七章　游牧生产方式对土地资源的合理利用及启示

　　内蒙古草原带是欧亚大陆草原带的重要亚带之一，历史上，一代又一代的游牧民族在这里繁衍生息，创造了辉煌灿烂的草原文化。内蒙古草原更是我国北疆及中原大地的重要生态安全带，为我国的生态环境安全及人类社会生存保驾护航。通过对历史时期蒙古草原上游牧民族土地利用方式的考察可以发现，游牧民族土地利用方式的出现是自然及社会双重因素作用下的结果，是历史发展进程中的偶然事件，但从更长远的历史维度而言则是必然结果。相比于农耕民族的土地利用方式，游牧民族土地的开发与利用在方式、观念、投入、媒介、技术等方面对于草原自然环境来说，都具有高度的合理性，从而彰显其厚重的生态价值，这也是其在历史时期蒙古草原自然环境维护及游牧民族自身生存维系中的价值体现。蒙古草原上的游牧民族在与草原自然环境的长期作用过程中创造了人与草原自然环境和自然资源相和谐的土地利用方式。在此生态利用方式的影响下，对历史时期蒙古草原上的人口数量、牲畜数量及对各类自然资源的开发利用程度等都有效地控制在自然环境的承载能力及自我修复能力范围内，这既保证了草原生态系统内部的物质平衡，也有效地发挥了历史时期草原为人类生存服务的功能及对草原及整个北方地区自然环境生态安全的防护功能。因此，在当前全区范围内严峻生态危机与生态文明建设的时代背景下，对历史发展过程中积累下来的有益生态思想予以解读是很有必要的，应充分发掘并弘扬其中的有益部分，这对当下内蒙古草原自然环境问题的解决及生态文明建设也有较强的启示意义，值得深入发掘。

│ 下编　游牧生产方式之生态启示

第一节　游牧民族生态土地利用方式何以出现

　　游牧民族生态土地利用方式的出现并非偶然，是游牧民族先民们在长期的生产和生活实践活动中不断积累并逐渐形成的，也是适应北方草原地区特殊自然环境与气候条件特征的适当抉择。既是历史发展的偶然，体现在人类适应草原自然环境与气候条件波动而调节人类社会生产与生活方式，但更有其必然性，体现在人类为维系其生存延续而调节自身而选取更适宜草原自然环境与气候条件的游牧生产与生活方式。因此，在游牧生产方式的基础上，历史时期生活在北方草原上的各游牧民族选择了适合当地自然环境特征的生态土地利用方式。

一　自然环境对土地利用方式出现的影响

　　适宜游牧经济发展的北方草原自然环境与气候条件的形成是游牧经济出现的自然前提与必要条件。因此，游牧业从原始农业中逐渐分离并独立发展起来的必要前提则是适应这一经济类型的北方草原自然环境与气候条件的孕育和形成，而后才是符合北方草原自然环境与气候条件特征的游牧生态土地利用方式的出现与发展。

　　从北方草原地区生态位的特殊性来说，今内蒙古草原作为北方草原的核心区域，其绝大部分地区是干旱少雨且高寒的土壤贫瘠之地。因此，游牧民族选择发展游牧经济而开发利用内蒙古草原的土地，这也是由游牧民族生活在干旱、半干旱地区的生态位所决定的。古代内蒙古草原相当一部分区域的自然环境也较恶劣，前文曾提到，宋元之际，丘处机游历蒙古草原时，在漠南蒙古（今内蒙古锡林郭勒盟）见到了"坡坨折叠路弯环，到处盐场死水湾，尽日不逢人过往，经年惟有马回还，地无木植惟荒草，天产丘陵没大山"[①] 的荒凉景观。与丘处机同时代的意大利僧人柏朗嘉宾也在游历蒙古草原时对当地恶劣的自然环境及气候条件作了记述，此在前文中已有详细介绍，在此不作赘述。但由上述可见，无论是在历史时期还是当下，今内蒙古草原大部分区域的自然环境与气候调节都较恶劣，丘处机

---

① （元）李志常：《长春真人西游记》，党宝海译注，河北人民出版社2001年版，第27页。

游历时也记述道:"漠南蒙古,四月初,冰雪才开始融化,枯草才开始萌芽,天气仍很冷,并时有大雪。在漠北蒙古,即使是六月中旬,天气也极为寒冷,哪怕是漠北人也难以忍受,早晚帐篷外面还结冰。"[1] 可见,内蒙古草原地区恶劣的自然环境及极端气候等自然因素给草原游牧民族的生存发展带来了巨大自然压力,这也是迫使游牧民族适应内蒙古草原自然环境而选择游牧生产及生活方式的关键。

游牧民族的生存空间多在高山戈壁及北方寒冷草原之地,内蒙古地区或是草原连绵,或是流沙千里,或是山川耸立,自然条件本就十分艰苦。同时也受草原地区恶劣自然环境与极端气候的影响,内蒙古草原自然环境的盛衰及气候的波动成为促使游牧民族居停或迁移的重要原因。而农耕民族的生存空间则多在南方温暖湿润的河湖地区或是中原适宜农耕的平原地区,他们开辟土地,创造了田畴遍野、河湖水利开发兴盛的壮丽景象,这也是农业兴旺或盛衰的关键,农耕民族也在农耕区创造了合理利用自然环境的农耕文明。然而无论是蒙古草原上的游牧文明或是中原及南方的农耕文明,都是人类社会与其生存地区自然环境和谐关系的精巧组合,是不可异地置换的。在蒙古草原上,非合理的土地垦种极易对草原自然环境造成极大的破坏,而将中原或南方的农耕区变成牧场,也是对自然资源的闲置或是浪费。

概言之,两种不同区域的自然环境与气候条件对两种文明形成与发展变迁的影响至为重要,内蒙古草原地区主要是干旱和半干旱环境区,其降雨稀少、地势海拔高、年均积温偏小、气温普遍偏低、土壤多贫瘠等更加剧了干旱的出现和干旱程度的加深。当干旱达到一定程度时,当地草原无法继续提供人类生存所需的物质生产资料及维持牲畜生存所需的自然资源,或是因气候异常波动,或是灾害的出现,影响到生活在这一区域的游牧民族的正常生产与生活。在无法克服或应对危机需要人类社会投入巨大的人力与物力时,游牧民族就不得不改变活动地区而寻求新的生存之地从而实现维持自身生存的目的,而农耕民族则能有效发挥地力生长植物的功能,并通过精耕细作、轮置耕种、施肥培土、兴修水利等维持着农耕民族与耕种土地之间的精巧平衡。而这在蒙古草原地区却是无法实现的。历史时期蒙古草原上农业区除部分是因为政策影响而出现兴废之外,多数则是

---

[1] (元)李志常:《长春真人西游记》,党宝海译注,河北人民出版社2001年版,第51页。

因自然环境本身变迁而出现波动,且大部分地区的土地因垦种而逐渐向着恶化的方向发展,这也表明在生产力水平、生产工具种类及功能、农作物种类丰富程度等均处于较低水平或是缺乏的情况下,农业是难以大规模在草原上出现或是长期存在的。因此,历史时期诸游牧民族游牧生产方式的利用对草原自然环境而言,其生态价值是较高的。

此外,作为适宜蒙古草原自然环境特征的游牧生产及生活活动也是历史时期游牧民族一以贯之的基本生存状态,更维持了蒙古草原上的生态平衡及人类社会的生存发展。游牧经济下的人与草原自然环境相处模式是游牧先民的开拓性创举,更是得到了历史时期蒙古草原上诸游牧民族一以贯之的推行,游牧民族为了不改变生活方式就要改变生活的地点,必须不停地移动,这也是实现蒙古草原自然环境生态平衡维护的关键所在。

"游而牧之"的生态土地利用方式是游牧民族适应蒙古草原自然环境特征与气候条件的合适之举,是与蒙古草原自然环境之间和谐共处的生态模式。费孝通先生曾指出:人类社会"一向反对天人对立,反对无休止境地利用功利主义的态度,片面的改造自然来适应人的需要,而主张人尽可能的适应自然"[①]。因此,蒙古草原自然环境的脆弱性与自我修复能力较差以及气候冷干等基本特征,极易出现异常波动等客观现实,从而增加了游牧民族的生存压力与生存危机,为了实现人与蒙古草原自然环境的可持续发展并维持双方之间的生态平衡,就需要恰当处理人与草原自然之间的关系,这也决定了游牧民族必须通过游牧的土地利用方式进行开发利用蒙古草原而为人类服务,而蒙古草原地区的自然环境与特殊气候条件是游牧民族生态土地利用方式出现的自然前提。

二 社会环境对土地利用方式形成的影响

社会环境主要体现在游牧民族的生产活动与生活活动中,是人为因素对生态土地利用方式发挥的客观影响。游牧民族在生产和生活活动中逐步探索出了人与草原自然环境之间的和谐相处模式,逐渐形成了处理人和土地之间和谐共存关系的生态认识及指导思想,并创造性地发展了合理利用草原自然环境与实现人类社会永续发展的生态土地利用方式,实现了在不打破草原地区生态平衡基础上的人类社会的生存发展。人对牲畜生存习性

---

① 费孝通:《文化中人与自然关系的再认识》,《新华文摘》2003 年第 1 期。

第七章 游牧生产方式对土地资源的合理利用及启示

的认知把握及蒙古草原上存在一定数量的劳动力及物质资源是游牧生态土地利用方式的基本社会前提,游牧民族的游牧生产方式是适应蒙古草原地区特殊自然环境的合理选择,在长期的生产实践活动中不断积累、完善而形成的生态的土地利用观念,并在此生态土地利用观念的指导下,形成现实中的生态土地利用方式。

游牧导致人们很难固定于一地从事生产或生活活动,但土地则是固定不动的,因而"游而牧之"的生产方式使游牧民族对草原土地的占有欲较低。以部落为单位的游牧生产,土地是归部落所共有,而不是归属于某个个人私有。此外,不间断的移动使财富的积累难以实现,在长期基本固定的"人类生存所需与可提供牲畜量"相平衡的状态下,人口数量的增加难以实现。因而在"迁徙不定的游牧业中,持续性的财富积累是不会成为大气候的,也就是说,游牧没有剩余物可以养活大批的寄生人口,在这一点上,游牧社会又基本上是一个极其平等的社会"[①]。受此影响,游牧民族对土地的开发利用程度也相对较弱,对自然环境的破坏程度也相对较为轻微,因为短期内土地占有和开发利用所需付出的环境代价较之固定式或者是对自然环境改造程度深入的人为土地开发建设而言是较小的,故而游牧生产方式及土地利用方式是符合蒙古草原自然环境与气候条件的特殊性,为实现游牧民族与草原自然环境之间的和谐共处提供了可能。

不仅如此,游牧生产方式也无须大量的劳动力投入,游牧生产方式及游牧经济中的牛、羊、马、骆驼、驯鹿等牲畜具有较好的移动能力,而且新出生的牲畜幼崽在数十分钟内便可站立行走,这对于配合游牧生产过程中的移动及节约人力方面来说至关重要。且在游牧生产及生活活动中,游牧民族对牲畜的经营管理只需要少量的人力和物力投入就可以管理较大规模的畜群,妇女也是可以参与游牧生产活动的。相比于农耕民族在古代农业生产发展中需要依靠大量的人力物力投入而言,游牧民族的生产活动对劳动力的需求不是特别明显,因而农耕民族生产活动中的人力、物力要求是难以在地广人稀、自然环境贫瘠及气候较恶劣且极易波动的蒙古草原上推行的,因此,游牧民族对蒙古草原牲畜生存习性规律的把握与蒙古草原上并不十分充足的劳动力及物质资源的制约,也为游牧土地利用方式的出

---

① [日]松厚正毅:《游牧世界》,杨海英审译,赛音朝格图译,民族出版社2002年版,第5页。

· 269 ·

现提供了必要的社会前提。

　　游牧民族对人口数量的有效控制是游牧生态土地利用方式的基本社会保障，它摆脱了因人口增多而给自然环境带来巨大压力及可能造成的生态系统紊乱。游牧生产及生活方式是分散流动式的存在，如前文所引述："蒙人生涯，端资牲畜，孳养生息需要广阔之领域。聚族而居，实与其生计不能相容，故村落之集团，多不过二三十户，少或二三户，远隔数里或十余里。开放地域外，几无市街，平沙无垠，人迹罕见，草泉深处，始有人居，其与内地比邻者，情形稍异。"① 其生活区域的分散性也是由蒙古族"游而牧之"的生产方式及"游而居之"的生活方式所决定的，分散性的生产及生活模式导致长期居于一地的生存状态难以出现，且蒙古草原绝大部分地区自然环境所能提供的生物量也难以满足长期定居于一地的人类社会的生存消耗，故而出现的也是配合游动生产及生活的游牧生产方式。

　　此外，游牧生产方式之下，牲畜数量的增加是对已有畜群游牧的调整，这也必然导致牲畜需要进行分群管理，分群则必然要求寻找新的草场。但游牧的生产及生活状态下，牲畜数量的大量增长是难以实现的。因此，扩大游牧草场的范围或是轮换牧场放牧也是游牧经济发展的内在需求与现实要求，所以分群发展决定了游牧生产活动是分散着开展的。而分散性的生产与生活活动也导致人与人之间的交往缺乏，尤其是在古代交通、通信都极其不便的情况下，人类更多的是与其生存环境之间的互动，双方之间维持着长期稳定的关系，这也需要通过不断地调整人地关系，谋求双向适应于和谐发展的方式，而不是团结一致的改造蒙古草原自然面貌，将草原自然环境改造成为自己理想的状态。游牧民族建立在与土地深厚情谊基础上的土地利用方式也是更符合蒙古草原自然环境自身规律及存在发展需求。

　　游牧民族对土地利用行为的生态维度把控是生态土地利用方式出现的基本要求，人类的生存发展离不开所居住的土地，农耕民族与游牧民族居住区域的自然环境与气候条件差异较大，因而导致两种不同民族的土地利用方式存在显著差异。

　　游牧民族的日常生活中，是绝对禁止在土地上乱挖、乱掘的，受此习惯影响，加之历史时期蒙古草原上缺少木材及砖瓦等建筑材料，游牧

---

① 临川花楞：《内蒙古纪要》，台湾文海出版社1916年版，第38页。

第七章　游牧生产方式对土地资源的合理利用及启示

民族的生活居住区域也就避免出现农耕世界的那种大兴土木的建设性活动，这也是对蒙古草原脆弱自然环境的有效维护。不仅如此，随牲畜游牧而转移的生活方式也避免了对某一区域草原的长期土地利用而导致当地草原自然环境遭到破坏。"游而居之"的生活方式也源于游牧民族传统思想中一直坚持的只有不停的游牧和迁徙，才会使大地母亲浑身舒畅的理念，这也体现了游牧民族对草原自然环境的关怀。因此，建立在游牧生产方式基础上的游牧生产及生活就成了游牧民族的基本生存常态，更是维护草原自然环境的基本环节，也是实现对草原自然环境维护与可持续性开发利用的关键。

游牧民族生活居住房屋的建筑也是为了适应草原自然环境的特殊性而修建的，无须大兴土木、挖坑筑墙、打地基等复杂行为，免去了长久的占用草场而导致草原自然环境的破坏，相对于农耕民族的房屋建筑而言更加简约轻便，游牧民族的居住房舍易于拆卸、搬迁，更符合草原自然环境的内在要求。蒙古包根据草原自然环境特征及居住者的意愿及气候条件可大可小、可厚可薄、可近可远，具有较强的环境适应性；上圆下斜的建筑模式扩大了蒙古包的实际使用面积；不积雪、不存水、采光好，也具有较高的科学性，且蒙古包易于拆卸和组装，在配合游牧生产和生活中具有极大的环境适应性和合理性。

游牧民族的生态生活方式不仅体现在其生活居住等日常事务中，也体现在其生活理念上。在游牧民族的生活理念中，将自身置于整个草原自然环境中，认为人类是草原生物圈内各生物物种中的一种，同其他所有生物一样都是根植于自然界，而没有将自身凌驾于自然环境之上。在大自然中，"生命是平等且相互依赖的，作为一个整体的生命，只是这个大自然中的一部分，是与自然界中的其他成分并存的，并未有类的区分，更不存在高低上下之分，都是神圣而值得尊重的"[1]。具体至游牧民族处理其与所生活的土地关系时，游牧民族更是谨言慎行，尽最大可能地避免由于自己的鲁莽行为而使大地不愉快或发怒，以求得地神的眷顾。如蒙古族，在他们很多细微的习惯中也体现着对土地的尊敬，如饮酒时，首先要倾洒些酒水在地上，以献给大地母亲。在蒙古族的饮食习惯中，"酒"也是不可或缺的重要组成部分，在我们以往的印象中，蒙古族的热情奔放及能歌善舞

---

[1] 额灯套格套：《游牧社会形态论》，辽宁民族出版社2013年版，第277页。

也体现在其善饮的习俗中，如明代蒙古族，除利用畜奶造酒外，也利用"中国烧酒法，得酒味极香冽，饮少辄醉"，且蒙古族饮酒极甚，"兀然而醉，恍然而醒，无间昼夜"；再如其饮酒之礼，"酋首将入凡房家，家长即塞毡帷纳之，正中藉毡而坐。家长以下，无男女以次长跪进酒为受（酒盛以瓢，刳木为之者），无贵贱，皆传饮。至醉，或吹胡笳，或摊琵琶，或说彼中兴废，或顿足起舞，或抗音高歌以为乐。当其可喜也"。① 可以说，酒在明代蒙古族的社会生活中是不可或缺的一个要素，蒙古族在饮酒时对土地的尊重与热爱也体现出其对土地的态度。

正是基于这样的生产方式、生活方式及生存理念，奠定了游牧民族的生态土地利用方式的社会基础，并通过游牧生产方式去实现游牧民族自身及与内蒙古草原自然环境的永续发展，凸显其厚重的生态价值。

第二节　对比维度下游牧民族土地利用的生态性

农耕文明与游牧文明是人类发展史上由农耕与游牧民族分别创造的两种差异显著的文明形态，在不同的生态区域中具有各自的环境适应性与生态效应，但也都同样维持了各自文明区域内人类社会的生存发展与生态平衡。因此，无论是农耕或是游牧生产及生活方式，在其各自区域内能够长期存在并能够维持历史上大多数历史时期草原的生态平衡，都是有其值得借鉴的合理性，但却需要注意到农耕与游牧生态思想的使用区域，不能将农耕的环境开发利用思想异地推广在游牧草原上，这是无论如何也难以发挥其自身生态价值的，反之亦是如此。可以确定的是，游牧民族和农耕民族的生产方式是完全迥异的，游牧民族的土地利用情况如拉铁摩尔所说："整个游牧制度是建立在粗放经济及人口分散的原则上，是对农业民族的精深经济和人口集中的一个极端的反向发展。"②恩和也就农耕与游牧民族之间不同的土地利用方式分析指出：农耕民族

---

① （明）苏志皋：《译语》，载薄音湖、王雄编辑点校《明代蒙古汉籍史料汇编》第一辑，内蒙古大学出版社1994年版，第237页。
② ［美］拉铁摩尔：《中国的亚洲内陆边疆》，唐晓峰译，江苏人民出版社2005年版，第331—332页。

与游牧民族持有截然不同的经济价值实现方式,游牧民族,例如"蒙古族"及其先民们,自古以来就是在"人—家畜—自然界—人"这种闭合循环中,通过家畜的生产力来满足自己的衣食住行等需求。因此,草原的丰美程度本身是游牧民族经济生活的必要组成部分,即草原是他们的最重要的资源。而传统的农耕民族实际上没有"草地"概念,对他们而言,草地就是荒地,越是水草丰美的草场,越值得垦殖、采挖和种植;否则就是资源的闲置或浪费。① 通过恩和的论述可以发现,农耕文明与游牧文明是两种极端反向的发展,生产活动的不同也导致其对所依托自然环境载体产生的不同影响,且两类不同的生产活动在不同的生态区域内是无法置换的,毫无疑问,农耕区较为优越的自然环境可以满足游牧业的发展需求,但游牧草原上的自然环境与气候条件却是难以满足农业生产发展所需的,这也是清代蒙地放垦以来草原部分区域自然环境出现退化的直接成因。通过对两种人类主要文明缔造者土地利用方式的比照可以发现,两种生产方式在土地开发与利用的观念、方式、投入、媒介与技术等的不同也导致了不同的生态效能,考察指出,游牧民族的土地利用方式更符合蒙古草原自然环境特征与气候条件要求,其对历史时期蒙古草原生态平衡的维护功不可没。

一 对土地开发与利用观念的差异

无论农耕民族或是游牧民族,都会不同程度地开发新的土地用以维系自身的生存和发展。然其土地开发利用理念却差异甚大,这也导致出现了不同土地开发理念下的自然环境效应,直接体现在自然环境的发展变迁上。对土地的进一步开发,也即对自然环境的进一步利用在农耕与游牧民族中是不同土地利用观念驱使下的行为。换言之,在不同的土地观念的指导下进行的土地开发利用,也会导致产生不同的生态环境效应。

对于游牧民族的土地开发与利用,俄国学者伊·亚·兹拉特金指出:"游牧民族新牧地的开发是为了要使已用过的旧牧场恢复肥力,而迁移是

---

① 恩和:《草原荒漠化的历史反思:发展的文化维度》,载[日]双喜主编《内蒙古草原荒漠化问题及其防治对策研究》,内蒙古大学出版社2002年版,第103页。

| 下编　游牧生产方式之生态启示

游牧民族恢复用过的牧场饲料资源唯一可行的办法。"① 新牧地的开发利用是对旧牧地的休养生息，而非在旧牧地基础之上继续对土地的持续利用。我们不能单纯以牧地面积的扩大作为判断其是人类对自然环境的无序或是无节制的开发利用，因为开发利用新牧地能够给已用过的牧地提供休养生息的空间，增加可供轮换的牧场的地域范围，这无疑是对草原自然环境开发利用过程中维持与保护草原自然环境的有益举措。而农耕民族的土地开发与利用则更多地体现出其对土地财富的占有欲，因为占有土地面积的增加更利于财富的积累，这也是古代农业社会中增加财富和经济实力的一条关键途径。农耕民族的土地开发尤其是对于地主阶级来说，发展生产主要体现在土地的占有和持续开发，而生存发展则是为了"满足他们穷奢极欲的生活享受，以获得维持其庞大的封建国家机器所需要的税收"②。地主阶级的土地开发所得并非投资土地，而是用以消费或是浪费性的享受，这也体现出农耕与游牧民族不同的土地开发与利用观念。

　　农耕民族这种垂直系统下的土地利用导致其经济结构是单一的农业经济。在古代地主阶级统治的时代背景下，这种地主小农经济结构不是任何个人可以突破的。这种经济结构的长期存在也是农耕社会中土地资源不合理开发利用的一个重要原因，且这样的土地开发理念却是不适合蒙古草原地区自然环境的，蒙古草原上土地的无限制开发也是导致环境问题及人类生存危机频繁出现的根由，因为异地生产方式的利用很难保证其是否可以发挥原有的功能和环境效应，且在多数情况下是难以做到的，尤其是将农业的生产及生活方式推广利用到草原上，成为历史时期草原自然环境变迁尤其是环境问题产生的关键影响因素。

　　上升至政治层面，垂直系统下自循环式的小农经济最终也导致了生活在农耕区内的人们与外部世界的隔绝，最终导致闭关锁国的出现。虽然这一论断不免有些绝对，但也有其合理性，也即农耕社会中的封闭性导致其缺乏与外界往来的动机和动力。对于传统农业区农民的生存活动空间，韩茂莉曾精辟地论述道：以居住村落为中心，耕地为辐射半径，传统社会农民"基本空间的大小取决于耕地所达范围，现代地理学将耕

---

　　① ［俄］伊·亚·兹拉特金:《准噶尔汗国史》，马曼丽译，商务印书馆1980年版，第379页。
　　② 林毓辉、史松:《雍正评议》，载中国人民大学清史研究所编《清史研究集》第一辑，中国人民大学出版社1980年版，第84页。

地范围称为农业聚落的腹地，聚落大，腹地与耕作半径往往大，但两者之间并非完全成正比，自然条件的差异会使地广人稀、土壤贫瘠的地方拥有较大的耕作半径，而精耕细作、农作物复种率高的地方却可以凭借不大的土地养活较多的人口"[1]。在如此封闭自守的农业社会中，农民在长期经营土地的限制下缩小了对外交流的空间，安土重迁成为传统中国农业社会的代名词。

但无论是在农耕或是游牧社会中，经济生活都是必不可少的，经济活动是人类社会发展的基本内容。前文已指出，游牧草原上，游牧民族需要带着收成定期朝"点"状的绿洲城市聚集换取生活及生产所需物资，这也是草原游牧民族维持生存与经济生产的重要环节，这些点状聚落更是集合生产、交易、移动、信息及文化的汇集点。[2] 但必须将经济发展的程度限制于草原自然环境的可承载范围内。古代社会，经济生活的第一环节主要体现在土地的开发与利用上，是对土地所产各类土宜或是人类对各类土宜加工之后的交易。只有到了清代以后，蒙古草原上的商业交易才逐渐繁荣起来，但蒙地用于交易商品的货物多以牲畜为主，如商业贸易较为发达的土默特地区，清代归化城内商号数量之多，难以统计，周邻各城镇内也大量出现商号，如毕克齐有商号百余家、察素齐有商号八十余家、萨拉齐商号数十家、和林格尔在民国中期有商号30余家，托克托、武川等地及较大的集镇如河口、善岱等地商业亦颇繁盛。[3] 再如丰镇厅，"其地居东西二口之间，又为东货西销必经之路，当时虽不隶归绥道，而在商务关系上，则交易频繁，东西相应，与归绥、包头鼎立而三，并为口外商业繁盛之区焉"。[4]

交通便利是归化城及所属城镇内商号较多且出现较大规模商号的关键，乾隆二年（1737），绥远城建成之后，当地交通更加便利，以归、绥

---

[1] 韩茂莉：《十里八村：近代山西乡村社会地理研究》，生活·读书·新知三联书店2017年版，第8页。

[2] ［日］杉山正明：《游牧民的世界史》，黄美蓉译，中华工商联合出版社2016年版，第13页。

[3] 土默特左旗《土默特志》编纂委员会编：《土默特志》（上卷）第二章《经历志》，内蒙古人民出版社1997年版，第284页。

[4] 绥远通志馆编纂：《绥远通志稿》（第三册）卷二十七上《商业》，内蒙古人民出版社2007年点校版，第565页。

二城为中心的交通道路四通八达。① 便利交通促进当地商业发展繁盛,即"绥省开发之始,以地理关系,藩商营业,发达极速,规模甚大,而农业乃其次焉者耳"。② 如归绥五厅商号兴起于康熙时期,随着"地方经长期安定,百业渐形发达……其实贩运货物,经过杀虎口交纳关税后,至归绥五厅境内,行销无阻,入乾隆后,客民日多,商货激增,征税事繁。二十六年设归化关,以征榷之。商人贩运杂货出口,陆路有和林格尔通晋大道,水路则西包头、萨拉齐、托克托三处,皆濒临黄河,由河路来此,程途较近"。③

政治区位重要也是促进清代以来归化城及所属城镇商号出现与发展的重要因素。归化城"北通外蒙,南邻晋、陕,东连察哈尔以达京、津,西接宁、甘而至新疆,其为西北之重地也,国家之屏藩"。④ 尤其是清准战争爆发后,此地战略地位更加凸显,成为征伐噶尔丹的前沿阵地和粮食征集与存储地。如康熙三十一年(1692),"上以西北有警,命户部尚书马齐、兵部尚书索诺和往勘归化城驻兵之地,至是,马齐等疏言:臣等查勘右卫与归化城相近,应移右卫人民出城外,令住郭内城中盖造房屋可以驻兵,杀虎口外迤北五十里,东西五十里内所有熟荒地亩,近者给兵,远者给大臣官员"。⑤ 雍正元年(1723),丹津奏请"招商劝民,教养兼备,为商贾十二行,及农圃各村庄垦种之始"。⑥ 雍正十三年(1735),"又归化城,

---

① 围绕着归化城与绥远城的交通线路有:"正东,从呼和浩特至宁远的石人湾、九十里,此路可通往去北京的路。东南,从呼和浩特至和林格尔的沙毕纳尔,七十里,也通京城大路;西南,至三两庄,七十里,可通托克托城、喇嘛湾、清水河大路;正西,至察素齐,一百里,可通萨拉齐、包头以至鄂尔多斯、乌拉特各旗大路;正北,至坝口,二十里,经蜈蚣坝至可可以力更,可通向大青山后各旗之大路,向西北可达赛拉乌素库、乌里雅苏台、科布多,去古城、新疆等地亦由此取道。"参见颜景良、王俊颜《清朝民国年间呼和浩特交通运输简况》,载中共呼和浩特市委党史资料征集办公室呼和浩特市地方志编修办公室编《呼和浩特史料》第一集,内部刊印,1983年版,第303—304页。
② 绥远通志馆编纂:民国《绥远通志稿》(第三册)卷二十七上《商业》,内蒙古人民出版社2007年点校版,第563页。
③ 绥远通志馆编纂:民国《绥远通志稿》(第三册)卷二十七上《商业》,内蒙古人民出版社2007年点校版,第563—564页。
④ 绥远通志馆编纂:民国《绥远通志稿》(第三册)卷二十七上《商业》,内蒙古人民出版社2007年点校版,第562—563页。
⑤ 《清圣祖实录》卷一百五十七,康熙三十一年十二月壬寅,载《清实录》第5册,中华书局1986年影印版,第733页。
⑥ (清)钟秀、(清)张曾编:咸丰《古丰识略》卷二十八《官绩》,载王静主编《清代蒙古汉籍史料汇编》第一辑,内蒙古人民出版社2017年点校版,第80—81页。

· 276 ·

第七章　游牧生产方式对土地资源的合理利用及启示

路当通衢,地广土肥,驻兵可保护扎萨克蒙古等,调用亦便,请于右卫兵四千内酌拨三千,并军营所彻家选兵二千,热河鸟枪兵一千,并令携家驻归化城"。①

经过有清一代发展,归化城成为"中外贸易集中之地,藩部货物汇聚之区,盖以地势使然也。是时蒙汉一家,交通日繁,商货络绎,无远弗届。而归化城一埠,实以绾毂东西,输其出入"。②归化城内商业繁盛发展情况如《土默特志》所载:

> 清代的行商运往前、后、西营的主要货物是绸缎、布匹、茶、糖、烟等,运回的货物主要是绒毛、皮张及各类牲畜,由西营运回的货物还有银子、金砂、鹿茸、葡萄干、哈密杏干、哈密瓜干、梭梭葡萄等。
>
> 民国初期的行商以经营羊、鹿茸、甘草、粮食为大宗,"口羊"每年销于京津者约20余万只,营此业者皆为巨商。搞鹿茸交易的"茸盘"原在张家口,后改迁归化城。每到冬季,茸客麇集,开盘定价,一月之间贸易价值达20万两银子。毕克齐、武川、河口、包头镇皆为粮食汇聚之地,粮食买卖大都在此成交,届时舟车驰运,络绎不绝。
>
> 民国中期,从外地运入本地区的货物有绸缎、棉花、靴鞋帽、中成药、茶叶、水果、瓷器、颜料、鞍、纸墨笔砚、海味、调料、糖蜜等,还有蜡烛、肥皂、瓷盆、火炉、手电、钟表、漆布、纽扣等洋货,亦有牙刷、牙粉、烧料、玻璃、油布伞、油纸伞、镜子等广货。运出的货物有各种皮子、皮毛衣裤、毛鬃、毡毯、矾、碱、硝、铜铁器等,还有本地区出产的中草药如枸杞、甘草、黄芪、大黄、黄芩、柴胡、远志、鹿茸等,牲畜有马、牛、羊、驼、骡、驴、猪等,粮食有麦子、糜子、小米、高粱、荞麦、黑豆、大豆、胡麻、菜籽等。③

---

① 《清高宗实录》卷九,雍正十三年十二月丙戌,载《清实录》第9册,中华书局1986年影印版,第327页。

② 绥远通志馆编纂:民国《绥远通志稿》(第三册)卷二十七上《商业》,内蒙古人民出版社2007年点校版,第562—563页。

③ 土默特左旗《土默特志》编纂委员会编:《土默特志》(上卷)第四章《经济志·商业》,内蒙古人民出版社1997年版,第280—287页。

由上述内容可见，历史时期蒙古草原上的商业贸易所交易商品多为牲畜及相关产品，甚至是在清朝初期，仍是通过牲畜及相关制品交易中原地区的粮食等农业商品。但自清中期以来，则逐渐开始大肆开发蒙古草原上的自然原初产品，诸如药材、木材及各类矿产资源的开发对草原自然环境的破坏性影响极为深远。因此，历史时期游牧民族正是坚持了合理的、适合蒙古草原地区自然环境与气候条件特征的土地开发利用理念，选择并长期坚持利用了游牧生产方式，以及在此生产方式基础上的游动生存状态，从而实现了对内蒙古草原自然环境的维护，也维持了人类社会的可持续发展，倘若将农耕民族的土地开发利用观念用以指导蒙古草原地区的土地利用，那对蒙古草原自然环境造成的后果将难以想象。

二 对土地开发与利用方式的差异

农耕民族与游牧民族的生产活动均离不开土地，然而"农耕民族的生产获得是向土地索取，游牧民族的生产活动首先要保护内蒙古草原。当人的劳动作用到天然内蒙古草原时，游牧民族掌握了内蒙古草原的干旱、半干旱的自然状况，也逐步掌控了气候、土壤、水源、植被、风向等的自然规律，并按自然环境特征及自然规律而主动选择了轮牧的生活方式"[1]。由此可以看出，农耕民族与游牧民族在土地利用方式上的根本性差异体现在"永久性占有"与"短暂的保护性利用"之间的区别，这也导致了两种生产方式不同的生态效应，也直接决定了蒙古草原上农业发展能够长期存在是难以实现的必然结果。

游牧民族对土地的暂时性利用是保护性开发利用蒙古草原自然环境的体现，其最重要的特征便是移动性的生产和生活活动上，因为移动性的生产和生活导致其对草原自然环境的开发利用在时间和程度上都比较小。如在居住上，农耕民族的居住房屋多为矩形，并且是固定、不可移动的，矩形的格局观念是清晰的，体现的界限也是分明的，对土地的使用和占有也是永久性的。而游牧民族的居住房屋多是圆形的，是活动的，也是可轻便移动的，圆形所体现的格局观念是模糊的，体现的界限是不确定的，对草原土地的使用也是暂时性的。

游牧民族的居住区域是移动的，他们很少会固定居住在某一区域，在

---

[1] 邢莉、邢旗：《内蒙古区域游牧文化的变迁》，中国社会科学出版社2013年版，第27页。

第七章 游牧生产方式对土地资源的合理利用及启示

蒙古草原上短时性的建筑对蒙古草原自然环境的破坏和影响也是暂时的，当迁徙至下一处时也为被使用地区草原自然环境的恢复提供休养生息的时间。不仅如此，游牧民族也有意识地对所居住区的自然环境进行人为修复，如在拆除蒙古包后会将所占地区的垃圾及时清除填埋、会对被破坏的草原植被进行人为栽培等，因此，暂时性的土地利用是不至于破坏草原自然环境的，是符合蒙古草原自然环境与气候特征要求的。这也体现出游牧民族多是将对自然环境的破坏在源头加以防范，通过人类合理有效的开发利用模式，减少草原自然环境被破坏的可能，实现人与草原自然环境的永续发展。只有到了清代，蒙古草原的固定城市聚落才大规模出现并存在下来，如清代的归化城、绥远城及大青山地区的定居聚落建设，如图7-1所示。

图7-1 清后期归化城、绥远城及大青山段聚落及建筑群分布①

通过图7-1可以发现，清代蒙古草原上定居聚落不仅是在自然条件较优

---

① （清）高赓恩纂，（清）贻谷修，李晓秋点校，刘成法审校：《绥远旗志》卷一《疆界》，光绪三十四年刻本，远方出版社2012年版，第103—104页。

越的土默特川平原上，甚至在自然条件较好的山地中也出现了大规模的人为定居聚落建设。可见，相比于游牧民族而言，农耕民族的居住则与之截然相反，大兴土木的恢宏建筑是对所居住区域自然环境原初状态的毁灭性改造，以求其适宜人类居住或满足人类自身合理及非合理的需求，对于土地的开发与利用是企图永久性地占据和世代相传的利用模式，这样的土地使用彻底切断了土地在人离居毁之后短期内自我恢复的可能，这在自然环境较为优越的传统农耕区尚可以推行，但是在蒙古草原上却容易给环境造成毁灭性的破坏。正是在土地利用方式上存在的巨大差异，导致两种不同文明土地观念生态价值上同样存在巨大差异，也凸显了游牧民族土地开发与利用方式对内蒙古草原自然环境的高度契合性，更凸显其深厚的生态价值，直接体现在对历史时期蒙古草原生态平衡的有效维持。

三　对土地开发与利用投入的差异

农耕及游牧民族的生产及生活活动都需要对土地进行投入，投入主要体现在生产和生活活动方面，两种不同经济类型的投入也导致出现了不同的生态环境效益，历史发展的经验也表明农耕民族的土地投入与现实要求无法在蒙古草原的绝大部分地区内实现，更无法保障农业生产的同时也能够保障草原的生态平衡。

在生产活动方面，农耕与游牧民族在生产活动中的投入是有本质区别的，对于土地利用的投入而言，游牧生产的投入微乎其微，除了放牧的牲畜和经营牲畜时的生产工具之外，几乎再无其他投入了。马克思也指出："在天然牧场上饲养牲畜，几乎不需要任何费用，这里起决定作用的不是土地的质，而是土地的量。"[①] 因此，草原足够宽阔的牧场（土地）对于游牧生产及生活活动的开展而言，其意义是更巨大的。古代游牧民族主要是自然放牧，游牧生产方式也即在广阔的蒙古草原区域内进行大游牧形式的"自然养牧"生产，大游牧是一种典型的投入少、产出多，机会成本很低的生产方式。[②] 论及游牧生产方式的投入少，是指对草原生态平衡维护

---

① 马克思：《资本论》第 3 卷，中共中央马克思恩格斯列宁斯大林著作编译局编译，人民出版社 1975 年版，第 756 页。

② 刘明远：《论游牧生产方式的生产力属性》，《内蒙古社会科学（汉文版）》2005 年第 5 期。

第七章　游牧生产方式对土地资源的合理利用及启示

的情况下利用草原上天然存在的自然资源放牧牲畜，不是农耕社会那种需要对土地投入种子、肥料、精细劳动等细致烦琐而又大量的投入。游牧民族是通过对自然存在之草原的直接利用，而农耕民族则是寄希望于投入后农产品产出而实现农业经济的发展，两种经济模式下的土地投入是完全迥异的，其环境代价也是相差甚大的。正是基于此种比较，游牧民族游牧生产方式基础上的土地投入是通过维护草原自然环境而获得的游牧产品，农耕民族是通过大量的人力、物力、财力投入而获得的农产品，我们不能否定农耕民族对植物驯化的历史贡献，但是农业生产在社会生产力水平较低、农作物种类缺乏的古代社会时却是难以在蒙古草原上推行的。

生活活动方面，游牧民族的居住空间主要是蒙古包，蒙古包的最大特征在于其拆卸方便，既不需要大量的准备材料，也不需要大量的劳动力，仅三四个人便可以在几个小时内完成拆卸或安装工作，妇女也可进行蒙古包的拆卸和搭建工作。由于所居住的蒙古包会随着牲畜游牧而迁徙，因而对草原自然环境的破坏也特别小。农耕民族的居住空间则不然，其固定的居住房屋是不会随意迁移的，所居住环境空间的建设和房屋的搭建通常都是大兴土木，建筑宏伟复杂，一旦建筑完成后便不会轻易拆毁，对其维护的成本也是较大的。农耕民族与游牧民族生活活动中对土地的利用也需要土地付出相应的代价。游牧生活活动对土地的利用是暂时性的，倘若历史时期就持续在蒙古草原地区大肆建设农耕社会中的那种固定住宅区，那么经历了几千年的发展，蒙古草原地区的生态状况是难以想象的，蒙古草原很可能就成了断壁残垣、荒地或沙漠广布的地区了。

综合以上所述，游牧民族土地利用过程中对土地投入是较少的，且是对草原自然环境作用和改造利用程度较低的，蒙古草原自然环境所能提供的资源供给能够有效支持游牧经济的发展，这也能够有效维持历史时期蒙古草原的生态平衡，值得今日借鉴。

四　对土地开发与利用媒介的差异

农耕及游牧民族的土地开发利用是人类自身难以独立完成的，需要凭借一定之媒介。然而农耕与游牧民族对土地的开发利用所依托的媒介却不相同，针对其所依托的不同生态系统及特殊自然环境与气候条件，游牧民族有其特殊的草原自然环境开发利用媒介，也产生了不同的环境影响，如庄孔韶所说："游牧是人们以文化的力量对自然环境的一种单纯适应，而农耕则以生产力的稳定与地力的持久为特色。前者具有非常精巧的平衡，而后者则是一种稳定的平衡。"① 论及游牧民族对草原自然环境的利用是一种"精巧的平衡"，是指人与草原土地之间所形成的复合式生态系统，而农耕民族"稳定的平衡"则更多的是依靠人为干预，也即前文所论及的大量人力、物力与财力投入而构筑起的静态平衡。游牧民族在生产和生活活动中，凭借观念意识的指导利用及开发自然，而农耕民族的人为控制平衡则难以在历史时期的蒙古草原上长期持续的推行。

蒙古草原生态系统中，人始终扮演着调节者与管理者的角色，有意地、主动地为草原生态系统的正常运转而努力。游牧民族则直接作用于土地之上，通过牲畜发挥草原能够为人类生存服务的功能，虽也需要凭借一定的器具，但相比于农业生产所需投入的器具数量之多、种类之丰富、制作工艺之精细而言是微不足道的。直接作用于草原需要有效地处理人与草原、牲畜与草原之间的关系，此种关系的处理也非单纯凭借器物所能完成，需要日积月累的经验以及生产和生活活动中合理的指导思想。麻国庆曾就此指出："游牧民族以文化的力量来支持并整合于被人类所改变的自然之平衡的生态系统结构。这是对内蒙古草原自然环境的单纯适应，而农耕则以生产力的稳定与地力的持久为特色。"② 由此可见，游牧民族对土地的作用，更多是以生产经验和"人—牲畜—草原"之间如何和谐共存的思想为媒介的自然利用，凭借自然生产力调节人地关系，并以自然环境为其活动的绝对依托。

在农耕民族的生产和生活活动中，多是凭借器物作用于自然环境。农耕民族以聚居或者较少散居的方式生活，定居是其生存的基本常态。因定居的生存常态，农耕民族始终是在同一块土地上耕作和生存，为保证一定的农业收获量，必须提高利用自然的技术水平，这也需要付出更多的社会生产力。农耕民族对自然环境并不是直接作用，而是需要借助一定之器物辅助人力的不足，主要包括生产工具的制造、生产技术的更新、农作物的培植等几方面。如明清时期土默特川平原上的农业生产状况，据《土默特志》所载转述如下：

---

① 庄孔韶主编：《人类学概论》，中国人民大学出版社2006年版，第219页。
② 麻国庆：《草原生态与蒙古族的民间环境知识》，《内蒙古社会科学（汉文版）》2001年第1期。

第七章　游牧生产方式对土地资源的合理利用及启示

在明代，本地区的农业生产一直处于靠天吃饭状态，"但有耕种，惟藉天不藉人。春种秋敛，广种薄收，不能胼胝作劳以倍其入"。清朝时亦是如此，多数地区一遇水旱等灾，收成便没有保证，农民遂有弃地而去者。只有归化城周围、毕克齐、察素齐、萨拉齐一带耕作较细。土地的沙碱退化也很严重，农民无治沙治碱的能力。如清水河厅在1737年（乾隆二年），原放垦土地13426顷余，到1886年（光绪十二年）时，沙碱退化地达8143顷，占垦地的百分之六十。

据清编《土默特旗志》及其他文献记载：归、萨、托、和、清、武等厅均有因荒、废、沙、碱而退耕的土地。如黑沙图、花沟、包头村、巴拉盖、吴坝、白彦察汗、巴尔旦、公布忽洞等村完全退耕，属于15沟垦区的退耕数达120顷54亩，占垦地的百分之二十七。沙拉穆楞垦区到1891年（光绪十七年），农民已"逆而多，在而少，所剩寥寥"。

从种到收一般全依靠人力，只是耕种、拉运、碾打可依靠畜力，无畜力者就得租借，无法租借者只好依赖人力。

水的利用在清朝中期即已开始，但只限于河流两岸或沟口附近的土地，清末人工开挖的渠道逐渐多起来，但大青山后及和林、清水河一带仍是旱地多终年浇不上水。

肥料的施用，只有归绥、萨拉齐、毕克齐一带施用人畜粪，其他各地皆不重视，一般很少施肥。

民国以来本地区的农业生产水平无多大发展，只是比清代更重视水利，新开了许多条渠道，亦较重视施肥。

1924年（民国十三年），绥远农林试验所在归绥成立，下专款试验推广农业技术，引进外国、外省耐旱籽种试验推广，其优良品种有美国芒麦、鱼麦、银白高渠等。1928年（民国十七年），绥远省建设厅创办农业技术训练所，讲授作物浅说、园艺浅说、果树浅说等课程，受训者仅30多人，普及不广、成效甚微。[①]

土默特川平原上的农业生产出现较早，在明代就已出现了较为发达的

[①] 土默特左旗《土默特志》编纂委员会编：《土默特志》（上卷）第四章《经济志·农业》，内蒙古人民出版社1997年版，第244—245页。

板升农业，但通过此段引述可以发现，直到民国时期，土默特川平原上农业生产技术仍较落后。再如历史时期土默特川平原上农业生产的工具发展情况，如《土默特志》所载：

……阿勒坦汗时期，本地区的农业生产工具与山西、陕西沿边地区相似，据《夷俗记》载，"今观诸夷耕种，与我塞下不甚相远，其耕具有牛有犁"；也有锄、耧、镰、连枷等。

清代以来，本地区的生产工具已与内地相同。

根据各种资料记载及调查，清朝与民国时本地区的生产工具均系手工劳动工具，兹按农事种类分别记载如下：

属于耕种的 以牲畜牵动的有犁、耙、耱、耧、垃砘、地磙子，手工操作的有锹、溜筒、刮耙、撒耙、坷垃锤、粪簸箕等。

属于锄耨的 有大锄、小锄（耨锄）。

属收割碾打的 大镰刀、小镰刀、碌碡、连枷、杈、耙、扫帚、木锹、簸箕、筛子、禾杈（二股、四股）、戗杈、扇车、刮粮板、铡刀等。

属于运输的 汉板车、单辕车、二套、四套大车及其附件绞锥、纹棒、纹绳。

属于杂用的 铁锹、镢、粪叉、笋头、笸箩等。

兹将主要大农具介绍如下：

犁 有两倒垧（又名鸭嘴犁）和一倒垧（又名大牛铧犁）两种。山区翻地多用两倒垧式。皆为生铁铸的犁铧。一般每天可耕地 3 亩左右。

耙 平地、破碎坷垃用，有时用于耙松出苗前板结的表土。耙床为木质，长 2 米、宽 0.6 米，铁齿，齿长一般为 0.2 米。

耱 用于平地、粉碎土壤。有大齿耱、小齿耱两种，大齿用于砂土地，小齿用于黏土地。制耱原料以桦木为主。耱床长 1.83 米左右，一般 26 齿或 28 齿。

溜筒 下种用，买不起耧的人家就用此下种。溜筒以木制成，中空，长 1 米左右。另有溜将葫芦、烟叶、罂粟多用此撒种。

耧 有混籽耧、分籽耧和粪耧数种。一般三腿，也有两腿者。川地多用混籽耧，山地多用分籽耧，粪耧不常用。本地区最出名的是马群村产品，其优点是出籽匀、深浅随意，从光绪末年即享有盛名，最早的制楼匠人叫高老万。

锄　出苗后疏松土壤、间苗用。大、小锄各地皆有制作。大锄又有长柄、短柄之分。后山用的锄柄长约 1 米多，呼和浩特一带用的锄柄长约 0.7 米左右，宜于打苗。一般的锄柄长约 1 米左右，多用于耧地。锄板子沿山的较小，平川的较大。锄板种类较多，有耧地板、葱板、蒜板、辣椒板、鸭嘴板等。

镰刀　有柳叶镰、鱼肚镰、梢子镰等。割庄稼多用长弯把，割草多用短把，切高粱、谷穗则用反把镰。各村镇的铁匠都可打制镰刀头，但不及外路镰刀锋利。

锹　有挖地锹（也叫榆次锹，因最早是从山西榆次引进的）和窄头锹两种。挖地锹头长约 0.3 米左右，宽约 0.2 米左右，用于翻地。窄头锹锹头长约 0.33 米左右，宽 0.17 米左右，毕克齐一带起长山药用。毕克齐产品较出名。

车　有花轱辘车、木轮车（俗称二饼子车）、铁瓦车三种。花轱辘车多用于归、萨、托、和、清各地，木轮车多用于黄河沿岸沙窝子地带（因其不易碾进沙中），铁瓦车用于沿山地区（因这一带沙石较大，且冬季多进沟拉煤，此种车较坚固耐用）。花轱辘车以归绥、萨拉齐的产品为好。

连枷　用于打场，杆长约 1.83 米，枷片为 4 至 6 根红柳条以皮筋编缀而成。大青山后用得较多，土默特川则是辅助性打场用具。

石制品如地磙子、拉砘、碌碡（碾场用）等，碌碡以卓资山浮石制成的为最好，因其石面粗糙多孔、容易碾下穗粒。有双马碌碡和单马碌碡两种，前者较粗，长 1.33 米左右，后者较细，长 1 米左右，直径约 0.33 米。皆为一头粗一头细。地磙子（镇压土地用）长约 1.66 米，两头直径一样，约 0.26 米。垃砘用于播种后镇压土地以保墒，黏土地用的较重，沙土地用的小而轻，每套 4 个，每个直径 0.23 米左右、厚 0.16 米左右。

打场用具木锹以山西大同制品较受欢迎。①

---

①　土默特左旗《土默特志》编纂委员会编：《土默特志》（上卷）第四章《经济志·农业》，内蒙古人民出版社 1997 年版，第 242—243 页。

由上述可以发现，清代土默特川平原上的农业生产工具较之前代有了较大进步。但与游牧经济不同，古代农耕民族通过精耕细作、更新生产技术与生产工具等能够保持或提高土地产出，且农耕民族所在区域的土地较蒙古草原地区的自然条件更优越，被开垦之后也不易迅速荒漠化，被破坏之后恢复的可能性更大，且在农耕民族的精心呵护下，能够保证人与土地之间的平衡得以长期维持。随着农耕民族生产经验的不断积累、生产技术的不断提高，对于土地的依赖程度逐渐降低，且人与耕地之间的平衡也能得到更有效的维护。受此影响，农耕民族的农业经济发展更多的是依托于提高生产技术、改进生产工具等，农耕民族也将其关注点放到了提高生产力、改革生产工具等方面，通过人为的控制维持着农耕区的生态平衡。而这在蒙古草原上却是难以实现的，蒙古草原地区脆弱的自然环境难以经受得起人为影响下的自然改造，生态环境极易受到破坏。如前文所引述俄国人波兹德涅耶夫考察时所见土默特川平原上因非合理土地垦种而出现成片的荒废聚落及耕地就是较好的例证。

因此，相比于游牧民族直接凭借生态观念指引下的各项行为作用于自然环境的合理模式，农耕民族凭借器物媒介作用于自然环境却是拉大了人与自然环境之间的距离，使双方的矛盾更加对立，因而在古代社会生产力水平的制约下农业是难以在蒙古草原上推行的，也更加凸显了游牧民族土地利用方式对蒙古草原自然环境的合理性及其自身的生态价值，值得吸收借鉴。

五　对土地开发与利用技术的差异

游牧民族与农耕民族对自然环境的开发利用均需要一定技术。技术是人类社会发展的促进因素，是科学技术的发展基本依托载体，它促进了人类社会生产力水平的提高，更是促进了人类社会的发展基本。以生产技术对物质生产力的作用而言，游牧民族的生产技术水平及发展程度是难以同农耕民族相媲美的。然而就历史发展和技术对人类社会及自然环境可持续发展的影响而言，又需重新思量这两种不同文明视域下生产技术的效能及在不同区域的适用性了。

就技术的作用对象而言，游牧民族是通过动物及部分生产工具实现对土地的开发与利用，而农耕民族则是通过植物的培植及大量精细的生产工具实现对土地的开发与利用。农耕及游牧两种不同经济类型对两种不同生物的利用则需投入不同程度的技术,显然对动物的利用要比对植物的利用难得多。"骆驼、牛、马、羊等各类牲畜的管理模式各不相同,它们在不同的牧场上生长,各类牲畜的所有权与畜产品使用组合形式具有多种多样的优势,每一种不同的组合都需要重新调整那个部落所需要的牧场及可供多年游动的范围。"[①] 从生态效用的维度而言,游牧民族的生产技术较之农耕民族并不落后。且植物的经营也需要人对自然植被是否可食用、使用价值高低、生长习性强弱、以及灾害应对等都要有较为精准的了解。且在这一过程中,也要利用大量的生产工具与实践经验等,因而我们不能评论哪一种经济模式下生产技术的高下,但是对自然环境的影响却是可以考察分析的。

就技术的作用环境而言,游牧民族生存的蒙古草原自然环境较之中原及南方农耕环境更恶劣,游牧民族需要掌握更精深的技术去协调人与草原自然环境、牲畜与草原自然环境之间的关系,寻求草原生态系统的生态平衡,这也是维持历史时期草原游牧民族生存的关键所在。同农耕民族相比,游牧民族通过对蒙古草原生态资源的时空重组,有效提高了蒙古草原自然环境的利用率,而且几乎无人为地干预草原自然环境自然规律的正常运作,而是通过直接利用草原自然环境原初植物及动物而完成对草原自然环境的开发利用,使自然生产力发挥到极致,最大限度地维护了草地自然环境的良性循环。受蒙古草原自然环境脆弱性较高及放牧牲畜多样性的影响,实现草原自然环境的可持续发展也就需要游牧民族掌握五畜平衡的技术,这比农耕民族的植物驯服是更有难度的,这也导致农耕民族需在农业生产过程中,更加注重通过技术维持农业生产的顺利开展。从这一维度而言,游牧民族的游牧生产方式及土地利用模式对土地的技术运用符合历史时期蒙古草原自然环境的自然规律及特殊气候条件,其对草原自然环境的维护功不可没,而农耕民族的技术则难以在草原上有效推行,草原自然环境也难以承受得住这样的精耕细作式的"培育"。

因此,无论农耕民族或是游牧民族的土地开发利用技术都有其先进性与合理性的,但是却无法置换到对方的土地上利用的。游牧民族的动物驯化在维持历史时期蒙古草原自然环境生态平衡的基础上实现了人类社会的

---

① [美]拉铁摩尔:《中国的亚洲内陆边疆》,唐晓峰译,江苏人民出版社2005年版,第332页。

生存发展，更符合草原地区的自然环境特征与气候条件，而农耕民族植物驯化也达到了这一目标。因此，从这一维度而言，游牧民族的土地开发利用技术与蒙古草原自然环境特征具有高度符合性，是维持历史上蒙古草原生态平衡及人与草原自然环境之间能够维持在一种动态生态平衡关系的关键。

第三节 游牧民族土地利用方式的生态启示

随着欧亚草原逐渐被开垦为农田或是被工业化及城市化侵占，游牧文化也日渐被农业文化包围或者代替，其分布及影响范围不断缩小，游牧民族及其所创造的游牧文明逐渐衰落或是发生变迁，甚至在有的地方已经消失。就今日的内蒙古地区而言，残存的内蒙古游牧草原也有相当一部分成了不毛之地，生存条件变得更为恶劣，内蒙古的草原文明也逐渐面临着遭受灭顶之灾的威胁。时至今日，自然环境问题日渐成为当地人类社会可持续发展的关键制约。党的十七大报告中，首次提出了生态文明建设理念，党的十八大中更是着重论述了当下我国生态文明建设的重要意义。自党的十八大以来，习近平总书记对生态文明建设给予高度重视，为此开展了广泛深入的实地调查研究并制定了系统科学的工作计划，目前中国的生态文明建设也取得了显著成效，但同样存在一些有待改进或提升的地方。2022年10月16日，习近平总书记在党的二十大报告中就近十年来生态文明建设取得的成就、历史经验及未来发展方向等做了系统深入阐释，报告第十部分"推动绿色发展，促进人与自然和谐共生"[1]与生态文明建设直接相关，报告其他部分内容也多提及生态文明建设，这也体现出生态文明建设在党和国家工作中的重要性。生态文明建设是统筹全局的纲领性指导思想，因而具体到某一区域，则需要结合本地区的实际情况开展行之有效的建设举措。就内蒙古草原而言，清代以来的内蒙古草原已经严重沙化或是退化，对畜牧业、现代化产业及人类生存都造成了重要影响。因此，需要

---

[1] 习近平：《高举中国特色社会主义伟大旗帜 为全面建设社会主义现代化国家而团结奋斗——在中国共产党第二十次全国代表大会上的报告（2022年10月16日）》，《人民日报》2022年10月26日第1版。

第七章　游牧生产方式对土地资源的合理利用及启示

对当地历史时期较有意义的生态思想及有益经验等予以探讨，以更好地为当下内蒙古草原地区已被破坏自然环境的恢复及生态文明建设服务，提供更多有建设性意义的经验。

一　观念到认识：人对环境不同态度的生态启示

德国学者汉斯·萨克塞说道："在自然的面前，人也看到了自己，作为自然的成员，作为整体的一部分。作为晚辈他身上还带有他以前的，导致他演变成人的那些结构。为了能够生存，他必须严格遵守一个原则——适应已存在着的事物。"[1] 可见，人的主体性作用对于自然环境可持续发展的实现与否是至关重要的。古代农耕文明与内蒙古草原游牧文明的缔造必然依赖于土地，在当时社会生产力水平的制约下，两种不同经济类型下的财富的增加也是需要依靠土地面积的增加，但通过具体分析可以发现，两种不同文明影响下的土地开发利用也存在较大差别。

传统农业社会中，农民的财产主要是依赖于耕地和粮食及其他物产，以及依靠这些基本物质换得的金银钱财及其他物资。但土地是其财富的根本，也是人们生存的根基。包括地主阶层在内的农业社会成员想要增加财富，就必然要扩大耕地面积，这就出现了向大山、向河流、向湖泊要田的开荒拓土举动。古代的农业生产在大多数情况下是广种薄收，农民只得依赖于耕地面积的扩大来满足对财富的追求和缓解人口增长的压力。但是，在适宜开发和可耕种土地面积有限的情况下，盲目开垦就势必造成对自然环境的破坏，也必然导致人地之间矛盾的加剧，最终造成人类社会生存危机的出现。然而在人类意识未能达到对自然规律正确认识和把握之时，在人定胜天、征服及改造自然的思想支配下，农耕文明选择了对自然环境实行先利用与改造后治理或是利用后不治理的路子。这在自然条件较为优越的农耕区或可实现，因为自然环境恢复周期较短，且能够满足轮用土地的面积也较大，故而对人类社会生存的威胁尚可调控。但在蒙古草原的大部分地区则是难以开展的，因为发展农业对草原自然环境的改造利用极易导致草原环境问题的出现，并直接威胁到人类社会的生存发展。

相比于农业文明的治理，游牧民族的土地利用则是选择了对内蒙古草原自然环境的"管理"。古代社会，蒙古草原上诸游牧民族的财富主要是

---

[1] ［德］汉斯·萨克塞：《生态哲学》，文韬等译，东方出版社1991年版，第30页。

草场和牲畜，要想增加财富就必然扩大草场面积和增加牲畜数量。牲畜数量增加到一定限度必然超出草场的承受能力，便产生草场与畜群之间的矛盾。在此情况之下，游牧民族为了保持草原自然环境与合理利用草场资源便采取"游而牧之"的生产方式。而在蒙古草原的游牧时代，人对草原自然环境的保护性开发利用是极其重视的，在法律文献中也对人为破坏草原行为予以严惩，这在前文中已经论述，在此不作过多介绍。此外，奇格在论说古代蒙古法制特点时指出，蒙古族习惯法的特点之一便是"习惯法保护野生动物，不杀仔畜；保护草场，严禁荒火和垦地；保护水资源，不许向水里溺尿；保护人畜安全，防止疫病，不许人们在浩特中溺尿等"[1]。可见，游牧民族对土地采取的合理经营方式，保证了适度的发展生产，并不以牺牲草原自然环境为代价而追求一时的经济效益与财富累积。游牧民族对草原自然环境的开发利用更主要的是出于管理的角度，在正确管理与经营的基础上，实现人类社会的生存发展与物质财富的增加。

因此，从对待自然环境态度的视角而言，相比于农耕文明对自然环境的治理及对自然环境的影响而言，游牧民族的自然环境管理更符合内蒙古草原的自然环境特征，有其合理性与较高的生态价值，也是符合人与草原自然环境永续发展的内在要求，值得当下内蒙古地区内蒙古草原自然环境问题治理及生态文明建设借鉴。

二 行为到结果：人与自然相处模式的生态启示

现今社会，人类的生存状况令人堪忧，出现的严重环境危机多是人类对自然环境认知的错位而导致人与自然环境相处模式的错误。现阶段研究指出："人类的生存环境现状及趋势走向不容乐观，每年有600公顷具有生产力的旱地变成无用的沙漠，它的总面积在30年内将大致等于沙特阿拉伯的面积。每年有1100多万公顷的森林遭到破坏，在这30年内将大致等于印度的面积。这些森林的很大部分将变成不能支持定居在那里的农民和低质农田。"[2] 人与自然环境之间不和谐的相处方式是导致这一现象出现

---

[1] 奇格：《试论古代蒙古的法制及其主要特点》，载牛森主编《内蒙古草原文明研究》第四辑，内蒙古教育出版社2008年版，第197页。

[2] World Commission on Environment and Development, *Our Common Future*, Jilin People's Publishing House, 1997, p. 3.

的直接诱因。然而回顾历史可以发现，游牧文明却能够历久弥新，实现了历史时期蒙古地区草原自然环境的生态平衡与游牧民族的生存发展，这是历史时期游牧民族土地利用过程中人与蒙古草原自然环境和谐共存的体现。因此，在游牧生态土地利用方式的影响下，游牧民族与蒙古草原自然环境之间和谐的相处模式是促成历史时期草原生态平衡得以有效维持的必然结果。

21世纪作为人类与自然结盟的全新发展阶段，人类将树立而且必须树立生态文明的自然观；不断提高生态能力，构建绿色发展模式，实现生态现代化；保护和改善自然环境，应把发挥人的主观能动性与生态恢复自然性相结合。[①] 其所阐释自然观的启示主要是根据现代社会发展中存在的诸多环境问题和自然环境预期的发展前景而言，其中也强调了自然环境生态能力的提高、自然环境的保护和改善必须注重对人类主观能动性的发挥与客观自然环境的有效结合。

草原文明视域下游牧民族的土地利用方式在一定意义上可以视为一种以崇尚自然为根本特质的生态型文化，这种文化从生活方式到生产方式，从观念领域到实践过程都同天地自然生态息息相关，融为一体，将人与自然和谐相处当作一种重要的行为准则和价值尺度，一以贯之的被传承下来，使之能够在知、行得以统一，并得到升华，甚至以敬畏和珍惜的心态对待自然、保护自然。[②] 游牧民族的土地利用过程中，对人的主体性地位予以了充分的尊重。游牧经济在处理人与自然的关系时，既看到了人对自然环境的征服、改造和利用，也关注到了草原自然环境的客观存在是人类社会各项行为活动基础的重要地位，将主体人类社会与客体自然环境加以有效结合，这也是历史时期蒙古草原自然环境得以有效维持的关键。

通过以上介绍可以发现，历史时期蒙古草原上游牧民族在土地利用过程中，将人与草原自然环境有效地结合起来，在发挥人的主观能动性的同时也不忽视对草原自然环境的保护。因此，在遵循自然规律行为的基础

---

① 马桂英、王鸿生：《草原文化中的自然观及其启示——从环境伦理哲学视角审视》，《内蒙古社会科学（汉文版）》2004年第5期。

② 陈光林：《深化草原文化研究》，《内蒙古社会科学（汉文版）》2007年第5期。

| 下编　游牧生产方式之生态启示

上，实现了"草原生态平衡"的维护及"人与草原"的和谐相处，其生态价值是当今时代社会发展和对自然环境问题治理及自然环境保护过程中所不能忽视的重要生态经验。因此，游牧民族土地利用过程中的人与自然环境相处模式更符合蒙古草原地区的自然环境与气候条件特征，因而更凸显其厚重的生态价值，是当下内蒙古地区自然环境问题治理及生态文明建设所不可忽视的重要经验借鉴。

三　经验到启示：历史时期的生态经验及当代启示

随着工业文明以来全球范围内环境问题的日渐凸显，且逐渐成为人类生存发展的最大威胁，生态文明建设成为人类文明的必然走向，生态文明旨在解决当下严峻的自然环境问题与实现人类社会的可持续发展，将历史时期有益的生态经验用于当下的自然环境问题治理及生态文明建设是符合绿色发展理念的内在要求，因此，需要充分发掘历史时期蒙古草原上有益的生态思想经验，更好地为当下内蒙古草原自然环境变迁及环境问题解决与生态文明建设等目标服务。

内蒙古自治区是北方草原的主要组成部分，当地草原自然环境问题主要体现在自然环境退化及沙漠化严重。据内蒙古第三次资源普查，全区"优质高产草地仅占0.5%，优质中产草地占11.2%，优质低产草地占32%"[1]，这一数据预示着当前内蒙古地区的草原优势已经明显下降，自然环境危机已普遍出现，且危机程度也较为深远。据统计，全区可利用的6818.8万公顷草原中，可利用的草原面积中有3867万公顷出现了不同程度的退化，约占总面积的60%[2]。由此可见，当下内蒙古地区草原自然环境问题已是十分严峻，几近六成的草原环境出现了退化甚至严重退化，因而草原环境问题的治理迫在眉睫。

再如内蒙古地区几个主要垦区的环境状况，至21世纪初，都出现了不同程度的盐渍化现象，根据刘钟龄等的研究统计，如表7-1所示。

---

[1] 刘艾、刘德福：《我国草地生物量研究概述》，《内蒙古草业》2005年第1期。
[2] 赛希雅拉：《内蒙古天然草原草畜平衡管理政策实证研究》，硕士学位论文，内蒙古大学，2009年，第1页。

表7-1　　　　　21世纪初内蒙古不同区域盐渍化统计　　　单位：万公顷,%

区域名称	盐碱地（2000年）	盐碱地占区域面积比例（2000年）	区域面积
河套土默特灌区	1.1	4.13	28.4
西辽河灌区	2.8	5.92	46.6
内蒙古高原区	4.9	3.15	171.7
鄂尔多斯高原区	2.5	2.62	86.9
中东部沙地区	1.1	1.23	88.6

资料来源：刘钟龄、郝敦元《草原荒漠化的分析和生态安全带的建设》，载额尔敦布和、恩和、[日]双喜主编《内蒙古草原荒漠化问题及其防治对策研究》，内蒙古大学出版社2002年版，第31页。

由表7-1所统计数据可知，当前内蒙古地区的几个主要灌区都出现了不同程度的盐渍化，尤以西辽河与河套土默特地区最为严重，我们不能否认农业存在对于当地人类社会生存发展的重要意义，但非合理农业生产造成的环境破坏也同样不可小觑。

从人类文明起源与发展的角度考虑，蒙古草原更是孕育我国草原文化的摇篮，历史时期蒙古草原上诸游牧民族缔造了辉煌灿烂的草原文化，并成为中华文明大系的三大源头之一。但是历史时期蒙古草原的自然环境问题出现的频率、程度及影响范围均较小，或是出现后并未长期存在下来，出现的环境问题被自然修复或被人为修复而阶段性的存在后便又消失了，虽然有部分地区的环境问题持续存在下来，但这些环境问题并没有成为制约人类生存的决定性因素，这也得益于游牧民族传统土地利用方式的生态价值。相比于农业文明与工业文明，游牧文明在自然环境方面的生态效应更有其进步性，如孟克达来所说的"相比于农耕文明所导致的土地沙漠化与自然环境的恶化，游牧文明可以有效地阻止荒漠化现象的出现和扩散"[1]。游牧民族在土地开发利用过程中也积累了丰富的生产经验与对自然规律的深入了解，如狩猎活动中的"春不合围""夏不狩猎"等，对草场保护和草原生态平衡的维系等意义重大。游牧民族的生态土地利用方式恰当地处理了人与草原自然环境之间的关系，维持了历史时期蒙古草原自然

---

[1] MunkhDalai A. Zhang, ete., "Monglian Nomadic Culture and Ecological on the Ecological Reconstruction in the Agropastoral Mosaic Zone in Northern China", *Ecological Economics*, Vol.1, 2007.

下编 游牧生产方式之生态启示

环境的生态平衡,实现了人对草原自然环境维护与利用的双赢目标。

随着时代的发展进步,新兴产业在国民经济中的地位也日益重要,这也导致了传统产业的衰落。近代以来的内蒙古地区也不例外,但是我们不能过分强调现代产业而忽视草原自然环境的承受能力及现代产业对草原自然环境的适应性,更需要辩证地看待新型土地利用方式与草原自然环境之间的符合度。历史的经验与现实也告诉我们,"内蒙古草原畜牧业是迄今为止最适合内蒙古草原自然环境的产业类型,但是也同样面临着如何继续向前发展的困境,内蒙古草原畜牧业的发展必须充分利用工业化和信息化的文明成果,在不改变畜牧业这一土地利用方式的前提下,借助现代生产手段,实现可持续发展"[①]。可以发现,游牧民族的土地利用方式对于历史时期内蒙古草原地区自然环境的维护具有重要借鉴价值。

因此,历史时期游牧民族的生态土地利用方式及经验对内蒙古草原的自然环境与气候特征具有高度符合性,在当下未能摸索出新的人与内蒙古草原自然环境和谐相处的模式,或是没有探索出有效的环境保护和已破坏自然环境治理手段之时,历史时期游牧民族的生态土地利用经验更是值得学习和借鉴的,至少这些都是符合草原自然环境与气候条件特征,且是经历了历史检验的有效行为。笔者相信,这对当下内蒙古地区环境问题的治理及生态文明建设,是具有一定借鉴意义的,是值得深入发掘并发扬光大的。

---

① 黄健英:《蒙古族经济文化类型在北方农牧交错带变迁中演变》,载宝力格主编《内蒙古草原文明研究》第五辑,内蒙古教育出版社 2009 年版,第 218—219 页。

第八章 从生态环境史看游牧生产方式及其生态平衡向度

在北方草原千百年的历史发展过程中，游牧生产方式是游牧民族适应自然、顺应草原自然环境与气候条件特征的合理选择，也是近代以前游牧民族的经典传统生产方式。运用文献考证分析和历史回溯的方法，从生态环境史维度对游牧生产方式是游牧民族适应产业自然环境的经典生产方式进行学理上的论证，指出游牧民族通过历史传统、法律和习俗等制度化保持游牧生产方式的有序运行。这种草原生态资源的合理利用和适度开发有效地维持了游牧民族自身生存发展与草原自然环境之间的生态平衡。游牧生产方式构建起人与草原自然环境之间的和谐生态空间格局，使草原生态系统平衡得以有效维护。纵观游牧生产方式出现以来蒙古草原的环境状况，在游牧生产方式占主导地位时，草原自然环境状况均比较良好。草原自然环境恶化的出现，则多是出现在非合理的农业化等草原改造建设利用时期。因此，游牧生产方式精准合理地处理了人与草原自然环境之间关系，使草原自然环境得以有效维护，其生态平衡向度在当代严峻生态危机与生态文明建设情景下具有重要借鉴价值。

第一节 适应自然：游牧生产方式的生态诉求

马克思、恩格斯曾指出："我们必须时时记住：我们统治自然界，绝不像征服者统治异民族一样，绝不像站在自然界以外的人一样，——相反地，我们连同我们的肉、血和头脑都是属于自然界，存在于自然界的；我们对自然界的整个统治，是在于我们比其他一切动物强，能够认识和正确运用自然规律。"① 由此段论述还可以看出，人是自然界的产物，也是属于自然界的组成之一部分，但人类的各项行为活动都不能逾越自然界的限制，要遵循自然界的基本规律。对于人与自然环境之间的关系，费孝通先生也指出：我们一向反对人与自然的对立，要摒弃无休止的坚持功利主义的态度去改造自然以适应人类的需求，而是坚持人类能够尽可能地适应自然。② 因此，适应自然体现了游牧生产方式的生态诉求与追求目标，而绝大部分历史时期蒙古草原上各游牧民族对游牧生产方式的坚持利用，则体现了其对草原自然环境的有效适应，也实现了对草原自然环境保护与利用相结合的双赢目标。

一 "游而牧之"生产方式的精准选择

以今内蒙古草原为主的北方草原自然环境区域各类气候因子呈现出东北—西南方向弧形带分布，分别跨越湿润、半湿润、半干旱、干旱及极端干旱等区域，在各区域分别形成与之相对应的地表植被，即森林、森林草原、典型草原、荒漠草原、草原化荒漠与典型荒漠等地区。这些地区具有一个普遍特点，就是不适宜传统中国的那种精耕细作式的农业发展，积温、降水等成为制约该地区农业发展的关键因素。因此，游牧民族运用其自身对于草原自然环境特征的洞悉，选择了游牧生产方式，诚如马克思与恩格斯所说的那样，"今天整个自然界也溶解在历史中了，而历史和自然史的不同，仅仅在于前者是自我意识的机体发展过程"③。因此，历史时期草原游牧民族对生产方式的选择，体现了其民族在发展过程中将其自身融于自然之中，追求着人与草原自然环境之间的和谐共生与共存发展。

就气温而言，蒙古草原地区处于亚欧大陆内部，大陆性气候明显。冬季受蒙古高压影响，来自北方气流长期作用下冬季漫长寒冷，而南部又有山地阻挡，冷空气长期滞留。按照均温在5℃以下为冬季标准，部分地区的冬季长达5—7个月；按均温20℃以上为夏季指标，则蒙古草原西部地区夏季在3个月以上，其余广大地区则只有1—2个月的时间为夏季。气温

---

① 《马克思恩格斯选集》第3卷，中共中央马克思恩格斯列宁斯大林著作编译局编译，人民出版社1995年版，第518页。
② 费孝通：《文化论中人与自然关系的再认识》，《群言》2002年第9期。
③ 《马克思恩格斯选集》第3卷，中共中央马克思恩格斯列宁斯大林著作编译局编译，人民出版社1995年版，第557页。

第八章　从生态环境史看游牧生产方式及其生态平衡向度

的另一特点是春温骤升秋温剧降。全年温差在33℃—45℃之间，绝对高低温时期温差达50℃—70℃，日温差往往达15℃。再论及降水量，在大兴安岭北部及其东麓地区，年均降水量达400—500毫米以上；西辽河流域、阴山南麓地区平原及丘陵区和鄂尔多斯高原东部地区降水一般在400毫米左右；大兴安岭以西呼伦贝尔、锡林郭勒、鄂尔多斯高原中部地区等降水仅有250—300毫米；再往西年均降水量则降至200毫米以下，阿拉善东部低于150毫米，阿拉善西部及额济纳仅有40—50毫米。[1]且多数地区蒸发量大于降水量，导致历史上这些地区的农业难以长期发展且存在极大波动，进而生活在本区域的游牧民族选择发展了畜牧业。

不仅如此，北方草原地区经历由海变陆再至高原的持续抬升过程。尤其是在第四纪，此时期虽不过300余万年，但却将蒙古高原大部分地区抬升了500—1000米。[2]导致蒙古草原绝大部分地区成为高原、山地或高平原地形区，如13世纪时柏朗嘉宾对蒙古草原地形地貌的记述："鞑靼人地区的部分地带是高山峻岭，山峦起伏，其余的地带则是坦荡平原，但几乎到处都遍布着含砂量很大的砾石地。"[3]出现不适宜农业发展的地理环境及能够满足畜牧经济的自然环境特征与气候条件，游牧先民们在此自然条件的制约和影响下便选择发展了畜牧经济。

然而草原畜牧业经济又不同于农耕社会中的动物饲养，草原上的游牧经济是通过游牧生产方式进行着的。当地特殊自然地理环境与气候条件决定本地区在古代人类社会生产力水平较低的情况下只能采取畜牧业经济，虽在个别地区（如河套地区、土默特等地区）也有农业发展，但畜牧经济却为主体。相比于农耕区对家畜的饲养，草原畜牧业则是放牧，放牧利用的是天然草场，游牧业是建立在广阔生存空间内，饲养则是和农业生产相依附，饲养要求饲料的充足，牲畜生存空间、地域范围并不一定十分广阔。[4]但草原游牧业的经营却需要更广阔空间才能进行，诚如马克思所说：

---

[1] 中国科学院内蒙古宁夏综合考察队：《内蒙古自治区及其东西部毗邻地区气候与农牧业的关系》，科学出版社1976年版，第6—14页。

[2] 刘钟龄主编：《内蒙古通史：生态环境与生态文明》第八卷，人民出版社2011年版，第35页。

[3] ［美］柔克义译注：《柏朗嘉宾蒙古行纪·鲁布鲁克东行纪》，耿昇、何高济译，中华书局2002年版，第25—26页。

[4] 邢莉、邢旗：《内蒙古区域游牧文化的变迁》，中国社会科学出版社2013年版，第23页。

| 下编　游牧生产方式之生态启示

"在天然牧场上饲养牲畜，几乎不需要任何费用。这里起决定作用的，不是土地的质，而是土地的量。"① 由此可见，足够宽广的土地于游牧而言是极为必要的，也是必不可少的条件之一。

在不同生态环境区域内，单位面积上的生物量各不相同，湿润区及半湿润区森林、森林草原及典型草原单位面积生物量远高于干旱区的生物量，这也决定了各生态区域所能承载的牲畜数量各异。然而草原自然环境是较为脆弱的，气候也极不稳定，这也极易导致生态失衡等现象的出现，因而这也决定了草原畜牧业是以游牧生产方式为主，而非农耕饲养形式的养牲畜。正是由于农耕与游牧所依托的不同自然与气候环境，导致出现人地关系差异。游牧民族是以文化力量对草原自然环境的一种单纯适应，农耕民族则与之存在极大差异。② 因此，草原地区特殊地理环境与气候条件是畜牧经济发展的根本所在，对游牧生产方式的出现具有重要的影响。

二　游牧生产方式的合规律性

中国的自然地理环境复杂多样，受到自然条件的限制，自古以来，我国境内因地形地貌及气候条件等自然要素的影响存在三个显著的经济区，根据邹逸麟先生的划分，此三个经济区分别是：

①内蒙古高原以南，大致上是沿着阴山、长城一线的南部地区，青藏高原边缘以东至海，为东部季风区，这一区域内的自然条件适于发展农业，是汉族的主要聚居区。

②大兴安岭山地以西，昆仑山、阿尔金山、祁连山和阴山及长城一线的北部地区，属于干旱或半干旱地区，降雨稀少，以草原植被为主，适宜发展畜牧业，是游牧民族的主要聚居区。

③青藏高原高寒地区，空气稀薄、气候寒冷、植被稀少，这一地区的人类以狩猎、采集和原始农业等混合型经济类型为主；东北大兴安岭以东、长城以北地区，气候寒冷、人口稀少且森林密布，17 世纪

---

① 马克思：《资本论》第 3 卷，中共中央马克思恩格斯列宁斯大林著作编译局编译，人民出版社 2004 年版，第 756 页。

② 庄孔韶：《人类学概论》，中国人民大学出版社 2006 年版，第 219 页。

第八章 从生态环境史看游牧生产方式及其生态平衡向度

以前，这一地区的人类以渔猎、采集和少量农业等混合经济类型为主。①

根据以上所述，我国的经济类型区可概括分为中东部的农耕区、北方草原的游牧区、青藏高原及东北森林地区的混合类经济区。就整个北方草原游牧区而言，游牧生产方式与草原生态规律具有高度符合性，是实现草原生态平衡长期维持的重要原因。人类是自然生态系统长期演变的高级产物，其生存与发展依赖自然环境，也需要以自然环境为依托。纵观中外历史，各时期自然环境的优劣，直接影响到人类的生存发展质量，且对人类社会文明的昌盛与衰亡具有直接影响。② 就历史时期蒙古草原自然环境与人类社会的生存发展而言，游牧生产方式的合乎规律性则体现出其较高的生态价值。

人与自然环境之间关系处理恰当与否对人类社会生存发展具有重要影响，这也需要人类在具体的生产和生活活动中有序把握自然规律，通过遵循自然规律实现人与自然环境的可持续发展。对于自然规律的掌握，是实现人与自然环境和谐相处的前提。在处理人与自然环境之间关系时，谋求人类社会能够适应自然环境。③ 这是实现人与自然环境可持续发展前提，也是发挥人在利用自然过程中主体性与主观能动性的关键。然而，真正实现人与自然环境之间和谐共处，则需要把对自然规律认识转化为现实活动的指导思想，运用于具体人类活动中。因此，对自然规律正确认识及其作用发挥，需要人类首先对自身所在社会规律把握，形成共识。千百年来游牧民族按季节气候变化形成有规律的游牧生产方式就是很好体现。马克思、恩格斯曾指出：一切观念形态"归根结底都是从他们的经济生活条件，从他们的生产方式和产品交换方式中引导出来的"④。游牧民族正是在把握草原自然环境与气候条件特征及其自然规律基础上进行了游牧生产活

---

① 邹逸麟：《中国多民族统一国家形成的历史背景和地域特征》，《历史教学问题》2000年第1期。
② 罗炳良：《生态环境对文明盛衰的影响》，载田丰等主编《环境史：从人与自然的关系叙述历史》，商务印书馆2011年版，第215—219页。
③ 包庆德、彭月霞：《生态哲学之维：自然价值的双重性及其统一》，《内蒙古大学学报（人文社会科学版）》2006年第2期。
④ 《马克思恩格斯选集》第21卷，中共中央马克思恩格斯列宁斯大林著作编译局编译，人民出版社1985年版，第548页。

动，对自然环境特征与气候条件具有较高的符合性。

首先，草原自然环境的脆弱性不能实现为人类社会生存提供长期源源不断的能量供给，因而决定了游牧民族需要阶段性更换草场以给被利用草原得以休养生息的契机，游牧生产方式也是在这一认识下形成并逐步发展起来的。因此，迁徙和流动成为游牧经济的突出特征。① 其次，草原自然环境与气候条件特征决定游牧民族不能直接取诸物于自然而为人类生存所用，需要借助"牲畜"而发挥自然环境对维护人类社会生存发展的作用。倘若人类直接作用于草原自然环境而获得人类生存所需物质能量，那么人为导致的草原自然环境破坏更是难以想象的。

因此，游牧民族在长期生产和生活实践活动中，逐渐摸索出适应草原自然环境的游牧生产方式，即通过控制动物而开发利用草原自然环境。且这些被饲养动物一直接受着草原生态系统中生物规律与自然规律制约。游牧民族在与草原的接触过程中，所接触到的最主要两类生物便是所饲养"牲畜"（动物）及人类生存和游牧经济出现及存在所依托的"草原"（植物），游牧民族正是对草原生物自然规律的正确把握，实现人类自身与自然环境之间的可持续发展，维持了历史时期草原生态平衡及人类社会的存在延续。

忽视自然规律是导致人类灾难出现的重要诱因，对自然规律认识和把握也并非是一蹴而就的，而是一个不断纠正谬误和开发探索的过程。因此，对自然规律的认识是一个长期而且持续不断的动态过程，只能是一个逐步接近真理并不断地创造价值的过程。② 游牧民族对于草原自然规律的正确认识、把握并运用于生产生活活动中，这给后人认识和利用自然提供了借鉴和启示。

第二节 合理利用：游牧生产方式的生态功能

马克思、恩格斯曾指出："统治阶级的思想在每一时代都是占统治地

---

① 包庆德：《从生态哲学视界看游牧生态经济及其启示》，《自然辩证法研究》2005年第5期。

② 包庆德、彭月霞：《生态哲学之维：自然价值的双重性及其统一》，《内蒙古大学学报（人文社会科学版）》2006年第2期。

位的思想。这就是说,一个阶级是社会上占统治地位的物质力量,同时也是社会上占统治地位的精神力量。"① 因此,游牧民族对于北方草原的长期占据,是游牧生产方式被广泛利用的前提。此外,游牧民族通过历史传统、法律和习俗等制度建设保持游牧生产方式的有序进行,这种草原生态资源的合理利用和适度开发有效维持了游牧民族自身生存发展与草原生态系统平衡,合理利用体现了游牧生产方式的生态价值。

游牧生产方式的历史传统游动迁徙使牲畜能够均匀采食、合理利用草场资源,同时也能够使已被利用的草原进行恢复。清代盟旗制度确立前,蒙古草原绝大部分地区仍保持游牧生产方式,根据《马可·波罗游记》记载:"鞑靼人永远不会固定地居住在某一个地方,每当冬天来临的时候,他们就会迁徙到一个比较温暖的平原上,以便为他们的牲畜找一个水草充足的草场。一到夏天,他们又会回到山中凉爽的地方,因为那里此时的水草丰茂,同时,牲畜又可以避免马蝇和其他吸血害虫的侵扰。"② 传统游牧社会是以家庭为单位、以部落为游牧群体的社会状态。因此,通过团体共同游牧,并以部落占有牧场为基础,家庭进行养牧。二者相互依存促成大规模生产体系。在游牧生产及生活活动中,游动线路往往是根据季节、气候、水源、草场等情况而迁徙。即使是清代推行了盟旗制度,但大部分蒙古地区仍是在划定的蒙旗范围内保持着小范围的"定牧"放牧制度。

游牧生产方式也是历史时期蒙古草原上绝大部分游牧民族所长期坚持利用的经典生产方式,根据韩茂莉的梳理,历史时期蒙古草原上主要游牧民族及其游牧生产生活方式如表8–1所整理。

表8–1　　　　　　历史时期主要草原民族及其游牧方式

民族	游牧方式	资料来源
匈奴	居于北蛮,随牲畜而转移	《史记》卷一百十《匈奴列传》
乌桓	随水草放牧,居无常处。以穹庐为舍,东开向日。食肉饮酪,以毛毳为衣	《后汉书》卷九十《乌桓传》
鲜卑	广漠之野,畜牧迁徙,射猎为业	《魏书》卷一《序纪一》

---

① 《马克思恩格斯选集》第1卷,中共中央马克思恩格斯列宁斯大林著作编译局编译,人民出版社1995年版,第52页。

② [意] 马可·波罗:《马可·波罗游记》,梁生智译,中国文史出版社1998年版,第80页。

续表

民族	游牧方式	资料来源
吐谷浑	恒处穹庐，随水草畜牧	《魏书》卷一百一《吐谷浑传》
突厥	被发左衽，穹庐毡帐，随逐水草迁徙，以射猎为事，食肉饮酪，身衣裘褐	《北史》卷九十九《突厥传》
回纥	居无恒所，随水草流移	《旧唐书》卷一百九十五《回纥传》
吐蕃	其畜牧，逐水草无常所	《新唐书》卷二百十六《吐蕃传上》
契丹	逐寒暑，随水草畜牧	《北史》卷九十四《契丹传》
奚	随逐水草，颇同突厥	《北史》卷九十四《奚传》
蒙古	自夏及冬，随地之宜，行逐水草	《元史》卷一百《兵志三》

资料来源：韩茂莉《中国历史农业地理》下册，北京大学出版社2012年版，第796页。

由表8-1所整理内容可知，"游而牧之"是草原民族最基本的生产方式，虽然各草原游牧民族的游牧生产方式的内容有所差别，但是"逐水草而生产"与配合此生产方式的"逐水草而居"却是相类似的。

纵观内蒙古地区自然环境发展变迁历史可以发现，农业发展对内蒙古地区环境破坏的影响极为严重。根据恩和的整理，历史时期内蒙古地区环境问题的出现，基本上都是由土地开垦而导致出现的，秦汉时期的大规模移民及土地开垦，导致蒙古草原局部地区的环境开始恶化，尤其是鄂尔多斯地区沙丘大约在这个时期开始陆续形成；唐朝中后期，在河套与鄂尔多斯地区开始了大规模的开辟屯田，导致鄂尔多斯地区南部区域普遍出现风沙肆虐等天气现象，库布齐沙丘开始扩大并以"普纳沙""库结沙"等名字为世人所了解；明代以后，河套、喀拉沁及土默特地区再次出现屯田，环境出现恶化；清代以后，察哈尔、乌兰察布、昭乌达及哲里木盟等东西部地区放垦面积多达3000余万亩，其中东部地区放垦土地2450万亩，西部地区放垦757万亩；民国之后，继续在蒙地进行放垦及移民，环境恶化程度更甚，其恶劣影响持续至今。① 对此，恩和进一步指出："凡农耕民族主宰草原的历史时段都曾导致草原退化、生态受损，只是由于游牧于农耕民族对草原的占有，在清末以前的许多世纪里大体保持了轮流坐庄，其中农耕民族统治时期对偏远草原又鞭长莫及，才没有形成了类似目前的严重

---

① 恩和：《草原荒漠化的历史反思：发展的文化维度》，载额尔敦布和、恩和、[日] 双喜主编《内蒙古草原荒漠化问题及其防治对策研究》，内蒙古大学出版社2002年版，第98—100页。

荒漠化。"① 因此，对蒙古草原上农业生产的价值需要辩证的看待。

畜牧业经济发展至明清两代时，因明末清初战乱而一度受挫，但清朝为恢复蒙古地区畜牧业经济，提出"编入旗伍，安插牧地，赐以牲口"政策。② 如蒙古八旗之游牧察哈尔疆理，东至克什克腾界，西至归化城土默特界，袤延千余里。具体而言，八旗又各有其游牧地，如正黄旗，驻扎木孙忒克山在张家口北三百四十里，东西距百有十里，南北距百八十里，由张家口至京七百三十里。③ 通过盟旗制度将蒙古游牧民族游牧生产及生活范围限制在某一区域，大范围游牧变成了固定地域内的小范围流动。不可否认，清初划定盟旗界限对稳定蒙古族社会秩序与恢复畜牧业生产有一定积极作用，但从长远来看却不利于草原自然环境的保护。

到了清代，"蒙古族的游牧已经不是从前那样大规模的游牧，而是一户或二三户的小规模游牧，兼营农业的游牧民，于游牧经济过后，仍回到原来的地方居住"④。在盟旗制度影响下，至 19 世纪时，大多数蒙古人已放弃了大规模、远距离移牧，通常情况是个别家庭或是二三家组成小团体游牧，其地域也限于一块面积不大的草原。⑤ 自清朝以来，游牧生产被固定区域放牧取代，是带有流动性质的小范围内的游牧经济，这也导致了游牧生产方式的渐趋衰落，更进一步诱发了环境问题的频繁出现，进而威胁到人类社会的生存发展。

一 游牧生产方式的法律规定

蒙古草原上，草原自然环境保护的法律古已有之。如秦汉时期，《秦律十八种》中《田律》就曾对草原自然环境及游牧生产方式之开展做出了具体详细的规定。刘海年对此解说道：《田律》规定了春天（二月份）不许进山砍伐树木，不许堵塞水道。夏季，不许烧草木灰，不许采摘新发芽

---

① 恩和：《草原荒漠化的历史反思：发展的文化维度》，载额尔敦布和、恩和、［日］双喜主编《内蒙古草原荒漠化问题及其防治对策研究》，内蒙古大学出版社 2002 年版，第 106 页。
② 《清圣祖实录》卷二百二十二，康熙四十四年八月己未条，载中国第一历史档案馆等《清实录》第 6 册，中华书局 1986 年影印版，第 235 页。
③ 中国社会科学院中国边疆实地研究中心：《清代理藩院资料辑录》，全国图书馆文献缩微复制中心 1988 年版，第 6—7 页。
④ 余元盦：《内蒙古历史概要》，上海人民出版社 1958 年版，第 114 页。
⑤ ［苏联］符拉基米尔佐夫：《蒙古社会制度史》，刘荣焌译，中国社会科学出版社 1980 年版，第 296 页。

下编　游牧生产方式之生态启示

的植物，不许捕捉幼兽、幼鸟与采集鸟蛋等。① 秦朝的疆域范围并未涉及蒙古草原腹地，但对蒙古草原南缘等存在放牧牲畜地区却是有一定影响的。环境变化及生物资源的维持是游牧生产方式得以开展的基本自然前提，因此，秦代对自然环境的保护及生物资源的爱护也一定程度上为游牧生产方式的开展奠定了基础。自此之后，对蒙古草原上自然环境及生物资源保护法律的制定及颁行不胜枚举。如西夏时，《天盛律令·盗杀牛骆驼马门》规定：即使是属于自己的牛、骆驼、马，也不能随意屠杀，否则会处以严重的刑法；《天盛律令》卷十九对牧场的利用规定到：要将官私牧场地界分离，避免官私交恶，一般不允许在官牧场内安家，不许在牧场垦耕，牧人应在牧场造水井，但是不能妨碍官畜处凿井，等等。②

　　到了元代之后，蒙古族作为蒙古草原上的典型游牧民族代表也是元代以来蒙古草原上势力最为强大的游牧民族，出现了更加完善的对草原自然环境及游牧生产方式保护性开发利用的法律。其中，成吉思汗《大扎撒》是蒙古族的第一部成文法典，同时也对草原自然环境、游牧生产方式保护做出了许多明确的规定。这是对草原地区法制建设等都是极为深远的一部法典。根据奇格的解读，《大扎撒》对草原自然环境及游牧生产方式保护的内容包括：禁草生而镬地；禁遗火而燎荒；禁于水中和灰烬上溺尿；禁止民人徒手汲水；春草返青时禁止围猎；禁止乱打动物（尤其是马）等。③ 由此可见，蒙古族对游牧生产方式作用对象的草原自然环境及动物资源高度关注，对其保护也是对游牧生产方式能够有序进行的必要前提。

　　蒙古族统治内蒙古草原乃至于北方草原的大部分时期内，对草原自然环境保护性开发利用及社会行为限制的法律较为丰富。对此，阿茹罕曾指出：古代蒙古族生态环境保护，主要以立法、习俗、道德、宗教等形式，融入蒙古族的日常生产与生活中，使这种生态环保思想意识习俗化、道德化、法制化。此外，在宗教的作用下，这些思想意识在一定程度上变成了古代蒙古族人的自觉行动，它保障了蒙古族游牧文明的世代繁衍与传承。概括而言，古代蒙古族朴素的生态环保思想意识主要体现在：人与自然环

---

　　① 刘海年：《战国秦代法制管窥》，法律出版社2006年版，第65页。
　　② 杨积堂：《法典中的西夏文化：西夏〈天盛改旧定新律令〉研究》，法律出版社2003年版，第150—165页。
　　③ 奇格：《古代蒙古法制史》，辽宁民族出版社1999年版，第38—41页。

境协调平衡的发展观、对动植物保护同情的伦理道德观、认为自然资源或自然要素是无价之宝的价值观等方面。[1] 由此可见，游牧民族通过法律等形式确保游牧生产方式的有效运作，这是实现草原上人类社会可持续发展与草原生态平衡维护的重要保障。

牲畜是游牧经济及游牧生产方式得以实现的基础，只有保证牲畜生存才能保证游牧生产得以维系。牲畜保护，首先体现在对牲畜生命的尊重上。《元史·刑法志》规定："诸宴会，虽达官，杀马为礼者，禁之。其有老病不任鞍勒者，亦必众验而杀之。诸私宰牛马者，杖一百，征钞二十五两，付告人充赏。"[2] 马是游牧民族生产生活的重要物质基础，也是促成游牧生产活动得以成为可能的关键。蒙古族对马的爱护，无疑是对整个草原自然环境、游牧社会及游牧生产的重视。

法律对于动物生命的保护保证了草原上存在一定数量的牲畜，以维持游牧经济的可持续发展。其次，对牲畜的保护，体现在对牲畜繁殖的人为参与及辅助等方面。此外，蒙古族也官方制止乱伤动物等行为。元代法律对此规定道：禁止大汗所属各国臣民在每年三月至十月捕杀野兔、獐、黄鹿、赤鹿之类动物或任何其他的大鸟，这种命令用意在于保护鸟兽繁殖增长。凡违禁者严惩不贷。[3] 在当时生产力水平较低情况下，游牧民族所能饲养的牲畜数量极为有限，但对动物（包括非牧养的野生动物）生命的尊重和官方禁止乱伤动物也有效地保证了草原上的动物数量，这对草原生态平衡的维护至为重要。

到了明清以后，对于草原自然环境及游牧生产保护及顺利进行的法律建设也较为普遍，如明朝建立后，退居漠北的北元朝廷颁行或完善的法律包括：《蒙古卫拉特法典》《阿勒坦汗法典》（也称《俺达汗法典》）、《图们法典》、《喀尔喀七旗法典》（又称《白桦法典》《桦皮典章》）等；再如清代：《喀尔喀法典》、《阿拉善蒙古律例》及《理藩院则例》与《大清律例》中的部分内容同样也涉及对草原自然环境及特色的保护等内容。然而清代以来的法典则多是对盟旗制度之上旗内"定牧"生产的法律规定，

---

[1] 阿茹罕：《试论古代蒙古法中的生态环境保护》，《内蒙古民族大学学报（社会科学版）》2010年第1期。

[2] （明）宋濂等：《元史》卷一百零五《刑法志四》，中华书局1976年标点本，第2683—2684页。

[3] ［意］马可·波罗：《马可·波罗游记》，梁生智译，中国文史出版社1998年版，第109页。

这也难以有效保障小范围内游牧生产方式生态功能的发挥，从草原自然环境的长远发展角度来看，是不利于草原自然环境的维护与游牧民族的生存发展的。

二 游牧生产方式的生态价值

游牧生产方式因符合草原自然环境规律而具有极高的生态价值。游牧生产方式符合草原自然生态环境特征并有效协调人与草原自然环境之间的关系。就草原植物而言，游牧民族在长期生产活动中会根据牧种营养所需，按照季节与自然环境及气候波动而分地区轮牧，这样既能保证草原植被得以休养生息及牲畜生存所需营养，同时也保证草原存有一定植被覆盖，牲畜所采食也多是剩余生物量，这也是合理利用草原生物资源的体现。就牲畜本身而言，游牧可以有效分解牲畜排泄物，避免在同一草场过度积累排泄物成为有毒物质而导致草场退化及人类、人畜及牲畜间传染病的流行。同时各类牲畜所需牧草也不相同，牛喜食尖草、马喜食尖草和哈拉禾奈、羊喜食白蒿子、骆驼喜食榆树叶子等，通过游牧可满足各类牲畜对所喜食牧草的觅食。

人类社会所有生产与生活活动都是建立在与自然环境相互作用基础上，人类社会发展也依赖于人与自然环境之间关系能否有效处理。劳动是人与自然环境相互作用的关键环节。然而，财富积累在农耕与游牧区却呈现出差异显著的形态，在游牧生产方式及游牧经济中，大量的物质积累难以维持，也就是说，游牧社会中没有太多的剩余物可以养活大批寄生人口。[①] 传统游牧民族财富积累也是以各类牲畜为主，畜牧业财富具有变动性，畜产品单一性和不易储存也使得游牧民族对财富占有欲较弱。因此，建立在游牧生产方式基础之上，传统游牧民族对畜牧财富积累意识较为淡薄，不是通过想方设法利用自然环境和通过土地增加物质财富而维持人类生存，而是通过协调人与自然环境之间关系维持着自身生存发展。这种对自然环境的合理开发和适度利用，才是维系人与草原自然环境动态平衡的真谛。

游牧生产方式符合草原自然环境可持续发展基本要求。可持续发展实现与否取决于人与自然环境之间关系处理的恰当与否，人们物欲需求是决

---

① ［日］松厚正毅：《游牧世界》，杨海英审译，赛音朝格图译，民族出版社2004年版，第5页。

定人对自然环境索取多少和开发程度高低的关键所在。不仅如此，游牧民族的衣食住行、丧葬等都体现出物尽其用的节俭态度，如在食肉时，蒙古族特别讲究物尽其用，绝不浪费。如宰羊"采用胸腔断脉法，使血液全部流入胸腔内，最后灌血肠；羊的内脏也全部加工食用，肝脏用以生食明目、肾脏撒盐同油脂一同烧烤，皮毛用以衣着生活所需"[①]。由此可见游牧生产方式完全符合草原可持续发展的要求，具有重要的借鉴价值。

第三节 游牧生产方式对历史时期草原自然环境影响考察

秦汉以来，草原地区在自然与社会等多重因素的影响下，农业逐渐从草原上消退，代之而起的是游牧经济及其主导下的多种经济类型并存的经济格局，且游牧经济也是自此时期发端至明清两朝之前草原大部分地区的主导经济类型，这也为游牧生产方式的出现及继续发展提供了可能，然而因移民及土地开垦与土地建设利用而导致草原地区的环境问题时有出现。前文已指出游牧生产方式具体发展阶段包括：秦汉时期是初步发展及奠定阶段；魏晋南北朝时期是初次繁荣阶段；隋唐时期是曲折发展阶段；两宋时期是恢复发展阶段；元代是繁荣鼎盛阶段。在不同发展阶段内，草原自然环境状况也各不相同，但一个基本规律是当以经济为主时，草原地区自然环境多较良好，而农业或人为建设较多时，极易引起草原环境恶化。但每当环境问题出现而导致农业生产及定居生活难以维系时，游牧业又能自觉或不自觉地重新将被破坏了的草原自然环境进行恢复，这是明代以前草原游牧民族游牧生产方式及环境变迁的基本规律。

一 秦汉时期

秦汉时期是草原游牧业的初步发展奠定阶段，同时也是草原地区人为土地垦种的初期，主要原因是秦汉两朝尤其是西汉时期的数次移民实边，但这一时期草原上的农业发展多分布于河套及蒙汉接触地带，在蒙古腹地

[①] 金海、齐木德道尔吉、胡日查、哈斯巴根：《清代蒙古志》，内蒙古人民出版社2009年版，第286页。

仍以游牧业为主。

　　大量汉人的出现对边地自然环境的破坏极为显著。如河套地区，移民及屯田造成了当地草原植被破坏，因河套位于黄河上游，上游植被破坏直接影响到下游的环境安全。汉武帝建元三年（前138）春，"河水溢于平原，大饥，人相食"[①]。黄河上游开垦直接造成下游的洪涝灾害。此外，河套地区也出现了沙尘暴，如《汉书》载："成帝建始元年（前32）四月辛丑夜，西北有如火光。壬寅晨，大风从西北起，云气赤黄，四塞天下，终日夜下著地者黄土尘也。"[②] 我们无法确定此次河套地区的沙尘暴是否是由于移民及土地开垦所导致，但是有一点是值得确定的，那就是当地大规模的人为土地开垦，造成了地表植被大面积破坏，这对沙尘暴出现及形成严重的沙尘暴天气存在着影响，且对沙尘暴恶劣影响的进一步扩大有推波助澜的作用。就此，史念海先生指出："由于北方的大面积土地开垦，平原及山丘地区的森林遭到了严重破坏，至魏晋南北朝时期，平原地区已基本上没有森林了，森林地区多已被限制到山地上去了。"[③]

　　然而此时期移民及土地开垦影响区域仅是河套等局部地区，东汉后，由于环境恶化及中原王朝与草原游牧民族在对立过程中优势的逐渐减弱，农业区分布范围也逐渐南缩。因而游牧民族实际统治区域在此时期内是较为稳定且有所南扩，这也为游牧经济及游牧生产方式的稳定发展及影响区域的扩大提供了可能，因而这一时期草原环境问题仅是河套等被垦殖地区，其他草原地区的环境仍较好。东汉以后，鲜卑族逐渐成为鄂尔多斯地区的实际控制者，并以此为核心区域逐渐控制了草原的大部分地区，许多因秦汉以来移民实边而被开垦致荒的土地有所恢复，大片荒地变成牧场。游牧经济是利用草原上的天然植被饲养牲畜，通过游牧生产方式合理利用草原，避免因在同一草场过度放牧而破坏草原。因此，东汉以后的草原地区被以游牧业为主的游牧民族占据，因前代破坏了的草原自然环境有所恢复，这为以后游牧经济及游牧生产方式的发展繁荣奠定了基础。

[①] （东汉）班固：《汉书》卷六《武帝纪》，中华书局1962年标点本，第158页。
[②] （东汉）班固：《汉书》卷二十七下《五行志下之上》，中华书局1962年标点本，第1449页。
[③] 史念海：《历史时期黄河中游的森林》，载《山河集》第二集，生活·读书·新知三联书店1981年版，第258页。

第八章 从生态环境史看游牧生产方式及其生态平衡向度

二 魏晋南北朝时期

魏晋南北朝时期的蒙古草原地区多被游牧民族实际控制，农业逐渐退出草原，游牧经济成为蒙古草原绝大部分地区的主要经济类型。北魏世祖时，"定秦陇，以河西水草善，乃以为牧地。畜产滋息，马至二百余万匹，骆驼将半之，牛羊则无数。高祖即位之后，复以河阳为牧场，恒置戎马十万匹，以拟京师军警之备"①。北魏高宗时，鄂尔多斯地区出现"五部高车合聚祭天，众至数万，大会，走马杀牲，游绕歌吟忻忻，其俗称自前世以来无盛于此"②的景象。魏晋南北朝时期的农牧交错带也明显南移，由长城沿线推移到了黄河沿线。谭其骧先生也指出：东汉末期，"黄河中游大致即东以云中山、吕梁山，南以陕北高原南缘山脉与泾水为界，形成两个不同区域，此线以东、以南基本上是农区；此线以西，以北，基本上是牧区。这一局面维持了一个很长的时期，极少变动"③。长城与黄河之间原本是以农业为主，但是在此时期"许多原本以农业为主的地区经历了由农转牧的过程"④。游牧经济影响范围也随之南移，这也为游牧生产方式的发展繁荣提供了契机，也为分散过多的人畜压力及已被破坏草原自然环境的恢复提供了可能。

但此时期也因战争与土地开垦而导致部分区域的环境有所恶化，如河西地区北凉政权建立时，"由于多年的战乱，这里的自然环境恶化的已经很明显了。据载：沮渠氏建立北凉政权时，北凉政权的士兵除了军事活动外，还有防守沙海，值班屯田与浇水等任务"⑤。科尔沁地区也因城市建设与农业发展而出现了不同程度的草原沙化，当时前燕在科尔沁南部的龙城（前燕国都，今"朝阳市"）东北600里之地设置"沙城"。冯季昌等认为："'沙城'的设立按照其地名命名的规律，应该是该城的周围有沙漠而

---

① （北齐）魏收：《魏书》卷一百一十《食货志》，中华书局1974年标点本，第2857页。
② （北齐）魏收：《魏书》卷一百○三《高车传》，中华书局1974年标点本，第2309页。
③ 谭其骧：《何以黄河在东汉以后会出现一个长期安流的局面——从历史上论证黄河中游的土地合理利用是消弥下游水害的决定性因素》，载谭其骧《长水集》下册，人民出版社2011年版，第23页。
④ 吴松弟：《中国移民史》第三卷《隋唐五代时期》，福建人民出版社1997年版，第144页。
⑤ 《建昌某年兵曹下高昌、横截、田地三县符为发骑守海事》，载唐长孺主编《吐鲁番出土文书》第一册，文物出版社1986年版，第131页。

得名。"① 按此推论，这一时期的科尔沁地区应该出现了大面积沙漠或沙化土地，能够围绕一座城池分布的沙漠也可称得上是连片的沙漠。在此时期契丹部落在"库莫奚东，异种同类，俱窜于松漠之间"②。然而这一时期环境恶化主要出现在后期且是局部地区，在中前期仍以游牧业为主，草原绝大部分地区的自然环境得以有效维护。

三　隋唐时期

隋唐时期结束了东汉魏晋南北朝的气候寒冷期而进入了相对温暖的时期，气候转暖也为中原农业发展的北扩和西进提供了自然前提。加之此时期隋唐两个大一统王朝的出现，继续开始了中原王朝与各草原游牧民族之间的对立与冲突。到了唐代以后，效仿秦汉时期的移民实边与屯田等方式北抗突厥等草原游牧部落，这一时期的戍边及屯田将草原游牧民族不断向北驱逐，这也将农业种植区域人为向更北地区拓展。隋唐以来，大面积草原被辟为耕地或成为中原王朝实际占领区，这也直接影响了游牧经济及游牧生产方式的存在与发展。然而此时期蒙古草原的中西部地区并非都是可被开垦耕种的，根据史念海先生考察指出：唐代"鄂尔多斯高原仍是游牧区，而河套平原及西秦岭以南（今天甘肃东南部）等地区是农牧均宜的，然而受到各政权势力强弱变化的影响，时常出现波动。大体的区域分布是东南部更宜于农耕，而西北部则更适宜游牧"③。

由于这一时期中原王朝的强盛攻势，导致草原游牧民族的实际控制区域大幅度北退，这也缩小了游牧经济及游牧生产方式的实际影响区域，导致这一时期游牧生产方式出现波动，较之前代而言则明显进入曲折发展阶段。也因这一时期的戍边移民及屯垦而导致沿边地区环境渐趋恶化，如开皇三年（583），"突厥犯塞，以行军总管从河间王弘出贺兰山。仲卿别道俱进，无虏而还。……于时塞北盛兴屯田，仲卿总统之。……事多克济，由是收获岁广，边戍无馈运之忧"④。到了唐代，中原王朝在蒙古草原的南部区域进行了更大规模的移民及屯垦，根据《唐六典》所载唐代各军屯：

---

① 冯季昌、姜杰：《论科尔沁沙地的历史变迁》，《中国历史地理论丛》1996年第4期。
② （北齐）魏收：《魏书》卷一百《契丹传》，中华书局1974年标点本，第2223页。
③ 史念海：《河山集》第六集，山西人民出版社1997年版，第400页。
④ （北齐）魏徵等：《隋书》卷七十四《赵仲卿传》，中华书局1973年标点本，第1696页。

河东道131屯、关内道258屯、河南道107屯、河西道154屯、陇右道172屯、河北道208屯、剑南道9屯,共计1039屯。①受此影响,至8世纪末9世纪初,鄂尔多斯地区出现了较为严峻的环境问题,根据唐人沈亚之的记述:"夏之为郡,南走雍千五十里,涉流沙以阻河,地当朔方,名其郡曰朔方。其四时之辰,夭暑而延冬,其人毅,其风烈,其气威而厉。……夏之属土,广长几千里,皆流沙。"②

四 两宋时期

两宋时期是中原王朝疆域控制范围逐步缩小,也是与游牧民族对立冲突中处于明显弱势的历史阶段。在当时,契丹族建立的辽政权控制了蒙古草原大部分地区,这为游牧经济及游牧生产方式的发展起到了几近决定性的影响。因而在此时期内,游牧民族将统治区域继续向南推进。这一时期游牧民族对草原的实际控制既为游牧生产方式的发展提供了必要条件,同时也为草原自然环境的维护发挥了重要作用,根据冯季昌等考察指出:辽政权控制下的科尔沁地区水域辽阔、河湖及沼泽众多。契丹族初期活动中心在西拉木伦河、老哈河和西辽河等流域,因为这些地区水草丰美、沼泽密布,史学家们均称其为"辽泽"。作为游牧民族的契丹族本身是没有农业的,由于唐末中原战乱的影响,华北汉人多北迁至科尔沁地区垦田耕种。辽太祖、太宗南下中原,东征渤海时也将大批汉人、渤海人强行迁到辽国,令民垦种于科尔沁,以至于出现阡陌纵横、五谷丰登的景象。③

但到了金代,金政权与蒙古族冲突加剧,为了抵御蒙古族侵扰,金人在科尔沁地区修筑界壕,但由于当地沙化严重,致使修筑界壕或被黄沙淹没,或被大风席卷。如《金史》载:"所开(界壕)旋为风沙所,无益于御侮,而徒劳民。"④再如鄂尔多斯地区,环境问题同样严峻,如元丰七年

---

① 参见[日]玉井是博《南宋本大唐六典校勘记》,载《支那社会经济史研究》,岩波书店1943年版,第512页。转引自马大正主编《中国边疆经略史》,武汉大学出版社2013年版,第214—215页。

② (唐)沈亚之:《夏平》,载(清)董诰等《全唐文》(第八册)卷七百三十七,中华书局1983年影印版,第7612—7613页。

③ 冯季昌、姜杰:《论科尔沁沙地的历史变迁》,《中国历史地理论丛》1996年第4期。

④ (元)脱脱等:《金史》卷九十五《张万公传》,中华书局1975年标点本,第2104页。

(1084)，"横山一带两不耕地，无不膏腴，过此即沙碛不毛"[①]之地。沙漠环境进一步扩大，成为不毛之地，此时期靠近陕西横山与鄂尔多斯高原交界地带都存在连片的沙漠。至元祐七年（1092），"横山之北，沙漠隔限"[②]，此即今日的毛乌素沙漠。对于宋代的毛乌素沙漠，沈括曾记述道："予尝过无定河，度活沙，人马履之，百步之外皆动，颎颎然如人行幕上，其下足处虽甚坚，若遇其一陷，则人马骆车，应时皆没，至有数百人平陷无孑遗者，或谓此为'流沙'也。又谓沙随风流，谓之'流沙'。"[③] 当时毛乌素沙漠的沙化程度已经相当严重，但此时期环境恶化也主要出现在草原南缘地区，且多出现于宋后期。因而在宋中前期的更广阔的蒙古草原区域内，仍以游牧生产方式为主，草原自然环境仍得以较好维持。

五 元代时期

元朝是蒙古族建立的大一统王朝。蒙古族在古代又几近是单纯从事游牧经济的草原游牧民族，也是元代以来草原上唯一人口众多、势力强盛的草原游牧民族。蒙古族在长期的游牧生产与生活活动中也积累了丰富的关于保证游牧生产方式顺利进行的经验，在国家强大政治及军事等实力的支撑下，也为其经济发展提供了广阔的空间，游牧生产方式在这一时期也迎来了繁荣发展契机。游牧民族通过调节与控制自身行为而保持游牧生产方式的顺利进行，通过游牧民族统治阶层官方制度规定及游牧民生活中约定俗成的社会道德约束所控制，这是前代游牧民族所少有的。

游牧生产方式的广泛利用也为草原自然环境的维护与已破坏草原自然环境的修复发挥了重要作用。元朝曾在草原及毗邻地区设置了十四处牧马地，即"甘肃、土番、耽罗、云南、占城、芦州、河西、亦奚、卜薛、和林、斡难、怯鲁连、阿刺忽马乞、哈剌木连、亦乞里思、亦思浑察、成海、阿察脱不罕、折连怯呆儿等处草地，内及江南、腹里诸处，应有系官

[①]（北宋）李焘：《续资治通鉴长编》（第二十四册）卷三百四十七《起神宗元丰七年六月尽其月》，上海师范大学古籍整理研究所、华东师范大学古籍研究所点校，中华书局1995年版，第8337页。

[②]（北宋）李焘：《续资治通鉴长编》（第三十一册）卷四百六十九《起哲宗元祐七年正月尽其月》，上海师范大学古籍整理研究所、华东师范大学古籍研究所点校，中华书局1995年版，第11212页。

[③]（北宋）沈括：《梦溪笔谈》卷三《辩证一》，张富祥译注，中华书局2009年标点本，第51页。

孳生马、牛、驼、骡、羊点数之处，一十四道牧地"①。牧场也为草原自然环境的维护发挥了重要作用，如鄂尔多斯地区，13世纪后，成为忽必烈第三子安西王忙哥剌的领地，此地区成为元朝的十四大牧场之一，专营牧马。经过有元一代的发展，游牧业成为主要经济类型，这对于草原自然环境的恢复较有帮助。至元末明初时，汤和北击元军，洪武三年（1370），"复以右副将军从大将军败扩廓于定西，遂定宁夏，逐北至察罕脑儿（鄂尔多斯地区），擒猛将虎陈，获牛马羊十余万，徇东胜、大同、宣府皆有功"②。由此可见此时期鄂尔多斯地区的草原自然环境已有所恢复，并出现了较为丰富的畜产品。

但也有部分地区的环境恶化趋势仍未得以改善，尤以科尔沁地区最为突出，当地因辽、金王朝的开发及战略影响而出现严重的土地沙化。因为这一地区的自然环境仍较恶劣，因此蒙古族并没有将此地区作为长期的驻牧地，仅是冬、夏季的季节性营地。③ 此外，科尔沁地区也几乎很少发现元代的文化遗址及遗存，这也表明当时这一地区较少存在人类活动。到了明代，也较少有关于这一地区人类活动的记载及遗存存在下来，这也表明科尔沁地区在明代时的沙化现象仍较严重，严峻的环境问题导致人们较少在此地区进行农牧业的生产及生活。

六　明清两朝

随着元朝的衰落，中国再一次被以农业为主的汉族人建立的政权统治，退回漠北的蒙古族难以统一为一个强盛的部落或是政权，在同中原王朝接触中明显处于弱势，不仅难以固守疆土，也难以阻止中原王朝对其统治区域的渗透及控制。中原王朝实际控制的不断深入也对游牧地区的生产、生活等各方面都产生了潜移默化的影响，就其对当地经济发展的影响而言，直接导致当地游牧经济及游牧生产方式的衰落及变迁，此外，明清两朝也是草原环境问题频繁出现的关键时期。

（一）明代环境问题

明代蒙古草原环境问题在局部地区就已开始出现，尤以蒙汉接触地带

---

① （明）宋濂等：《元史》卷一百《兵三·马政》，中华书局1976年标点本，第2554—2555页。
② （清）张廷玉等：《明史》卷一百二十六《汤和传》，中华书局1974年标点本，第3753页。
③ 冯季昌、姜杰：《论科尔沁沙地的历史变迁》，《中国历史地理论丛》1996年第4期。

的鄂尔多斯地区环境问题最为显著。宁夏总兵官史昭在奏报修塞垣时提到："所辖屯堡，俱在河外，自河迤东至察罕脑儿，抵绥德州，沙漠旷远，并无守备。"① 嘉靖年间，杨守谦也说道："沙碛是宅，樵苏断绝，粮运艰远，虽竭全陕之力，动内帑之饷，而匮乏时闻，士无宿饱，识者尚以为忧，八十年来屏蔽内地，虏不能窥，因以为亦无不可，近年则举众深入，……夫使边垣可筑而可守可也，奈何龙沙漠漠，亘千余里，筑之难成，大风扬沙，瞬息寻丈，成亦难久，且东守宣大，西守花马，已二千里。"② 由此可见，自陕西北部一直到乌审旗南一带在明代已属于沙漠地区，尤其是明代边地驻兵及屯田等行为，也给明代官营牧场带来了环境危机，出现"庄田日增，草场日削，军民皆困于孳养"③ 的局面。

明代驻守边地主持屯田垦务的大臣庞尚鹏在给朝廷上书中也提到了毛乌素沙漠的扩大，他写道："其镇城一望黄沙，弥漫无际，寸草不生，猝遇大风，即有一二可耕之地，曾不终朝，尽为沙碛，疆界茫然。至于河水横流，东西冲陷者，亦往往有之。地虽失业，粮额犹存，臣巡历所至，不独军士呼号仰天饮泣而管屯官疾首蹙额，凛然如蹈汤火中，真有使人恻然不忍闻者，……筑塞垣以护耕，照得该镇地方，高仰者岗阜相连，卑下者沙石相半，其间称为腴田，岁堪耕牧者十之二三耳。且天时难必，水利不兴。雨旸或致愆期，则束手无从效力，此米价之腾涌，边储之缺乏，职此故也。"④ 因此，明代草原环境问题多出现在蒙汉接触地带，而向更北部的草原腹地则仍以草原自然景观为主，游牧生产方式仍被广泛利用，环境整体情况仍较好。

（二）清代环境问题

到了清代以来，整个蒙古草原的环境问题更加普遍，在蒙古草原上的绝大部分地区几乎都出现了不同程度的环境恶化。

其一，森林地区，如东部的大兴安岭，其在科尔沁左翼中达尔汉亲王旗余脉，在清末时已是"西南两境非平原即沙漠，不生树木，惟扎

---

① （清）张廷玉等：《明史》卷九十一《兵三·边防》，中华书局1974年校点本，第2237页。
② （明）曾铣：《总题该官条议疏》，载（明）陈子龙等《明经世文编》卷二百三十八，中华书局1962年影印版，第2488页。
③ （清）张廷玉等：《明史》卷九十一《兵三·边防》，中华书局1974年校点本，第2243页。
④ （明）庞尚鹏：《清理延绥屯田疏》，载（明）陈子龙等《明经世文编》卷三百五十九，中华书局1962年影印版，第3875页。

第八章 从生态环境史看游牧生产方式及其生态平衡向度

萨克府有榆树林,周约三十里,惜短小不成材,其余王公府第及庙宇寝墓间亦有榆杨等树,大者一二尺而疏落不多见(不成林);其北境山中树木较多,亦不外榆杨柞桦之属,皆拳曲不能供匠作"①。再如中西部的阴山,清后期已是"地多松沙,坟垆绵衍。举目四顾,如身在乱冢间,苦草满地,虫近人飞,殊厌人意"②。宣统三年(1911),有考察队对当地环境记述道:"途中尽沙土,无正规之道路。逾越山谷,地志学所谓阴山山脉者也。然山皆不甚高,往往有杂树丛生,高约一米突,闻夏秋之交结实甚巨,味甘,未悉其种类也。居民稀少,无垦熟之地,但见草色绵绵不绝而已。"此后又出现"马匹疲弱,行进迟滞,山尽顽石,地尽沙粒。闻此即所谓沙漠也"③的景观。清代以来阴山的环境问题尤为突出。

其二,草原地区,草原自然景观的破坏是清代以来蒙古草原上环境问题最为突出的地区,如乌兰察布的草原,20世纪后的荒漠化现象更严重。光绪三十四年(1908),延清对当地环境记述道:"纵耐征途苦,尘沙换客颜。长城辞雁塞,乱石奏螺山","数日尘沙净,驰驱慰旅颜",过沙城时,"土木西去无多程,黄沙白沙堆作城"④。再如锡林郭勒草原,同治十三年(1874),锡珍对当地环境记述道:甲辰,"远望沙际,涌出一轮赤日,苍苍凉凉,光不射入",丙午,"芳草满山,青光到眼,非复礁确矣",戊申,"……并无一屋,并无一人。再行百八十里,入车臣汗部。……则一片荒沙,杳无人迹"⑤。又如鄂尔多斯草原,咸丰十一年(1861),麒庆对当地环境记述道"北山逼近,多砂石"之后,"出朔平北门,一路平沙,河流环绕,遥望西南,山顶废颓垣隐隐可辨"⑥。

---

① 东三省垦务局编纂:《哲里木盟十旗调查报告书·科尔沁左翼中达尔汉亲王旗调查书》,宣统二年抄本,远方出版社2007年影印版,第49页。
② (清)锡珍:《奉使喀尔喀纪程》,载毕奥南整理《清代蒙古游记选辑三十四种》上册,东方出版社2015年版,第304页。
③ (清)佚名:《考察蒙古日记》,载毕奥南整理《清代蒙古游记选辑三十四种》上册,东方出版社2015年版,第659—660页。
④ (清)延清:《奉使车臣汗行程诗》,载毕奥南整理《清代蒙古游记选辑三十四种》上册,东方出版社2015年版,第340—345页。
⑤ (清)锡珍:《奉使喀尔喀纪程》,载毕奥南整理《清代蒙古游记选辑三十四种》上册,东方出版社2015年版,第306页。
⑥ (清)麒庆:《奉使鄂尔多斯行记》,载毕奥南整理《清代蒙古游记选辑三十四种》上册,东方出版社2015年版,第507页。

其三，高平原及水域地区，如西辽河流域，咸丰七年（1857），文祥对当地环境记述道："已初复行五六里，遍地皆深沙。旅过沙岭五六道，车马疲累不堪。末一岭将登至巅，复被沙溜下数次。过沙岭二里余抵巴林桥，河名色伦木，水面甚宽。"又记述道："由色拉木伦行，过沙岭无数，平地亦皆深沙。沙漠之名不虚。"① 同年，麒庆出塞途经敖罕旗时记述道："其地半沙碛，人鲜耕作，俗益朴僿，亦无解汉语者。"② 再如河套—土默特平原，光绪三十二年（1906），博迪苏记述道："口外天气视口内寒数倍，行人已易棉而裘矣。山畔之田多半开垦，且土宜树木。沿途山路崎岖，车行甚缓"，途中遇到"午后大风骤起，飞沙扬尘，天地昏黄"的景象，行进途中也有"缓行沙碛间"的状况。③ 土地沙化直接刺激了沙尘暴及扬尘天气的出现，民国二年（1913），胡太才一行考察途经归化城地区时记述道："起风猛烈，尘霾蔽天。虽无拔木摧垣之威，而乱沙眯眼窒鼻，气息闭塞，口不得张，眼不得见。"④

第四节　格局构建：游牧生产方式的生态空间

在历史发展过程中，游牧民族通过游牧生产方式构筑起人类社会与草原自然环境之间的和谐生态空间，使得历史时期的草原生态系统平衡得以有效维护，也体现了游牧生产方式及其生态平衡向度。因此，游牧民族在长期的生产与生活活动中，在游牧生产方式（或是游牧经济）的基础上构筑起了动态的"生态空间"格局。

一　人与草原游牧生态空间的构建

在前文叙述中已经指出，游牧民族在游牧生产方式的基础上建立了

---

① （清）文祥：《巴林纪程》，载毕奥南整理《清代蒙古游记选辑三十四种》上册，东方出版社2015年版，第490页。
② （清）麒庆：《奉使科尔沁行记》，载毕奥南整理《清代蒙古游记选辑三十四种》上册，东方出版社2015年版，第498页。
③ （清）博迪苏：《朔漠纪程》，载毕奥南整理《清代蒙古游记选辑三十四种》上册，东方出版社2015年版，第517—519页。
④ 胡太才：《侦蒙记》，民国二年铅印本，远方出版社2007年点校版，第142页。

第八章　从生态环境史看游牧生产方式及其生态平衡向度

动态的生态生存空间,在本部分,笔者将就其生态空间的合理性生态价值及可资借鉴之处加以介绍。在历史时期蒙古草原上诸游牧民族的生产和生活活动中,诸游牧民族逐渐形成了其自身与草原自然环境之间的生态和谐关系。暴庆五曾就此指出:在漫长的历史发展过程中,蒙古高原游牧民族逐渐形成和发展了自己的宗教信仰——萨满教。萨满教是一种原始宗教,虽然信仰中心是"长生天",但"万物有灵""崇拜自然"是萨满教的基本思想。萨满教认为:草原上的一草一木、飞禽走兽、河流湖泊都有灵性和神性,不能轻易扰动、射杀和破坏,否则将受到神灵的惩罚。蒙古族的认知中也认为:世上万物都是"天父地母"所生。作为"天父地母"之子的人类,应像孝敬自己的父母那样崇拜天宇、爱护大地、善待自然。[①] 由此可见,在游牧民族(尤其是蒙古族)的思维中,其对天、地、人的定位与空间格局建构是以"尊重"与"敬畏"自然为前提的,这也表现在游牧民族对自然的敬畏心态上,其生态空间的建构也是基于此种的人与自然环境之间关系的精准认识和合理把握,并由此构筑起的生态生存空间格局。

此外,传统以部落为单位,并根据季节变换、草场牧草丰歉及自然灾害等进行游牧生产及生活活动的情况下,所饲养的牲畜数量难以持续增加或维持在较大数量规模,因为大量的牲畜放牧需要足够的人力与物力才可以进行。因此,在古代传统游牧生产方式的影响下,超载放牧一般是很难出现的,因为传统游牧生产方式下的人口数量(劳动力)也会导致牲畜数量因劳动力的缺乏而难以增长。尤其是在游牧过程中,因缺少人的参与而导致大规模牲畜的经营管理难以实现。然而随着清代盟旗制度下旗内又继续划定更狭小游牧界限,固定于一隅的游牧也为持续性增加牲畜提供了可能。到了现代社会,受划分固定牧场及商品经济发展的影响,过牧现象更是十分严重,根据暴庆五等的统计,20世纪末内蒙古各盟市均出现了过度放牧现象,各盟市牲畜饲养情况具体如表8-2所统计。

---

① 暴庆五:《蒙古族生态经济研究》,辽宁民族出版社2008年版,第383页。

表8-2　　　　　　　　20世纪末内蒙古各盟市家畜超载情况

盟市	可利用饲草储量（kg/亩）		适宜载容量（万只）		遭受载畜量（万只）		超载（-）潜力（+）	
	暖季	冷季	暖季	冷季	暖季	冷季	暖季	冷季
呼和浩特市	35.5	25.18	9.84	6.89	76.65	72.52	-66.81	-65.63
包头市	46.86	32.04	45.06	30.98	100.32	92.78	-55.26	-61.80
乌海市	12.77	8.56	3.65	2.45	3.40	3.09	+0.25	-0.64
通辽市	73.16	49.38	558.21	375.59	739.63	692.23	-181.32	-316.28
赤峰市	46.92	30.79	447.44	295.38	1024.96	903.08	-577.52	-607.70
呼伦贝尔市	83.83	56.90	1470.22	971.61	386.18	259.34	+1084.49	+612.27
兴安盟	2.89	15.31	279.42	178.05	727.47	630.86	-448.05	+452.81
锡林郭勒盟	41.03	25.39	1470.22	910.04	1263.84	1001.98	+206.38	-91.94
乌兰察布市	23.89	15.31	279.42	178.05	727.47	630.86	-448.05	-452.81
鄂尔多斯市	29.64	19.84	324.60	217.23	567.49	469.66	-242.89	-252.43
巴彦淖尔市	21.78	11.76	230.46	150.08	395.29	355.36	-164.83	-205.82
阿拉善盟	10.66	7.26	245.57	168.29	256.68	221.61	-10.93	-53.32
全区合计	43.07	28.36	5471.61	3562.52	5957.57	5195.73	-485.96	-1633.21

资料来源：暴庆五《草原生态经济协调持续发展》，内蒙古人民出版社1997年版；盖志毅《草原生态经济系统可持续发展研究》，中国林业出版社2007年版，第136页。

由表8-2所统计数据可知，在过度放牧最严重的20世纪末期，几乎整个内蒙古地区都出现了不同程度超载放牧的现象。回溯历史可以发现，超载放牧现象在清代中后期就已开始普遍出现，甚至是在土地垦种程度较深的土默特地区仍存在一定规模的牲畜饲养。根据《绥远通志稿》的记载：清后期的绥远地区，"每年转销内省者，羊约四十余万只，马十万余匹，骆驼一万只以上"[①]。需要注意到，此时期的绥远地区土地亦多被开垦，能够适宜放牧的草场已经为数不多。据宣统元年（1909）编成《土默特垦务调查表》的统计，土默特旗在贻谷任内清丈地亩面积及应征银数摘记如表8-3所示。

---

① 绥远通志馆编纂：《绥远通志稿》（第三册）卷二十一《牧业》，民国二十六年版，内蒙古人民出版社2007年版，第202页。

表 8-3　　　　　　　　　贻谷清丈土默特地区地亩统计

甲别	已丈地数	应征银数	已征银数	未征银数
左翼首甲	一千六百五十三顷六十二亩八分一厘	三万八千三百六十六两三钱五分三厘	三千二百三十七两八钱六分三厘	三万五千一百二十八两四钱九分
右翼首甲	一千一百四十一顷三十八亩二分	二万九千一十三两八钱五厘六毫	二千六百四十一两九钱二分九厘九毫	一万八千二百七十一两八钱七分五厘七毫
右翼六甲	四千九百九十八顷二十一亩八分四厘	八万八千五百四两六钱六分四厘	九千八百五十六两七钱一分七厘	七万八千六百四十七两九钱四分七厘
右翼二三甲	二千一百九十二顷三十八亩二分二厘五毫	七万四千三百五十一两四钱七分	八千三百三十六两八分九厘	六万六千一十五两三钱八分一厘
两翼合计	九千九百八十五顷六十一亩七厘五毫	二十二万二千一百三十六两二钱九分二厘六毫	二万四千七百七十二两五钱九分八厘九毫	十九万八千六十三两六钱九分三厘七毫

资料来源：赵全兵、朝克主编《内蒙古中西部垦务志》，内蒙古大学出版社 2008 年版，第 326—327 页。

　　超载放牧及非合理的土地垦种与土地改造建设是造成历史时期蒙古草原环境问题出现的关键所在，但在游牧生产方式占主导地位之时，环境问题始终都没有十分凸显，这也体现出游牧生产方式的重要生态价值。但从人与自然环境之间整体关系考察发现，游牧生产方式构筑人与草原自然环境之间的和谐生态空间，并以此有效协调人与草原自然环境关系的基本框架。游牧民族在长期生产生活活动中将天、地、人、生物之间关系进行有效协调。这一系统是无形而存在的，但却是包括内蒙古草原在内的整个蒙古草原游牧世界大部分历史时期的基本生存空间形态。和谐是游牧民族与草原地区构筑起生态空间的基本特征，是人与草原自然环境关系的本真所在。游牧民族将人与自然环境之间的关系进行巧妙结合，依托于自然环境而进行各项人类活动，而非单纯以人类自身的好恶和需求对自然环境进行掠夺性开发利用和征服性改造建设。单纯依靠游牧经济难以满足人类对各类人体所需养分的需求，这也需要农耕作物的补给。然而传统游牧民族却始终坚持游牧为基本生存与发展模式，生产活动都是围绕着游牧而进行的，那些所需给养也多是通过掠夺和贸易从中原农耕区获得。而游牧民族则始终过着游牧生活，以此维持人、畜、草、水的动态平衡，维持着自身的生存发展。① 这一动态平衡也是维持草原自然环境可持续发展的基本范式，是值得当代环境问题治理及生态文明建设所吸收和借鉴的。

二 人与草原游牧生态空间的破坏

清代盟旗制度将蒙古草原划定为各个具体区域后便出现定牧式的放牧活动，游牧生产方式便开始全面遭到破坏。日本学者田山茂对清代推行盟旗制度指出："太宗天聪九年（1635年），设三旗；崇德元年（1636年），设二十二旗；崇德七年（1642年），所设科尔沁、喀喇沁、土默特等旗，共二十七旗。后来又因为鄂尔多斯和喀尔喀诸部归服；康熙元年（1662年），增加到四十七旗；至康熙九年（1670年），改为四十九旗。"② 盟旗制度建立后，游牧生产方式被限定在旗境内固定区域，且在旗境内又被划定了更小范围的游牧区域，这也使游牧文化出现由大区域游动向小范围放养的转变。盟旗制度的推行严重破坏了蒙古草原上的传统游牧生产方式，邢莉等也考察指出："盟旗制度缩小了蒙古人的游牧空间，进一步稳定了牧民与牧场的关系，使得牧业趋于定居的趋向有出现的可能。在此之后，有的区域已经开始定居，马背上的民族文化特质和文化性格也趋于弱化。"③ 游牧民族的"游牧特征"及游牧生产方式自清代开始逐渐弱化，直接影响了草原地区自然环境的保护，并导致环境问题开始出现并长期存在。

清代以来，受盟旗制度及蒙地农业生产普遍出现的影响，游牧民族逐渐趋于定居，民国时贺扬灵考察指出："牧民们开始建造固定的住宅，并在自己住宅的周围中划出一块地来，绕以高约五尺许的大墙并设门扇，以为关牧。这种牧法，是与汉人饲养家畜一样，不过所畜种类不同，一是偏于猪、牛、骡等，一类大半或全数是牛、马、羊了。"④ 对于清代蒙古草原

---

① 王俊敏：《居游之间——游牧、采猎、渔捞三型游文化变迁与生态重塑》，生活·读书·新知三联书店2014年版，第49页。
② ［日］田山茂：《清代蒙古社会制度》，潘世宪译，内蒙古人民出版社2015年版，第62页。
③ 邢莉、邢旗：《内蒙古区域游牧文化的变迁》，中国社会科学出版社2013年版，第117页。
④ 贺扬灵：《察绥蒙民经济的解剖》，商务印书馆1935年版，第17页。

第八章 从生态环境史看游牧生产方式及其生态平衡向度

上定居的出现，王建革曾指出：定居是一种生活形态，集约化农业是一种生产形态，二者是不同类的，但却是共时对应的。不定居和粗放农业也是共时对应的，与定居集约化农业形成历时关系。不定居时代以游牧为主，游牧必须以蒙古包放牧为主，人不能定居于一地。农业只是其补充，简单地耕作播种之后，便移动到外地游牧，秋后回到原地收获，时间限制使其无法进行集约化的耕作和施肥等措施。但当牧地减少到无处游牧时，蒙古人必须定居下来，随着定居，集约化农业才成为可能，这时的畜牧业也从游牧业变为家养畜牧业了。原来的以草原为依存的牲畜是牛和羊，以定居农业为依存关系的则是以养猪为主的圈养畜牧业，因为猪不但可以提供肉食，也可以提供肥料。① 由上述可见，清代以来游牧生态空间已基本被打破，定居或半定居式的生产及生活广泛出现。

　　导致传统游牧民族生态空间遭到破坏的另一个因素便是清朝向蒙古草原的大规模移民与土地开垦活动。清初统治者严令禁止向蒙地移民，然而明清易代的 17 世纪正值"小冰期"时代，也是小冰期内的气候偏冷期，同时也是灾害群发时期，据统计，中国 669 个灾荒年份中，清朝占有 32.6%，明朝占有 25.3%。就灾荒程度而言，清朝为 82%，明朝为 61%。② 频发灾害是导致人口迁移主要成因之一，如 1877 年至 1878 年间的"丁戊奇荒"，山西、陕西、河南、河北及山东等地普遍遭遇自然灾害，尤以旱灾最剧。受"丁戊奇荒"的影响，大批移民迁往蒙古地区，以至于河套地区某村庄出现"民居三十余家，均于光绪三四年间，由山西府谷河曲一带迁来，以是该省大荒也。余间沿途居民，大抵如是"③。光绪二十八年（1902）后，清政府开始推行大规模向蒙古草原移民及土地开垦等政策，开始在蒙古地区丈量土地放垦，大批汉族农民迁移进入蒙古草原后，开始进行"交地价，领取地照，租种蒙地"④。此外，人口的大量增长也刺

---

① 王建革：《农牧交错与结构变迁：清代内蒙古地区的农业与社会》，《中国历史地理论丛》2002 年第 3 期。
② 龚胜生：《中国疫灾的时空分布变迁规律》，《地理学报》2003 年第 6 期。
③ 林竞：《西北丛编》，神州国光社刊，1933 年版，第 61 页。
④ 薛智平：《清代内蒙古地区设治述评》，载刘海源主编《内蒙古垦务研究》第 1 辑，内蒙古人民出版社 1990 年版，第 61 页。

激了中原农耕区的人地矛盾,导致出现人口向蒙古草原及东北等人口稀疏地区的迁移,清代不再是于农牧接触地带屯田,而是将农业区直接北拓至蒙古草原上,移民进入蒙地的基本路线是越过长城"由南向北"式的推进。其趋向:"一是由长城沿边,渐次向北推进;一是从东三省越过柳条边墙向西推进,进入哲里木盟。就时间上来说,前一路线较之后一路线早将近一百年。"① 大规模的移民及土地开垦导致蒙古草原上的农业逐渐占据优势,古伯察曾记述道:"17 世纪中叶前后,汉人开始进入这一地区(哲里木盟)。当时,该地区的风景非常优美秀丽,山上长满了茂密的森林,蒙古包到处分布在大牧场的山谷里。汉人花很少一笔钱就可以获许开垦沙漠。耕作逐渐得到了发展。鞑靼人被迫迁徙并将他们的畜群赶到其他地方。"②

清代以前虽有农耕民族进入蒙地,但人口数量及规模都十分有限,多是分布在长城沿线或是部分草原区域,在更广阔区域内则仍是以盟旗制度下的游牧生产及生活为主,并未改变游牧文化的特质。然而清代大规模开放蒙地却导致草原游牧文化发生了根本转变。开垦蒙地也成为解决清代人口骤增手段之一,自雍正朝开始推行"摊丁入亩"政策之后,使人头税摊入地亩之中,促使人口大量生殖。至乾隆时中国人口便突破四亿大关。在生产力水平较低情况下,就需要依靠扩大耕地面积与引进高产作物而解决人对粮食的需求。明清以来,马铃薯及玉米等作物的引进,提高农作物产量,对养活更多人口起到重要作用。

开垦蒙地是解决因灾荒而导致中原农耕区人地关系紧张及人口过剩而导致粮食不足的重要手段之一种。至康熙中叶,不仅是土默特地区被大量垦种,察哈尔地区的草原也被大量开垦为农田。清人钱良择在康熙时期出使途经察哈尔地区时记述道:"行百余里,屯台哈窝儿,译言庄地也。平衍如掌,四山环之,山下有泉,泉旁茅舍分列,地皆耕种。"③ 再如绥远地区,由于清初较成规模的土地开垦,导致乾隆朝以后的土地清丈升科及征

---

① 薛智平:《清代内蒙古地区设治述评》,载刘海源主编《内蒙古垦务研究》第 1 辑,内蒙古人民出版社 1990 年版,第 61 页。
② [法]古伯察:《鞑靼西藏旅行记》,耿昇译,中国藏学出版社 1991 年版,第 5—7 页。
③ (清)钱良择:《出塞纪略》,载(清)王锡祺《小方壶斋舆地丛钞》第二帙,卷十二,上海著易堂光绪十七年铅印本,杭州古籍书店 1985 年影印版,第 276 页。

第八章　从生态环境史看游牧生产方式及其生态平衡向度

税更为普遍，如乾隆八年（1743），据参领等查报："……又土默特耕地，向俱任意开垦，无册档可稽，去年各佐领呈出数目与本年参领所查亦不相符。请自明年起，凡有地亩，俱著丈量，所丈各户地亩较原查之数多至一顷以上者，计亩撤出分给，所余无几仍归本主耕种。俟丈量明确时，将实数于各名下注明备查，以免隐匿。"① 由此可见，乾隆时期的土地清查是在平衡蒙人所属土地多寡不均的前提下进行的。至清后期，土地垦种规模更大，如昭乌达盟，1907年至1909年巴林二旗垦地8181顷71亩6分；1907年至1911年，阿鲁科尔沁旗及扎鲁特旗两处垦地面积达13300余顷。② 草原被大规模开垦为农田，也是导致草原自然环境和谐生态空间遭到破坏的一个因素，直接影响到游牧生产方式的影响范围及程度。

清代以来蒙地农业生产范围的扩大是导致这一时期游牧生产方式遭到破坏的关键，农业生产范围的向北扩展也即"农牧交错带"区域的北扩，根据王金朔等的考察研究，清代内蒙古农牧交错带向北出现了大规模的扩展，通过考察得出如下论断：

（1）近300年间，北方农牧交错带整体上由长城向西、向北扩展。经过两个半世纪的开垦过程，边外蒙地的农业从无到有，从零星散布到连片分布，北方农牧交错带也由此从长城推进至草原腹地。

（2）从蒙地垦殖过程和行政建制设立过程可以看出，北方农牧交错带农耕北界有两次明显的北进。农耕北界的首次北上发生于乾隆年间，以归化城五厅、口北五厅和东部三厅的设立和管辖范围的扩大为标志，从长城沿线扩展到归化城土默特—多伦诺尔厅—赤峰县—朝阳县—昌图厅—长春厅。农耕北界的第二次北进发生在清末"移民实边"的10年时间内。

（3）清代北方农牧交错带的扩展时间和幅度存在区域差异。东中段开垦早于西段，且最大变幅在东段约为700km，最小变幅在西段约100km，体现出自然条件和区位因素对土地开发的限制和影响。

---

① 《清高宗实录》卷一百九十八，乾隆八年八月壬子条，载中国第一历史档案馆等《清实录》第11册，中华书局1986年影印版，第543页。
② 薛智平：《试论清代卓所图盟，昭乌达盟的放垦》，载刘海源主编《内蒙古垦务研究》第1辑，内蒙古人民出版社1990年版，第319—320页。

下编 游牧生产方式之生态启示

（4）从清初至光绪二十六年，总体来说为禁止开垦蒙地时期，以汉民私自开垦土地为主，表明禁垦政策的实施会受到自然灾害、战争和人口增加等引起的人地矛盾的影响，在人民难以维持生计的情况下，清政府不得不弛禁，默许流民出关开垦。[1]

但随着现阶段研究资料的逐渐丰富，清代农业区向北拓展的地域范围又不止于此。如土谢图汗部，该部所辖地区的农业生产北界至$48°N$—$50°N$之间。[2]康熙三十年（1691），土谢图汗奏言："皇上仁恩，臣与子及所属人民不胜欢忭，臣思得膏腴之地，竭力春耕，以资朝夕。得旨：来年春，著理藩院遣官一员，指授膏腴之地，令其种植。"[3]到康熙五十四年（1715），"议政大臣等议奏奉旨屯田事，令右卫将军宗室费扬固等确议：今据费扬固等疏言，臣等以屯田事询喀尔喀土谢图汗等据称：苏勒图哈拉乌苏、拜达拉克河、明爱察罕格尔、库尔奇勒、札布罕河、察罕搜尔、布拉罕口、乌兰古木等处，俱可种地。再，臣等所统兵丁，现驻扎察罕托辉札布罕河、特斯河一带地方，应派善种地之土默特兵一千名，每旗派台吉塔布囊各一员，前往耕种，遣大臣一员监管，应如所请"[4]。由此可见，康熙时期可视为大青山迤北地区的土地初垦时期。

再如科布多地区，乾隆时就已出现大量农业方面记述，据载：乾隆二十七年（1762），谕军机大臣等扎拉丰阿奏称："科布多屯田需用青稞籽种一百石，尚可向蒙古游牧贸易之商民等购买，不须运送等语。科布多既有内地商民行走，将来生聚必繁。"[5]但定边左副将军成衮扎布等奏称："科布多地方田亩膏腴，水草丰美，本年所添之喀尔喀等又不谙耕种者，悉令绿旗兵指引。"鉴于此，边地大臣奏请清政府向该地移民及制定帮扶政策

---

[1] 王金朔、金晓斌、曹雪、周寅康：《清代北方农牧交错带农耕北界的变迁》，《干旱区资源与环境》2015年第3期。
[2] 谭其骧主编：《中国历史地图集：清时期》第八册，中国地图出版社1987年版，第55—56页。
[3] 《清圣祖实录》卷一百五十二，康熙三十年七月丙午条，载中国第一历史档案馆等《清实录》第5册，中华书局1986年影印版，第683—684页。
[4] 《清圣祖实录》卷二百六十四，康熙五十四年七月辛酉条，载中国第一历史档案馆等《清实录》第6册，中华书局1986年影印版，第602页。
[5] 《清高宗实录》卷六百七十三，乾隆二十七年十月乙巳条，载中国第一历史档案馆等《清实录》第17册，中华书局1986年影印版，第519页。

第八章 从生态环境史看游牧生产方式及其生态平衡向度

以发展农业。如乾隆二十八年（1763），定边左副将军成衮扎布等奏称："是添派蒙古，不若添派绿旗兵。请再拨善于耕种之绿旗兵一百名，并选派木匠、石匠、铁匠数人前来，于修理农具及建筑城垣、仓库诸务，颇为有益。再，科布多地亩，俱系未经开垦者，内地运来农具易坏，应筹办生铁，交新添匠人等折熟铸造农具等语。应如所奏办理，但此项添派绿旗兵，若由京拨往，不但烦费，抑且有误明年耕期。请由乌里雅苏台现有绿旗兵二百内选派一百名前往，颇为近便；余兵一百名，于看守仓库差委，稍有不敷，尽可挑用喀尔喀兵。应交成衮扎布于喀尔喀兵内，挑选诚实妥当者一百名，抵补绿旗兵之缺。至所用匠役，即于二百名内尽数挑选，共凑一百之数；若仍有不敷，即酌量由乌里雅苏台现有匠人内招募拨往，从之。"① 由此可见，科布多地区的农业生产单纯依靠当地人是难以完成的，需要从内地大量迁入人口，所需籽种也依赖内地运至。

此外，清后期的三音诺颜部与札萨克图汗部也出现了农业生产相关的档案记述，如咸丰六年（1856），"先是乌里雅苏台将军奕湘等奏：变通科布多屯田章程，请将原来派屯兵二百五十户拟裁撤五十户，即由所留二百户内之壮丁熟悉屯务者，挑选五十户，抵补所裁之缺，以符原额下，军机大臣会同理藩院议至是奏：应如所拟办理，惟此项屯兵二百五十户，系由图谢图汗部落额设一百二十五户。三音诺颜部额设八十户，札萨克图汗部额设四十五户。前此出派，额既不同，此次所裁之五十户，亦应分撤，以昭平允，从之"②。至光绪六年（1880）时，乌里雅苏台将军杜嘎尔奏请将乌里雅苏台迤西地区土地进行垦种，并指出："乌里雅苏台迤西博尔豁地方现有草地数段，地势平阔，土色肥润，离河较近，挑挖沟渠，较推河等处似易试垦，且距乌城两台之路，往返照料不费周折，而天道较彼和暖，堪以播种。"③

乌里雅苏台作为高纬度、高海拔且又较为干旱的内陆地区，当地自然

---

① 《清高宗实录》卷六百九十四，乾隆二十八年九月戊辰条，载中国第一历史档案馆等《清实录》第17册，中华书局1986年影印版，第783页。
② 《清文宗实录》卷一百九十四，咸丰六年三月戊寅条，载中国第一历史档案馆等《清实录》第43册，中华书局1986年影印版，第98页。
③ 《［乌里雅苏台将军］杜嘎尔等（光绪六年）七月初三日（1880年8月8日）奏》，载中国科学院地理科学与资源研究所、中国第一历史档案馆编《清代奏折汇编——农业·环境》，商务印书馆2005年版，第539页。

条件对农业生产的制约极为显著,就农业生产的产量而言,乾隆二十九年(1764),"雅郎阿奏称:科布多屯田,计各项籽种一千二百石,共收获四千二百石等语。看来所收分数仅三分以上,即使土性寒冷,耕种已经数载,何以歉收若此,着将实在情形及上年分数若干,查明具奏"①。由此可见,假使这一数据较为贴近真实情况或者偏差幅度较小,那么此时期土地产量是投入籽种数量的三倍(或偏多一些),且不计人力物力投入。道光二十七年(1847),"本年科布多所种十屯地收获三色粮共七千八十九石五斗"②。道光三十年(1850),"(道光)二十九年(1849年)科布多所种十屯地,共收获三色粮三千一百二十石四斗"③。同治十三年(1874),"科布多本年所种十屯地,共收获三色粮六千一百二十八石五斗"④。到光绪二十七年(1901),科布多所种屯田十分(屯)共收大麦、小麦、青稞三色粮七千二百三十二石。⑤ 综合上述可见,清代土默特川平原以北蒙古草原上的农业生产虽有一定收获,粮食产量虽逐年增长,但这也与土地开垦规模的扩大直接相关,并非是这些地区适合发展农业。

将上述土默特川平原以西、以北的乌里雅苏台地区所出现农业生产的区域置于地图上,可以更加直观地对清代(包括清前期)土默特川平原及以西、以北地区农业区的分布范围加以了解。

由图8-1可知,清代蒙古草原上的农业区北拓幅度极大,但根据上文所述清前期土默特平原以西、以北地区的农业生产情况可以发现,有关清前期阴山与乌里雅苏台中间地带的农业记述却较少。因此,清前期蒙古

---

① 《清高宗实录》卷七百一十九,乾隆二十九年九月辛未条,载中国第一历史档案馆等《清实录》第17册,中华书局1986年影印版,第1017页。
② 《[科布多参赞大臣]瑞元等(道光二十七年)十二月初六日(1848年1月11日)奏》,载中国科学院地理科学与资源研究所、中国第一历史档案馆编《清代奏折汇编——农业·环境》,商务印书馆2005年版,第470页。
③ 《[科布多参赞大臣]慧成等(道光三十年)五月十七日(6月26日)奏》,载中国科学院地理科学与资源研究所、中国第一历史档案馆编《清代奏折汇编——农业·环境》,商务印书馆2005年版,第476页。
④ 《[科布多参赞大臣]托伦布[科布多帮办大臣]保英(同治十二年)十二月十六日(1874年2月2日)奏》,载中国科学院地理科学与资源研究所、中国第一历史档案馆编《清代奏折汇编——农业·环境》,商务印书馆2005年版,第529页。
⑤ 《[科布多参赞大臣]瑞洵(光绪二十八年)五月二十四日(6月29日)奏》,载中国科学院地理科学与资源研究所、中国第一历史档案馆编《清代奏折汇编——农业·环境》,商务印书馆2005年版,第590页。

第八章　从生态环境史看游牧生产方式及其生态平衡向度

草原上农业区北拓的过程是跨越式的发展特征，也即越过了部分草原及山地而到达清朝疆域的最北端。

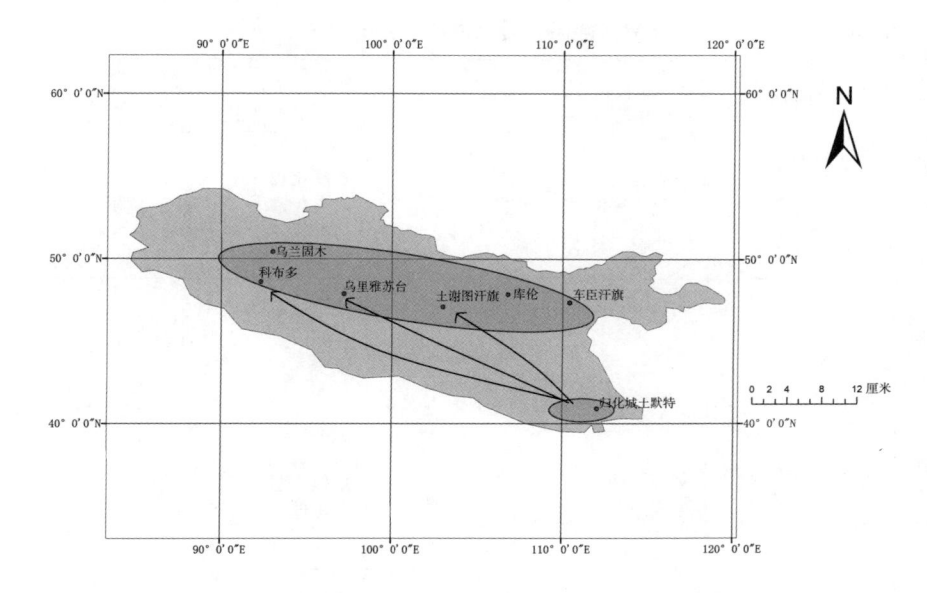

图 8-1　清代（前期）土默特川平原及以西、以北地区农业区分布示意

虽然对以农牧交错带北界具体所至地区还有待进一步考证，但是此时期蒙古草原上农业分布区域出现了大幅度的扩大却是不争的事实。由此可见，至清末民初时，已有相当面积的草原成为农业区域或是农牧交错分布区域。如赤峰垦区，在迁至此地农业人口的影响下，当地的部分蒙古族牧民迁往北部开垦草原，留居下来的蒙古族居民则开始从事农业生产，接受农业生产技术，语言文字多被汉化。[①] 游牧经济逐渐被农耕经济替代，游牧生态空间被定居式农牧交错空间取代，这也导致此地区的环境出现恶化，游牧生态空间逐渐失衡。

到了近现代以来，"游牧经济"及游牧生产方式更是遭到了几近颠覆性的改造利用，这类现象在世界各大草原地区都有体现。根据郝益东的考察，世界范围内的几大草原地区的游牧经济及游牧生产方式都发生了变

---

① 潘乃谷、马戎：《边区开发论著》，北京大学出版社1993年版，第85页。

下编 游牧生产方式之生态启示

迁，具体如表8-4所整理，与此同时，草原环境的恶化与各草原地区游牧民族的变迁也直接影响了游牧生产方式的利用。

表8-4 世界范围内游牧变迁结局分类对照

类型	主要分布地区	主要特征					
^	^	草原生态	生产方式	居住条件	生产水平	饮食条件	社会保障
维持型	蒙古国大部、西亚和非洲部落地区、南美高原局部地区	局部地区退化，程度加重	逐水草或者按季节游牧	蒙古包（毡房）、泥草棚等	牲畜死亡率高、产出率低	食物单调、部分种类不足	缺乏
终止型	俄罗斯西伯利亚和南部草原	恢复	基本无放牧畜牧业	定居房屋	舍饲，量少	肉乳食物缺乏	部分
转农型	中亚、西亚、俄罗斯、中国部分草原区	草原沙化严重	农业为主，兼养禽畜	定居房屋	规模小且产出低	自给自足	缺乏
建设型	中国牧区大部分、中亚部分	退化严重，但有所好转	补饲和新型放牧相结合	定居房屋	养畜规模稳定，产出率提高	多样化、较为充足	启动
现代型	美国的大平原、加拿大的草原	好转较为明显	现代机械、科技管理	功能齐全的套房	产出率高且成本低	营养、足量、优质	全面

资料来源：郝益东《游牧变迁》，民族出版社2015年版，第32—37页。

由表8-4整理信息可以看出，世界范围内的各大草原地区都不同程度地出现了环境问题，且各地区游牧生产方式也发生了新的变化，基本上失去了其原始的意义，这或许也是导致当地环境问题出现的主要原因之一，但也极可能是根本原因之一。还可以发现，除美国采取现代机械及科学管理而有效解决了草原环境问题外，其他地区的草原自然环境问题仍有待解决，且各地区都相继出现了不同程度的环境问题，这与游牧生产方式遭到破坏是有一定关系的。

第八章 从生态环境史看游牧生产方式及其生态平衡向度

在以上诸草原区中，虽然蒙古国仍坚持着"游牧经济"及游牧生产方式，但却十分艰难地维持着游牧秩序的运营。郝益东考察后记述并分析指出：

虽然蒙古国仍在坚持着游牧经济，但是其游牧生产却发生了变革。

其一，牧民居住事实上已属于"半固定"状态。所见到的牧民营地即"浩特"都是好几户集中居住，长期共用一处棚圈。有的还用原木建成"木克楞"房舍。

其二，缺乏游牧应有的搬迁工具"草原列车"。牧民搬家需要雇佣大汽车，其成本之高是传统游牧社会用牛车搬迁所无法相比的。在游牧生产所必需的经常性移场搬迁和雇佣汽车高额费用的矛盾面前，牧民只能少搬迁或不搬迁。

其三，生产条件的改变促进基础建设。游牧的最大优势是不断追逐新鲜茂盛的牧草以使牲畜迅速"抓膘"和持续"保膘"。现在既然失去了游牧搬迁的优势，又在漫长的冬春缺草季节无草可补，必然促使有能力的牧民率先开展基础建设，自然也就在逐渐改变纯粹游牧生产方式。

其四，集中居住加剧了草原利用的不均衡性，客观上要求调整草畜布局。可以看到在河流、湖泊附近水草条件较好的草原上，牧民居住的浩特营地密集分布。近水草场过牧和缺水草场闲置并存。锁着牧民已经占有的营地上建设的棚圈和房屋越来越多，这种在"自由放牧"中实际形成的不均衡状态正在固化。小河小湖干涸和草原荒漠化成为生态危机。划分草场权属，分散放牧压力的"倒逼"机制在牲畜头数饱和后必然要表现出来。①

由以上所述可以看出，人为改造后的游牧生产方式，已经难以实现人类社会与草原自然环境之间的和谐共存与可持续发展了，从这一维度来看，游牧生产方式的人为改造或许也是导致草原地区环境问题出现的一个不可小觑的因素，这也需要我们对此加以关注。

---

① 郝益东：《游牧变迁》，民族出版社 2015 年版，第 36—37 页。

下编　游牧生产方式之生态启示

三　人与草原游牧生态空间的警示

游牧民族与草原自然环境之间的和谐生态空间可能是历史时期最适宜草原自然环境延续和人类生存发展的生态空间格局，也是人为投入最低便能取得较大环境效益的生产方式，因而历史时期蒙古草原环境变迁的阶段特征也充分表明游牧生态空间的重要生态价值。然而纵观这一生态空间发展演变，自清以后逐渐被打破，也因此而出现了更严峻的环境问题。

随着大量移民迁入蒙地，加上盟旗制度下游牧活动的相对固定，致使游牧民族开始接受了农耕生存方式，这也导致游牧经济的存在空间日渐缩小，游牧生态空间格局也逐渐被打破。如阿拉腾在考察游牧文化变迁时也指出："当人口密度增加时，不但群体内部的关系紧张化了，而且竞争能力强的群体得以充分发展，而竞争能力弱的群体则逐步缩小自己的地盘，甚至被挤压到区域之外。"[1] 具体如清代卓索图盟与昭乌达盟以老哈河南北沟通，汉族移民经卓索图盟逐渐进入昭乌达盟南部的敖汉、翁牛特、克什克腾、巴林等旗。1800 年（嘉庆五年），敖汉旗境内种地民人有 130 户，耕种地亩 1390 顷，"民人挟资携眷陆续聚居，数十年来生齿日繁，人烟稠密，实有数千口之多"[2]。至 1827 年（道光七年），平泉州（喀喇沁右旗、敖汉旗）有汉民 158055 口；建昌县（喀喇沁左旗、敖汉旗）有 163875 口；赤峰县（翁牛特左、右旗，巴林左、右旗）有 112604 口；朝阳县（土默特左、右旗，奈曼旗，喀尔喀左翼旗）有 77432 口。[3] 可以发现，清代以来尤其清中后期放松对蒙禁令之后，整个卓索图盟能够被开垦的土地多已被垦为农田，且随着大量汉族人口的进入并在此地长期定居，当地的农业生产与农牧混合社会已基本定型。

这些移民及土地开垦也给蒙古草原自然环境造成了严重的破坏，衣保中等研究指出：清末大量的游牧及土地开垦造成了蒙地出现大片撂荒地。

---

[1] 阿拉腾：《文化的变迁——一个嘎查的故事》，民族出版社 2006 年版，第 16 页。
[2] 《直隶总督杨廷璋奏》，载中国第一历史档案馆藏《宫中朱批奏折》，档案号：4—383—1；转引自衣保中、张立伟《清代以来内蒙古地区的移民开垦及其对生态环境的影响》，《史学集刊》2011 年第 5 期。
[3] （清）海忠纂：《承德府志》卷二十三，"天赋、户口"，道光十一年（1831），转引自衣保中、张立伟《清代以来内蒙古地区的移民开垦及其对生态环境的影响》，《史学集刊》2001 年第 5 期。

第八章　从生态环境史看游牧生产方式及其生态平衡向度

这些撂荒地，土壤肥力很难在短期内恢复。而且撂荒地越多、越快，沙化的程度就越严重。流沙扩散压埋附近耕地和草场，如此发展，造成了大部分地区的土地沙化。① 由此可见，大量移民迁入蒙地等人为因素是导致草原生态空间被打破的关键所在，也是导致环境问题出现的根本原因之一。

不仅如此，汉人及农业在蒙古草原上的出现，也加速了蒙古草原地区游牧民族传统游牧生产及生活方式的变迁，衣保中等指出：随着内地民人垦荒种植的不断推进，移民数量的不断增加，越来越多的蒙古牧民自觉或被动地接受了农耕生产方式。汉民也从蒙民那里学会了畜牧饲养，改进了蒙古牧民"既无畜舍设施，也不进行饲养干草的贮藏"的粗放式畜牧方式，实行备草圈养的集约化畜牧方式。蒙汉农牧民相互学习，在一定程度上促进了生产力的发展。但由于其粗放的农业经营方式及不负责任的人类活动，严重超出了当地草原自然环境的承载能力，在更大程度上阻碍了内蒙古地区农、牧业的进一步发展。②

到了当代，内蒙古地区的蒙汉民族构成及比例等又发生了新的变化，汉族人口数量（或者说是以农业为主的人口）及农业生产比重远超过了游牧民族人口数量及畜牧业生产比重。根据恩和统计指出：自 1947 年内蒙古自治区成立至 2000 年的半个多世纪，内蒙古自治区总人口增长了 322.4%，其中汉族人口从 469.6 万人增长到了 1832.48 万人，而蒙古族人口则从 83.2 万人增长到 386.01 万人。自内蒙古自治区成立以来，蒙古族人口已有 2/3 以上转变成为以种植业为主的农业人口，游牧人口与农耕人口的比例达到了 1:19。此外，近几十年来从内地迁入的 350 万人也主要从事农业生产。③ 受此影响，游牧经济及游牧生产方式在内蒙古自治区成立以来遭到了更大程度的改造利用，甚至在一些地区已经难以看到。

综合上述可见，移民与土地开垦对蒙地造成的影响并非仅是环境的恶化及"游而牧之"生产方式的衰落，其产生的消极影响是多方面的。内蒙古地区草原环境恶化也反致游牧生产方式利用范围的进一步缩小，更直接

---

① 衣保中、张立伟：《清代以来内蒙古地区的移民开垦及其对生态环境的影响》，《史学集刊》2011 年第 5 期。
② 衣保中、张立伟：《清代以来内蒙古地区的移民开垦及其对生态环境的影响》，《史学集刊》2011 年第 5 期。
③ 恩和：《草原荒漠化的历史反思：发展的文化维度》，载额尔敦布和、恩和、[日]双喜主编《内蒙古草原荒漠化问题及其防治对策研究》，内蒙古大学出版社 2002 年版，第 100 页。

影响到草原文化的发展变迁与游牧生产方式的利用。

发展农业导致蒙古草原上的草原植被遭到毁灭性的破坏，以今日之研究视角来看，天然草原植被覆盖与农田的环境效益是相去甚远的，农业的出现直接导致草原植被被单一的农作物取代，当地的生物多样性遂随之减小，影响到草原生态系统的功能发挥。根据中国科学院可持续发展研究组的研究，草原（牧场）是介于森林与农田之间的生态系统类型，森林、草原与农田三类生态系统的服务功能如表8－5所示。

表 8－5　　　　　　　　　　生态系统服务功能评价

生态系统类型 服务功能	气体调节	气候条件	干扰调节	水供应	防侵蚀	土壤形成	养分循环	废物处理	传粉	生物防治	栖息地	食物生产	原材料	基因资源	休闲娱乐	文化	总价值
森林		141	2	2	3	96	10	361	87		2		43	138	16	66	2	969
草原/牧场	7	0		3		29	1		87	25	23		67		0	2		232
农田										14	24	－	54			－		92

注：①表中数字单位是 US/hm^2；②"－"表示已知该生态系统无此服务功能或可忽略不计，空格则表示没有相关信息。

资料来源：中国科学院可持续发展研究组《2003年中国可持续发展战略报告》，科学出版社2003年版，第46页；盖志毅《草原生态经济系统可持续发展研究》，中国林业出版社2007年版，第61页。

由表8－5所提供信息可知，由草原（牧场）向农田的转变，其对蒙古草原生态系统的消极影响是极为显著的，其所造成的损失也不仅仅是草原自然环境的破坏，更为深远的是，农田生态系统出现对整个草原生态系统平衡及生态系统效益与功能发挥造成的破坏，以此视角来衡量，草原农业化的经济损失也是极为巨大的，且生态系统转变影响到生态系统的多个环节，有牵一发而动全身的关联影响。

此外，蒙古草原上的农业生产也并非都是精耕细作或精细呵护，在宽广辽阔的草原上，多是类似于"漫撒子"式的粗放生产。民国之时，袁勃考察蒙古地区后，对察绥地区农业生产状况记述道："察绥有一种特殊之农制，曰游农制，其意盖非固定土著，此种农民多来自晋北，即今年在甲地租田种植，俟收获后仍返家乡，明春则往乙地租田耕种。此种农制。对

第八章　从生态环境史看游牧生产方式及其生态平衡向度

于农业颇为不利,因耕种者对于土地不负责任,以其明年不复至原地方故也。"① 再如民国时期绥远地区的农业,绥远"高处倾斜地,表土极薄,已成粗砂土壤。此盖由农人智识太低,对土地毫不施肥,甚至收获时,将作物连根拔出,收回以充燃料。以至土壤腐殖质减少,地力减弱"②。由上述可见,如此粗放的农业生产不仅仅是影响了游牧生产方式的利用,更是对当地自然环境造成严重的破坏影响。

到了现代以来,这种趋势非但没有遏制,反而愈演愈烈,以新的方式和内容继续影响着草原的自然环境。刘晓莉就此指出:"随着草原的恶化,草原文化也受到严重的冲击。一方面,草原的自然退化与人为因素造成草原生态的恶化,直接侵蚀了草原文化;另一方面,近年来,牧区普遍发展的草原旅游业,在带来城市垃圾,破坏草原生态环境的同时,也带来了外来文化,使蒙古族在一定程度上被外来语言、文化、生活习惯等融合。同时,还有一些牧区开展着采矿业和纺织工业等,也带来了一些其他民族的文化与文明等,如此的交融,影响了蒙古族文化次传承。"③ 由此可见,这种人为对草原游牧生态空间的打破,直接影响着草原自然环境的状况以及草原文化的能否延续。

传统人与草原自然环境在游牧生产及生活方式的影响下能够形成和谐的生态生存空间。历史时期,"蒙古之地,自商以前,建国不可考矣,在周为山戎獯鬻玁狁之所居,其民非土著。其国无城郭,寄穹庐,逐水草,无都府疆域可迹"④。历史时期蒙古草原上的各游牧民族将自身置于草原自然环境的天地之间,构建起和谐有序的生态空间。即使是在古代战争中,人也并未脱离游牧生产与生活,根据葛根高娃等考察指出:"战争的过程是在游牧当中完成,战争所需的一切是由游牧业供给的,战争的结果往往给游牧业带来一定补充,某种程度上可以这样认为,游牧民族发起的军事战争是整个草原生态系统内部的一次震荡,虽然会对其它生态因子产生影响,但总体平衡没有被打破,系统内各种各样的过程仍在继续。"⑤ 由上述

---

① 袁勃:《察绥之农业》,《开发西北》1935 年第 3 卷第 1 期。
② 曾雄镇:《绥远农垦调查记》,《西北汇刊》1925 年第 1 卷第 8 期。
③ 刘晓莉:《中国草原保护法律制度研究》,人民出版社 2015 年版,第 28 页。
④ (清)姚明辉辑,夏日戕校:《蒙古志》,光绪三十三年刊本,台湾成文出版社 1968 年影印版,第 122 页。
⑤ 葛根高娃、乌云巴图:《蒙古民族的生态文化》,内蒙古教育出版社 2004 年版,第 162 页。

可见，整个游牧民族生存的各项行为活动（甚至是战争）都是以游牧为基础的。

"游而牧之"的生产方式因高度重视人与草原自然环境之间的内在关联，注重人与自然环境的有机整体性关系，有效地处理了游牧民族与草原自然环境之间的内在关联，实现了此二者的共同可持续发展，也由此而更加凸显其厚重的生态思想与生态价值。

根据当代的统计分析指出，草原是地球主要环境类型之一，全球天然草原面积67.57亿公顷，占陆地面积50%。亚洲土地面积48%是草原。[1] 草原具有重要生态功能，对于人类社会的生存发展而言意义重大。此外，草原占据地球上森林、荒漠与冰原之间广阔中间地带，覆盖地球上许多不能生长森林或不宜垦殖为农田的生态地域。在干旱、高寒和其他环境严酷地区起到保护环境作用，对可持续发展及生态文明建设等均有至为关键的影响。[2] 游牧生产方式及其生态平衡向度为游牧民族与草原生态系统和谐发展提供了极为重要的制度保障。而草原作为地球的主要环境类型，其重要生态屏障作用和生态安全功能应该对其予以足够的理论关注和现实关切。因此，在当下内蒙古草原环境保护及环境问题治理过程中，历史上诸游牧民族创造和谐游牧生态空间的经验及生态思想值得吸收和借鉴。

---

[1] 张立中主编：《中国草原畜牧业发展模式研究》，中国农业出版社2004年版，第61—62页。

[2] 邢莉、邢旗：《内蒙古区域游牧文化的变迁》，中国社会科学出版社2013年版，第224页。

第九章 游牧生产方式对草原环境的合理利用及启示

　　历史时期，人为在蒙古草原上进行非合理土地开垦及造成的环境破坏不胜枚举，自秦汉以来直至现代社会，蒙古草原上非合理土地开垦、定居生产与生活的环境代价是极为惨痛的。因此，通过对历史时期蒙地土地开垦及其造成环境破坏的分析，一方面可以凸显出游牧生产方式对草原自然环境的高度契合性；另一方面也可以为当代内蒙古草原自然环境保护及环境问题治理提供经验借鉴。因此，历史时期蒙古草原上各游牧民族对游牧生产方式的坚持利用，也有效地维护了草原上各游牧民族自身的生存发展与草原生态系统之间的平衡。然而近代以来，内蒙古地区生态问题的频繁出现及逐渐加剧也需要我们对当下自然环境开发利用模式加以反思，需要我们重新思量当下人对自然环境开发利用方式与生态问题之间的深层关联，更要以史为鉴，追寻并探索人与草原自然环境之间的和谐相处模式。不仅仅是内蒙古草原，全国及世界范围内日益凸显的生态环境问题也都需要我们重新思索人与自然环境之间的关系，积极探索人与自然环境之间相处的和谐模式，实现可持续发展与生态文明建设的较高目标追求。

第一节 生态价值：游牧生产方式的生态思考

　　土地利用是人类通过与土地结合而获得物质产品和服务的经济过程，这一过程是人类与土地进行的物质、能量和价值、信息的交换与转换的过程，也是不断满足人类社会自身需求发展的动态过程，土地利用方式和目

下编 游牧生产方式之生态启示

的取决于土地植被状况。[①] 因此,"游而牧之"的生产方式是不断适应草原地区恶劣自然环境、多变气候、牲畜繁育习性,并不断应对自然灾害侵袭,人与环境不断相互适应的精致选择、精准组合和精当创造。游牧生产方式合理高效地利用了历史时期蒙古草原脆弱的生态环境,更是对草原地区复杂多变气候的合理应对,这也有效地维护了游牧民族生存发展与草原自然生态环境系统之间的动态平衡,也因此而更加凸显其厚重的生存智慧,这对于我们今天所追求的生态文明建设不无重要的启示与借鉴意义。

一 合理开发:草原恶劣自然环境的高效利用

前文所述内容中,曾根据历史时期对蒙古草原的自然环境与气候印象记述,对各不同历史阶段内游牧民族的生存环境与气候状况加以还原和对比分析,借此途径对当时游牧民族的生存环境加以了解,在本部分,本书主要就清代(尤其是近代以来)蒙古草原的环境与气候状况加以分析。在论述草原地区恶劣自然环境及游牧生产方式对恶劣自然环境高效利用时,我们有必要对"游而牧之"生产方式、"游牧生活"及"游牧生产"加以了解。"游牧生活"并非是我们印象中的那种"浪漫""悠扬"的"草原牧歌"式的游牧生活,尤其是在古代社会,人类社会的生产力水平低下,交通及基础设施建设都比较差,且受到蒙古草原上恶劣自然环境及极端气候的影响,"游牧生活"是很艰苦的。日本学者杉山正明曾对"游牧生活"的艰难及古代"游牧民"的艰苦生活情况介绍道:

> "游牧民"这个词汇,不知为何总有偏离世俗常识的味道,或许也有人觉得浪漫,但游牧民实际上是相当辛苦的。
>
> "游"这个字也许让人产生误解,它不只是无所事事地游荡生活,还有"外出"的意思(如"出游""游学"等),因此"游"是指迁移,"牧"则是牲畜,也就是"迁移牲畜"的意思,"牧民"中文的发音为"mu-min",微妙地具有悠闲、可爱的音律。
>
> 夏季的草原是美好的,天气既高又清澈,凉风缓缓吹过绿色大地,驾马奔驰而过,天地及自身仿佛合而为一,这样的世界就如天国

[①] 张树文、张养贞、李颖、常丽萍:《东北地区土地利用/覆被时空特征分析》,科学出版社2006年版,第11页。

第九章 游牧生产方式对草原环境的合理利用及启示

般，当寒冷降临时，却变成了地狱，牧民只能忍耐度过，绝对不浪漫。

牧民无法悠哉轻松过生活，绝对是以体能实力求生存。

首先，一定要学会骑马；对气候、自然现象必须有敏锐警觉；还必须深切关注家族、牲口并奉献心力，最要紧的是必须能够坚韧耐久、依计行事，兼具瞬间的果断判断。

团体的归属感和强烈的自我意识，乍看之下是矛盾的两个特质，却必须同时具备。农作虽然辛苦，游牧更加艰巨，"要不要试着游牧看看呢？"这样的心态是不行的，游牧可不是闹着玩的职业。[①]

由此段论述可知，"游牧"的生产及生活都是极其艰难的，这也是受到其所在恶劣自然环境及气候条件的深刻影响。因此，自然及气候环境是影响人类生产活动的关键因素，人类只有选择适合地理环境特征的生产与生活方式才是维持人与自然环境和谐发展的关键所在。

由此可见，人与自然环境之间的相互适应是实现可持续发展的基本内在要求，游牧生产方式是对草原恶劣自然环境的合理与高效利用。游牧民族选择以对草原自然环境的适应，而非农耕民族以生产力稳定与地力持续为基础。[②] 因此，正是基于对草原特殊自然环境与气候条件的精准把握与合理利用，游牧民族恰如其分地选择了游而牧之的生产方式，合理高效地利用了草原地区的恶劣自然环境与气候条件。

从当代地理区位条件出发，内蒙古草原位于北温带的内陆地区，是欧亚大陆草原的亚带之一。平均海拔在700—1500m之间，自然条件严酷，各气候因子呈东北—西南走向的弧形分布特征，分别跨越湿润带、半湿润带、半干旱带、干旱带及极端干旱带，相应的形成了森林、森林草原、典型草原、荒漠草原及荒漠等植被亚带。[③] 在如此恶劣的自然条件下，草原民族深谙调整自身以适应草原地区特殊的自然环境与气候条件。如美国学者威廉·哈维兰所说的那样："游牧者是人类适应环境的杰出典范，通过

---

① ［日］杉山正明：《游牧民的世界史》，黄美蓉译，中华工商联合出版社2016年版，第12页。
② 麻国庆：《草原生态与蒙古族的民间环境知识》，《内蒙古社会科学（汉文版）》2001年第1期。
③ 袁烨城、李宝林、高锡章、许丽丽、刘海江、周成虎：《内蒙古自治区土地覆被相互转换现象研究》，《干旱区资源与环境》2015年第5期。

| 下编　游牧生产方式之生态启示

放牧牛、马、羊和骆驼等牲畜是对草原、山区、沙漠或其他适宜放牧地区的适应。"① 而在此类地区进行精耕细作式的农业生产则是较不适宜的。如民国时唐启宇对察哈尔地区农业生产考察后所指出的那样：察哈尔"永租之地，垦户无定心，故后套农家建筑均极简单。因地非我有，地上之建筑亦将属他人。且对于土肥不加保持，因土非我有，土地之贫瘠者弃之可也，再租他地之肥沃者种之，于他人之土地无所爱惜也"②。此外，历史上（尤其是清代以前）蒙古地区游牧民族也以游牧经济为主，甚至是到了清代，蒙古草原绝大部分地区的蒙古族对农业仍不是十分熟悉。如民国时高博彦考察内外蒙古时的记述：

> 至于农产方面，蒙古素不重视，故无重要农产。实则硗瘠之地，仅占蒙古全域一小部分。他之原野丰沃之地不少，实中国北方之仓库也。蒙人，固有专务游牧，不解耕稼者。但近数十年以来，汉人移植，遂渐发达；蒙人受其感化，耕作之业，今已有代牧之趋势焉。其农产物之主要者：炒米、粟、高粱、麦、豆、大麻、亚麻，数种而已。炒米为麦之一种，为蒙人之常食品，混以牛羊乳而食之。无论如何瘠地，皆得以耕种。粟、高粱、麦，则种植多偏于南方，与内地接近处，移住人民所垦种。豆及麻可以制油，其种植区域，亦稍偏于南。③

此外，蒙古草原处于中高纬度的特殊地理区位及气候状况导致当地灾害频仍，前文统计指出内蒙古地区发生各类灾害次数：战国 5 次、秦汉 80 次、魏晋南北朝 146 次、隋唐五代 64 次、宋辽金元 336 次、明代 441 次、清代 460 次。④ 各类灾害中，旱灾发生频率最高，干旱是历史时期内蒙古草原畜牧业发展主要灾害性制约因素。在极干旱的情况下，生态系统内生物有机体与环境条件处在脆弱的相互依存的平衡状态，这种平衡状态极易受到破坏，且破坏后又不易复原。⑤ 内蒙古草原中存在的部分恶劣生态环

---

① ［美］威廉·哈维兰：《当代人类学》，王铭铭等译，上海人民出版社 1987 年版，第 345 页。
② 唐启宇：《西北农垦计划私议》，《西北汇刊》1925 年第 1 卷第 5 期。
③ 高博彦：《蒙古与中国》，台湾南天书局有限公司 1987 年版，第 18—19 页。
④ 包庆德：《清代内蒙古地区灾荒研究》，人民出版社 2015 年版，第 37—48 页。
⑤ 朱震达等：《中国沙漠概论》，科学出版社 1980 年版，第 21 页。

境区域与频发的自然灾害给游牧民族生存与发展带来了严峻挑战。因此，游牧生产方式虽不能完全规避自然灾害，但却是历史时期草原上各游牧民族自觉适应恶劣自然环境与多发自然灾害的精当且合适的选择，实现了人类社会生存与草原自然环境的可持续发展。

再如近代蒙古草原的自然状况，高博彦考察内外蒙古之后记述道：

> 蒙古西南部，阿拉善额济纳两王旗今之西套蒙古。此地在贺兰山脉之西，西至新疆，南接甘肃。地势分二大部：一为山地，一属高原。山地在于东方，主要山脉贺兰山即阿拉善山，峙于黄河西岸；由西南向东北，长约四百五十里。高低虽不一，大抵在三千三百尺，以至五千余尺。最高部分有达一万尺者，山上少数木，惟见岩石嵯峨。其高原之部分，位于山岳地之西。最低部约四千尺以至三千三百尺。丘陵散布，其高约出高原千尺。河流无重要者，以额济纳河（黑河一曰弱水）为大，下流注入居延海。即《汉书》所谓之"居延泽"也。外此有吉兰太湖，为有名之盐湖。①

因此，人类对自然环境的有效适应是实现其生存与发展的关键所在，草原上游牧民族选择游牧生产方式也体现出其对草原恶劣脆弱自然环境与多发灾害等自然环境与气候条件特征的有效适应。游牧生产方式即是流动的生产方式，围绕着游牧生产活动而形成了草原地区特殊的以部落为单位的人类文明形态。马克思、恩格斯曾就此指出：

> 游牧，总而言之流动，是生存方式的最初形式，部落不是定居于一个固定的地方，而是在哪里找到草场就在哪里放牧（人类不是天生定居的；只有特别富饶的自然环境里，人才有可能像猿猴那样栖息在某一棵树上，否则总是像野兽那样到处游荡），所以，部落共同体，即天然共同体，并不是共同占有（暂时的）和利用土地的结果，而是其前提。
>
> 一旦人类终于定居下来，这种原始共同体就将依种种外界的（气候的、地理的、物理的等等）条件，以及他们的特殊的自然习性（他

---

① 高博彦：《蒙古与中国》，台湾南天书局有限公司1987年版，第14页。

们的部落性质）等等，而或多或少地发生变化。自然形成的部落共同体（血缘、语言、习惯等等的共同性），或者也可以说群体，是人类占有他们生活的客观条件和占有再生产这种生活自身并使之物化的活动（牧人、猎人、农人等的活动）的客观条件的第一个前提。①

因此，游牧生产方式实现了对草原自然环境的合理利用，是对自然资源的合理开发及对人与草原自然环境之间关系的精当组合，其生态价值是极为显著的。由马克思与恩格斯的这段论述还可以发现，作为人类生存依托载体的部落是流动的，游牧也是符合草原自然环境与气候条件特征的选择，实现了历史时期草原游牧民族与草原自然环境的永续发展。即使在当代，自觉遵循尊重自然、顺应自然和保护自然的生态文明理论理念，积极探寻绿色发展、循环发展和低碳发展的发展哲学实践理念，也是人类生存与发展应该而且必须坚持的生态哲学智慧。就游牧生产方式而言，游牧生产活动是游牧民族以文化的力量支撑并整合于被人类所改变的自然平衡的生态系统结构，具有较高的生态价值。

通过当代科学考察研究发现，游牧生产方式之所以是适应草原自然环境的恰当选择，其合理性在于：一是可以使牲畜均匀采食，充分利用植被；二是游牧可减少牲畜的寄生虫和传染病，对牧草也有施肥功能；三是可防止草原因过度放牧而造成退化，保证草原的生态恢复。② 这既合理高效地利用了草原地区脆弱的自然环境与相对恶劣的气候条件，也维持了草原民族的生存发展，既发挥了草原自然环境能够为人类生存发展服务的功能，同时又避免草原因过度人为开发利用而出现退化。

相比于滨海、沿河及平原等自然条件较为优越的地区，蒙古草原自然环境与气候条件较为恶劣且脆弱，这也决定了草原上难以发展农业等对自然环境改造程度较深的经济类型。历史的经验也表明，在蒙古地区发展农业极易给草原自然环境造成破坏，同时也极易给人类生存带来恶劣影响。受自然条件制约，草原民族选择了游牧生产方式维持了人类生存与草原自

---

① 《马克思恩格斯全集》第46卷上，中共中央马克思恩格斯列宁斯大林著作编译局编译，人民出版社1979年版，第472页。
② 邢莉、邢旗：《内蒙古区域游牧文化的变迁》，中国社会科学出版社2013年版，第27—28页。

然环境之间的生态平衡，这也是对蒙古草原恶劣自然环境与气候条件的高效利用，凸显其较高的生态价值与生存智慧，值得深入发掘与借鉴。

二 有效适应：草原复杂多变气候的积极应对

以今内蒙古地区为考察对象，当地草原气候复杂多变且极端气候多发，这也是受到当地独特地理环境影响而形成的，历史上是这样，当代更是如此，根据刘钟龄等研究指出："内蒙古地处亚洲中纬度的内陆地区，具有明显的大陆性气候特征。漫长的冬季，全区均受到蒙古高压的控制，从大陆中心向沿海地区移动的寒潮极为盛行。夏季则受到东南海洋湿热气团的一定影响。由于本区外围有长白山、燕山、太行山、吕梁山等山系在东南面环绕，又有区内的大兴安岭和阴山山脉阻隔，使海洋季风的势力由东南向西北渐趋削弱，所以内蒙古地区的东南季风的作用不强。它所能影响的范围一般只能波及内蒙古高原的东、南部，不能深入高原的中心，狼山与贺兰山以西的地区，仍在大陆气团的控制之下。"[①] 自然环境与气候是影响人类生存的关键因素，尤其是对以植物为主要作用对象且在固定区域内进行的农业生产的影响几近是决定性的，而以动物及天然植被为作用对象且是移动的游牧生产的影响却是可人为控制的在人为干预下能够规避自然环境及气候的不利影响。因此，游牧生产方式体现出其对蒙古草原复杂多变气候及极端气候的合理应对，其生态价值较高。

就内蒙古草原而言，当地处于干旱、半干旱区的地理位置，加之内陆高原性气候条件，导致当地气候条件极端且较为恶劣。当下内蒙古草原气候环境的一般状况为：年均降水量不足 400 毫米，最低地区仅 120 毫米，平均在 250 毫米至 300 毫米之间，且降水时空分布不均。降水量稀少，而蒸发量却达 3000 毫米以上。此外，内蒙古草原气温变化明显，各地年均温在 $-5℃—7℃$，全年积温仅 $1800℃—3000℃$，无霜期平均 100—120 天，但日照时间长，太阳辐射强烈。[②] 充足日照与太阳辐射、水源短缺都导致草原地区干旱频现。加之内蒙古草原"地理条件相对封闭，且离海洋较

---

① 刘钟龄主编：《内蒙古通史：生态环境与生态文明》第八卷，人民出版社 2011 年版，第 41 页。

② 刘钟龄主编：《内蒙古通史：生态环境与生态文明》第八卷，人民出版社 2011 年版，第 175 页。

远。高原地形区海拔高，使这片草原地带的气候是极端大陆性，夏季酷暑，冬季严寒"①。在如此严峻的气候条件下，游牧生产方式是对草原地区复杂多变气候的合理应对，也是化解气候波动对人类社会造成恶劣影响的有效举措。

在内蒙古地区，多变的气候也表现在气候年际变动率较大，且在同一时期内的气候相对变动率也较大，超过其他地区。气候稳定性也较差，在相同人为或外在影响力作用下，环境变动远远超过其他地区，恢复原状的功能相对较低。草原自然环境受到各种负面影响后会发生急剧变动，恢复原貌的自动调节功能明显低于其他地区。② 内蒙古草原气候恶劣古已如此，受多变气候的影响，游牧民族是不会永远定居于一个固定区域的。"每逢冬季来临，就会移居到较为温暖的平原，便于为牲畜寻找水草丰富的地方；夏季到来时，会迁移至较为凉爽的山里，那里水草较为充裕，又可避免马蝇和其他各种吸血害虫对牲畜的侵扰"③。总之，游牧民族会随着季节变动及气候波动而迁徙，"春季居山，冬近则归平原"。④ 通过人为方式适应草原的多变气候，在长期的生产实践中，摸索出一套适应草原复杂气候的游牧规律。春季，针对牲畜过冬后膘情下降及体力衰弱，牧民对畜群进行分组，怀胎或产后牲畜及瘦弱畜为一群，选择阳坡、背风暖和、距离较近且牧场较好地区放牧。春季青草萌芽时，先放阴坡后放阳坡，逐步由枯草过渡到青草，以保证牲畜体力循序恢复。⑤ 尤其是冬季时，冬天大雪覆盖牧草导致牲畜饥渴难耐，这时牲畜会用嘴唇推开冰雪，啮食枯草以充饥。有时牲畜饥寒交迫过甚，往往会顺风疾走，葬送于冰雪中而倒毙。⑥ 因而冬季放牧时，游牧民族会选择洼地地区或山间盆地及谷地作为冬季营地。放牧时也先远坡后近坡，先高处后低处。

历史上，草原诸游牧民族将生存所需寄托于游牧经济，在处理人类生存与游牧经济所提供的给养、游牧经济发展与草原自然环境承载力等关系

---

① ［法］勒内·格鲁塞：《草原帝国》，黎荔、冯京瑶、李丹丹译，国际文化出版社2003年版，第1页。
② 周毅：《西部屏障重构：生态安全预警》，内蒙古教育出版社2001年版，第97页。
③ 《马可·波罗游记》，陈开俊等译，福建科学技术出版社1981年版，第62页。
④ ［瑞典］多桑：《多桑蒙古史》上册，冯承钧译，中华书局2004年版，第30页。
⑤ 邢莉、邢旗：《内蒙古区域游牧文化的变迁》，中国社会科学出版社2013年版，第30页。
⑥ 曾雄镇：《绥远人口调查记》，《西北汇刊》1925年第2卷第10期。

第九章 游牧生产方式对草原环境的合理利用及启示

时,受内蒙古草原复杂多变及极端气候的影响,某一区域草原不能为畜群提供充足牧草时,游牧民族不改变生活方式就要改变生活地点,通过不停迁徙的游牧生产方式以适应复杂多变气候的影响,这也有效维持了历史时期蒙古草原上人与自然环境之间的生态平衡。时至今日,内蒙古草原自然环境与气候条件的特殊性较之历史时期并无太大变化,出现的变化主要是局部区域或是阶段性的,自然环境因自然及人口因素的影响而时有波动,气候也在长时段内有短期波动。但自清代游牧生产方式逐渐消失或是发生变迁以来,内蒙古草原的环境问题开始频繁出现,且随着土地垦种及其他改造性土地建设利用,环境问题逐渐加剧。

第二节 时代借鉴:游牧生产方式利用的历史经验

游牧民族一直以"游而牧之"的生产方式及"逐水草而居"的生存方式生动具体而非呆板抽象地演绎着他们经典的游牧文明历史,并有效地维持了蒙古草原历史时期诸游牧民族及草原自然环境的可持续发展,但在几乎整个20世纪及以前时代,无论是东西方,只要是一提到游牧民族,一般都是不分青红皂白地直接作出负面的印象描述,从被世间称为名家的历史家或研究者,到民族学家、文明史家、评论家或者作家等,也大致都以野蛮、杀戮等刻板的印象来描述游牧民族,这几乎已经是定型的观点。[①]然而历史的现实却不断地证明,游牧民族及其文明形态是有其可取之处的,就其生态思想维度而言,也是值得今人学习、吸收与借鉴的。因此,游牧生产方式的生态价值为当下生态环境问题的治理及生态文明建设,可以提供可资借鉴的历史经验。

一 精准把握:人对自然资源的合理利用

内蒙古草原是我国重要的生态环境区,生态环境脆弱、气候条件特殊,但自然资源却是较为丰富,对草原自然环境、气候条件及资源特征的正确认识是对其开发利用的首要前提,正是历史时期诸草原游牧民族对其

---

① [日]杉山正明:《游牧民的世界史》,黄美蓉译,中华工商联合出版社2016年版,自序部分,第1页。

生存地区自然环境及气候条件资源特征的精准把握，选择以"游而牧之"的生产方式利用自然为自身生存发展服务，实现了草原自然环境的维护与人类的生存发展目标，这也为当下生态环境问题治理及生态文明建设与可持续发展等目标的实现，提供了重要历史经验借鉴。

前文已指出游牧生产方式是对牲畜食草习性的适应，也是对草原生物自然资源合理利用的有效途径，这些都体现出游牧民族对草原自然资源的精准把握。不同牲畜对牧草要求不同，如羊喜食白蒿子，马喜食尖草及哈拉禾奈，牛喜食尖草，骆驼喜食榆树叶子。内蒙古草原植物资源丰富，生长着适宜各类牲口喜食的植物。不同的饲用植物的适口性随着放牧牲畜种类及季节生长发育阶段而变化。① 因而游牧民族便选择了游牧生产方式以适应不同牲畜对不同牧草的需求，这同时也是对自然资源的合理开发利用。此外，游牧也是对各类牲畜饮水习惯的适应。"草贵有碱性，而牛马所饮之水不宜碱，碱水唯驼为宜。"② 牧草和水源是牲畜生存的基本条件，游牧民族放牧牲畜的多样性与畜牧生产的规模性都对游牧生产带来了挑战，在生产力较低的情况下，"游而牧之"生产方式是满足畜牧生存的最佳手段。民国初期，高博彦考察内外蒙古之后也指出：

> 畜牧之最普遍者，为马、牛、羊、驼四种；其饲养之法：半农半牧之地，住民已脱游牧之习，有一定之住所，即在住屋院内，或编柳条为栅；或筑土壁；名曰马圈子，以为入夜收容家畜之备。剃羊马骆驼之毛，榨取牛乳，即于圈内行之。黎明，即纵放于附近有河川湖沼之处；若至水源缺乏之时，则饮以井水。日夕则驱之返家，马则听其在野，不必日日入于圈内。若夫纯游牧地方，则平沙无垠之原野，即天然之牧场也。无木栅沟渠之设备。四季之中，一任其采食野草，春季雪融，则居低洼之乡，以就天然水草，草尽而去。年复一年，都于一定之境内，渐次转移。其倾全力以探索者，惟水与草。若至冬季，雪霏凝冰，低地已不能得水，草根亦被雪掩无遗，故必移居山阳。草根之没于雪者稍浅，家畜赖以掘食。牛马羊一至冬季。故牛马买卖端

---

① 邢莉、邢旗：《内蒙古区域游牧文化的变迁》，中国社会科学出版社2013年版，第32页。
② （清）徐珂编：《清稗类钞·阿里克牧务》，中华书局1984年版，第2276页。

第九章　游牧生产方式对草原环境的合理利用及启示

在秋季，谚云"秋高马肥"，良有以也。①

不仅是马、牛、羊、骆驼等习性各异，其他牲畜的生存习惯、对牧草的采食需求也不相同，也应区别对待。而游牧生产方式则能够满足不同牲畜的生存习性及合理利用草原自然资源，体现出游牧民族对草原自然环境、气候条件特征及自然资源的正确认识与精准把握。因此，即便是到了近代，针对不同牲畜习性，草原自然环境及气候条件特征的游牧生产仍是存在的，但是分布地区及规模却不断缩小。

对草原生物资源的精准把握是合理开发利用草原自然环境为人类生存发展服务的必要前提，在此认识基础上，游牧民族采取以游牧生产方式为连接人类生存与草原自然资源利用的基本环节，实现对草原自然资源的合理开发利用。草原上各类牲畜习性不同、生存特征各异，人为过度干预在某种程度上会改变动物习性以适应人类的预期设想与所要达到的目的，但这些改造对某些动物来说却会导致灭顶之灾，影响到草原生态系统平衡的维护。因此，正确认识所饲养动物的生存习性是对其开发利用的前提条件。此外，草原上丰富的生物资源也存在区域性分布特征，通过游动可以均匀开发利用各区域不同的生物资源，既能够满足各类牲畜生存需求，也符合牲畜习性及合理利用草原自然资源的要求。

但随着明清以来内蒙古草原上定居聚落、城市的逐渐兴起，游牧生产方式逐渐被农业及近代以来的工业取代，与此相伴随的是内蒙古草原自然环境问题的频繁出现，并日渐成为制约人类社会生存发展的瓶颈。如乌兰察布地区，历史上的乌兰察布地区曾是水草丰美的游牧草场，然而清代以来的移民及土地开垦则导致这一地区开始出现沙漠，且沙漠面积持续扩大。乌兰察布高原包括清代的乌兰察布盟及察哈尔盟的部分地区。张家口厅②以外便是乌兰察布高原。张家口是清代官方或私人出塞的重要关口之一，若以张家口为出塞关口，那么乌兰察布高原则也成了出塞的必经之路。康熙五十八年（1719），范昭逵在出张家口时，对所见塞外风格曾赋诗道："边城何地不荒芜，古戍遥知芳草无。地缩雁门方百里，迹穷龙漠

---

① 高博彦：《蒙古与中国》，台湾南天书局有限公司1987年版，第16—17页。
② 清代张家口厅辖地包括察哈尔东翼镶黄旗、西翼正黄白旗一带，还包括口内的蔚州、保安州、宣化县、万全县、怀安县、西宁县等地。

胜三壶。"① 由此诗句可见当地的荒凉之景。此外，乌兰察布高原也是清代放垦及口内人口外迁的主要流入地之一，因而有清一代该地区的环境变迁尤其是环境恶化较为明显。

通过对比不同阶段的环境印象记述可以了解清代以来乌兰察布地区的环境变迁，尤其是环境恶化的一般情况，17世纪时，乌兰察布高原因未遭到过多人类开发及干扰而保持着较好的自然环境。康熙二十七年（1688）五月，张鹏翮随索额图一道前往俄罗斯谈判时出张家口进入乌兰察布高原，对乌兰察布高原所行数日所见之自然景观做了述写：

> 初七日，涧水由塞外入口，清澈见底，深不逾尺，名曰定边河。旁有一峰耸立，碑曰姑石儿。路下有清泉，甘冽可以煮茗。……塞内驻营处，麦陇青葱。
>
> 初八日，山峡中行二十里，又行三十里，次察汗托诺亥大坝，犹华言白头岭也。平阜四周带土多草，涧溪数处而有泉者三，惜少薪耳。
>
> 初九日，上崇山，石路崎岖，约三里入平阜。四十七里，次博尔哈斯泰，犹华言柳条沟也。有小河北流绕山下，蒙古依水草聚处，牛羊成群。此河曲折绕营，清甘足饮，名之曰清河。道上见蒙古五六家，穹庐而居。
>
> 初十日，行六十里，次哈喇郎，有水草。
>
> 十一日，行平地，……有小涧清流，暂憩其处。……初见道傍石碾遗迹，忆古时此地必然可耕。至晚，扎营。见山地新垦，未见所艺何谷。
>
> 十三日，……山形环秀，清水绕流。
>
> 十五日，……石峰耸峻，涧水绕流，桦木敷荣于山阿，喜鹊翔集于条枝。俄而双雁嘹叨，若告我以塞外奇观也。红花盈畴远望如锦茵，近视之，一茎四朵，形若萝卜花而十二瓣。
>
> 十六日，……傍有万山峻岭，俯瞰城下。当年亦不可守。策马往视其中，惟见断垒荒草而已。二十里逾峻岭入深谷，草木丛生，羊肠

---

① （清）范昭逵：《从西纪略》，载毕奥南整理《清代蒙古游记选辑三十四种》上册，东方出版社2015年版，第122页。

第九章 游牧生产方式对草原环境的合理利用及启示

一道,兵家所慎。①

通过张鹏翮对乌兰察布高原数日所经地区自然景观的记述可以发现,其所经区域在清初康熙时期的自然环境是较好的,尚未遭到较严重的破坏,或是被破坏程度较轻。至八月,张鹏翮一行再次返回张家口地区时,见闻了当地的草原、沙漠等自然景观及独特气候之后,再次见到了张家口地区的自然环境景观,其写道:"始见青山绿水,禾黍豆粱,不觉眼明",以致发出"水哉水哉,在塞外何其贵,在中原何其贱也。天下以少为贵者,水且然矣"的感慨。② 由张鹏翮的记述可以发现,清代初期乌兰察布高原的自然环境尚未遭到严重破坏。

到了 19 世纪之后,乌兰察布高原上已被开垦土地已有部分出现了沙化,且此时期乌兰察布高原也出现了类似于农耕社会的定居式农业生产及生活景观。如同治十三年(1874),锡珍出塞途经乌兰察布地区时曾记述道:"出大境门,为察哈尔境。山势雄浑,土质坚粗。人家穴山为屋,倚树为墩,编棘作篱,辟皋得亩。"他还指出:"自出大境门,山渐平以成地,树虽稀而有村。"③ 到了光绪三十四年(1908),这一地区更是"声声布谷唤山村,埘桀鸡栖日向昏。茅屋数家城下建,屋垣不筑借城垣"④。以农业为主的生产及生活对当地自然环境变迁尤其是环境恶化的影响极为明显,但大青山后的部分区域草原自然景观及游牧生产则保护较好,如四子部落,清至民国之初时存在"均事农垦"与"黄羊(野山羊)百十成群,游行草地上"的画面。⑤

口外蒙地放垦是导致清代以来乌兰察布高原环境变迁的重要因素,

---

① (清)张鹏翮:《奉使俄罗斯日记》,载毕奥南整理《清代蒙古游记选辑三十四种》上册,东方出版社 2015 年版,第 7—10 页。
② (清)张鹏翮:《奉使俄罗斯日记》,载毕奥南整理《清代蒙古游记选辑三十四种》上册,东方出版社 2015 年版,第 28 页。
③ (清)锡珍:《奉使喀尔喀纪程》,载毕奥南整理《清代蒙古游记选辑三十四种》上册,东方出版社 2015 年版,第 303—304 页。
④ (清)延清:《奉使车臣汗记程诗》,载毕奥南整理《清代蒙古游记选辑三十四种》上册,东方出版社 2015 年版,第 347 页。
⑤ 勺舆:《西盟游记》,民国十一年刊本,远方出版社 2007 年版,第 114 页。

下编　游牧生产方式之生态启示

牛敬忠等在《近代的察哈尔地区》一书中根据毕奥南《清代蒙古游记选辑三十四种》中记述的"清雍正二年，都统洪昇丈量得口外私垦地二万余顷。是为察哈尔开垦设治之始"的论述，对雍正初期察哈尔地区开垦土地数量做了估量。统计指出：至乾隆时期，乾隆四年（1739）至乾隆六十年（1795），仅丰镇地区所开垦之土地就有23968公顷之多。这也仅是丰镇一区的土地开垦情况，就整个察哈尔地区而言，其土地开垦的规模、地域更广。至清中后期，察哈尔地区的土地开垦以私垦为主，且大量垦殖。光绪二十一年（1895），志锐遭贬至乌里雅苏台途中，自张家口至乌里雅苏台的途中见到了"居民慕化犹中俗，半畜牛羊半事耕"[1]的社会生活画面。尤其是光绪二十七年（1901）之后，清廷采取山西巡抚岑春煊"移民实边"的政策，全面解除"蒙禁"政策。光绪二十八年（1902），被委任兵部侍郎的贻谷主持察哈尔与绥远等地的蒙地开垦事情。自此之后，察哈尔地区的大部分土地被垦为耕地或被其他方式开发利用，严重破坏了当地的自然环境。[2]

到了宣统三年（1911），这一地区（自张家口至库伦沿途）更是"皆以耕稼为业，户口颇多。道路两旁房屋及蒙古包错杂并见，汉蒙杂居，别饶风致。惜地力未尽，既垦之地，尚属寥寥耳"；当地蒙汉民之生活，"蛮子事农业，亦有工匠；蒙民事牧畜，亦有务农者。盖蒙民喜食面，游牧进而耕稼，固进化之公例也"；沿途又见到："垦地甚多，远望四面皆有高山，西北之山尤高，……。行三十里许，见村落七八所。每村落少者约二三十户，多者四五十户。"[3] 由此可以看出，由于清代口外移民及土地开垦等导致游牧生产方式的衰落，继而导致内蒙古草原自然环境发生变迁，环境问题也开始普遍出现。

至民国后，乌兰察布地区的土地开垦仍未终止，勺舆在民国初期自东

---

[1] （清）志锐：《廓轩竹枝词》，载毕奥南整理《清代蒙古游记选辑三十四种》上册，东方出版社2015年版，第600页。
[2] 牛敬忠等：《近代的察哈尔地区》，内蒙古大学出版社2015年版，第6—7页。
[3] （清）佚名：《考察蒙古日记》，载毕奥南整理《清代蒙古游记选辑三十四种》上册，东方出版社2015年版，第657—658页。

达乌苏至归化途中也见到"新垦地错杂其间"[①]的景象。因此,自清代至民国时期的土地开垦给乌兰察布地区自然环境造成的破坏影响是极为深远的。至21世纪初,内蒙古各盟市草原恶化更为严重,根据刘晓莉的统计,至2002年时,内蒙古自治区恶化草原面积占到内蒙古国土总面积的半数左右,大量草原的自然环境开始恶化,使原本丰美的草原逐渐消失,代之而起的则是连片分布的沙化土地。具体数据如表9-1所整理。

表9-1　21世纪初期内蒙古各盟市草原退化情况

市(盟)	草原退化面积	退化草原占各盟市草原总面积比重(%)	退化(轻、中、重)	沙化(轻、中、重)	盐渍化(轻、中、重)
呼和浩特市	671.74	78.06	66.42	0.67	10.98
包头市	2564.42	81.19	77.47	0.004	3.72
乌海市	166.05	79.93	74.26	1.35	4.32
赤峰市	5403.29	76.16	46.38	28.79	0.98
通辽市	4217.03	82.22	38.86	35.46	7.89
鄂尔多斯市	7634.22	86.59	45.39	31.37	9.83
呼伦贝尔市	5974.28	40.03	34.68	3.24	2.11
兴安盟	2355.63	70.11	62.95	3.31	3.85
锡林郭勒盟	21516.23	74.51	57.28	13.23	4
乌兰察布市	4634.67	89.47	81.76	2.95	4.77
巴彦淖尔市	6226.9	77.93	68.68	3.67	5.58
阿拉善盟	8794.58	32.84	19.77	6.49	6.59
全区合计	70159.04	62.43	45.66	11.78	5

资料来源:内蒙古自治区政府门户网站,http://www.nmg.gov.cn/zwgk。转引自刘晓莉《中国草原保护法律制度研究》,人民出版社2015年版,第23页。

根据现阶段的科学研究表明,草原自然环境问题主要是因为不合理的管理与超限度的利用在不利的生态地理条件下所造成的草原生产力衰退与

---

① 勺舆:《西盟游记》,民国十一年刊印本,远方出版社2007年版,第116页。

生态环境恶化的过程。[①] 这也明显体现出草原资源不合理利用及过度开发对自然环境问题出现的直接影响，也警示当下自然环境问题反思及治理过程中，需要辩证思考游牧生产方式对草原自然资源正确认识及合理利用草原自然环境的有益生态经验及启示，为当下环境保护、环境问题治理及生态文明建设提供参考。

二 合理开发：人与草原自然环境的和谐组合

建立在对历史时期蒙古草原自然环境、气候与自然资源正确认识与精准把握基础上，游牧民族通过游牧生产方式对草原自然环境及自然资源做到了合理开发与利用，同时也满足了游牧民族的生存发展。以今日之视角考察，游牧生产方式组合了草原各类自然资源，并将自身也积极融入其中，构成了人与草原自然资源之间的和谐组合，实现了历史时期人与草原自然环境之间的和谐共生。因此，游牧生产方式对自然资源和谐组合的生态经验符合当前生态文明建设与可持续发展的内在要求，值得借鉴。

游牧生产活动中，掌握各类牲畜生活习性及草原植被资源分布规律，是合理安排各类牲畜放牧及高效利用草原自然资源的基础，也是有效发挥牲畜游牧所能带来积极影响的举措，更体现出游牧生产活动中人与草原资源的和谐组合。如前文所介绍的"羊得秋气，足以杀物，牛得春气，足以生物，……经牛食者，下次根长一节，群相间而牧，翌年食草始均"[②]。不同牲畜习性各异，对牧草要求不同，对牧场发展也有不同影响。历史时期，蒙古草原上的各游牧民族适应各类牲畜习性的游牧生产方式是适应牲畜生存所需，也是发挥游牧生产方式对草场有效影响的必由之路。

游牧生产过程中，牲畜对草场的适当践踏可起到疏松草场土壤的作用，通过游牧生产活动而适当采食草原上过剩的生物量也起到了自然资源合理利用的功能，游牧的生产及生活活动更是草原上植物种子的传播途径之一，也有最有效最便捷的途径，此外，适当的牲畜粪便也有效补充了已被利用草原自然环境恢复及原初草原自然环境生存发展所需的肥力。游牧民族所饲养牲畜的多样性也要求管理方式的多样性，"骆驼、牛、马、羊

[①] 刘钟龄、恩和、达林太：《内蒙古牧区草原退化与生态安全带的建设》，内蒙古大学出版社2011年版，第63页。

[②] （清）徐珂编：《清稗类钞·阿里克牧务》，中华书局1984年版，第2276页。

等都需要通过不同方式加以管理，在不同草场上生长，各类牲畜所有权与畜产品使用的组合形式多种多样的优势，各类组合都需要重新调整各个部落所需要的牧场及可供多年游动的范围"①。

再如清末民初时蒙古人之生活，高博彦考察内外蒙古后曾指出："蒙古民族，食物以乳茶、羊肉及高粱、黍、杂粮为主；而乳茶尤为常嗜之品。茶中混以牛乳，或少许之盐，味带甜味，而蒙人饮之如沁泉。又以木薪缺乏，多以兽粪为燃料。羊粪、马粪、牛粪、骆驼粪皆可供燃烧，间或取业生灌木之干枯者，以供燃烧。"② 由此可见，游牧生产方式既实现了草原资源的和谐组合，也实现了草原上各类资源的高效利用，更实现了人与草原自然环境永续发展等较高目标追求，通过"游动"的生产及生活方式，游牧民族也充分合理地利用了草原上的各类资源，符合可持续发展及生态文明建设的基本要求，值得深入发掘。

随着清代以来蒙古草原上放垦及大量汉族人口的流入，蒙古草原上部分地区的人与自然环境的组合也呈现出新的状态，变迁较为典型的如鄂尔多斯地区，19世纪时已经基本上形成了蒙汉交融的生活格局，古伯察对其在鄂尔多斯高原的生活场面见闻记述道：

> 我们在旅行的第一天所经过地区的面貌，使我们觉得它受到居住在黄河岸上的汉族渔夫们为邻的影响很大。我们零零星星地能遇到几块耕地，但是可能除了耕农自己之外，再没有比这种耕种更凄凉和更糟糕的样子了。这些赤贫的农人是一半汉人和一半鞑靼人的混合性格者，他们既没有前者的狡黠，也没有后者的坦率和纯朴。他们居住在房舍中或更应该是简陋的棚子中，用互相搭在一起的树枝建成，再粗糙地抹上一层泥巴和牛粪。由于干渴而迫使我们进入了一间这样的住宅，要求施舍一钵水，所以才得以坚信其内部丝毫不会推翻外部表现出来的苦难形象。人员和牲畜都混乱地生活在垃圾中。这些住宅不如蒙古人的蒙古包好，那里至少空气并未因牛羊的存在而发出恶臭。这些贫穷的人耕种的土地除了种植一些荞麦和谷子之外，只能生产线麻，而且长得神奇的粗壮。

---

① 邢莉、邢旗：《内蒙古区域游牧文化的变迁》，中国社会科学出版社2013年版，第332页。
② 高博彦：《蒙古与中国》，台湾南天书局有限公司1987年版，第25页。

下编　游牧生产方式之生态启示

> 我们很快就将重新进入草地,如果大家可以把像鄂尔多斯那样贫瘠、干旱和光秃地区称作草原的话。无论大家步行到哪里,永远都只能发现没有绿色植被的荒芜土地、遍是砾石的沟壑、泥灰质丘陵以及布满猛烈的狂风从各处吹来的流沙和细沙的平原。那里的全部牧草就是大家所看到的带刺的灌木以及各种瘦弱的、沾满灰尘的和带臭味的蕨科植物。这片可怕的土地中唯有每隔很远一段距离才生长着稀疏的和易折碎的草,它们如此紧贴地面,以至于牲畜不用其嘴巴滚动沙土就无法啃吃它。对于使我们在黄河边山发愁的那些大量水塘,在鄂尔多斯地区很快就感到留恋它们了。那里该多缺水啊!干旱得怕人。那里没有可供行人解渴的任何小溪和泉水,大家只能会遇到充满了发臭而泥泞浑浊的水坑和蓄水塘。①

由以上所述可见,19世纪时,鄂尔多斯地区已经是干旱灾害频繁发生、草原沙化相当严重的地区,这与当地不适宜的农业开垦及其他形式的土地开发利用不无关系。此外,当地也因为汉人的进入而改变了当地蒙古族人的生产与生活方式,也改变了当地人的社会风气。但不容忽视的一点,那就是农耕与游牧生产交融状态下的生产及生活是极不利于草原自然环境的。如咸丰十一年(1861),麒庆出使鄂尔多斯地区时,指出"北山(阴山山地的鄂尔多斯地区余脉)逼近,多砂石"之后,"出朔平北门,一路平沙,河流环绕,遥望西南,山顶废颓垣隐隐可辨"。②

光绪三十四年(1908),延清出塞至榆林驿地区,曾对当地自然景观赋诗道:"沙碛茫无际,征轺款款来。"③高博彦也就清末民初一段时期内鄂尔多斯地区的环境状况作了记述,他对此写道:

> 鄂尔多斯高原,今绥远特区所辖。蒙古南部在阴山之阳,西、北、东三面绕黄河,地势南方较高,约六千尺;中部低,约高三千二

---

① [法]古伯察:《鞑靼西藏旅行记》,耿昇译,中国藏学出版社1991年版,第206—207页。
② (清)麒庆:《奉使鄂尔多斯行记》,载毕奥南整理《清代蒙古游记选辑三十四种》上册,东方出版社2015年版,第507页。
③ (清)延清:《奉使车臣汗记程诗》,载毕奥南整理《清代蒙古游记选辑三十四种》上册,东方出版社2015年版,第339页。

百尺。除东部外，多沙土弥漫，沙中含有盐分，为其特点；盖必古时湖底地也。其间河流除图尔根红河而外，为黄河及其支流。黄河至此成一大曲，支渠从横灌溉田亩，自古即有河套之称。古谚有之。黄河九曲惟富一套。故其地除少数沙碛不宜耕种外，余皆可耕可牧。现下内部移植日盛。又以接近内部之故，开垦事业，虽日有进步。地方政治亦已施行，道县之设，已同内地。人口日加稠密。即以包头一镇而论，不数十年已跃为西北重镇，将来包宁栈道成功，以与京绥路相衔接，其地之兴盛，尤非今日可比。[①]

由以上所述可见，至民国以后，内蒙古地区中南部地区（包括鄂尔多斯的大部分地区在内），也即大青山南麓的平原地带已经是牧地多变成了耕地，且相当一部分地区已是沙漠广布。如民国初期的准噶尔旗与郡王旗，"蒙人向以游牧为生，近年来亦颇知农务。汉民则纯以农事为业，间有畜牧者，但日渐衰敝。据云近年春风为患，草芜不茂，以致农牧皆受影响"[②]。由此可知，由于农业发展对游牧生产方式的取代，给鄂尔多斯地区自然环境造成了严重的破坏，由于此种原因造成的环境问题广泛出现在清代以来蒙古草原的大部分地区，这也从一个侧面体现出游牧生产方式的较高生态价值。

在人类介入之前，大自然的天然神力将各类自然资源有效组合在草原生态系统之中，并维持着草原生态系统的平衡。人类产生之后，需要利用自然资源以维持人类自身的生存发展，但人类同样作为自然生态系统的一部分，其对自然资源开发利用的首要前提是维持生态系统平衡，或保证人类资源利用的程度以对自然环境的影响能够限制在自然环境的自我恢复能力及人为可修复能力范围内。因此，人类在自然资源的利用过程中需要对各类自然资源重新组合，以追求新的人与自然环境之间的平衡，这种重新组合在不同经济类型及不同生产方式的影响下是差别显著的。

游牧民族对草原自然资源进行重新组合的同时，也能够将自身有序置于草原自然生态系统内，将人类自身与其他动植物一样作为受自然生态环境约束的有机存在，不是作为自然资源组合的领导者，而是以支配者的身

---

① 高博彦：《蒙古与中国》，台湾南天书局有限公司1987年版，第13页。
② 周颂尧：《准郡两旗旅行调查记》，民国十八年版，远方出版社2007年点校版，第88页。

份合理组合各类资源，且将我们人类自身作为其中的一部分。这也源于人类是自然环境中生命物种的一种，同其他的生命体一样具有相同的根源，大自然中的一切事物都是天地的产物，他们之间有密不可分的渊源，在大自然中，生命是平等的也是互相依存的，作为一个整体生命，只是大自然中的一部分，是同自然界中其他成分相依存而未有类的区分，更不存在高低上下之分，都是神圣而值得尊重的。① 受此素朴而深刻的天人合一、民胞物与和万物一体等生态整体主义思想的影响，游牧民族通过游牧生产方式与草原自然资源之间建立了精准组合整体和嵌套不可分割的内在关联，实现了人与草原自然环境之间的和谐组合。

在游牧生产及生活中，如日本学者后藤十三雄所说："一旦草原中的人类和家畜相结合，就奠定了不可分离和相互扶助的关系，人类没有家畜就不能生活。同样，家畜没有人类也不可能在草原中生存。"② 由此可知，游牧民族将其自身置于草原自然生态系统之中，将草原自然生态环境视为其生存与发展须臾不能离开的家园与自然前提，游牧民族也通过游牧生产方式实现了人与草原自然环境及人对草原自然资源的和谐组合。

然而随着清代以来游牧生产方式的破坏及变迁，内蒙古地区游牧民族（主要是蒙古族）却逐渐接受了农耕区那样的定居式生产及生活。民国时，高博彦考察内外蒙古后对蒙古族生活居住情况总结道："蒙古民族不郛郭，不宫室，不播植，穹帐寄，而水草逐。史称游牧行国，迄尚未能全脱昔日之旧。其居住地依其生活程度而言，可别为五类：一，纯粹游牧地，移转式蒙古包。二，半牧半农地，固定式之蒙古包部落。三，半牧半农地，建筑家屋式之部落。四，纯农地方，移住居民之部落。五，喇嘛之部落，或称喇嘛街。"③ 这也是导致出现清代以来内蒙古草原上游牧生产方式的破坏及变迁的直接原因，并导致蒙古草原上环境问题的频繁出现，业已成为人类生存发展的重要制约因素。

游牧生产方式是适应牲畜多样性的有效举措，也是发挥游牧生产方式对草原自然资源和谐组合利用的有效途径。通过游牧生产活动，使各类牲畜能够寻找到自己喜食的牧草、自身生存所需的能量，这对实现人与游牧

---

① 额灯套格套：《游牧社会形态论》，辽宁民族出版社2013年版，第22页。
② [日]后藤十三雄：《蒙古游牧社会》，内蒙古人民出版社1990年版，第48页。
③ 高博彦：《蒙古与中国》，台湾南天书局有限公司1987年版，第22—23页。

业的发展、草原自然环境的维持等都发挥了重要影响。前文所述鄂尔多斯地区因大量人口流入及土地开垦造成的环境破坏也表明,农业发展并不适合于内蒙古草原的自然环境。此外,游牧生产方式更加高效地利用了草原植被资源,实现了草原资源环境开发与保护性利用的双赢目标。根据现阶段的科学研究表明,如果把没有放牧的草场生产能力当作100%,那么放牧一周以后,草场生产能力下降到67%;可到了第二周,这片草场的生产力就上升到207%,翻了一番多。这是植物的"补偿再生机制"发挥的作用;到了第三周回落到100.70%;第四周呈持续下降趋势。[①]但若在草原上进行农业生产,且内蒙古草原上大部分地区缺少必要的灌溉条件,加之历史时期在草原上的农业生产很少施肥、作物种类单一、耕作粗放等的影响,这也导致每年在草原自然环境中取走了大量的物质和能量,且无法有效返还,草原的土壤肥力渐趋枯竭环境问题便普遍开始出现。

根据现阶段的研究结论反推历史上蒙古草原上的农业生产及对自然环境造成的影响,如果在条件较好的森林草原地区,这一过程进行得比较缓慢,可维持30—50年,而在典型草原地区,多则四五年就导致地力枯竭。东北松嫩平原北侧的克拜地区,在原始状态下黑土层厚度达50—70cm以上,有机质含量可达5%—15%,而且雨量较多,旱作稳产。但从20世纪80年代开垦之后,开荒4—5年内,每公顷产量可达2250公斤左右,至14—15年后降至1500公斤上下,20年以后只有750公斤多。开垦后的农田,平均每年麦地侵蚀厚度达0.3—1cm;3度以上的坡耕地,每年每公顷流失表土90—120吨,种植40年后肥力基本耗竭,如克山县已弃耕衰退的农田达23300平方千米。典型草原地区情况更严重,如鄂尔多斯地区,气候干旱,基质较粗,垦殖后土壤肥力迅速消耗,所以种植几年之后就开始摞荒了,又开始另外开辟新田。[②] 由此可见,游牧生产方式的合理性以及对草原可持续开发利用的重要价值正在于此,既有效利用了草原自然资源为人类生存发展而服务,同时也没有伤及草原自然环境,反而能够提高草原自然环境的生产能力。

---

① 任继周:《关于提高草原畜牧业生产能力的几点认识》,《新疆农业科技》1974年第1期。
② 黄健英主编:《北方农牧交错带变迁对蒙古族经济文化类型的影响》,中央民族大学出版社2009年版,第157页。

结语　发扬游牧生产方式的生态价值，追求人与草原和谐发展之路

自 1950 年代以来，地球上的许多生态系统都遭到了人为的严重破坏。到了 20 世纪末时，几乎所有的生态系统要么遭到了破坏，要么受到了严重威胁，几乎世界上所有的角落都留下了人类的足迹，许多生态系统或自然环境被人类所改变。[①] 人对自然环境的开发利用是导致环境问题出现的关键。20 世纪以来全球环境问题出现的普遍性，也需要我们重新思考人类行为与自然环境之间的内在关联。以今内蒙古地区为考察对象可以发现，游牧生产方式占主导地位时，人与草原生态系统之间保持着动态平衡关系，这也依赖于游牧民族主观能动性的合理发挥，在合理利用自然过程中坚持以对草原自然环境的保护为前提，因而游牧生产方式对草原自然资源的开发利用是合乎草原自然规律的适当行为。合理发挥人的能动功能是游牧生产方式的动力源泉。游牧生产方式既有自觉遵循自然生态节律基础上的"逐水草而居"，又有合理把握自然承载能力基础上的游牧与人口数量的有效控制。顺势而为是游牧生产方式的终极趣旨，相比于农耕民族对自然原貌的改造性利用，游牧生产方式更符合草原地区的自然生态规律，能有序维持历史时期北方草原的生态平衡，这也是游牧生产方式的最高目标。游牧生产方式最根本的生态哲学智慧在于遵循草原生态规律基础之上的尊重自然、顺应自然、保护自然的生态生存方式与绿色发展理念。基于以上几点认识，对于现阶段的内蒙古地区草原自然环境问题治理及生态文明建设都需要发扬游牧生产方式的生态价值，追求并探索人与草原和谐发展的道路。

[①] ［美］J. 唐纳德·休斯：《世界环境史：人类在地球生命中的角色转变》，赵长凤、王宁、张爱萍译，电子工业出版社 2004 年版，第 214 页。

一　全球性生态环境危机及生态文明建设的时代背景

工业文明时代以来，人类对自然环境与自然资源的依赖程度和开发力度都空前提高，尤其是"煤炭""石油"等不可再生能源开发利用的环境代价是极为惨重的，作为不可再生能源，一旦枯竭，则以其为依托的人类文明也将轰然破碎，而资源的开发利用也是对自然环境改造甚至是破坏的过程。因此，工业文明以来的全球性生态环境危机给人类带来的生存威胁也要求我们对自身行为加以反思，这也愈加凸显出生态文明建设重要的时代意义与现实价值。

（一）工业文明以来的全球性生态环境危机

中国草原地区自然环境的破坏不完全是工业文明所带来的消极恶果，但草原环境问题的出现不仅影响了游牧经济及游牧生产方式的利用，更是人类生存延续的极大威胁，其所造成的经济损失也是极为惨重的。20世纪90年代前后出现的大量草原退化对各大洲畜牧业及相关产业造成的损失极为惨重。各大洲具体损失数据如下所统计：非洲损失70亿美元，亚洲损失83亿美元，大洋洲损失25亿美元，欧洲损失6亿美元，北美洲损失29亿美元，南美洲损失21亿美元，合计损失234亿美元。[①] 可以说，高度发展的工业文明是建立在煤炭、石油等动力能源的基础之上的。此外，工业文明以来，人类社会的生产力水平有了极大提高，对自然环境与自然资源的开发利用程度也不断加深，加之工业文明发展所依托的各自然资源又需要借助人力长期作用于自然环境，且是对自然环境原初形态的改造性利用，这也极不利于自然环境的维护与可持续性开发利用。

长此以往，对自然环境可持续发展与人类生存安全等也都构成了严重威胁。尤其是第二次世界大战以来，世界和平局面的出现，促进了科学技术与经济社会突飞猛进的发展。与之相伴而生的工业化、城市化与全球化在世界范围内席卷而来。在波澜壮阔的工业文明大潮中，人与自然环境之间的关系渐趋恶化，全球性的生态环境危机也自20世纪中叶开始席卷全球，且至今仍是余波未平，生态环境问题也成为全球性的人类共同面临着的生存问题。马克思、恩格斯曾指出："资产阶级在它不到一百年的阶级统治中所创造的生产力，比过去一切世代创造的全部生产力还要多，还要

---

① 盖志毅：《草原生态经济系统可持续发展研究》，中国林业出版社2007年版，第63页。

| 下编　游牧生产方式之生态启示

大。自然力的征服，机器的采用，化学在工业和农业中的应用，轮船的行驶，铁路的通行，电报的使用，整个大陆的开垦，河川的通航，仿佛用法术从地下呼唤出来的大量人口，——过去哪一个世纪料想到在社会劳动里蕴藏有这样的生产力呢？"①

痛定思痛，面对如此严峻且不断加剧的自然环境危机，人们开始反思工业文明所带来的恶果，并提出了工业文明应向着更高级的阶段过渡，也即向"生态文明"时代过渡并继续发展。在此时代背景下，催生了"环境史"的研究热潮，我们不能把环境史研究的出现完全归因于生态环境危机的出现与生态文明建设的时代要求，但也不能忽视上述各因素对环境史研究"异军突起"的刺激性影响。

进入20世纪以后，日益严重的生态环境问题也引起了越来越多人的关注，如20世纪50年代以后出版的几部论著，都是对生态环境问题对人类生存造成恶劣影响的批判以及对美好生态环境建设的呼吁。

如美国学者雷切尔·卡逊（Rachel Carson）在《寂静的春天》一书中，描述了人们乱用DDT等杀虫剂和农药所造成的"失乐园"之殇。正如当地的一位家庭妇女在绝望中从伊利诺伊州的赫斯台尔城写信给美国自然历史博物馆鸟类名誉馆长（世界知名鸟类学家）罗伯特·库什曼·莫菲的一封信（此信写于1958年）所提到的那样，其写道：

> 在我们的村子里，好几年来一直在给榆树喷药，当六年前我们才搬到这儿时，这儿的鸟儿多极了，于是我就干起了饲养工作。在整个冬天里，北美的红雀、山雀、棉毛鸟和五十雀川流不息地飞过这里；而到了夏天，红雀和山雀又带着小鸟儿飞回来了。
>
> 在喷洒了几年的DDT之后，这个城市几乎没有知更鸟和燕八哥了，在我的饲鸟架上已有两年时间看不到山雀了，今年红雀也不见了；邻居那留下筑巢的鸟看来今年也仅剩下一对鸽子了，可能还有一窝猫声鸟。
>
> 孩子们在学校里学习，已知道联邦法律是保护鸟类免受捕杀的，那么我就不大好向孩子再说鸟儿是被害死的。它们还会回来么？孩子

---

① 《马克思恩格斯选集》第1卷，中共中央马克思恩格斯列宁斯大林著作编译局编译，人民出版社1995年版，第256页。

结语　发扬游牧生产方式的生态价值，追求人与草原和谐发展之路

们问道，而我却无言以答。榆树正在死去，鸟儿也在死去。是否正在采取措施呢？能够采取些什么措施呢？我能做些什么呢？①

在这位妇女的书信之后，自然历史博物馆又相继收到了许多封类似的信件，这也表明美国民众对环境问题的深切关注，以及环境问题对人类美好生活的破坏。在这部著作中，也对滥用现代科学技术的行为进行了揭示与批评，引起了社会的广泛关注。生态思想开始走向美国社会，引起了民众对生态环境保护的广泛关注。但这一时期对生态环境问题的关注与具体的保护活动还局限于某一地区或个别国家，没有走向世界，没有形成全球性的环境保护与生态环境问题治理。

进入 20 世纪 70 年代以后，环境问题的持续加剧引起了全球大部分地区人类社会对环境问题的高度关注。如 1972 年，丹尼斯·米都斯（Dennis Meadows）、德内拉·米都斯（Donelia Meadows）、乔根·兰德斯（Jorgen Randers）等在罗马俱乐部发表了题为《增长的极限》的著名报告，以科学的方法介绍了"工业文明—资本主义"主导下的传统发展模式的不可持续性以及经济发展的极限性。提出了追求"全球均衡状态"的目标。② 自此之后，绿色环保的风气开始席卷全球，渗透到各个领域，引起了人们的广泛关注和积极参与。人们开始回顾并反思自身行为，并开始积极投入环境变化和对已被破坏环境的治理工作中。

（二）生态环境危机的普现及生态文明的提出

20 世纪下半叶西方社会中问世了几十部绿色经典著作，人类社会已逐渐意识到环境问题的普遍性及对人类社会的恶劣影响，这也体现出人们对工业文明带来恶果的反思，并开始追求和发展新的文明发展形态。如 1992 年，艾伦·杜宁出版的《多少算够？——消费社会与地球的未来》一书，作者援引大量的数据用以说明人类无限度消费与异化消费的环境代价，证明除了人们的消费欲望（主要是物质消费）的减少，科学技术的改进与人

---

① [美] 雷切尔·卡逊：《寂静的春天》，吕瑞兰、李长生译，吉林人民出版社 1997 年版，第 87—88 页。

② [美] 丹尼斯·米都斯、乔根·兰德斯、德内拉·米都斯：《增长的极限——罗马俱乐部关于人类困境的报告》，李宝恒译，吉林人民出版社 1997 年版，第 118—119 页。

| 下编　游牧生产方式之生态启示

口数量规模的控制，人类就无法实现对生态环境的整治与永续发展。[①] 这部著作直接体现了人类社会自工业文明以来对自然环境造成恶劣影响的反思，并开始思考人类社会的生存挑战及未来发展方向。

随着20世纪以来全球范围内环境问题的日渐凸显，人们开始关注并积极投身于生态环境问题的治理与保护，开始追求新的文明形态以实现人类社会与自然环境的可持续发展，也即开始了"生态文明"建设的探索之路。

在西方学界，较早使用"生态文明"（Ecological civilization）一词的是美国学者罗伊·莫里森（Roy Morrison），他在1995年出版的《生态民主》中明确提出"生态文明"的概念，并将"生态文明"作为"工业文明"之后一种新的文明形态，而这两种文明之间过渡的必由之路是通过"生态民主"。[②] 这是西方世界首次提出"生态文明"一词，但对于环境问题的关注与保护却在1995年"生态文明"提出之前就引起了世界的关注。如1972年，联合国在瑞典首都斯德哥尔摩召开的有史以来的第一次"人类与环境"会议，会上讨论并通过了《人类环境宣言》，揭开了全人类共同维护生态环境的序幕。又如1983年，联合国成立了世界环境与发展委员会，委员会在1987年发表了题为《我们共同的未来》的报告，正式提出了"可持续发展"的理念与基本模式。1992年，联合国环境与发展大会通过了《21世纪议程》，更加深入、具体地概括了当代人类对可持续发展的认同和迫切需求。进入21世纪以后，无论是世界还是中国，都以高昂的姿态迎接生态文明时代的到来，并以积极的态度努力探索生态文明建设之路，这也成为解决环境问题的重要指导思想。

综合以上所述可以发现，全球性的生态环境保护运动是为更好地治理已被破坏了的自然环境以及对未被破坏自然环境开展有效保护，而"生态文明"的提出也成为世界范围内公众的生态环境保护与人类文明发展走向的指南。尤其是20世纪90年代以后，国际上相继发布的《里约环境与发展宣言》《联合国气候变化框架公约》《生物多样性公约》《关于森林问题

[①] ［美］艾伦·杜宁：《多少算够？——消费社会与地球的未来》，毕聿译，吉林人民出版社1997年版，第37—38页。

[②] 杜建红：《生态与民主问题调研——读 Roy Morrison 的〈Ecological Democracy〉》，《文学界（理论版）》2010年第4期。

结语　发扬游牧生产方式的生态价值，追求人与草原和谐发展之路

的原则声明》《21 世纪议程》等有关环境问题的公约及文件，都标志着生态文明建设已经成为重要的国际共识。

　　具体而言，英国作为最早开展工业革命的资本主义国家，经历工业文明较久远，也经历了生态环境破坏到再治理的过程。伦敦作为英国的首都，也是英国两次工业革命的主要发生区域之一，经历了 18 世纪 60 年代与 19 世纪 70 年代工业革命的影响，伦敦市的生态环境也因之遭到严重破坏。其中一个表现就是"烟雾"问题，这是工业革命后重工业发展与化石能源大量使用的结果，也是伦敦城市未能合理规划城市发展格局及在发展工业时没能注重对环境开展必要保护的结果。然而现在的伦敦已被评价为"宜居城市"，城市绿化居于世界前列，这也主要得益于 20 世纪以来英国对生态环境问题的高度关注及有效治理，是践行生态文明建设的必由之举。其中，法律手段是英国环境治理取得成效的一个关键因素，如 1949 年颁布的《国家农村场地和道路法》、1963 年颁布的《水资源法》、1981 年颁布的《野生动植物和农村法》、1990 年颁行的《环境保护法》、1993 年颁布的《国家公园保护法》、2007 年颁布的《气候变化法案》等。[①] 由此可见，英国全方位、多领域的对生态环境保护与生态问题治理进行了统筹规划与具体工作开展的计划与指导理念，这是对本国工业文明造成的严重环境问题的有效治理，同时也是对生态文明建设的重要实践，表明生态文明建设在世界范围内的广泛开展及其自身的重要价值。

　　21 世纪以来，生态文明建设已经成为世界范围内的公众话题，生态文明也是全人类所共同追求的新文明形态，是建立在工业文明高度发达技术基础上的"绿色文明"，是追求人与自然和谐共存、共同发展的新的文明阶段。受此时代背景的影响，包括内蒙古草原地区在内甚至是国家都需要积极参与其中，努力解决生态环境问题，保护自然环境，早日建成生态文明、社会友好的和谐社会。

二　内蒙古草原的重要生态地位及当下严峻环境问题

　　草原是地球主要环境类型区之一，全球天然草原面积占陆地总面积的一半左右。草原具有重要生态功能，占据地球上森林、荒漠与冰原之间的

[①]《综述：生态文明成就英国青山绿水环境》，新华网，http://news.xinhuanet.com/news-center/2008-03/04/ontent_7713694.htm。

下编　游牧生产方式之生态启示

广阔中间地带，覆盖了地球上许多不能生长森林、不宜发展农业的地域。就中国的草原分布及重要生态价值而言，内蒙古草原是我国北方的重要生态屏障，同时也是我国的重要生态类型地域之一及草原文化的发源地，其自然及人文价值极为重要。然而自清代以来内蒙古草原相当一部分地区的环境问题就已十分凸显，且成为影响本地区人类生产及生活的关键性制约因素。因此，对内蒙古草原的生态地位需要予以关注，对其严峻生态环境问题的解决也不容忽视。

（一）内蒙古草原的重要生态地位

内蒙古草原是欧亚草原的亚带，也是我国草原的重要分布区域之一，根据21世纪初的数据统计，内蒙古天然草原面积78804483公顷（全国392832633公顷），牧区面积64945208公顷（全国193158693公顷），半牧区面积7528017公顷（全国58525674公顷），农（林）区面积6331258公顷（全国141148266公顷）。其中，Ⅰ等草原面积8623252公顷（全国38463642公顷），Ⅱ等草原面积21207438公顷（全国100608229公顷），Ⅲ等草原面积28599983公顷（全国149389494公顷），Ⅳ等草原面积14865591公顷（全国65203667公顷），Ⅴ等草原面积5508219公顷（全国22318285公顷）。此外，内蒙古地区没有未划入等级的草原，而全国却有16849316公顷（全国各省区草原面积及相关数据可参见"附件三"所整理之数据信息）。[①] 由以上所列统计数据可知，内蒙古地区草原在全国草原中的重要地位，其生态地位极为显著。

内蒙古草原是欧亚大陆草原的重要亚带，也是我国锦绣河山的重要组成部分，一代又一代的游牧民族在这里繁衍生息，创造了辉煌灿烂的草原文化。内蒙古草原更是我国北疆的生态安全带，肩负着维护我国北方生态安全的重任。草原上的游牧民族在与草原自然生态系统长期作用过程中创造了与草原自然环境和自然资源相和谐的游牧生产方式，在此生产方式影响下，对历史时期内蒙古草原上的人口数量、牲畜数量及对各类自然资源的开发利用程度等都有效地将其控制在草原自然环境承载能力及自我修复能力范围内，这既保证了草原生态系统内部的物质平衡，也有效地发挥了历史时期内蒙古草原能够为人类生存服务的能力及其对我国的生态防护功

[①] 谢双红：《北方牧区草畜平衡与草原管理研究》，博士学位论文，中国农业科学院，2005年。

结语　发扬游牧生产方式的生态价值，追求人与草原和谐发展之路

能。历史时期，人类开发与利用草原的过程中，逐渐摸索出游而牧之的生产方式，以及在此生产方式基础上的动态生存理念及活动空间，游牧生产方式对草原自然环境的利用较农耕经济更加高效，也更符合草原生态系统自身生存、发展的规律，实现了历史时期游牧民族自身的生存发展目的及对草原自然环境的维护，因而其生态价值值得借鉴。

不仅如此，内蒙古草原更是我国的北方生态屏障与生物物种基因库。除此自然意义外，内蒙古草原更是中国草原文化的重要发源地，也是历史上北方诸少数民族的主要活动区域，具有重要的人文价值。内蒙古草原不仅具有独特的农牧业发展资源及历史传统，还有煤炭、天然气、石油、太阳能、风能、动植物资源及各类金属资源，对于这些资源的合理开发利用模式仍待深入发掘，而这些资源的存在及开发利用都依赖于草原自然环境的有效维护。因此，内蒙古草原自然环境的维护是其生态功能与人文价值发挥的首要前提，这也更加凸显出内蒙古草原自然环境维护的重要现实意义。

利用现代草原生态系统的计算数据结果表明，天然草原的社会经济价值极大。根据盖志毅的统计，将天然草原植被的部分生态效益估算综合在一起，其经济价值每年可超过 4.5×10^{12} 元（约为 5×10^{11} 美元），大致相当于整个中国的国民生产总值。[①] 天然植被生态系统及其各项经济效益情况如表 10-1 所整理。

表 10-1　　　　中国天然植被生态系统效益估算

生态系统效益		当前价值（亿元）	潜在价值（亿元）
水土保持	水源保护/防止干旱	2000	>10790
	防止水灾	298000	≥29800
	防止土壤受侵蚀	3200	>3200
	保持水土肥力/固氮作用	670	≥1440
	防止泥沙沉积	1510	>1510
	防止沙漠化	540	2800
	稳定海岸	20	>20

---

① 盖志毅：《草原生态经济系统可持续发展研究》，中国林业出版社 2007 年版，第 119 页。

续表

生态系统效益		当前价值（亿元）	潜在价值（亿元）
调节气候与天气	小气候与局部气候	未评估	未评估
	防止火灾	43	>43
	防范风暴	30	>30
	存储碳	4740	≥4740
	固碳作用	200	≥200
	控制污染	>200	>990
	防止生物灾害	≥800	≥1600
生物多样性利用	生物多样性直接价值	3360	>6180
	基于自然的旅游	120	≥120
	再生能源		
	提高水力发电率	430	2360
	最低价值	≥47663	≥65823

资料来源：中国环境与发展国际合作委员会生物多样性工作组《利用天然植被改善中国退化环境》，中国林业出版社 2001 年版；盖志毅《草原生态经济系统可持续发展研究》，中国林业出版社 2007 年版，第 119 页。

由表 10-1 所统计数据可知，内蒙古草原天然植被的破坏，不仅给人类生存带来了挑战，同时所造成的经济损失也是极为惨重的，如此巨大的经济效益是无论何种经济发展水平的社会时代都难以企及的。

（二）内蒙古草原及生态环境的破坏

根据当前的生态普查数据显示，内蒙古地区的天然草原面积有 7880.5 万公顷，严重恶化草原面积为 4673.1 万公顷，占到本地区国土总面积的 59.3%，且呈现继续恶化的发展态势。[①] 自中华人民共和国成立以后，内蒙古草原的环境破坏更加严重，最常见的行为就是草原开垦与人为改造建设活动。据统计，自 1949 年以后，我国共开垦草原面积约 1929.87 万公顷，占现有草原面积的 4.8% 左右，全国现有耕地的 18.2% 源于对草原的开垦。其中内蒙古的耕地面积由自治区成立初期的 267 万公顷增加到 800 万公顷，中华人民共和国成立后各省（区）的草原开垦情况，可参见"附表四"所整理。[②] 由此可见，过度垦殖草原虽然能够扩大耕种土地的面积，

---

① 刘晓莉：《中国草原保护法律制度研究》，人民出版社 2015 年版，第 21 页。
② 刘晓莉：《中国草原保护法律制度研究》，人民出版社 2015 年版，第 31 页。

结语　发扬游牧生产方式的生态价值，追求人与草原和谐发展之路

但其所需要付出的环境代价是极为惨痛的。

就我国而言，作为后起工业文明国家，在工业化过程中出现严峻的生态环境问题，内蒙古草原的环境问题也只是工业化进程中的区域性环境问题。中华人民共和国成立之前，尤其是清代以来闭关锁国及近代饱受帝国主义列强欺凌的境遇，都严重阻碍了我国的工业化发展。至中华人民共和国成立时，我国的工业化仍处于起步阶段。因此，当时的生态环境问题主要体现在自然环境的非合理开发所导致的环境破坏等方面。就内蒙古地区而言，包括鸦片战争以来帝国主义在我国资源掠夺、战祸侵扰所导致的环境破坏，也有因本国错误的自然环境的开发与利用而导致出现的生态环境问题。

首先，就近代以来帝国主义侵略对内蒙古地区自然环境造成的破坏而言，尤以日本侵略对当地自然环境造成的破坏性最强、影响也最深远。日本殖民统治时期，对内蒙古地区环境破坏除战争外，最为直接的是对内蒙古地区资源的掠夺。

日本侵略者通过移民强占内蒙古地区的土地资源，如在呼伦贝尔地区，其开拓团共有34个点，强占农民耕地达7万亩。具体如日本"佐佐江农场"，在通辽县占地4.8万亩；又如"早间农场"，在通辽占地4.1万多亩；又如"华峰公司"，在东扎鲁特旗占地14.4万亩；又如"隆育公司"，在西扎鲁特旗占地54万亩；又如"哈番农场"，在通辽占地达1万亩；又如"蒙古产业公司"，在林西占地32.4万亩。[①] 大批移民导致内蒙古地区的土地被胡乱开垦。到1935年时，兴安东省和牙克石、三河地区移民开垦的耕地面积迅速扩大。到1935年时，兴安东省的耕地面积为36221垧；到1937年，达到50106垧；到1942年时，达到137767垧。[②] 内蒙古地区的草原自然环境难以满足农业生产所需要的自然条件，一旦开垦利用而耗尽地力后，生态环境便被破坏而难以在短期内恢复，环境问题便开始广泛出现。

此外，日本侵略者也对内蒙古地区的各类重要自然资源进行掠夺，其中森林与矿产资源的掠夺对当地自然环境的破坏更甚。尤其是1931年

[①] 郝维民主编：《内蒙古革命史》，内蒙古大学出版社1997年版，第175页。
[②] 《呼伦贝尔市抗战时期中国人口伤亡和财产损失课题调研成果》，2010年6月，第31—34页。转引自内蒙古自治区委党史研究室编《内蒙古抗日战争时期人口伤亡和财产损失》，中共党史出版社2014年版，第342页。

下编 游牧生产方式之生态启示

"九一八事变"后,"日本帝国主义侵略者入侵我国东北地区,又先后铺设了深入内蒙古林区的白阿线和博林铁路,并修建了森林铁路延伸扩大采伐面积,强化对大兴安岭森林资源的掠夺。经俄国、日本帝国主义的长期掠夺砍伐,到解放时期大兴安岭铁路和一些河流两旁几十千米内的原始森林都已经被砍伐殆尽,大片青山翠岭变成荒山秃岭,森林资源遭到严重破坏,生产日趋衰落"[①]。自此之后,由于铁路运输的广泛利用,日本对内蒙古地区的自然资源掠夺与环境破坏更加狂热,这些无节制的开发利用自然资源造成的环境破坏也更为显著。

内蒙古草原上的山地的林业资源较为丰富,民国时期,高博彦考察内外蒙古时指出:"至于林业方面,则西北部及南部阴山附近为最茂盛。北部产出者,为松、枞、落叶松、白杨、桦、杉等。南部产出者,为白杨、桦、柳及矮小之斛类。林产外,有产种种药材,如大黄、甘草、红花等。大黄为蒙古出产一大宗,输出于西伯利亚及中国内部者极多。"[②] 这些森林资源并没有逃出日本侵略者的魔爪,据统计,1931年至1945年,日本占领当局在内蒙古东部地区设立了9个财务分署,大量掠夺当地自然资源,把大兴安岭划为三满、嫩西、扎伦3个经营区,乱砍滥伐,共砍伐树木多达5000多万立方米。[③] 据曾担任伪满洲国民生部大臣的于静远在提供有关当时森林资源掠夺情况时指出:"伪满兴农部林野总局每年直接砍伐及许可砍伐国有林的木材共有七百万立方米。"[④]《森林工业生产全面发展》中也提到:"帝国主义和旧中国官僚买办资产阶级、封建把头,狼狈为奸,相互勾结,任意乱砍滥伐,使宝贵的森林资源遭到了严重的破坏。特别是沙俄帝国主义和日本帝国主义侵略者对我区森林资源进行的掠夺性开采令人发指。他们所到之处,一片荒芜。先后近百年共掠夺木材近2亿立方米。"[⑤] 森林资源的大量流失,对当地生态平衡的破坏更严重,尤其是导致草原地区的生态失衡,因为森林的再生和环境恢复周期较之草原植被而言

---

① 林蔚然、郑广智主编:《内蒙古自治区经济发展史(1947—1988)》,内蒙古人民出版社1990年版,第283页。
② 高博彦:《蒙古与中国》,台湾南天书局有限公司1987年版,第19页。
③ 内蒙古自治区委党史研究室编:《内蒙古抗日战争时期人口伤亡和财产损失》,中共党史出版社2014年版,第14页。
④ 中央档案馆编:《伪满洲国的统治内幕——伪满官员供述》,中华书局2000年版,第123页。
⑤ 内蒙古自治区统计局编:《奋进的内蒙古(1947—1989)》,中国统计出版社1989年版,第63页。

结语　发扬游牧生产方式的生态价值，追求人与草原和谐发展之路

所需时间更长，而在已经退化的山地上重新生长林木是较艰难的，一方面是受到当时内蒙古地区乃至于中国动荡不安及贫弱局面的影响，另一方面则是受到内蒙古地区相对较差的自然环境及气候条件的制约，林木植被的生长较为缓慢。

再如蒙古草原上的矿产资源，高博彦民国初期考察内外蒙古时指出："至于矿产方面，亦称丰富。但未经专家之踏勘，潜秘宝藏，未能确指。就所知者，则兴安岭及阿尔泰山附近，有金、银、铜、铁等之矿物，库伦附近有丰富之金矿。库苏古尔湖附近有沙金。"[①] 煤矿资源是日本侵略者重要的掠夺对象。1935年，日本南满铁路株式会社接管了呼伦贝尔盟所辖的扎赉诺尔煤矿，自1935年至1945年8月抗日战争胜利时，其间共生产了218.5万吨煤炭，这些煤炭多被日本贩卖、使用或运回日本国内。[②] 1939年，赤峰市元宝山地区煤矿被日本强行收购，由满洲炭业会管理。日本夺占此煤矿之前，日产煤炭20万—30万斤（日产量约125吨），依靠700余工人镐刨人背。日本占领后，建立起发电厂，又扩建新井，并从关内及东北押来2000名劳动服役，此外还有数量不详的童工。出煤量大增，日产量达到500吨。[③] 据统计，1939年至1945年8月间，日本侵略者在赤峰市元宝山地区所掠夺的煤矿总量超过100万吨，其在呼伦贝尔和赤峰两地区所掠夺的煤炭总量应该在318万吨之上。[④]

除煤炭资源的掠夺外，对内蒙古地区的金银矿、盐矿等资源也大肆掠夺。金银矿资源的掠夺也主要是在呼伦贝尔及赤峰地区[⑤]。在呼伦贝尔主要开发的有西口子金矿、有德聚金厂、巴戈卡沟矿区等。1932—

[①]　高博彦：《蒙古与中国》，台湾南天书局有限公司1987年版，第19页。
[②]　呼伦贝尔市档案室志局、政协鄂温克族自治旗委员会编：《呼伦贝尔市今年抗日战争胜利60周年史料专辑》，内蒙古文化出版社2005年版，第151—164页。
[③]　赤峰市元宝山区政协文史资料委员会编：《元宝山区文史资料》第5辑，内部资料，2003年版，第84—89页；内蒙古地方志编纂委员会总编室编：《内蒙古史志资料选编》第5辑《赤峰事情》，内部资料，1984年版，第434页；等等。
[④]　内蒙古自治区委党史研究室编：《内蒙古抗日战争时期人口伤亡和财产损失》，中共党史出版社2014年版，第48页。
[⑤]　赤峰地区金矿概况：（1）位置于赤峰东北三千米赤峰山麓倾斜地；（2）敷地面积55333坪；（3）建筑物面积及其工费，红烧瓦房顶约300坪，总工费260000元；（4）建立目的——精炼赤峰附近所产金矿石，收买成金，对未开采的金矿进行调查，冶炼奉天广昌公司采掘的金矿矿石；（5）制炼方法并设备概要——对金银矿石用湿式法每日处理3吨，采用的电力由赤峰发电厂供应200千瓦，白昼送电。

1938年间，共有1000多名矿工在此淘金，年产砂金1万两左右。1939年后，矿工增至2000多人，年产砂金1.5万两左右。十余年时间里，掠夺沙金多达12.5万两。1934年开发的吉拉林金矿，至1943年停办，也采金达12万两。此外，在乌玛、加疙瘩、余利雅等金矿也采金0.6万两。综合统计结果表明，采金量达25万两左右。① 在赤峰地区，也发掘了红花沟、鸡冠山地区的金矿。就鸡冠山金银矿的开采而言，矿石湿式法每日处理可达3吨。② 日本究竟在此地掠夺了多少金银，尚无具体可参考数据，但是在掠夺这些矿产资源时所造成的环境破坏却是不容小觑的，因为在开采时只关注到黄金的数量，并不会注意到开采过程中对自然环境的影响。

日本对内蒙古地区的侵略仅是当时帝国主义在中国进行资源掠夺的一个缩影。抗日战争时期，日本侵略者的足迹遍及东北三省、中原大地、齐鲁大地等中国的大部分区域，资源掠夺的同时对这些区域自然环境的破坏也是极为严重的。

其次，就我国自身对自然环境的错误开发利用而言，主要体现在土地开垦对各区域自然环境造成的破坏。这也主要是因清中期以来人口增长及严重自然灾害而导致的移民与边地开垦等造成的环境破坏。

如清末的"蒙地放垦"。终清一代，内地人与蒙地之间的交流逐渐加强，内地人来到蒙地由最初的"雁行人"发展到后来逐渐定居在蒙地，到了光绪时期，面对内忧外患的统治局面，于1901年开始推行新政。新政的内容之一就是"放垦蒙地"，并于1902年设立蒙旗垦务总局，任命贻谷为督办垦务大臣。据统计，光绪二十七年至三十四年的七年里，西部地区共垦土地84000余公顷，乌兰察布、伊克昭盟垦地就多达3300余顷。③ 大量的草原被开垦为耕地，导致清末民初时"察哈尔右翼、后套地区、归化土默特"等地区出现了成片的农田。土地不管是否适宜进行农业生产，都被开垦殆尽，内蒙古中西部地区出现了成千公顷连绵不断的农田。

内蒙古地区的大多数土地属于草原自然景观，当地的地形与气候都不

---

① 内蒙古自治区委党史研究室编：《内蒙古抗日战争时期人口伤亡和财产损失》，中共党史出版社2014年版，第48页。
② 内蒙古地方志编纂委员会总编室编：《内蒙古史志资料选编》第5辑《赤峰事情》，内部资料，1984年版，第436—438页。
③ 包庆德：《清代内蒙古地区灾荒研究》，人民出版社2015年版，第170—171页。

结语　发扬游牧生产方式的生态价值，追求人与草原和谐发展之路

适于发展农业。如内蒙古草原上自然条件较优越的归化土默特地区，成为备受关注的土地开垦之地，曾国荃在奏折中曾就当地土地开垦的环境代价作了介绍，他写道："从前开垦之始，沙性尚肥，民人渐见生聚，适至耕耨既久，地力渐衰，至咸丰初年，即有逃亡之户。"[①] 大量的土地被开垦，出现了耕地与草原牧场争地的现象，严重破坏了草原地区的草场资源与当地自然环境。因此，放垦内蒙古草原的环境代价是极为惨重的，虽然生产了一定数量的粮食，并缓解了内地人口压力，但从更长远来看，则是对当地草原自然环境的极大破坏。

最后，中华人民共和国成立后，对内蒙古地区草原的开发与利用日渐频繁，尤其是将草原划分给个人利用的方式。此外，过度放牧及固定区域发展畜牧业的现象也更加普遍，其造成的环境破坏更为严重。

中华人民共和国成立后，也一度出现盲目开发内蒙古草原的举措，尤其是过度放牧及盲目的工程建设，其造成的环境问题自不待言。就超载放牧而言，近代以来草原载畜量就已远远超出天然草场所能承载的牲畜数量，至中华人民共和国成立后超载放牧现象更加严重。据统计，20世纪90年代初期内蒙古天然草场全年理论载畜量是4215万只羊单位，而实际载畜量却为5600万只羊单位，超载1385万只羊单位，有些草场超载率高达50%—120%，有的甚至高达300%。[②] 如锡林郭勒盟20世纪50年代时牲畜头数仅130万头，进入21世纪已达1610.6万头，增加近11.4倍。[③]

再如人为不合理的草原开发建设，施文正曾指出：1959年实行人民公社后，中国的牧区再一次遭受了大规模的破坏，在各地大开草场，这也是中华人民共和国成立以来的第一次大规模的破坏草原运动。到了"文化大革命"期间，中国各地区草原尤其是内蒙古草原遭到了第二次严重的破坏，在一些错误思潮的指导下，导致大量草原遭到开垦，致使这些地区草原出现沙漠化、盐碱化及土地退化等。根据资料显示，截至1975年，全国草原退化面积达到50666666.7公顷，近7亿6000多亩草原遭到破坏，

[①] 转引自罗桂环、舒俭民《中国历史时期的人口变迁与环境保护》，冶金工业出版社1995年版，第65页。
[②] 敖仁其主编：《制度变迁与游牧文明》，内蒙古人民出版社2004年版，第242页。
[③] 刘钟龄主编：《内蒙古通史：生态环境与生态文明》第八卷，人民出版社2011年版，第168页。

占可利用草原面积的22.9%。①

此外，人口的持续增加也给内蒙古草原的自然环境带来了前所未有的压力，在现代便利的交通运输条件下，草原上过多的人口并不完全需要在草原上获取生存所需物资给养，但过多的人口却极易给草原自然环境造成巨大的人口压力。根据盖志毅的研究，人口密度的高低与草原自然环境退化直接相关，宁、陕、晋三省（区）的人口密度极高，草原退化的比例高达90%—97%；新、蒙、青三省（区）人口密度较之前者略低，其草原退化比例为80%—87%；人口密度最低的西藏，退化比例仅为23%。②因此，适度的人口数量对草原自然环境的维护极为关键，但自清代以来内蒙古地区持续增加的人口给草原带来的环境压力也是极为巨大的，需要引起关注。

21世纪初，刘钟龄等对以内蒙古草原为主的北方草原各区域的环境现状做了考察，依据气候条件之异同，大致分为九个区域，各草原区的地理位置、气候条件、地貌及环境景观等具体情况如表10-2所整理。

表10-2　　　　　21世纪初北方草原各区域环境状况

区域名称及分布地区	气候湿润系数及地貌	环境状况
在嫩江—辽河流域，沿着大兴安岭东麓山前地带分布	气候湿润系数0.43—0.65，形成丘陵与丘间盆地、谷地相间分布的森林—草原生态格局	本地区在长期的农业开发中，草原被广泛开垦，目前保持的原始草原已经不多了。由于反复开垦及放牧利用，现存的草原植被都已退化，沙质草原发生沙化，在许多排水不畅的地方，草原发生了盐碱化
西辽河流域的科尔沁沙地，是第四纪以来在西辽河冲积平原上风积形成的沙地，总面积约4.8km²	气候湿润系数0.35—0.50，由沙丘与沙丘间滩地组成疏林—灌丛—草地景观格局，具有乔灌草相结合的生态多样性与资源—环境优势	本地区多年来人口增长，草地与土地超载利用，林草植被严重退化，近30年来土地沙漠化在急剧蔓延，沙尘源正在扩展

---

① 施文正主编：《草原与草业的法制建设研究》，内蒙古大学出版社1996年版，第18页。
② 盖志毅：《工业化、城镇化与草原生态系统可持续发展》，《内蒙古财经学院学报》2006年第1期。

结语　发扬游牧生产方式的生态价值，追求人与草原和谐发展之路

续表

区域名称及分布地区	气候湿润系数及地貌	环境状况
大兴安岭西麓山前地带，是内蒙古高原的森林—草原带	气候湿润系数0.50—0.60，构成丘陵漫岗与丘间洼地多层镶嵌分布的白桦—山杨林和草原景观生态系列	20世纪70年代以来，这里广泛开垦草原，经过多年耕种，已经使土地生产力明显退化，土质严重沙化
呼伦贝尔盆地、乌珠穆沁盆地西至锡林河下游的典型草原带	气候湿润系数0.35—0.50，形成了丘陵与高平原相间分布的草原景观。再往西的阿巴嘎熔岩台地区，气候湿润系数为0.24—0.35，形成了比较单一的草原景观	由于多年来超负荷的放牧，目前草原已经普遍出现了退化
浑善达克沙地，晚第三纪以来在阴山山脉北麓的向斜构造基底上风积形成的沙地，由梁窝状沙丘、沙岗与沙丘间滩地相间排列，并有小型湖沼镶嵌分布，总面积约3.5万km^2	东西部气候湿润系数相差较大，东部地区约0.30—0.48，形成榆树疏林草地，西部地区约0.24—0.30，为灌丛草地	目前，西部地区的植被退化较为严重，流动沙丘蔓延分布，已成为风沙源
赛汉塔拉高平原、二连盆地与乌兰察布高原	气候湿润系数0.13—0.25，是进入内陆干旱区的过渡地带	生态系统的结构单调，生物多样性贫乏，草地生产力不足典型草原的40%，现在已经广泛发生了荒漠化，成为主要风沙源。必须断然采取措施，将人畜合理转移，全面实施草原生态保育
鄂尔多斯高原东部与晋北、陕北黄土丘陵地区，是暖温型草原地带	气候湿润系数0.30—0.48，由于水土侵蚀严重，地形切割剧烈，造成破碎的草原、灌丛、残林和耕地的自然景观生态系列	现在已经建成了大规模的煤炭能源工业基地，生态环境的治理已经是当务之急
毛乌素沙地，是温暖型草原沙地，总面积约4.4万km^2，其中，沙砾质硬梁地、沙质软梁地与滩地等多种景观类型和生物多样性构成了良好的资源组合	气候湿润系数0.30—0.45	随着牲畜数量的增长，也出现了严重的沙漠化威胁，目前正面临着防治沙漠化的严重任务

· 371 ·

区域名称及分布地区	气候湿润系数及地貌	环境状况
宁、甘黄土高原西部地区，是温暖型荒漠草原地带	气候湿润系数0.20—0.30，由黄土台地和丘陵与稀疏的草原植被组成的景观类型，生产力低，侵蚀严重	本地区环境退化严重，必须坚持退耕还草、还牧

资料来源：刘钟龄、郝敦元《草原荒漠化的分析和生态安全带的建设》，载额尔敦布和、恩和、[日]双喜主编《内蒙古草原荒漠化问题及其防治对策研究》，内蒙古大学出版社2002年版，第26—28页。

通过表10-2的相关内容统计不难看出，人类社会的各项活动需要充分考虑自然环境的承载能力，在内蒙古草原地区，游牧民族游牧生产方式也是建立在对草原自然环境承受能力正确认识基础上的合适之选。牲畜头数大量增加，及清代以来划定游牧区域进行放牧，致使小范围游牧也难以实现。因此，包括内蒙古草原在内的整个北方草原生态环境的能否维护，在于人们生产方式选择的恰当与否。

三 内蒙古草原环境问题治理及游牧生产方式的借鉴价值

当今社会，严峻的生态环境危机与生态文明建设的时代要求都是环境问题治理的客观需求。通过考察人类社会的发展变迁历史可以发现，人类文明的兴衰存亡都与自然环境密不可分。良好的自然环境是人类文明出现和发展的必要依托，而环境的恶化也是导致人类文明走向衰落甚至是走向灭亡的催化剂。因此，内蒙古地区草原环境问题的治理及环境保护对人类或是自然环境的可持续发展都是极为重要的，环境问题的治理也是迫在眉睫的必然之举，而从当地传统人类社会与草原自然环境之间的和谐相处模式及经验着手，探求其有益的现实启示也是极为必要的。

（一）环境问题治理的当代意义思考

自然环境状况之好坏直接影响到人类文明的出现、发展水平及兴衰变迁，罗炳良在论述自然环境与人类文明盛衰时也提及"人类社会的存在与发展，需要以生态环境为依托。纵观中外历史，各时期的生态环境的优

结语　发扬游牧生产方式的生态价值，追求人与草原和谐发展之路

劣，直接影响到人类的生存质量，且对社会文明的昌盛与衰亡具有直接影响"①。虽不能说自然环境决定着人类社会的存在与发展，但是却对人类文明的存在与发展具有关键性的制约作用。因此，人类社会与自然环境之间关系处理的恰当与否对人类社会的生存发展具有重要影响，这也需要人类在具体的生产和生活活动中有效把握自然规律，遵循其规律而追求"可持续发展"及"生态文明建设"的较高目标，因此，特定区域内历史时期合理的人类社会与自然相处模式也是值得借鉴的。

自然环境的好坏对人类文明的兴衰存亡具有决定性影响，如古代的四大文明古国，多是发端于大河流域，且是适宜人类生存的自然环境内的农业文明。如中国的古文明，是围绕着长江、黄河流域地区而发展起来的，两条大河为流经区域的农业生产与人类生活带来了便利的水源，同时，此地区的气候也为农耕文明的出现和发展奠定了自然基础。因此，中国的古代文明是围绕着长江、黄河的中下游地区而兴起的，这是与当地优越的自然地理环境与气候条件分不开的。

而自然环境的恶化对人类文明消退的影响最具代表性的则是"苏美尔文明"的消失。苏美尔人是古代两河流域重要的古文明缔造者，然而却过早地退出了历史舞台，"两河流域古文明"灭亡的原因是很复杂的，一方面是受到了外部新兴的希腊文明、伊斯兰文明的冲击；另一方面也是因为过度的、非合理的农业开发导致当地自然环境破坏的影响，而自然环境破坏对"两河流域古文明"灭亡的影响更为直接。1982年，美国亚述学家雅各布森在其论著《古代的盐化地和灌溉农业》一书中对两河流域南部的苏美尔地区的灌溉农业与土地盐化之间的关系作了分析，认为苏美尔人过早退出历史舞台的根由正在于此。

由以上所述可以发现，"自然环境"与"人类文明"之间的关系是极为密切的，这也为环境问题治理的研究与生态文明建设提供了互动的纽带，这也凸显出环境史及相关问题研究对当代自然环境变化、环境问题治理及生态文明建设的重要意义。

（二）生态文明建设的时代要求

目前，国内外学术界对生态文明的研究呈现出高度的关注与热情。对

---

① 罗炳良：《生态环境对文明盛衰的影响》，载田丰等主编《环境史：从人与自然的关系叙述历史》，商务印书馆2011年版，第215—219页。

于环境问题的关注，主要是工业文明以来人类对自然征服、改造行为所导致的严重环境问题对人类生存的威胁。在此时代背景之下，人们开始反思工业文明的各种不利影响，进而讨论人类社会的延续亟待新的文明形态的出现，或者说"生态文明"建设是"工业文明"的继续及高级发展阶段，因为有相当一部分学者认为："生态文明"是"工业文明"的高级阶段，而不是另一个崭新的人类文明形态。有人曾将人类文明用不同的颜色加以形容，农业文明是"黄色文明"，工业文明是"黑色文明"，而生态文明则是"绿色文明"。通过对不同人类文明的颜色形容与比照也可发现，工业文明具有阴暗面，而生态文明的"绿色"特征则是象征着人类未来文明的"生态"与更加靠近大自然的必然走向。

在此生态文明建设时代浪潮的影响和推动下，历史学家是无法置身事外的，也应积极地参与其中，以自己的方式表达其对环境问题治理及生态文明建设的关切。罗马俱乐部于20世纪70年代初开始对人类生存危机与人类文明新走向进行探讨时，美国历史学家纳什（Nash）1970年就开始在美国进行了环境史的研究与教学工作，并于罗马俱乐部发表《增长的极限》一书。同年，美国历史学家纳什也正式提出了"环境史"的概念。这也是历史研究的新领域，并且在全球范围内引起了广泛关注。

就我国而言，生态文明的提出与环境史研究的兴起也是伴随着我国日益严峻的环境问题而出现的。确切地说，我国的生态文明建设最早提出于20世纪后半叶，由我国著名的生态学家叶谦吉先生于1987年首次提出，并且引起了学术界的广泛关注。进入21世纪后，生态文明建设成为党和国家的一项重要工作，在党的十七大、十八大、十九大、二十大以及其他各次大会上都对生态文明建设进行了统筹规划与建议。而我国的环境史一词的提出，则是20世纪末的事情了。但是对于环境史的研究却由来已久。20世纪前期的历史地理学、考古学等就已开始关注对自然环境发展变迁历史的研究，如竺可桢先生的气候史与物候学、顾颉刚先生创办的《禹贡》刊物等，后来侯仁之先生的沙漠变迁研究、史念海先生的黄土高原变迁研究、谭其骧先生的中国历史地理地图研究等都是当时国人对环境历史、自然地理等的有益探索。时至今日，前辈学人的这些研究也被奉为经典，成为环境史及相关问题研究的关键一环与重要参照资料。

生态文明的提出是由多方因素促成的，但是工业文明以来造成的严重生态环境问题对生态文明的提出起到重要作用。生态文明所围绕的主要对象是"人与自然、人与人、人与社会"之间的关系，人与自然之间关系的变化是生态文明理念提出的基本决定因素。在以往的学术研究中，对生态文明理念、内涵等研究较为丰富。本书试从历史发展、人类文明变迁、全球视野及中国特色社会主义建设等角度对生态文明予以解读。

从人类文明发展变迁的角度而言。生态文明是人与自然之间关系发展的一个必经阶段，也是高级阶段。美国学者莫里森在其著作中首次提出生态文明这一概念，并将生态文明作为工业文明之后的一种新的人类文明形态。生态文明的提出是历史发展至工业文明时代的必然结果，人类在征服自然、改造自然行为中为惨痛的生态危机所惊醒，人类不得不重新思量其与自然环境之间的深层内在关系。人类社会发展是人类文明形态不断发展演进的历史过程，也是一个动态发展过程。这一过程表现为对抗性，人类对自然环境的过度开发与对抗使土壤贫瘠、森林荒芜、土壤不能产生其最初的产品，并使气候与环境恶化。[1]

错误的理念是人类文明发展异化与生态危机产生的根源，工业文明的恶果导致人类生存危机的出现，而生态文明建设的目标是在经济社会发展过程中处理好人与自然环境之间的关系，但是处理好人与自然环境之间的关系又涉及人与人之间的关系。[2] 这也就需要人类重新反思人与自然环境之间关系及人对自然环境的行为对动态生态平衡能否维持的影响。叶谦吉也曾指出：生态文明建设的目标是人类获利于自然环境又能回报自然环境，所得又有所回报，保持人与自然环境之间的和谐统一。[3] 由此可见，生态文明理念的产生和发展是人类反思工业文明的结果，是对人与自然之间关系的一种返璞归真，是一种新的生产方式、生活方式和思维模式，是一种新的文明形态。[4] 因此，生态文明的提出是工业文明发展的历史阶段，是人类文明走向的又一新的历史时期。

从人类发展历史的角度言之。生态文明建设是人类为了改善人与自然环境之间的关系，实现生产发展、生活富裕、生态良好的远景目标而采取的一切积极和优良的行为及成果，代表了人类社会发展的先进性。也有学

---

[1] 严家其、童第周：《自然辩证法文集》，吉林人民出版社 1979 年版，第 1 页。
[2] 顾钰民：《论生态文明制度建设》，《福建论坛》（人文社会科学版）2013 年第 6 期。
[3] 叶谦吉：《真正的文明时代才刚刚起步——叶谦吉教授呼吁开展"生态文明建设"》，《中国环境报》1987 年 6 月 23 日。
[4] 周宏春：《生态文明建设的路线图与制度保障》，《中国科学院院刊》2013 年第 2 期。

者指出：生态文明建设关系人们的生活质量，关乎社会的和谐稳定，关联人类的可持续发展，是民生问题、政治问题也是发展问题，其重要性众所周知。制度建设对于生态文明建设而言，具有重要意义，它使生态文明建设有据可依、有轨可循。[①] 就此，杨发庭也提出"生态文明的核心是人与自然的关系，生态文明建设需要以平等，甚至敬畏的心态对待自然，赋予生态一种独立的人格，建设生态和谐、经济核心、社会核心相统一的现代文明"[②]的论断。因此，生态文明建设是人类社会发展的必然之选，也是实现人类生存的重要举措。

从全球化及全球性生态安全角度而言。张春华指出："生态文明建设是全球化趋势的必然选择，也是中国社会主义建设，保持经济又好又快健康发展的必由之路。"[③] 全球化的历史发展导致了全球各地区之间联系的逐渐加强与日益密切，使全球成为不可分的一个统一整体，大有牵一发而动全身之发展态势，这也决定了生态文明建设的全球性意义。尤其是环境问题的全球性决定了生态文明建设需要放眼全球。王学义等也就此提出："环境问题的弥散性导致成为全球面临的公众问题，而全球化的深入发展也使得环境问题成为自 20 世纪中叶以来的全球化问题，也是全人类面临的生存与发展的严峻挑战，全球问题势必影响国际政治、经济、文化等方方面面。"[④]

从全球化角度分析生态文明出现的根源中的一个重要因素在于资本主义国际的污染转移与资源掠夺，这一转移过程包括两个阶段，具体如下。第一阶段是西方殖民体系下的西方列强对殖民地侵略时期的肆意掠夺，其所造成的环境污染和对自然环境的破坏是极其严重的。以中国为例，近代日本开拓团在中国的内蒙古地区、东北地区垦荒，在不适应发展种植农耕的土地上毁林、毁草的开荒拓土，造成了今日大面积的沙化土地以及资源的大肆掠夺。第二阶段是全球化背景下的污染转移，资本主义国家利用其

---

① 本刊记者：《依托制度推进生态文明建设》，《林业与生态》2014 年第 1 期。
② 杨发庭：《绿色技术创新的制度研究——基于生态文明的视角》，博士学位论文，中共中央党校，2014 年，第67 页。
③ 张春华：《中国生态文明制度建设的路径分析——基于马克思主义生态思想的制度维度》，《当代世界与社会主义》2013 年第 2 期。
④ 王学义、郑昊：《工业资本主义、生态经济学、全球环境治理与生态民主协商制度——西方生态文明最新思想理论述评》，《中国人口·资源与环境》2013 年第 9 期。

结语　发扬游牧生产方式的生态价值，追求人与草原和谐发展之路

先进的技术、资金和设备，向急需发展经济的落后国家和地区进行转移。较有代表性的可以参照20世纪80年代发生在印度的博帕尔事件，直接体现出发达国家对污染及高资源消耗产业转移对落后国家及地区自然环境的破坏，影响到当地人类社会的生存发展。就此，张春华曾指出："当下的生态危机实际上是资本家通过自身资本对自然的掌握和控制所带来的恶果，也就是资本与自然关系的恶化。中国实现的社会主义制度，从这一角度而言基本规避了这一关系造成生态危机的条件，从这一层面而言，制约我国生态文明发展的关键影响因素是制度。"[①] 因此，全球化既是机遇也是挑战，全球化过程中造成的环境问题值得关注。

从我国社会主义事业的建设与发展角度而言。作为社会主义国家的中国是在对资本主义制度批判基础上成立的，也是对资本主义弊端的补正。正如鲁明川所说："社会主义克服了资本主义条件下人与自然异化关系，彼此之间已经成为一种对象性存在的生态关系，社会主义制度与生态文明具有高度的内在契合。"[②] 因此，我国的生态文明建设既需要充分吸收与借鉴西方的先进经验，同时也需要结合本国的具体国情而展开。

在党的十八大上，时任国家主席胡锦涛同志在报告中也指出要将其五位一体的建设提升到中国特色社会主义事业建设布局的高度，并在大力推进生态文明建设的四大工作部署中首次提出加强生态文明制度建设。[③] 党的十八大以来，生态文明建设成为"统筹推进'五位一体'总体布局和协调推进'四个全面'战略布局的重要内容……美丽中国建设迈出了重要步伐。党的十九大历史性地将'美丽'二字写入社会主义现代化强国目标，提出'坚持人与自然和谐共生'的基本方略，要求'加快生态文明体制改革，建设美丽中国'，彰显了我们党的远见卓识和使命担当"。[④] 生态文明建设是"五位一体"总体布局中的其中一位，坚持人与自然和谐共生是坚持和发展中国特色社会主义基本方略的其中一条。[⑤] 因而习近平总书记提出的"深入理解新发展理念"五条要求，第

---

① 张春华：《中国生态文明制度建设的路径分析——基于马克思主义生态思想的制度维度》，《当代世界与社会主义》2013年第2期。
② 鲁明川：《论生态文明的制度之维》，《学术交流》2013年第9期。
③ 胡锦涛：《坚定不移沿着中国特色社会主义道路前进　为全面建成小康社会而奋斗——在中国共产党第十八次全国代表大会上的报告》，人民出版社2012年版，第39页。
④ 全国干部培训教材编审指导委员会组织编写：《推进生态文明　建设美丽中国》，人民出版社、党建读物出版社2019年版，第1页。
⑤ 《习近平谈治国理政》（第四卷），外文出版社2022年版，第360页。

三条也是"着力推进人与自然和谐共生。绿色发展,就其要义来讲,是要解决好人与自然和谐共生问题……"。①

党的十九大以后,习近平总书记提出要"站在人与自然和谐共生的高度谋划经济社会发展",尤其是"这次疫情防控使我们更加深切地认识到,生态文明建设是关系中华民族永续发展的千年大计,必须站在人与自然和谐共生的高度来谋划经济社会发展"。② 习近平总书记对生态文明建设的定位是"关系中华民族永续发展的千年大计",这也即表明生态文明建设是一项关乎中国未来发展的长远目标,而"必须站在人与自然和谐共生的高度来谋划经济社会发展"则是对生态文明视域下人类社会发展的新指向与新要求。习近平总书记对此指出:要"站在人与自然和谐共生的高度来谋划经济社会发展……促进生态环境持续改善,努力建设人与自然和谐共生的现代化"。③

在党的二十大报告中,习近平总书记谈到新时代中国共产党的使命任务时提出了"中国式现代化",其本质是"坚持中国共产党领导……实现高质量发展……促进人与自然和谐共生,推动构建人类命运共同体,创造人类文明新形态"。④ 还提出了中国式现代化的五个方面内容,其第四个方面是"人与自然和谐共生的现代化"——"人与自然是生命共同体,无止境地向自然索取甚至破坏自然必然会遭到大自然的报复。我们坚持可持续发展,坚持节约优先、保护优先、自然恢复为主的方针,像保护眼睛一样保护自然和生态环境……"⑤ 此外,习近平总书记考察洱海时:"强调'要把生态环境保护放在更加突出位置,像保护眼睛一样保护生态环境,像对待生命一样对待生态环境'。'眼睛'和'生命'的比喻,形象地说明了生态环境的极端重要性。保护生态环境就是保护人类,建设生态文明就是造福人类。保护生态环境、建设生态文明既是关系民生的重大社会问

---

① 习近平:《深入理解新发展理念》,载《习近平谈治国理政》(第二卷),外文出版社2017年版,第207页。
② 习近平:《站在人与自然和谐共生的高度谋划经济社会发展》,载《习近平谈治国理政》(第四卷),外文出版社2022年版,第355页。
③ 习近平:《努力建设人与自然和谐共生的现代化》,载《习近平谈治国理政》(第四卷),外文出版社2022年版,第362—363页。
④ 习近平:《高举中国特色社会主义伟大旗帜　为全面建设社会主义现代化国家而团结奋斗——在中国共产党第二十次全国代表大会上的报告》,《人民日报》2022年10月26日第1版。
⑤ 习近平:《高举中国特色社会主义伟大旗帜　为全面建设社会主义现代化国家而团结奋斗——在中国共产党第二十次全国代表大会上的报告》,《人民日报》2022年10月26日第1版。

题，更是关系党的使命宗旨的重大政治问题。"① 由党的二十大报告及习近平总书记的相关论述可以看出，人与自然和谐共生是生态文明建设不可偏离的理论基础，因为"当人类友好保护自然时，自然的回报是慷慨的；当人类粗暴掠夺自然时，自然的惩罚也是无情的"。② 因而习近平总书记指出："大自然是人类赖以生存发展的基本条件……必须牢固树立和践行绿水青山就是金山银山的理念，站在人与自然和谐共生的高度谋划发展。"③

生态文明建设的目标是保持人与自然之间的和谐统一，所得又有所回报。④ 人作为历史的创造者，但不能随心所欲的创造历史，人类的各项活动应主动地适应自然，而不是要求自然主动地适应人类。⑤ 回顾中国历史可以发现，"延绵5000多年的中华文明之所以生生不息，也与道法自然、天人合一的传统哲学智慧紧密相关。从根本上说，人类是在同自然的互动中生产、生活、发展的，人与自然和谐共生，是生命共同体。历史地看，一部人类文明发展史就是一部人与自然的关系史"。⑥ 随着人类社会生产力水平的逐渐提高，对自然环境的开发利用也愈加深入，人类活动不断触及生态边界和底线，因而"要为自然守住安全边界和底线，形成人与自然和谐共生的格局"。⑦ 基于这一认识，就要明确人作为自然存在物，与自然环境之间是和谐统一的关系，因此，我国的生态文明建设既是社会主义事业建设的需求，也是我国经济社会发展的必然之举。其目标也是要改变工业文明与改革开放以来造成的严重生态环境问题，早日步入生态文明时代。这也即自然环境与社会环境的生态化、人与自然和谐共存的文明时代，是人类文明发展的必然历史阶段。

---

① 中共中央宣传部：《习近平新时代中国特色社会主义思想学习问答》，学习出版社、人民出版社2021年版，第350页。

② 习近平：《维护地球家园，促进人类可持续发展》，载《习近平谈治国理政》（第四卷），外文出版社2022年版，第435页。

③ 习近平：《高举中国特色社会主义伟大旗帜 为全面建设社会主义现代化国家而团结奋斗——在中国共产党第二十次全国代表大会上的报告》，《人民日报》2022年10月26日第1版。

④ 叶谦吉：《真正的文明时代才刚刚起步——叶谦吉教授呼吁开展"生态文明建设"》，《中国环境报》1987年6月23日。

⑤ 王嘉川：《气候变迁与中华文明》，《学术研究》2007年第12期。

⑥ 中共中央宣传部：《习近平新时代中国特色社会主义思想学习问答》，学习出版社、人民出版社2021年版，第350—351页。

⑦ 习近平：《站在人与自然和谐共生的高度谋划经济社会发展》，载《习近平谈治国理政》（第四卷），外文出版社2022年版，第356页。

在生态文明建设时期，人同自然环境之间的关系是平等和谐的，人类社会应主动的尊重、顺应、保护自然。因此，生态文明是"约束人类行为的准则，更是人类文明发展水平的衡量尺度"[①]。生态文明时代也是我国社会主义事业建设发展的高级阶段，是人同自身、社会、自然环境之间和谐发展的总特征与目标追求。

（三）游牧生产方式及其生态价值的发掘

对于当下人类社会发展与自然环境之间的关系，美国学者J.唐纳德·休斯曾指出：科技赋予了人类巨大的力量去破坏和改变自然环境，用于战争的攻击性武器成为偷猎者的利器。在露天矿里，大到让恐龙都相形见绌的推土机和挖掘机揭掉植被、土壤和下面的岩石，巨型水坝圈出贮水池，拦住了曾经蔓延到低地的水，那里也是各种生命诞生的摇篮，古森林迅速被空地所取代，极有在21世纪中叶前消失殆尽的危险。[②] 然而在为人类因取得急速发展的科学技术而欢呼鼓舞之时，我们还要注意人与自然环境之间的和谐关系如何维持及人类社会的永续发展等诸多问题。

科技发展给人类社会带来便利的同时，也对自然环境造成了极大的破坏。环境保护与环境问题的治理不能单凭技术而实现，更需要考虑到中国广阔地域内复杂多样的自然环境与气候条件的特殊性，尤其是不同区域在自然及社会等诸多条件影响下的特殊性。

就内蒙古地区而言，就必须要考虑当地草原植被区、高原地形区以及当地的气候与生态系统的特征，这也就体现出对历史时期当地和谐的人类社会与草原自然环境相处模式及经验加以考察，借鉴其有利的部分。诚如方修琦等所言："在人类正面临生存环境的严重挑战的今天，中国古代人地关系思想的科学价值与现实意义受到中西方学者的高度重视。中国古代人与自然环境关系思想的突出特色在于承认自然环境限制作用，强调在此前提下主动地适应自然环境，从以人为本的基点出发去保护自然环境，追求人与自然环境的和谐。这种人与自然环境相协调的人地观是中华民族在长期与开发利用自然环境的生产和生活实践过程中形成的，是中华民族悠

---

① 夏光：《建立系统完整的生态文明制度体系——关于中国共产党十八届三中全会加强生态文明建设的思考》，《环境与可持续发展》2014年第2期。

② ［美］J.唐纳德·休斯：《世界环境史：人类在地球生命中的角色转变》，赵长凤、王宁、张爱萍译，电子工业出版社2004年版，第264页。

结语　发扬游牧生产方式的生态价值，追求人与草原和谐发展之路

久的文化传统的重要组成部分，也是中华文明得以延续的一个重要因素，它对现今社会的发展仍具有现实意义。"① 因此，中国传统文化之中所蕴含着的生态思想的发掘，对当下环境保护、环境问题治理及生态文明建设，都不无重要的借鉴意义，值得深入发掘。

人类在利用自然环境的过程中，不能逾越自然环境的承受能力与自我修复能力的底线，否则势必会导致环境问题的出现及生态失衡。因此，追求人与自然环境之间的生态平衡是人类开发利用自然环境的基本底线，生态平衡不是静止的平衡状况，而是在运动变化中保持着和谐的状态。它不像金字塔的巨石处于层层叠加稳固不变的状态，也不像天平那样重量稍有变化则处于上下波动的状况。而是类似于盘旋空中的雄鹰，在穿越大气时，调整自己的翅膀维持着身体的平衡，这些都是生物为了物种延续，通过内部变化并借助外部因素而产生的变化。② 因此，内蒙古地区草原环境问题的治理不仅仅需要现代人的进步思维，同时也需要对本地区历史时期有益的生态思想及合适的人与自然环境相处模式加以发掘，以期更好地解决环境问题与开展环境保护，以期实现生态文明建设。

游牧生产方式是内蒙古草原游牧民族生产方式的基本表现形式，游牧民族永远不会忘却他们的第一天职是随着牲畜群进行永不止息的流动，流向新的牧场和水源地。③ 正是基于此种生产方式的精准选择，才维持了游牧民族自身的生存延续与草原自然环境的可持续发展，也对草原自然环境的有序维护和有效保护产生至关重要的深远影响。在游牧生产活动中，草原民族认识到恰当处理游牧经济与草原自然环境承载力之间的关系是实现人与草原永续发展的首要前提。历史时期游牧民族通过"游而牧之"的生产方式调节游牧经济发展模式及基本内容，以适应草原自然环境的特殊要求，其生存智慧及生态经验也是值得肯定和借鉴的。因此，历史时期蒙古草原上各游牧民族游牧生产方式及其生态思想的发掘，对于当代中国的绿色发展、生态文明建设以及美丽中国建设等伟大蓝图的实现均具有重要的历史借鉴价值。

---

① 方修琦、牟神州：《中国古代人与自然环境关系思想透视》，《人文地理》2005年第4期。
② [美] J. 唐纳德·休斯：《世界环境史：人类在地球生命中的角色转变》，赵长凤、王宁、张爱萍译，电子工业出版社2004年版，第15页。
③ [英] 亨宁·哈士伦：《蒙古的人和神》，徐孝祥译，新疆人民出版社1996年版，第255页。

| 下编　游牧生产方式之生态启示

　　通过前文对包括今日内蒙古草原在内的整个蒙古草原地区不同时期游牧生产方式发展阶段及对不同时期环境变迁尤其是环境问题的影响分析也可知，草原地区游牧生产方式遭到破坏及发生变迁与生态环境问题的凸显集中于明清两代。如17世纪法国传教士张诚途经内蒙古地区时记述：察哈尔，"我们途经的这个区域简直就是沙漠，无树也无人居住"；土默特，"今天我们既看不到房屋，也看不到树木，更看不到任何一块土地"；阿拉善，"这些平原之间也有一些小高岗间隔，土壤是由坚硬的沙子组成，有几块地方混着少许沙土。这片土地变得荒芜，根本长不出来饲养牲畜的好牧草，我们仅仅见到了一棵树"。① 由此可知，人为因素导致内蒙古草原上游牧生产方式遭到破坏，对环境问题的出现产生了重要影响。

　　明清以来内蒙古地区草原沙漠化的出现与明清两代大肆屯田、移民及盟旗制度对游牧生产方式的破坏直接相关。王杰瑜指出：屯田虽然解决了明清时期边地驻兵的粮食需求，但其环境代价也是巨大的，长时间的屯田导致土地利用超出其自身的承载力，造成肥力下降，出现荒漠化及丘墟弥望的荒凉景象。② 历史时期蒙古草原上的有名垦区多已成为荒地或沙漠，如呼伦贝尔沙地、科尔沁沙地、毛乌素沙地等，这些地区历史上都是水草丰美的草原，由于屯田而导致草原荒漠化。③ 可以发现，除自然因素影响外，历史时期人类活动导致蒙古草原相当一部分地区自然环境的恶化多是因为当地游牧经济的萎缩及游牧生产方式没有得到有效利用。因此，透过这些历史现象可知，游牧生产方式似乎是较为适宜草原地区自然规律特征的人类生产活动方式，也是较为符合草原地区自然环境与气候条件的规律特征、人与草原自然环境和谐共生的发展理念。因此，改善和保护草原自然环境已经成为当今社会所普遍关注的发展问题，在总结历史经验的基础上，各国及各地区都在探索符合本区域生态环境特殊性及较强适用性的经济类型及生产与生活方式，其生态价值是值得深入发掘的。

---

　　① ［法］张诚：《耶稣会士、法国传教士张诚鞑靼旅行记》，刘晓明、王书健译，杨品泉校，载中国社会科学院历史研究所清史研究室编《清史资料》第五辑，中华书局1984年版，第98—99、116—124页。
　　② 王杰瑜：《明朝军事政策与晋冀沿边地区生态环境变迁》，《山西大学学报（哲学社会科学版）》2006年第3期。
　　③ 王元林、孟昭锋：《自然灾害与历代中国政府应对研究》，暨南大学出版社2012年版，第336页。

结语　发扬游牧生产方式的生态价值，追求人与草原和谐发展之路

在内蒙古草原上，各草原游牧民族在漫长的历史岁月里创造性地探索出了适宜草原自然环境及人与自然可持续发展的游牧生产方式，这一生产方式所蕴含的深邃生态意识对内蒙古草原自然环境具有高度的合理性。在游牧生产活动中，草原民族认识到恰当处理游牧业与草原自然环境承载力之间的关系是实现人与草原永续发展的首要前提。历史时期游牧民族通过游牧生产方式调节游牧业发展模式及基本内容以适应草原生态环境的特殊性要求，其生存智慧及生态经验值得肯定。这对当代中国绿色发展、生态文明建设以及美丽中国建设，均具有重要的历史借鉴价值。

随着人类历史的不断发展进步，文明形态也随之不断更新。人类社会早期的游牧文明与农耕文明，继之而起的是人类社会对自然环境深入开发的工业文明。工业文明时代，人们对自然的征服也逐渐暴露其弊病，必然要被随之而起的生态文明取代。进入 20 世纪后，着眼于内蒙古地区日益严峻的环境危机，不仅影响到人类社会的发展进步，也威胁人类能否生存延续。这也使得人们开始反思过去，重新重视草原先民们传承下来的宝贵生态思想，草原先民几千近万年的游牧生产与生活，可以说是对草原自然环境破坏最小但又有效维持了人类社会的生存延续。因此，对于游牧民族传统生态思想及人与草原自然环境和谐相处模式的探讨具有重要的现实意义。

在我国，汉族主要居住在农业地区，除了西北和西南少部分地区外，可以说，凡是能够满足农业生产的宜耕平原几乎全是汉族的经济区，同时在少数民族地区的交通要道和商业据点一般也都是汉人聚居之地。[①]"游而牧之"是蒙古草原历史时期游牧民族生产方式的基本表现，游牧是草原民族基本的经济生产活动及生活方式，包括以逐水草而居为基本特征的游牧方式，以及依各有分地为原则确定游牧空间。数千年内草原民族依照这两项基准在草原上建立了生活秩序与空间秩序。[②] 这对我们今日草原自然环境问题的治理、寻求草原地区经济发展的新模式与新思路，以及实现生态文明建设的终极目标等的实现，不无重要的有益启示，值得深入发掘。

---

① 费孝通主编：《中华民族多元一体格局》，中央民族大学出版社 1999 年版，第 32 页。
② 韩茂莉：《历史时期草原民族游牧方式初探》，《中国经济史研究》2003 年第 4 期。

附　　件

一　中华人民共和国成立以来草原环境保护之法律建设

附表1-1　　　1985年《中华人民共和国草原法》颁布施行之后
相关地方性法规及规章

省（区）	法规、规章	备注
吉林省	《吉林省草原管理条例》	1987年2月9日通过，1997年9月26日修订
黑龙江省	《黑龙江省草原管理费征收办法》	1987年3月19日通过，2002年8月1日废止
辽宁省	《辽宁省实施〈中华人民共和国草原法〉细则》	1988年9月27日通过，2004年5月29日废止
甘肃省	《甘肃省实施〈中华人民共和国草原法〉细则》	1989年5月4日通过，1997年9月29日修订，2004年6月4日修改，2006年12月1日废止
新疆维吾尔自治区	《新疆维吾尔自治区实施〈中华人民共和国草原法〉细则》	1989年6月24日通过，1997年12月11日修订
青海省	《青海省实施〈中华人民共和国草原法〉细则》	1989年11月1日通过，2001年3月31日修改
四川省	《四川省实施〈中华人民共和国草原法〉细则》	1990年11月7日通过，2005年9月23日废止
内蒙古自治区	《内蒙古自治区森林草原防火办法》	1991年7月3日通过，2008年7月1日废止
新疆维吾尔自治区	《新疆维吾尔自治区草原管理费征收管理办法》	1992年11月25日发布，1997年11月20日修订
西藏自治区	《西藏自治区实施〈中华人民共和国草原法〉细则》	1994年10月27日通过，2001年11月27日修订，2010年7月30日废止

续表

省（区）	法规、规章	备注
宁夏回族自治区	《宁夏回族自治区草原管理条例》	1994年12月15日通过，2005年11月16日修订，2006年1月1日起实施
四川省	《四川省草原承包办法》	1995年9月12日通过，2002年12月26日修订
新疆维吾尔自治区	《新疆维吾尔自治区草原防火实施办法》	1995年10月9日通过
青海省	《青海省草原监理规定》	1996年5月20日通过
新疆维吾尔自治区	《新疆维吾尔自治区草原风景区管理办法》	1997年12月23日发布施行，1997年11月20日修订
内蒙古自治区	《内蒙古自治区草原管理实施细则》	1998年6月17日通过，1998年8月4日发布，2006年1月12日修订
内蒙古自治区	《内蒙古自治区基本草牧场保护条例》	1998年11月27日通过
内蒙古自治区	《内蒙古自治区草原承包经营权流转办法》	1999年12月9日通过
内蒙古自治区	《内蒙古自治区草畜平衡暂行规定》	2000年6月28日通过

资料来源：刘晓莉《中国草原保护法律制度研究》，人民出版社2015年版，第54—55页。

附表1-2　农业部及各省（区）2003年《中华人民共和国草原法》配套法律规章建设

农业部或省（区）	法规、规章	备注
农业部	《禁牧休牧技术规程（试行）》	2003年颁发
河北省	《河北省关于家畜禁止放牧实行圈养的暂行规定》	2003年3月20日通过，自2003年5月1日起施行
内蒙古自治区	《内蒙古自治区草原防火条例》	2004年3月26日公布，自2004年4月15日起施行
内蒙古自治区	《内蒙古自治区草原管理条例》	2004年11月26日修订并通过，自2005年1月1日起施行
农业部	《草畜平衡管理办法》	2005年1月17日审议通过，自2005年3月1日起施行

续表

农业部或省（区）	法规、规章	备注
黑龙江省	《黑龙江省草原条例》	2005年8月19日通过，自2006年1月1日起施行
四川省	《四川省〈中华人民共和国草原法〉实施办法》	2005年9月23日修订通过，自2006年1月1日起通过
农业部	《草种管理办法》	2006年1月5日审议通过，自2006年3月1日起施行
西藏自治区	《西藏自治区冬虫夏草采集管理暂行办法》	2006年1月6日通过，自2006年4月1日起施行
内蒙古自治区	《内蒙古自治区草原管理条例实施细则》	2006年1月12日修订通过，自2006年5月1日起施行
农业部	《草原征占用审核审批管理办法》	2006年1月16日审议通过，于2006年3月1日起通过
西藏自治区	《西藏自治区实施〈中华人民共和国草原法〉办法》	2006年1月29日通过，自2007年3月1日起实行
农业部	《农业行政处罚程序规定》	2006年4月13日修订通过，自2006年7月1日起施行
青海省	《青海省实施〈中华人民共和国草原法〉办法》	2007年9月28日审议通过，自2008年1月1日起施行
国务院	《草原防火条例》	2008年11月19日审议通过，自2009年1月1日起施行
内蒙古自治区	《内蒙古自治区草原野生植物采集收购管理条例》	2008年12月19日审议通过，自2009年3月1日起施行
辽宁省	《辽宁省草原管理实施办法》	2009年3月2日通过，自2009年5月10日起施行
陕西省	《陕西省实施〈中华人民共和国草原法〉办法》	2009年7月24日修订通过，自2009年10月1日起施行
甘肃省	《甘肃省草原防火办法》	2010年3月19日通过，自2010年5月1日起施行
新疆维吾尔自治区	《新疆维吾尔自治区实施〈中华人民共和国草原法〉办法》	2011年7月29日通过，自2011年10月1日起施行
甘肃省	《甘肃省草畜平衡管理办法》	2012年9月18日通过，自2012年11月1日起施行
甘肃省	《甘肃省草畜禁牧办法》	2012年11月20日通过，自2013年1月1日起施行
甘肃省农牧厅、财政厅	《甘肃省草畜管护员管理办法》	2014年8月1日起施行，有效期至2019年7月31日

资料来源：刘晓莉《中国草原保护法律制度研究》，人民出版社2015年版，第56—57页。

附表1–3　　　　　　　　中国现行草原法律法规情况

法律级别	法律法规	施行时间
法律	《中华人民共和国草原法》	2003年3月1日
行政法规	《草原防火条例》	2009年1月1日
地方性法规	《内蒙古自治区草原管理条例》	2005年1月1日
	《黑龙江省草原条例》	2006年1月1日
	《四川省〈中华人民共和国草原法〉实施办法》	2006年1月1日
	《宁夏回族自治区草原管理条例》	200年1月1日
	《甘肃省草原条例》	2007年3月1日
	《西藏自治区实施〈中华人民共和国草原法〉办法》	2007年3月1日
	《青海省实施〈中华人民共和国草原法〉办法》	2008年1月1日
	《陕西省实施〈中华人民共和国草原法〉办法》	2009年10月1日
农业部规章	《甘草和麻黄草采集管理办法》	2001年10月10日
	《草畜平衡管理办法》	2005年3月1日
	《草种管理办法》	2006年3月1日
	《草原征占用审核审批管理办法》	2006年3月1日
地方政府规章	《新疆维吾尔自治区草原管理费征收管理办法》	1992年11月25日 1997年11月20日修订
	《青海省草原监理规定》	1996年5月20日
	《新疆维吾尔自治区草原风景区管理办法》	1997年1月23日
	《内蒙古自治区草原承包经营权流转办法》	1999年12月9日
	《内蒙古自治区草原管理条例实施细则》	2006年5月1日
	《辽宁省草原管理实施办法》	2009年5月10日
	《内蒙古自治区草原野生植物采集收购管理办法》	2009年3月1日

资料来源：刘晓莉《中国草原保护法律制度研究》，人民出版社2015年版，第59—60页。

二 20世纪末内蒙古沙漠化土地分布、构成及发展趋势

附表2-1　　　　内蒙古20世纪90年代沙漠化土地的分布

统计单位	调查面积（km²）	沙漠化土地面积（km²）	排序	占全区沙漠化总面积（%）	沙漠化土地占地率（%）
巴丹吉林沙漠	99880.38	41890.31	1	17.47	41.94
腾格里沙漠	54220.89	32565.76	4	13.58	60.06
乌兰布和沙漠	27065.19	14208.71	7	5.93	52.50
库布齐沙漠	25944.38	18517.85	6	7.72	71.38
巴音温都尔沙区	34729.60	10449.31	8	4.36	30.09
科尔沁沙地	98965.55	40369.07	2	16.84	40.79
浑善达克沙地	71008.10	30417.76	5	12.69	42.84
毛乌素沙地	47131.21	38249.81	3	15.96	81.16
呼伦贝尔沙地	43161.29	4833.28	9	2.02	11.20
乌珠穆沁沙地	8288.33	1144.88	10	0.48	13.81
阴山北部12旗（县）	86003.77	457.45	11	0.19	0.53
零星沙地	152372.90	6622.08		2.76	4.35
合计	748771.59	239726.27		100	32.02

资料来源：姚洪林、闫德仁、杨文斌、刘永军《内蒙古沙漠化土地动态变化的研究》，载额尔敦布和、恩和、[日]双喜主编《内蒙古草原荒漠化问题及其防治对策研究》，内蒙古大学出版社2002年版，第2页。

附表2-2　　　　内蒙古20世纪90年代沙漠化土地程度构成

统计单位	合计	流动沙丘（km²）	百分比（%）	半固定沙丘（km²）	百分比（%）	固定沙丘（km²）	百分比（%）
巴丹吉林沙区	41890.31	37730.30	90.07	3997.15	9.54	162.86	0.39
腾格里沙区	32565.76	22173.68	68.09	3830.81	11.76	6516.27	20.15
乌兰布和沙漠	14208.71	7593.97	53.45	1931.10	13.59	4683.64	32.96
库布齐沙区	18517.85	9074.26	49.00	1675.28	9.05	7768.31	41.95
巴音温都尔沙区	10449.31	3482.83	33.33	5277.06	50.50	1689.42	16.17
科尔沁沙区	40369.07	4202.44	10.41	5796.68	14.36	30369.95	75.23
浑善达克沙区	40369.07	355.70	1.17	3679.42	12.10	26382.64	86.73
毛乌素沙区	38249.81	7138.87	18.66	1856.87	4.86	29254.07	76.48
呼伦贝尔沙区	4833.28	83.15	1.72	218.08	4.51	4532.05	93.77
乌珠穆沁沙区	1144.88	24.33	2.13	114.63	10.01	1005.92	87.86

续表

统计单位	合计	流动沙丘（km²）	百分比（%）	半固定沙丘（km²）	百分比（%）	固定沙丘（km²）	百分比（%）
阴山北部12旗（县）	457.45	47.31	10.34	43.99	9.62	366.15	80.04
零星沙地	6622.08	984.70	14.87	1747.38	26.39	3890.00	58.74
合计	239726.27	92891.54	38.75	30168.45	12.58	116666.28	48.67

资料来源：姚洪林、闫德仁、杨文斌、刘永军《内蒙古沙漠化土地动态变化的研究》，载额尔敦布和、恩和、[日]双喜主编《内蒙古草原荒漠化问题及其防治对策研究》，内蒙古大学出版社2002年版，第3页。

附表2-3　20世纪80年代至2000年内蒙古中部地区荒漠化变化

荒漠化类型	1990年	1990年占比（%）	2000年	2000年占比（%）	增减	动态度
轻度风蚀荒漠化	8946996.31	37.19	9068007.76	37.69	121011.45	0.14
中度风蚀荒漠化	3127422.57	13.00	3455254.16	14.36	327831.59	1.05
重度风蚀荒漠化	731712.89	3.04	1134210.02	4.71	402497.13	5.50
严重风蚀荒漠化	425814.18	1.77	569812.85	2.37	143998.67	3.38
总计	13231945.95	55.00	14227284.79	59.14	995338.84	0.75
轻度水蚀荒漠化	1104157.88	4.59	1062109.07	4.41	-42048.81	-0.38
中度水蚀荒漠化	380625.73	1.58	725551.37	3.02	344925.64	9.06
重度水蚀荒漠化	61900.23	0.26	72152.59	0.30	10252.36	1.66
严重水蚀荒漠化	14401.80	0.06	14422.58	0.06	20.79	0.01
总计	1561085.64	6.48	1874235.61	7.79	313149.98	2.01
轻度盐渍化	91637.61	0.38	101792.27	0.42	10154.66	1.11
中度盐渍化	243359.25	1.01	87516.49	0.36	-155842.76	-6.40
重度盐渍化	105251.54	0.44	106343.62	0.44	1092.08	0.10
盐土	38112.56	0.16	50037.43	0.21	11924.87	3.13
总计	478360.96	1.99	345689.81	1.44	-132671.15	-2.77
非荒漠化土地	8591217.3	35.20	7438780.89	30.71	-1152436.41	-1.34
水域	209076.55	0.87	171848.13	0.71	-37228.42	-1.78
城镇、工矿居民用地	40014.47	0.17	53861.64	0.22	13847.17	3.46
总计	249091.02	1.03	225709.77	0.93	-23381.25	-0.94

资料来源：包玉海、银山、阿拉腾图雅、雷军、乌兰图雅《内蒙古中部土地荒漠化动态研究》，载额尔敦布和、恩和、[日]双喜主编《内蒙古草原荒漠化问题及其防治对策研究》，内蒙古大学出版社2002年版，第62页。

三 全国各省、市、自治区的草原资源类型及比重统计

附表3-1　　　　　　　　21世纪初期统计数据

地区	天然草原面积（公顷）	土地总面积（万平方千米）	草地面积占当地国土面积比重（%）	牧区（公顷）	半牧区（公顷）	农（林）区（公顷）
全国	392832633	948.7	41.4	193158693	58525674	141148266
北京	394816	1.6	25	0	0	394816
天津	144604	1.1	13	0	0	146604
河北	4712140	18.8	25.1	0	1391515	3320625
山西	4552000	15.7	29	0	22285	4529715
内蒙古	78804483	114.5	68.8	64945208	7528017	6331258
辽宁	3388848	14.6	23.2	0	584382	2804466
吉林	5842182	19.1	30.6	42446	1375407	4042329
黑龙江	7531767	45.5	16.6	1137401	780454	5613912
上海	73333	0.6	11.5	0	0	73333
江苏	412709	10.1	4.1	0	0	412709
浙江	3169853	10.4	30.6	0	0	3169853
安徽	1663179	14	11.9	0	0	1663179
福建	2047957	12.4	16.5	0	0	2047957
江西	4442334	16.7	26.6	0	0	4442334
山东	1637974	15.7	10.5	0	0	1637974
河南	4433788	16.6	26.8	0	0	4433788
湖北	6352215	18.6	34.2	0	0	6352215
湖南	6372668	21.2	30.1	0	0	6372668
广东	3266241	17.8	18.3	0	0	3266241
广西	8698342	23.7	36.8	0	0	8698342
海南	949773	3.4	27.9	0	0	949773
四川	22538826	56.3	42.4	8274486	8088448	6175892
贵州	4287257	17.6	24.4	0	0	4287257
云南	15308433	38.2	40.1	0	0	15308433
西藏	82051942	120.5	68.1	51244117	19478426	11329399
陕西	5206183	20.6	25.3	0	0	5206183
甘肃	17904206	42.6	42.1	8335260	4664623	4904323
青海	36369746	70.8	51.4	33203617	1137546	2028583

续表

地区	天然草原面积（公顷）	土地总面积（万平方千米）	草地面积占当地国土面积比重（%）	牧区（公顷）	半牧区（公顷）	农（林）区（公顷）
宁夏	3014067	5.2	58.2	556971	7443300	1712766
新疆	57258767	165.1	34.7	25037187	12730241	19491339

附表 3-2

地区	Ⅰ等草原	Ⅱ等草原	Ⅲ等草原	Ⅳ等草原	Ⅴ等草原	未划入等级
全国	38463642	100608229	149389494	65203667	22318285	16849316
北京	0	13074	276401	65015	1759	38567
天津	22	934	142350	3233	65	0
河北	138114	1067118	1349667	1088897	728937	339407
山西	18825	2107479	1315878	854852	254966	0
内蒙古	8623252	21207438	28599983	14865591	5508219	0
辽宁	391771	733418	1261167	530731	471761	0
吉林	391510	976552	1826432	1423610	1224078	0
黑龙江	2255815	1655452	2034364	1023622	562514	0
上海	0	0	0	0	0	73333
江苏	132478	125852	139307	15072	0	0
浙江	22870	193133	256298	154994	95522	2447036
安徽	0	6833	627674	3098	0	1025574
福建	4327	148655	246308	81031	43867	1523769
江西	458073	1267058	1782471	533011	401721	0
山东	33249	309766	987155	49352	130204	128248
河南	492392	536534	1391954	361382	221082	1430444
湖北	98045	620453	184706	212113	0	3574198
湖南	795803	2256533	3022912	283256	14164	0
广东	47004	218835	237533	66263	2486	2694120
广西	928589	2960054	4009309	681174	124216	0
海南	57365	286982	159927	34699	17726	393074
四川	170384	5008056	9141787	8175999	42600	0
贵州	0	320823	1715577	1508	723	2248626
云南	653387	5146793	7103041	1636532	768680	0
西藏	16840732	10178082	41900547	12152718	47043	932920
陕西	64040	2209554	2068173	834202	30214	0

续表

地区	Ⅰ等草原	Ⅱ等草原	Ⅲ等草原	Ⅳ等草原	Ⅴ等草原	未划入等级
甘肃	0	4117421	6835231	1480321	5471233	0
青海	2467357	19017607	10600511	3432223	852048	0
宁夏	1178	607961	1648504	694527	61897	0
新疆	3382060	17309779	1681727	14464641	5240560	0

资料来源：谢双红《北方牧区草畜平衡与草原管理研究》，博士学位论文，中国农业科学院，2005年。

四 中华人民共和国成立以来中国部分中西部省（区）草原开垦情况

附表4-1 中华人民共和国成立以来中国部分中西部省（区）草原开垦情况

地区	天然草原（公顷）	开垦草原（公顷）	牧区半牧区开垦草原（公顷）	牧区半牧区开垦草原占开垦草原比重（%）
青海	3644.94	68.14	25.06	36.78
甘肃	1790.42	71.94	34.41	47.83
四川	2038.07	76.93	20.80	27.04
新疆维吾尔自治区	5725.87	119.52	70.28	58.80
新疆生产建设兵团	241.60	13.87	1.87	13.48
宁夏	301.40	49.60	21.59	43.53
内蒙古	7880.00	200.00	166.67	83.34
陕西	520.00	127.26	38.53	30.28
黑龙江	753.13	100.00	15.33	15.33
吉林	584.20	81.10	40.81	50.32
辽宁	338.87	180.00	20.47	11.37
河北	471.20	50.00	47.00	94.00
山西	455.20	229.00		
全国	28870.01	1929.87	579.35	30.02

资料来源：《全国已垦草原退牧还草工程规划（2001—2010年）》（2001年7月颁行），转引自刘晓莉《中国草原保护法律制度研究》，人民出版社2015年版，第32页。

五 清代蒙古地区的疆域范围及盟旗建置

1. 根据中国科学院地理科学与资源研究所与中国第一历史档案馆合编

《清代奏折汇编——农业·环境》中对清代政区地名的整理，将蒙古地区分为乌里雅苏台、内蒙古六盟、套西二旗及察哈尔等几部分，具体为以下内容。

(1) 乌里雅苏台

三音诺颜部：扎布哈朗特、中末旗、右翼后旗、左翼中旗、右末旗、右翼前旗、中左旗、中后末旗、左翼左末旗、中左末旗、扎牙班弟达呼图克图、额鲁特前旗、中后旗、左翼左旗、右翼中旗、额鲁特旗、右翼右后旗、青苏珠克图诺门罕、中右翼末旗、右翼左末旗、右翼末旗、额尔德尼班第达呼图克图、中前旗、右翼中末旗、中右旗、三音诺言旗（海尔汗杜兰）、右翼中左旗。

唐努乌梁海：唐努乌梁海旗、托锦乌梁海旗、克穆齐克乌梁海旗、萨拉吉克乌梁海旗、库苏古尔乌梁海旗。

科布多：科布多、杜尔伯特左翼（十一旗及辉特下前旗）、杜尔伯特右翼（三旗及辉特下后旗）（乌兰固木）、额鲁特旗、明阿特旗（缅嘎图）、新和硕特旗、扎哈沁旗、新土尔扈特二旗。

土谢图汗部：库伦中旗（乌兰巴托）、恰克图、右翼右末次旗、中左翼末旗、右翼左旗（布尔根）、右翼左末旗、左翼前旗、右翼左后旗、右翼右末旗、中左旗、土谢图汗旗、中右旗（额尔德尼桑图）、中右末旗、左翼左中末旗、右翼右旗、左翼右末旗、左翼后旗、左翼末旗、左翼中左旗、左翼中旗、中次旗。

车臣汗部：车臣汗旗（温都尔汗）、左翼左旗、中右后旗、中后旗、中末次旗、中左前旗、中前旗（乔巴山）、右翼中左旗、右翼前旗、右翼左旗、左翼右旗、左翼中旗、右翼中前旗、中左旗（巴彦特勒木）、左翼后末旗、中右旗（塔木察格布拉克）、左翼前旗、中末旗、中末右旗、左翼后旗（海拉斯廷音索木）、右翼中旗、右翼中右旗、右翼后旗。

札萨克图汗部：札萨克图汗兼右翼左旗、中左翼左旗（车车尔勒格）、中左翼末旗（木伦）、左翼前旗及左翼后末旗、中左翼右旗、右翼右末旗、左翼左旗（桑图马尔嘎次）、中右旗末次旗（努木罗格）、伊勒固克散呼图克图、左翼右旗、左翼中旗及右翼后旗、那鲁班禅呼图克图、中右翼左旗、中右翼末旗、辉特旗、那蓝呼图克图（纳仁）、右翼前旗（额尔德尼）、左翼后旗（巴彦察干）、右翼后末旗、右翼右旗。

(2) 内蒙古六盟、套西二旗、察哈尔

归化土默特：绥远归化城（呼和浩特市）、萨拉齐（土默特右旗）、托

· 393 ·

克托、和林格尔、清水河。

哲里木盟：科尔沁右旗后旗、扎赉特旗、杜尔伯特旗、科尔沁右翼前旗、郭尔罗斯旗、科尔沁右翼中旗、郭尔罗斯前旗、科尔沁左翼中旗、科尔沁左翼后旗、科尔沁左翼前旗。

锡林郭勒盟：乌珠穆沁左翼旗、乌珠穆沁右翼旗、浩齐特右翼旗、浩齐特左翼旗、苏尼特右翼旗、阿巴噶右翼旗、阿巴噶左翼旗、阿巴哈纳尔左翼旗（阿巴哈纳尔旗）、阿巴哈纳尔右翼旗、苏尼特左翼旗。

昭乌达盟：扎鲁特右翼旗、扎鲁特左翼旗、阿鲁科尔沁旗、巴林右翼旗（巴林右旗）、巴林左翼旗、翁牛特左翼旗、克什克腾旗、敖汉旗、奈曼旗、喀尔喀左翼旗、翁牛特右翼旗、赤峰（乌兰哈达）（赤峰市）。

额济纳土尔扈特：额济纳土尔扈特旗。

乌兰察布盟：四子部落旗、喀尔喀右翼旗、茂明安旗、乌拉特旗。

察哈尔：镶白旗察哈尔、正蓝旗察哈尔、镶黄旗察哈尔、正白旗察哈尔、正红旗察哈尔、正黄旗察哈尔、镶蓝旗察哈尔、镶红旗察哈尔。

卓索图盟：土默特左翼旗、喀喇沁右翼旗、朝阳（三座塔）（朝阳市）、土默特右翼旗平泉州（塔子沟）（凌源）、喀喇沁左翼旗。

阿拉善额鲁特旗：阿拉善额鲁特旗（阿拉善左旗）。

伊克昭盟：鄂尔多斯右翼后旗、鄂尔多斯左翼后旗、鄂尔多斯左翼中旗（伊金霍洛旗）、鄂尔多斯左翼前旗、鄂尔多斯右翼中旗、鄂尔多斯右翼前旗。

资料来源：中国科学院地理科学与资源研究所、中国第一历史档案馆《清代奏折汇编——农业·环境》，商务印书馆2005年版，第638—640页。

2. 根据高博彦的整理，清代蒙古地区包括三个部分，分别为内蒙古、外蒙古、额鲁特蒙古。或内蒙古、外蒙古、西套蒙古、科布多、乌梁海、青海蒙古、内属游牧蒙古七部。具体为以下内容。

内蒙古：

（1）哲里木盟四部十旗。科尔沁六旗：受盛京将军监督。扎赉特一旗：受黑龙江副都统监督。杜尔伯特一旗：受黑龙江副都统监督。郭尔罗斯二旗：郭尔罗斯前旗受吉林副都统监督。

（2）卓所图盟三部六旗：受热河都统监督。科尔沁三旗。土默特二旗附牧。

（3）昭乌达盟八部十二旗：受热河都统监督。敖汉一旗。奈曼一旗。

巴林二旗。扎鲁特二旗。阿鲁科尔沁一旗。翁牛特二旗。克什克腾一旗。喀尔喀左翼一旗。

（4）锡林郭勒盟五部十旗：受察哈尔都统监督。乌珠穆沁二旗。浩齐特二旗。苏尼特二旗。阿巴噶二旗。阿巴哈纳尔二旗。

（5）乌兰察布盟四部六旗：受绥远城将军监督。四子部落一旗。茂明安一旗。乌拉特三旗。喀尔喀右翼一旗。

（6）伊克昭盟一部七旗：受绥远城将军监督。鄂尔多斯一部七旗。

（7）呼伦贝尔四部十七旗：呼伦贝尔总管管辖。新巴尔呼八旗。旧巴尔呼二旗。索伦六旗。厄鲁特一旗。

（8）布特哈打牧四部十八旗：黑龙江所属。达呼尔三旗。索伦五旗。鄂伦春八旗。毕拉尔二旗。

（9）察哈尔九部八旗两大牧场：察哈尔都统直辖。九部者：察哈尔、科尔沁、乌拉特、伊苏特、苏尼特、旧巴尔呼、喀尔喀、旧额鲁特、新额鲁特共百十二旗。两大牧场：一曰达里冈厓，一曰商都达布逊诺尔。

（10）归化城土默特一部二旗：受绥远城将军直辖。

（11）除上述外，尚有伊克明安一旗属黑龙江，游牧喇嘛旗，达什达瓦额鲁特一旗均属热河。

外蒙古：

（1）阿拉善及额济纳：宁夏将军管辖。阿拉善额鲁特齐纳旧土尔扈特旗共二旗。

（2）阿尔泰：新和额特一旗：受科布多参赞大臣监督。新土尔扈特二旗：受科布多参赞大臣监督。阿尔泰乌梁海二部七旗：受科布多参赞大臣直辖。阿尔诺尔乌梁海一部二旗。

（3）塔尔巴哈台：阿尔泰所属。旧土尔扈特一部三旗。察哈尔一旗。额鲁特一旗。哈萨克一旗。

（4）青海五部廿九旗：受西宁办事大臣监督。青海和硕特部廿旗。青海绰罗斯二旗。青海土尔扈特四旗。青海喀尔喀部一旗。青海汝辉特部一旗。此外，尚有游牧喇嘛一旗，及西番土司四十族。

（5）伊犁。旧土尔扈特三部七旗。伊犁和硕特一部三旗。

（6）图什图业汗部一部二十旗：受定边左副将军之监督。

（7）车臣汗部一部二十三旗：受定边左副将军之监督。

（8）札萨克图汗二部十九旗：受定边左副将军之监督。

附件

（9）三音诺颜部二部二十四旗：受定边左副将军之监督。

（10）唐努乌梁海四部五旗：定边左副将军所属五旗二十五佐领、札萨克图汗部所属五佐领、三音诺颜汗所属十三佐领、哲布尊丹巴所属三佐领。

（11）科布多七部二十旗，其中扎哈沁、明阿特、额鲁特三旗归科布多参赞大臣直辖。

资料来源：高博彦《蒙古与中国》，台湾南天书局1987年版，第94—98、98—101页。

参考文献

一 基本史料

(西汉) 司马迁：《史记》，中华书局 1959 年标点本。

(东汉) 班固：《汉书》，中华书局 1962 年标点本。

(唐) 李延寿：《北史》，中华书局 1974 年标点本。

(唐) 魏徵等：《隋书》，中华书局 1973 年标点本。

(唐) 杜佑：《通典》，王文锦、王永兴、刘俊文等点校，中华书局 1988 年点校版。

(北齐) 魏收：《魏书》，中华书局 1974 年标点本。

(北宋) 欧阳修等：《新唐书》，中华书局 1975 年标点本。

(北宋) 李涛：《续资治通鉴长编》，上海师范大学古籍整理研究所、华东师范大学古籍研究所点校，中华书局 1995 年版。

(北宋) 沈括：《梦溪笔谈》，中华书局 2009 年标点本。

(南宋) 彭大雅撰，徐霆疏证：《黑鞑事略》，内蒙古文化出版社 2001 年版。

(元) 脱脱等：《辽史》，中华书局 1974 年标点本。

(元) 脱脱等：《金史》，中华书局 1975 年标点本。

(元) 胡祗遹：《紫山大全集》，台湾商务印书馆 1986 年版。

(元) 李志常：《长春真人西游记》，党宝海译注，河北人民出版社 2001 年版。

(元) 完颜纳丹：《通制条格》，黄时鉴点校，浙江古籍出版社 1986 年版。

(明) 陈子龙等：《明经世文编》，中华书局 1962 年影印版。

(明) 宋濂等：《元史》，中华书局 1976 年标点本。

(明) 顾祖禹：《读史方舆纪要》，贺次君、施和金点校，中华书局 2005 年版。

参考文献

（清）张廷玉：《明史》，中华书局 1974 年标点本。
（清）董诰：《全唐文》，中华书局 1983 年影印版。
（清）贺长龄、魏源等编：《清经世文编》，中华书局 1992 年影印版。
（清）何桑阿等：《大清会典》，台湾文海出版社 1992 年版。
（清）王锡祺：《小方壶斋舆地丛钞》，上海著易堂光绪十七年铅印本，杭州古籍书店 1985 年影印版。
（清）严文儒、戴扬本点校：《顾炎武全集》，上海古籍出版社 2012 年版。
（清）沈家本校刻：《元典章》，中国书店出版社 1990 年版。
（清）萨囊彻辰：《蒙古源流》，内蒙古人民出版社 1981 年版。
（清）徐珂：《清稗类钞》，中华书局 1984 年版。
（清）姚锡光：《筹蒙刍议》，远方出版社 2008 年版。
（清）傅恒等撰：《平定准噶尔方略》，西藏社会科学院西藏学汉文文献编辑室编辑，《西藏学汉文文献汇刻》第二辑，内部刊印，1990 年版。
（清）昆冈等编：《大清会典》第 22 册，台湾新文丰出版公司 1976 年影印版。
潘复：《调查河套报告书》，京华书局 1923 年版。
勺舆：《西盟游记》，民国十一年刊印本，远方出版社 2007 年版。
赵尔巽：《清史稿》，中华书局 1977 年标点本。
林竞：《西北丛编》，神州国光社刊，1933 年。
林竞：《西北考察日记》，中国国际广播出版社 2016 年点校版。
胡太才：《侦蒙记》，民国二年版，远方出版社 2007 年版。
"满铁调查部"：《兴安西省扎鲁特旗、阿尔科尔沁旗畜产调查报告》，1939 年。
《呼和浩特史蒙古文献资料汇编（蒙古文）》第二辑，内蒙古文化出版社 1988 年版。
《呼和浩特史蒙古文献资料汇编（蒙古文）》第一辑，内蒙古文化出版社 1988 年版。
毕奥南整理：《清代蒙古游记选辑三十四种》（上、下册），东方出版社 2015 年版。
薄音湖、王雄编辑点校：《明代蒙古汉籍史料汇编》第一辑，内蒙古大学出版社 1994 年版。

参考文献

薄音湖、王雄编辑点校：《明代蒙古汉籍史料汇编》第二辑，内蒙古大学出版社 2000 年版。

薄音湖编辑点校：《明代蒙古汉籍史料》第四辑，内蒙古大学出版社 2007 年版。

薄音湖、于默颖编辑点校：《明代蒙古汉籍史料汇编》第六辑，内蒙古大学出版社 2009 年版。

方裕谨选编：《顺治年间有关垦荒劝耕的题本奏章》，《历史档案》1981 年第 2 期。

呼伦贝尔市档案室志局、政协鄂温克族自治旗委员会编：《呼伦贝尔市纪念抗日战争胜利 60 周年史料专辑》，内蒙古文化出版社 2005 年版。

瞿宣颖纂辑，戴维校点：《中国社会史料丛钞》，湖南教育出版社 2009 年版。

昆冈等编：《大清会典》，光绪二十五年刻本，台湾新文丰出版公司 1976 年影印版。

李保文选编：《天命天聪年间蒙古文档案译稿（中）》，《历史档案》2011 年第 4 期。

马鹤天：《内外蒙古考察日记》，新亚西亚学会边疆丛书之三，新亚西亚学会出版，1933 年。

内蒙古自治区统计局编：《奋进的内蒙古（1947—1989）》，中国统计出版社 1989 年版。

内蒙古自治区委党史研究室编：《内蒙古抗日战争时期人口伤亡和财产损失》，中共党史出版社 2014 年版。

台湾故宫博物院编：《宫中档雍正朝奏折》，中国台湾故宫博物院 1977 年印行。

唐长孺主编：《吐鲁番出土文书》第一册，文物出版社 1986 年版。

伪满实业部临时产业调查局：《农村社会生活篇——康德元年农村实态调查报告》，"满洲"图书株式会社 1938 年版。

余大钧译注：《蒙古秘史》，内蒙古大学出版社 2014 年版。

中国第一历史档案馆等编：《清实录》（第 2 册、第 5 册、第 6 册、第 7 册、第 9 册、第 11 册、第 17 册、第 43 册），中华书局 1985—1986 年影印版。

中国第一历史档案馆译编:《雍正朝满文朱批奏折全译》(上、下册),黄山书社 1998 年版。

中国科学院地理科学与资源研究所、中国第一历史档案馆编:《清代奏折汇编——农业·环境》,商务印书馆 2005 年版。

中国社会科学院中国边疆实地研究中心:《清代理藩院资料辑录》,全国图书馆文献缩微复制中心 1988 年版。

中国社会科学院中国边疆史地研究中心编:《乾隆朝内府抄本〈理藩院则例〉》,载《清代理藩院资料辑录》,全国图书馆文献缩微复制中心 1988 年版,兰州大学丝绸之路文化开发经营中心激光印刷部印刷。

中央档案馆编:《伪满洲国的统治内幕——伪满官员供述》,中华书局 2000 年版。

周颂尧:《准郡两旗旅行调查记》,民国十八年版,远方出版社 2007 年点校版。

二 地方志及文史资料

(明)赵延瑞修,(明)马理、(明)吕柟纂,董健桥等校注:嘉靖《陕西通志》,三秦出版社 2006 年点校版。

(清)穆尔赛等修,(清)刘梅、(清)温敞纂,任根珠等点校:康熙《山西通志》,中华书局 2014 年点校版。

(清)谭吉璁纂修,马少甫校注:《康熙延绥镇志》,康熙十二年成稿,光绪七年增刻本,上海古籍出版社 2012 年点校版。

(清)高赓恩纂,(清)贻谷修,李晓秋点校,刘成法审校:《绥远旗志》,光绪三十四年刻本,远方出版社 2012 年版。

(清)李熙龄纂修,马少甫点校:《榆林府志》,道光二十二年增刻本,上海古籍出版社 2014 年标点本。

(清)文秀修,(清)卢梦兰纂:《新修清水河厅志》,光绪九年版,远方出版社 2009 年版。

(清)吴禄贞:《东四盟蒙古实纪(光绪三十二年四月至七月)》,1906 年成稿,吴锡祺(吴禄贞后人)家藏抄本,远方出版社 2008 年版。

(清)姚明辉辑,(清)夏日珢校:《蒙古志》,光绪三十三年刊本,台湾成文出版社 1961 年影印版。

（清）贻谷等修，（清）高赓恩纂：《归绥道志》，光绪三十三年版，远方出版社2007年版。

（清）钟秀、（清）张曾编：《古丰识略》，咸丰九年抄本，载王静主编《清代蒙古汉籍史料汇编》第一辑，内蒙古人民出版社2017年点校版。

陈继淹修，许闻诗纂：《张北县志》，载《中国方志丛书·塞北地方》第35册，台湾成文出版社1969年影印版。

贺扬灵：《察绥蒙民经济的解剖》，上海商务印书馆1935年版。

临川花楞：《内蒙古纪要》，中国台湾文海出版社1916年版。

孙斌纂，李晓秋点校，胡云晖审定：《包头市志》，1943年版，远方出版社2011年版。

杨葆初撰：《集宁县志》，中国台湾成文出版社1968年影印版。

王静主编：《清代蒙古汉籍史料汇编》第一辑，内蒙古人民出版社2017年点校版。

郑植昌修，郑裕孚纂，忒莫勒点校，王珣、刘成法审定：《归绥县志》，远方出版社2012年影印版。

张树培纂，韩绍祖、望月稔修：《萨拉齐县志》，1934年铅印本，远方出版社2011年影印版。

高博彦：《蒙古与中国》，南天书局有限公司1987年影印版。

赤峰市元宝山区政协文史资料委员会编：《元宝山区文史资料》第5辑，内部资料，2003年版。

东三省垦务局编纂：《哲里木盟十旗调查报告书》，宣统二年抄本，远方出版社2007年影印版。

呼和浩特市地方志编修办公室：《呼和浩特史料》第一集，内部资料，1983年版。

呼和浩特市地方志编修办公室：《呼和浩特史料》第四集，内部资料，1984年版。

内蒙古图书馆整理：《筹蒙刍议》，远方出版社2008年版。

内蒙古地方志编纂委员会总编室编：《内蒙古史志资料选编》第5辑《赤峰事情》，内部资料，1984年版。

内蒙古地方志编纂委员会总编印室：《内蒙古史志资料选编》第三编，内部资料，1985年版。

参考文献

内蒙古自治区地名委员会办公室编:《内蒙古自治区地名志·兴安盟分册》,内部资料,1989年版。

内蒙古自治区地名委员会办公室编:《内蒙古自治区地名志·伊克昭盟分册》,内部资料,1986年版。

内蒙古自治区地名委员会办公室编:《内蒙古自治区地名志·呼和浩特市分册》,内部资料,1985年版。

内蒙古自治区地名委员会办公室编:《内蒙古自治区地名志·锡林郭勒盟分册》,内部资料,1987年版。

内蒙古自治区地名委员会办公室编:《内蒙古自治区地名志·赤峰市分册》,内部资料,1987年版。

内蒙古自治区地名委员会办公室编:《内蒙古自治区地名志·包头市分册》,内部资料,1985年版。

内蒙古自治区地名委员会办公室编:《内蒙古自治区地名志·哲理木盟分册》,内部资料,1990年版。

内蒙古自治区地名委员会办公室编:《内蒙古自治区地名志·呼伦贝尔盟分册》,内部资料,1990年版。

内蒙古自治区地名委员会办公室编:《内蒙古自治区地名志·乌海市分册》,内部资料,1989年版。

内蒙古自治区地名委员会办公室编:《内蒙古自治区地名志·阿拉善盟分册》,内部资料,1991年版。

内蒙古自治区地名委员会办公室编:《内蒙古自治区地名志·乌兰察布盟分册》,内部资料,1988年版。

内蒙古自治区地名委员会办公室编:《内蒙古自治区地名志·巴彦淖尔市分册》,内部资料,1987年版。

绥远通志馆编纂:民国《绥远通志稿》,民国二十六年版,内蒙古人民出版社2007年版。

土默特左旗《土默特志》编纂委员会编:《土默特志》,内蒙古人民出版社1997年版。

《中国方志丛书·塞北地方》第35册,中国台湾成文出版社1969年影印版。

三　报刊史料

习近平：《高举中国特色社会主义伟大旗帜　为全面建设社会主义现代化国家而团结奋斗——在中国共产党第二十次全国代表大会上的报告》，《人民日报》2022 年 10 月 26 日第 1 版。

《地理与文明之关系》，《东方杂志》1913 年 10 卷 8 号。

陈平：《单一的小农经济结构是我国长期动乱贫困的病根》，《光明日报》1979 年 11 月 16 日。

董恒宇：《加强草原保护建设之我见》，《人民日报（海外版）》2010 年 11 月 9 日。

杨翠：《旧石器时代的文化遗址·扎赉诺尔》，《北方新报》2013 年 1 月 9 日。

叶谦吉：《真正的文明时代才刚刚起步——叶谦吉教授呼吁开展"生态文明建设"》，《中国环境报》1987 年 6 月 23 日。

宗丕城：《内蒙特约通讯——内蒙古锡林郭勒盟旅行记》，《政治月刊》1944 年第 7 卷第 1 期。

东海寓公：《地理与文明之关系》，《东方杂志》1913 年 10 卷 8 号。

唐启宇：《西北农垦计划私议》，《西北汇刊》1925 年第 1 卷第 5 期。

王月如：《后套之垦殖与水利》，《大公报》1936 年 9 月 4 日。

啸岩：《西北风俗谈·内外蒙古》，《西北汇刊》1925 年第 1 卷第 9 期。

袁勃：《察绥之农业》，《开发西北》1935 年第 3 卷第 1 期。

曾雄镇：《绥远农垦调查记》，《西北汇刊》1925 年第 1 卷第 8 期。

曾雄镇：《绥远人口调查记》，《西北汇刊》1925 年第 2 卷第 10 期。

［日］剑虹生：《多伦诺尔记》，《东方杂志》1908 年第 5 卷第 10 号。

［日］鸟居龙藏：《蒙古之今昔——一个三十年前后底旅行的比较》，刘亦萍译，《边疆》1936 年第 1 卷第 3 期。

四　经典著作

恩格斯：《自然辩证法》，曹葆华、于光远、谢宁译，人民出版社 1964 年版。

《马克思恩格斯全集》第 19 卷，中共中央马克思恩格斯列宁斯大林著作编译局编译，人民出版社 1963 年版。

《马克思恩格斯全集》第 21 卷，中共中央马克思恩格斯列宁斯大林著作编译局编译，人民出版社 1985 年版。

《马克思恩格斯全集》第 42 卷，中共中央马克思恩格斯列宁斯大林著作编译局编译，人民出版社 1979 年版。

《马克思恩格斯全集》第 46 卷上、下，中共中央马克思恩格斯列宁斯大林著作编译局编译，人民出版社 1979 年版。

《马克思恩格斯选集》第 1 卷，中共中央马克思恩格斯列宁斯大林著作编译局编译，人民出版社 1995 年版。

《马克思恩格斯选集》第 2 卷，中共中央马克思恩格斯列宁斯大林著作编译局编译，人民出版社 1995 年版。

《马克思恩格斯选集》第 3 卷，中共中央马克思恩格斯列宁斯大林著作编译局编译，人民出版社 1995 年版。

《马克思恩格斯选集》第 4 卷，中共中央马克思恩格斯列宁斯大林著作编译局编译，人民出版社 1995 年版。

马克思：《资本论》第 1 卷，中共中央马克思恩格斯列宁斯大林著作编译局编译，人民出版社 2004 年版。

马克思：《资本论》第 3 卷，中共中央马克思恩格斯列宁斯大林著作编译局编译，人民出版社 2004 年版。

五　国外译著

［丹麦］亨宁·哈士伦：《蒙古的人和神》，徐孝祥译，新疆人民出版社 1996 年版。

［德］汉斯·萨克塞：《生态哲学》，文韬等译，东方出版社 1991 年版。

［德］黑格尔：《历史哲学》，王造时译，生活·读书·新知三联书店 1956 年版。

［俄］阿·马·波兹德涅耶夫：《蒙古及蒙古人》第二卷，张梦玲、郑德林、卢龙、孟素荣、刘明汉译，内蒙古人民出版社 1983 年版。

［俄］符拉基米尔佐夫：《蒙古社会制度史》，刘荣焌译，中国社会科学出版社 1980 年版。

［法］古伯察：《鞑靼西藏旅行记》，耿昇译，中国藏学出版社 1991 年版。

［法］勒内·格鲁塞：《草原帝国》，黎荔、冯京瑶、李丹丹译，国际文化出版社 2003 年版。

［法］谢和耐：《中国社会史》，耿昇译，江苏人民出版社 1995 年版。

［法］张诚：《耶稣会士、法国传教士张诚鞑靼旅行记》，刘晓明、王书健译，杨品泉校，载中国社会科学院历史研究所清史研究室编《清史资料》第五辑，中华书局 1984 年版。

［美］艾尔斯沃斯·亨廷顿：《亚洲的脉搏》，王彩琴、葛莉译，新疆人民出版社 2013 年版。

［美］艾伦·杜宁：《多少算够？——消费社会与地球的未来》，毕聿译，吉林人民出版社 1997 年版。

［美］大卫·格里芬：《后现代科学——科学魅力的再现》，马季方译，中央编译出版社 1995 年版。

［美］丹尼斯·米都斯、乔根·兰德斯、德内拉·米都斯：《增长的极限——罗马俱乐部关于人类困境的报告》，李宝恒译，吉林人民出版社 1997 年版。

［美］杜赞奇：《文化、权力与国家：1900—1942 年的华北农村》，王明福译，江苏人民出版社 2003 年版。

［美］何炳棣：《明初已降人口及其相关问题》，葛剑雄译，生活·读书·新知三联书店 2000 年版。

［美］拉铁摩尔：《中国的亚洲内陆边疆》，唐晓峰译，江苏人民出版社 2005 年版。

［美］雷切尔·卡逊：《寂静的春天》，吕瑞兰、李长生译，吉林人民出版社 1997 年版。

［美］W. M. 麦高文：《中亚古国史》，章巽译，中华书局 1958 年版。

［美］柔克义译注：《柏朗嘉宾蒙古行纪·鲁布鲁克东行纪》，耿昇、何济高译，中华书局 2002 年版。

［美］J. 唐纳德·休斯：《世界环境史；人类在地球生命中的角色转变》，赵长凤、王宁、张爱萍译，电子工业出版社 2014 年版。

［美］威廉·哈维兰：《当代人类学》，王铭铭等译，上海人民出版社 1987 年版。

［日］后藤十三雄：《蒙古游牧社会》，内蒙古人民出版社 1990 年版。

· 405 ·

参考文献

［日］杉山正明：《游牧民的世界史》，黄美蓉译，中华工商联合出版社2016年版。

［日］松厚正毅：《游牧世界》，杨海英审译，赛音朝格图译，民族出版社2002年版。

［日］田山茂：《清代蒙古社会制度》，潘世宪译，内蒙古人民出版社2015年版。

［瑞典］多桑：《多桑蒙古史》，冯承钧译，中华书局2004年版。

［苏联］伊·亚·兹拉特金：《游牧民族社会经济史的几个问题》，蔡曼华译，《民族译丛》1981年第5期。

［苏联］伊·亚·兹拉特金：《准噶尔汗国史》，马曼丽译，商务印书馆1980年版。

［意］马可·波罗：《马可波罗游记》，陈开俊等译，福建科学技术出版社1981年版。

［意］马可·波罗：《马可波罗游记》，梁生智译，中国文史出版社1998年版。

［意］图齐、［西德］海西希：《西藏和蒙古的宗教》，耿昇译，天津古籍出版社1989年版。

［英］阿诺尔德·汤因比：《历史研究》，曹未风等译，上海人民出版社1985年版。

［英］阿诺尔德·汤因比：《人类与大地母亲》，徐波等译，上海人民出版社2001年版。

［英］安德鲁·古迪：《人类影响——在环境变化中人的作用》，郑锡荣等译，张遵敬、张崇华审校，中国环境科学出版社1989年版。

六　国内著作

胡锦涛：《坚定不移沿着中国特色社会主义道路前进为全面建成小康社会而奋斗——在中国共产党第十八次全国代表大会上的报告》，人民出版社2012年版。

习近平：《习近平谈治国理政》第二卷，外文出版社2017年版。

习近平：《习近平谈治国理政》第四卷，外文出版社2022年版。

阿拉腾：《文化的变迁——一个嘎查的故事》，民族出版社2006年版。

参考文献

阿岩、乌恩：《蒙古族经济发展史》，远方出版社1999年版。

安介生：《山西移民史》，山西人民出版社1999年版。

安介生、邱仲麟主编：《边界、边地与边民——明清时期北方边塞地区部族分布与地理生态基础研究》，齐鲁书社2009年版。

敖仁其主编：《制度变迁与游牧文明》，内蒙古人民出版社2004年版。

包庆德：《清代内蒙古地区灾荒研究》，人民出版社2015年版。

包玉山：《内蒙古草原畜牧业的历史与未来》，内蒙古教育出版社2003年版。

宝力高主编：《蒙古族传统生态文化研究》，内蒙古教育出版社2007年版。

宝力格主编：《内蒙古草原文明研究》第五辑，内蒙古教育出版社2009年版。

暴庆五：《蒙古族生态经济研究》，辽宁民族出版社2008年版。

北京自然博物馆编著：《生物史图说》，科学出版社1987年版。

卞耀武主编：《中华人民共和国草原法释义》，法律出版社2004年版。

孛儿只斤·吉尔格勒：《游牧文明论》，内蒙古人民出版社2002年版。

蔡志纯、洪用斌、王龙耿：《蒙古族文化》，中国社会科学出版社1993年版。

曹树基：《中国人口史：明时期》第四卷，复旦大学出版社2000年版。

查干扣：《肃北蒙古人》，民族出版社2005年版。

陈洁、罗丹等：《中国草原生态治理调查》，上海远东出版社2009年版。

陈献国主编：《蒙古族经济思想史研究》，辽宁民族出版社2004年版。

成崇德：《清代边疆民族研究》，故宫出版社2015年版。

德勒格：《内蒙古喇嘛教史》，内蒙古人民出版社1999年版。

丁世良、赵放：《中国地方志民俗资料汇编·华北卷》，书目文献出版社1989年版。

董万仑：《东北史纲要》，黑龙江人民出版社1987年版。

额灯套格套：《游牧社会形态论》，辽宁民族出版社2013年版。

额尔敦布和、恩和、［日］双喜主编：《内蒙古草原荒漠化问题及其防治对策研究》，内蒙古大学出版社2002年版。

费孝通：《乡土中国》，人民出版社2015年版。

费孝通：《乡土中国》，生活·读书·新知三联书店1985年版。

参考文献

费孝通主编:《中华民族多元一体格局》,中央民族大学出版社1999年版。
盖志毅:《草原生态经济系统可持续发展研究》,中国林业出版社2007年版。
葛根高娃、乌云巴图:《蒙古民族的生态文化》,内蒙古教育出版社2004年版。
葛剑雄:《未来生存空间:自然空间》,生活·读书·新知三联书店1998年版。
葛剑雄:《西汉人口地理》,人民出版社1986年版。
葛全胜等:《中国历朝气候变化》,科学出版社2011年版。
耿占军:《清代陕西农业地理研究》,西北大学出版社1997年版。
顾颉刚主编:《禹贡》,花山文艺出版社1994年版。
广州博物馆编:《地球历史与生命演化》,上海古籍出版社2006年版。
高吉喜、吕世海、刘军会等:《中国生态交错带》,中国环境科学出版社2009年版。
郭殿勇:《人·历史·环境——蒙元时期的内蒙古》,内蒙古大学出版社2007年版。
郭松义、张泽咸:《中国屯垦史》,文津出版社1997年版。
韩俊等:《中国草原生态问题调查》,上海远东出版社2011年版。
韩茂莉:《草原与田园——辽金时期西辽河流域农牧业与环境》,生活·读书·新知三联书店2006年版。
韩茂莉:《十里八村:近代山西乡村社会地理研究》,生活·读书·新知三联书店2017年版。
韩茂莉:《中国历史地理十五讲》,北京大学出版社2015年版。
韩茂莉:《中国历史农业地理》,北京大学出版社2012年版。
郝维民、齐木德道尔吉:《内蒙古通史纲要》,人民出版社2006年版。
郝维民主编:《内蒙古革命史》,内蒙古大学出版社1997年版。
郝益东:《游牧变迁》,民族出版社2015年版。
何炳棣:《黄土与中国农业的起源》,中华书局2017年版。
赫治清主编:《中国古代灾荒史研究》,中国社会科学出版社2007年版。
呼日勒沙:《草原文化区域分布研究》,内蒙古人民出版社2007年版。
黄春长:《环境变迁》,科学出版社2000年第二版。

黄健英主编：《北方农牧交错带变迁对蒙古族经济文化类型的影响》，中央民族大学出版社2009年版。

黄仁宇：《放宽历史的视界》，生活·读书·新知三联书店2001年版。

贾慎修、贾志海：《贾慎修文集》，中国农业大学出版社2002年版。

翦伯赞：《中国史纲：史前史·殷周史》，商务印书馆2010年版。

江帆：《生态民俗学》，黑龙江人民出版社2003年版。

金海、齐木德道尔吉、胡日查、哈斯巴根：《清代蒙古志》，内蒙古人民出版社2009年版。

瞿大风：《元朝时期的山西地区——政治·军事·经济篇》，辽宁民族出版社2005年版。

李春昱等编：《板块构造基本问题》，地震出版社1986年版。

李中清、郭松义主编：《清代皇族人口行为和社会环境》，北京大学出版社1994年版。

梁方仲：《中国历代户口、田地、田赋统计》，上海人民出版社1980年版。

林幹：《匈奴通史》，人民出版社1986年版。

林蔚然、郑广智主编：《内蒙古自治区经济发展史（1947—1988）》，内蒙古人民出版社1990年版。

刘海年：《战国秦代法制管窥》，法律出版社2006年版。

刘海源主编：《内蒙古垦务研究》第1辑，内蒙古人民出版社1990年版。

刘纪有、张万荣主编：《内蒙古鼠疫》，内蒙古人民出版社1997年版。

刘景纯：《明代九边史地研究》，中华书局2014年版。

刘景岚：《西辽河蒙地开发与社会变迁研究》，华文出版社2001年版。

刘晓莉：《中国草原保护法律制度研究》，人民出版社2015年版。

刘钟龄、恩和、达林太：《内蒙古牧区草原退化与生态安全带的建设》，内蒙古大学出版社2011年版。

刘钟龄主编：《内蒙古通史：生态环境与生态文明》第八卷，人民出版社2011年版。

罗桂环、舒俭民：《中国历史时期的人口变迁与环境保护》，冶金工业出版社1995年版。

马长寿：《乌丸与鲜卑》，上海人民出版社1962年版。

毛芳芳主编：《森林环境》，中国林业出版社2015年版。

参考文献

马戎：《人口迁移与族群交往：内蒙古赤峰调查》，社会科学文献出版社 2015 年版。

马大正主编：《中国边疆经略史》，武汉大学出版社 2013 年版。

马桂英：《蒙古文化中的人与自然关系研究》，辽宁民族出版社 2013 年版。

满志敏：《中国历史时期气候变化研究》，山东教育出版社 2009 年版。

内蒙古农牧学院：《草原管理学》，农业出版社 1981 年版。

内蒙古文物考古研究所编：《岱海考古（一）——老虎山文化遗址发掘报告集》，科学出版社 2000 年版。

内蒙古文物考古研究所编：《岱海考古（二）——中日岱海地区考察研究报告集》，科学出版社 2001 年版。

内蒙古文物考古研究所编：《内蒙古文物考古文集》第 1 辑，中国大百科全书出版社 1994 年版。

内蒙古自治区蒙古族经济史研究组：《蒙古族经济发展史研究》第 1 集，内部刊行，1987 年版。

内蒙古自治区蒙古族经济史研究组：《蒙古族经济发展史研究》第 2 集，内部刊行，1988 年版。

内蒙古自治区文物考古研究所、鄂尔多斯博物馆编：《朱开沟——青铜时代早期遗址发掘报告》，文物出版社 2000 年版。

牛敬忠等：《近代的察哈尔地区》，内蒙古大学出版社 2015 年版。

牛森主编：《内蒙古草原文化研究资料选编》第二辑，中国大百科全书出版社 1997 年版。

牛森主编：《内蒙古草原文明研究》第四辑，内蒙古教育出版社 2008 年版。

农业部草原监理中心编：《草原执法理论与实践》，中国农业出版社 2010 年版。

潘乃谷、马戎主编：《边区开发论著》，北京大学出版社 1993 年版。

齐木德道尔吉主编：《内蒙古通史：清朝时期的内蒙古》第五卷，人民出版社 2011 年版。

奇格：《古代蒙古法制史》，辽宁民族出版社 1999 年版。

钱钢、耿庆国主编：《二十世纪中国重灾百录》，上海人民出版社 1999 年版。

钱穆：《中国文化史导论》，商务印书馆 1994 年版。

全国干部培训教材编审指导委员会组织编写：《推进生态文明 建设美丽中国》，人民出版社、党建读物出版社 2019 年版。

任爱君主编：《内蒙古通史：辽西夏金时期的内蒙古地区》第二卷，人民出版社 2011 年版。

戎郁萍、赵萌莉、韩国栋等编著：《草地资源可持续利用原理与技术》，化学工业出版社 2004 年版。

色音：《蒙古游牧社会的变迁》，内蒙古人民出版社 1998 年版。

沈斌华：《内蒙古经济发展札记》，内蒙古人民出版社 1982 年版。

施文正主编：《草原与草业的法制建设研究》，内蒙古大学出版社 1996 年版。

施正一：《施正一文集》，中国社会科学出版社 2001 年版。

史念海：《河山集》，山西人民出版社 1997 年版。

宋迺工主编：《中国人口·内蒙古分册》，中国财政经济出版社 1987 年版。

宋志刚：《内蒙古疆域考略》，内蒙古文史馆 1981 年版。

谭其骧：《长水集》，人民出版社 2011 年版。

谭其骧：《谭其骧全集》，人民出版社 2015 年版。

谭其骧主编：《中国历史地图集》（1—8 卷），中国地图出版社 1982 年版、1987 年版。

田丰等：《环境史：从人与自然的关系叙述历史》，商务印书馆 2011 年版。

汪涛：《生态社会人口论》，人民出版社 2015 年版。

王俊敏：《居游之间——游牧、采猎、渔捞三型游文化变迁与生态重塑》，生活·读书·新知三联书店 2014 年版。

王明珂：《华夏边缘：历史记忆与族群认同》，社会科学文献出版社 2006 年版。

王明珂：《游牧者的抉择：面对汉帝国的北亚游牧部落》，广西师范大学出版社 2008 年版。

王卫东：《融会与构建：1648—1937 年绥远地区移民与社会变迁》，华东师范大学出版社 2007 年版。

王炜民：《阴山文化史》，人民出版社 2011 年版。

王星光：《自然环境变迁与夏代的兴起探索》，科学出版社 2004 年版。

参考文献

王幼平:《中国远古人类文化的源流》,科学出版社2005年版。

王元林、孟昭锋:《自然灾害与历代中国政府应对研究》,暨南大学出版社2012年版。

王镇:《中国蒙古族人口》,内蒙古大学出版社1997年版。

文焕然:《秦汉时代黄河中下游气候研究》,商务印书馆1959年版。

乌云巴图、葛根高娃:《蒙古传统文化论》,远方出版社2001年版。

乌云毕力格、成崇德、张永江:《蒙古民族通史》,内蒙古大学出版社2002年版。

吴松弟:《中国人口史:辽宋金元时期》第三卷《隋唐五代时期》,复旦大学出版社2000年版。

吴松弟:《中国移民史》第三册,福建人民出版社1997年版。

项英杰:《中亚:马背上的民族》,浙江人民出版社1993年版。

肖瑞玲、曹永年、赵之恒等:《明清内蒙古西部地区开发与土地沙化》,中华书局2006年版。

邢莉、邢旗:《内蒙古区域游牧文化的变迁》,中国社会科学出版社2013年版。

行龙:《人口问题与近代社会》,人民出版社1992年版。

闫天灵:《汉族移民与近代内蒙古社会变迁研究》,民族出版社2004年版。

严家其、童第周:《自然辩证法文集》,吉林人民出版社1979年版。

杨积堂:《法典中的西夏文化:西夏〈天盛改旧定新律令〉研究》,法律出版社2003年版。

杨学琛:《中国历代民族史·清代民族史》,社会科学文献出版社2007年版。

殷鸿福等:《中国古生物地理学》,中国地质大学出版社1988年版。

余元庵:《内蒙古历史概要》,上海人民出版社1958年版。

札奇斯钦:《蒙古文化与社会》,中国台湾商务印书馆1987年版。

张秉毅:《与天地共生:鄂尔多斯生态现象》,内蒙古人民出版社2000年版。

张波:《西北农牧史》,陕西科技出版社1989年版。

张建民、宋俭:《灾害历史学》,湖南人民出版社1998年版。

张久和主编:《内蒙古通史:远古至唐代的内蒙古地区》第一卷,人民出版社 2011 年版。

张兰生主编：《中国生存环境历史演变规律研究》一，海洋出版社 1993 年版。

张立中主编：《中国草原畜牧业发展模式研究》，中国农业出版社 2004 年版。

张树文、张养贞、李颖、常丽萍：《东北地区土地利用/覆被时空特征分析》，科学出版社 2006 年版。

张文木：《气候变迁与中华国运》，海洋出版社 2017 年版。

张研：《17—19 世纪中国的人口与生存环境》，黄山书社 2008 年版。

中共中央宣传部：《习近平新时代中国特色社会主义思想学习问答》，学习出版社、人民出版社 2021 年版。

中国大百科全书编辑部：《中国大百科全书·哲学》，中国大百科全书出版社 1987 年版。

中国科学院内蒙古宁夏综合考察队：《内蒙古自治区及其东西部毗邻地区气候与农牧业的关系》，科学出版社 1976 年版。

中国科学院《中国自然地理》编辑委员会：《中国自然地理·古地理》上册、下册，科学出版社 1984 年版、1986 年版。

中国人民大学清史研究所编：《清史研究集》第一辑，中国人民大学出版社 1980 年版。

中国魏晋南北朝史学会编：《魏晋南北朝史研究》，四川省社会科学院出版社 1986 年版。

周毅：《西部屏障重构：生态安全预警》，内蒙古教育出版社 2001 年版。

朱震达等：《中国沙漠概论》，科学出版社 1980 年版。

庄孔韶主编：《人类学概论》，中国人民大学出版社 2006 年版。

七　硕士、博士学位论文

吉尔嘎拉：《游牧文明：传统与变迁——以内蒙古地区蒙古族为主》，博士学位论文，内蒙古大学，2008 年。

纪文瑶：《内蒙古草原生物量、地下生产力及其与环境因子关系研究》，硕士学位论文，北京师范大学，2013 年。

姜慧：《1942 年河套地区鼠疫研究》，硕士学位论文，内蒙古大学，

2012年。

刘瑞俊：《内蒙古草原地带游牧生计方式起源探索》，博士学位论文，中央民族大学，2010年。

张小永：《明代河套地区汉蒙关系研究》，博士学位论文，陕西师范大学，2015年。

赛希雅拉：《内蒙古天然草原草畜平衡管理政策实证研究》，硕士学位论文，内蒙古大学，2009年。

斯庆图：《西部牧区草原生态保护的法制问题研究——以内蒙古牧区草原生态保护为例》，硕士学位论文，西北民族大学，2008年。

乌日陶克套胡：《蒙古族游牧经济及其变迁研究》，博士学位论文，中央民族大学，2006年。

谢双红：《北方牧区草畜平衡与草原管理研究》，博士学位论文，中国农业科学院，2005年。

杨发庭：《绿色技术创新的制度研究——基于生态文明的视角》，博士学位论文，中共中央党校，2014年。

赵双喜：《清代内蒙古地区寺院经济兴衰研究》，硕士学位论文，内蒙古师范大学，2008年。

八　期刊论文

阿茹罕：《试论古代蒙古法中的生态环境保护》，《内蒙古民族大学学报（社会科学版）》2010年第1期。

包庆德：《从生态哲学视界看游牧生态经济及其启示》，《自然辩证法研究》2005年第5期。

包庆德：《从遮蔽到彰显生态存在：生态意识新进展》，《自然辩证法研究》2011年第6期。

包庆德：《论生态存在与生态意识》，《北京林业大学学报（社会科学版）》2005年第1期。

包庆德：《蒙古族生态经济及其跨世纪有益启示——从生态哲学理论视界审视》，《内蒙古大学学报（人文社会科学版）》1998年第6期。

包庆德：《内蒙古荒漠化现状分析与对策研究》，《内蒙古社会科学（汉文版）》2002年第6期。

包庆德、彭月霞:《生态哲学之维:自然价值的双重性及其统一》,《内蒙古大学学报(人文社会科学版)》2006年第2期。

包庆德:《生态哲学操作:西部资源环境与经济生态三题》,《自然辩证法研究》2002年第2期。

包庆德:《生态哲学的功能与生态素质的提升》,《中国环境管理干部学院学报》2010年第2期。

包庆德、蔚蓝、安昊楠:《生态哲学之维:蒙古族游牧文化的生态智慧》,《内蒙古大学学报(哲学社会科学版)》2014年第6期。

包庆德:《消费模式转型:生态文明建设的重要路径》,《中国社会科学院研究生院学报》2011年第2期。

包庆德:《游牧文明:生存智慧及其生态维度研究评述》,《内蒙古社会科学(汉文版)》2015年第1期。

包庆德、张燕:《关于绿色消费的生态哲学思考》,《自然辩证法研究》2004年第2期。

本刊记者:《依托制度推进生态文明建设》,《林业与生态》2014年第1期。

曹永年:《阿勒坦汗和丰州川的再度半农半牧化——阿拉坦汗研究之一》,《内蒙古大学学报(哲学社会科学版)》1980年第Z1期。

陈光林:《深化草原文化研究》,《内蒙古社会科学(汉文版)》2007年第5期。

陈平:《夏家店下层文化研究综述》,《北京文物与考古》2002年第1期。

陈迎:《碳中和概念再辨析》,《中国人口·资源与环境》2022年第4期。

崔璇:《"海生不浪文化"述论》,《内蒙古社会科学(文史哲版)》1990年第5期。

崔思朋:《以优秀传统民族文化推进铸牢中华民族共同体意识——基于北方草原游牧生产方式及其生态价值分析视角》,《内蒙古大学学报(哲学社会科学版)》2022年第5期。

邓辉:《论燕北地区辽代的气候特点》,《第四纪研究》1998年第1期。

杜大恒、孙德智:《论明朝安全政策的环境影响》,《哈尔滨工业大学学报(社会科学版)》2004年第3期。

杜建红:《生态与民主问题调研——读 Roy Morrison 的〈Ecological Democra-

参考文献

cy〉》,《文学界(理论版)》2010年第4期。

段一平、铁徽:《科尔沁左翼后旗考古调查概述》,《内蒙古民族师院学报(社会科学汉文版)》1981年第2期。

段争虎、刘建明、曲建军:《中国土地沙漠化对大气 CO_2 含量的影响》,《干旱区资源与环境》1996年第2期。

方修琦:《从农业气候条件看我国北方原始农业的衰落与农牧交错带的形成》,《自然资源学报》1999年第3期。

方修琦、牟神州:《中国古代人与自然环境关系思想透视》,《人文地理》2005年第4期。

方修琦、孙宁:《降温事件:4.3kaBP岱海老虎山文化中断的可能原因》,《人文地理》1998年第1期。

方修琦、萧凌波:《中国古代土地开发的环境认知基础和相关行为特征》,《陕西师范大学学报(哲学社会科学版)》2007年第5期。

方修琦、章文波、张兰生:《全新世暖期我国土地利用的格局及其意义》,《自然资源学报》1998年第1期。

费孝通:《文化论中人与自然关系的再认识》,《群言》2002年第9期。

冯季昌、姜杰:《论科尔沁沙地的历史变迁》,《中国历史地理论丛》1996年第4期。

盖志毅:《工业化、城镇化与草原生态系统可持续发展》,《内蒙古财经学院学报》2006年第1期。

格·孟和:《论蒙古族草原生态文化观》,《内蒙古社会科学(文史哲版)》1996年第3期。

龚胜生:《中国疫灾的时空分布变迁规律》,《地理学报》2003年第6期。

顾钰民:《论生态文明制度建设》,《福建论坛(人文社会科学版)》2013年第6期。

郭学斌:《蒙古草原现状及生态环境保护——蒙古草原生态环境调研》,《山西林业科技》2005年第1期。

海山:《蒙古高原游牧文化中的环境道德及其现实意义》,《中央民族大学学报(哲学社会科学版)》2012年第5期。

韩昭庆:《明代毛乌素沙地变迁及与周边地区垦殖的关系》,《中国社会科学》2003年第5期。

韩茂莉：《历史时期草原民族游牧方式初探》，《中国经济史研究》2003年第4期。

何亚平、刘建全：《青藏高原高山植物麻花艽的传粉生态学研究》，《生态学报》2004年第2期。

惠富平、王思明：《汉代西北农业区开拓及其生态环境影响》，《古今农业》2005年第1期。

贾敬颜：《释"行国"——游牧国家的一些特征》，《历史教学》1980年第1期。

金山、陈大庆：《人与自然和谐的法则——探析蒙古族古代草原生态保护法》，《中央民族大学学报》2006年第2期。

景爱：《科尔沁沙地考察》，《中国历史地理论丛》1990年第4期。

况浩林：《评说清代内蒙古地区垦殖的得失》，《民族研究》1985年第1期。

李漪云：《呼和浩特地区"板升"何其多》，《实践》1981年第5期。

李宜垠、崔海亭、胡金明：《西辽河流域古代文明的生态背景分析》，《第四纪研究》2003年第3期。

刘艾、刘德福：《我国草地生物量研究概述》，《内蒙古草业》2005年第1期。

刘国祥：《关于赵宝沟文化的几个问题》，《北方文物》2000年第2期。

刘明远：《论游牧生产方式的生产力属性》，《内蒙古社会科学（汉文版）》2005年第5期。

鲁明川：《论生态文明的制度之维》，《学术交流》2013年第9期。

麻国庆：《草原生态与蒙古族的民间环境知识》，《内蒙古社会科学（汉文版）》2001年第1期。

马桂英、王鸿生：《草原文化中的自然观及其启示——从环境伦理哲学视角审视》，《内蒙古社会科学（汉文版）》2004年第5期。

马瑞江：《短链生产的特点与蒙古草原游牧民族的兴衰》，《内蒙古社会科学（汉文版）》1993年第4期。

梅雪芹：《从环境的历史到环境史——关于环境史研究的一种认识》，《学术研究》2006年第9期。

内蒙古自治区林业和草原局：《内蒙古全力构筑我国北方重要生态安全屏

障》,《内蒙古林业》2021年第10期。

内蒙古博物馆、内蒙古文物工作队:《呼和浩特市东郊旧石器时代石器制造场发掘报告》,《文物》1977年第5期。

内蒙古自治区森林经理学会:《内蒙古森林变迁——地史时期森林的变迁》,《内蒙古林业调查设计》2007年第S1期。

祁美琴:《清代宗教与国家关系简论》,《中国人民大学学报》2014年第6期。

乔亚军、张慧、刘坤等:《呼伦贝尔林草交错带植被固碳释氧功能变化及其驱动力研究》,《水土保持研究》2022年第5期。

任国玉、张兰生:《科尔沁沙地麦里地区晚全新世植被演化》,《植物学报》1997年第4期。

任继周:《关于提高草原畜牧业生产能力的几点认识》,《新疆农业科技》1974年第1期。

邵方:《中国北方游牧起源问题初探》,《中国人民大学学报》2004年第1期。

史念海:《两千三百年来鄂尔多斯高原和河套平原农林牧地区的分布及其变迁》,《北京师范大学学报(社会科学版)》1986年第6期。

宋敏桥:《中国古代北方游牧民族的起源及相关问题》,《商丘师范学院学报》2004年第6期。

孙德祥、王北、袁世杰:《盐池半荒漠风沙区土地沙漠化发生发展规律的研究》,《干旱区资源与环境》1997年第3期。

孙黎明、刘金峰、张文山:《内蒙大窑文化遗址第四纪地层及古气候环境》,《河北地质学院学报》1996年第2期。

苏航:《内蒙古依托资源优势筑牢北方生态安全屏障》,《北方经济》2019年第7期。

索秀芬:《小河西文化初论》,《考古与文物》2005年第1期。

谭其骧:《何以黄河在东汉以后会出现一个长期安流的局面——从历史上论证黄河中游的土地合理利用是消弭下游水害的决定性因素》,《学术月刊》1962年第2期。

唐克丽、王斌科、郑粉莉、张胜利、时明立、方学敏:《黄土高原人类活动对土壤侵蚀的影响》,《人民黄河》1994年第2期。

唐吉斯:《内蒙古牧区牧民经济合作影响因素初探——以东乌珠穆沁旗哈日高毕嘎查为例》,《北方经济》2013年第16期。

汪英华:《大窑遗址四道沟地点年代测定及文化分期》,《内蒙古文物考古》2002年第1期。

汪宇平:《内蒙伊盟南部旧石器时代文化的新收获》,《考古》1961年第10期。

王耿龙、沈斌华:《蒙古族历史人口初探》,《内蒙古大学学报(哲学社会科学版)》1996年第5期。

王国钟、建原、娜日斯:《保护草原生态环境促进牧区经济发展》,《内蒙古草业》2004年第3期。

王会昌:《2000年来中国北方游牧民族南迁与气候变化》,《地理科学》1996年第3期。

王建革:《农牧交错与结构变迁:清代内蒙古地区的农业与社会》,《中国历史地理论丛》2002年第3期。

王建革:《游牧圈与游牧社会——以满铁资料为主的研究》,《中国经济史研究》2000年第3期。

王杰瑜:《明朝军事政策与晋冀沿边地区生态环境变迁》,《山西大学学报(哲学社会科学版)》2006年第3期。

王金朔、金晓斌、曹雪、周寅康:《清代北方农牧交错带农耕北界的变迁》,《干旱区资源与环境》2015年第3期。

王利华:《生态环境史的学术界域与学科定位》,《学术研究》2006年第9期。

王利华:《中古时期北方地区畜牧业的变动》,《历史研究》2001年第4期。

王明珂:《鄂尔多斯及其邻近地区专化游牧业的起源》,《(台湾)"中央"研究院历史语言研究所集刊》1992年第2期。

王晓琨:《内蒙古旧石器时代考古简史》,《内蒙古文物考古》2008年第2期。

王鸿祯:《从活动论观点论中国大地构造分区》,《地球科学》1981年第1期。

王学义、郑昊:《工业资本主义、生态经济学、全球环境治理与生态民主协商制度——西方生态文明最新思想理论述评》,《中国人口·资源与环境》2013 年第 9 期。

王铮:《历史气候对中国社会发展的影响》,《地理学报》1996 年第 7 期。

乌恩:《欧亚大陆草原早期游牧文化的几点思考》,《考古学报》2002 年第 4 期。

吴承忠、邓辉、舒时光:《清代陕蒙交界地区的土地开垦过程》,《地理研究》2014 年第 8 期。

吴宏岐:《元代北方汉地农牧经济的地域特征》,《中国历史地理论丛》1989 年第 3 期。

徐丽萍、杨韫:《内蒙古实现碳达峰目标的思考》,《北方经济》2021 年第 8 期。

夏光:《建立系统完整的生态文明制度体系——关于中国共产党十八届三中全会加强生态文明建设的思考》,《环境与可持续发展》2014 年第 2 期。

薛瑞泽:《汉代河套地区开发与环境关系研究》,《农业考古》2007 年第 1 期。

颜廷真、韩光辉:《清代以来西辽河流域人地关系的演变》,《中国历史地理论丛》2004 年第 1 期。

杨永兴、黄锡畴、王世岩等:《西辽河平原东部沼泽发育与全新世早期以来古环境演变》,《地理科学》2001 年第 3 期。

衣保中、张立伟:《清代以来内蒙古地区的移民开垦及其对生态环境的影响》,《史学集刊》2011 年第 5 期。

袁烨城、李宝林、高锡章、许丽丽、刘海江、周成虎:《内蒙古自治区土地覆被相互转换现象研究》,《干旱区资源与环境》2015 年第 5 期。

张春华:《中国生态文明制度建设的路径分析——基于马克思主义生态思想的制度维度》,《当代世界与社会主义》2013 年第 2 期。

赵珍:《生态环境史研究与〈清史·生态环境志〉编纂》,《社会科学战线》2007 年第 3 期。

郑君雷:《关于游牧性质遗存的判定标准及其相关问题——以夏至战国时期北方长城地带为中心》,《边疆考古研究》2003 年刊。

中国科学院考古研究所内蒙古工作队:《内蒙古巴林左旗富河沟门遗址发

掘简报》,《考古》1964 年第 1 期。

中国社会科学院考古研究所内蒙古工作队:《赤峰蜘蛛山遗址的发掘》,《考古学报》1979 年第 2 期。

中国社会科学院考古研究所内蒙古工作队、中国科学院植物研究所:《赤峰西水泉红山文化遗址》,《考古学报》1982 年第 2 期。

中国社会科学院考古研究所内蒙古工作队:《内蒙古敖汉旗兴隆洼遗址发掘简报》,《考古》1985 年第 10 期。

中国社会科学院考古研究所内蒙古工作队:《赤峰药王庙、夏家店遗址试掘报告》,《考古学报》1974 年Ⅰ期。

周宏春:《生态文明建设的路线图与制度保障》,《中国科学院院刊》2013 年第 2 期。

朱士光:《历史时期我国东北地区的植被变迁》,《中国历史地理论丛》1992 年第 4 期。

竺可桢:《中国近五千年来气候变迁的初步研究》,《考古学报》1972 年第 1 期。

邹逸麟:《中国多民族统一国家形成的历史背景和地域特征》,《历史教学问题》2000 年第 1 期。

九 外文著作

World Commission on Environment and Development, "Our Common Future", Jilin People's publishing house, 1997, p. 3.

Maria E. Fernandez-Gimenez, "The Role of Mongolian Nomadic Pastoralists' Ecological Knowledge in Rangeland Management", *Ecological Applications*, Vol. 5, 2000.

Munkh Dalai A. Zhang, ete., "Monglian Nomadic Culture and Ecological on the Ecological Reconstruction in the Aggropastoral Mosaic Zone in Northern China", *Ecological Economics*, Vol. 1, 2007.

后　记

按照既往的惯例，在书稿的最后总是要说点什么？虽然这部分内容与正文没有太大关系，但就我个人的读书习惯而言，每当我翻开一本书的时候，总是先看看这部著作是否有"后记"或"致谢"部分。然而当我键入"后记"二字之后，却思绪万千，不知如何下笔？在思考"后记"中要写些什么的时候，也陷入了沉思，或许是想说的话太多却不知从何说起，或许是担心有和我一样"读书习惯"的人翻看到"后记"时的感受，等等。思之再三，还是想讲一下这部书的创作缘由，以及在写作过程中的一些经历与感悟吧！

《游牧生产方式及其生态价值研究——以北方草原为考察对象》一书，是我自2015年攻读硕士研究生以来，在发表的有关游牧生产方式及其生态价值系列研究文章基础上修改完成的，自第一篇文章的创作发表及至本部书稿的完成与交付出版社，已经过去了约8年的时间。这段时间正是我学业压力最大的几年，我于2015—2018年在中国社会科学院研究生院（现中国社会科学院大学）攻读硕士研究生学位、2018—2022年在清华大学人文学院历史系攻读博士研究生学位，其间要完成繁重的学业课程与科研任务、硕士与博士学位论文写作、考博与求职等。虽然我的硕士与博士学位论文也是以北方草原为研究对象，但本部书稿与我的硕士与博士学位论文并无直接关系，是我在完成硕士与博士学位论文写作的同时，结合自己的研究兴趣同步开展的一项研究工作，完成并发表了多篇与游牧生产方式及其生态价值相关的学术文章，最终在这些相关研究文章基础之上重新构思后修订与补充完成了这部书稿。

选择这一题目与我在内蒙古大学的求学生涯与在呼和浩特的4年生活经历有着深厚的渊源。对于内蒙古草原而言，我是一个外乡人，我出生并成长在黑龙江省五常市的一个小乡村，父母都是地地道道的农民，直到上

后 记

大学之前，我也没有离开过东北的农村。或许正是在农村的生活经历，让我在内蒙古大学求学期间对当地基层社会民众的生产与生活产生了极大的兴趣，虽然在本科学习阶段并无明确的科研方向与研究目标，但每每在书中看到有关历史时期草原游牧民族的相关记述时，我都会不由自主地多看几眼，或者直接摘录抄写下来。直到2015年9月份以后，我到中国社会科学院研究生院跟随鱼宏亮老师进行硕士研究生阶段的学习，才逐渐开始了学术科研工作。

鱼师在日常教学过程中极为严苛，每周都会检查我的读书情况，当时鱼师所在的中国社会科学院历史研究所（现为古代史研究所）规定每个星期二是返所日，这一天也成为我读硕期间最难熬的一天，我也经常和身边同学朋友们戏称这一天是我的"黑色星期二"，周一晚上也逐渐成为我的"失眠夜"，每周过完周一晚上与周二白天，其余的时间便都是大晴天了。因为每个周一晚上都要思考着第二天鱼师"读书审讯"时该如何作答，星期二那天也需要早早地起床，乘坐地铁从研究生院（房山区）跨越大半个北京城来到所里（海淀区）汇报读书情况，这段路程并不近，要从地铁房山线"广阳城"站来到地铁1号线与2号线交汇的"建国门"站，其间需要换乘3条地铁线，往返路程将近4个小时，恰好赶上的是早晨上班入城高峰与傍晚下班出城高峰。现在回想起来，这段路程虽然艰辛，但收获却是巨大的。

读硕士时，鱼师要求我每周读3—5本专业类书籍，其中1—2本要精读，其余几本要了解基本内容尤其是作者提出的核心观点、学术价值及写作时所使用的文献资料等，同时还要阅读并整理一些档案、地方志及考察报告等历史文献资料。这段时间或许是我读书生涯中最难熬的时期，但也是对我影响最深的阶段。最初每个星期都过得很痛苦，即便是没日没夜地看书，也总是完不成鱼师要求的工作量，但我依旧咬牙坚持着。慢慢地也逐渐适应了这种读书和学习节奏，读的书越来越多，对本领域或相关领域专家学者的了解也就越来越深刻了，再去看书的时候也就不会向最初那样艰难了，读书的速度也快了许多。

可能是由于我在内蒙古大学度过了4年的本科学习生涯及在呼和浩特的生活经历，导致在我所选择的书籍，除鱼师交待的必读书目外，多数与北方草原相关。记得应该是在研一的第一个学期，我有两三个星期的时间里读的都是清代蒙古草原游牧社会变迁问题的著作，对我影响最深的几部

后 记

相关著作如色音的《蒙古游牧社会的变迁》、闫天灵的《汉族移民与近代内蒙古社会变迁研究》、邢莉等的《内蒙古区域游牧文化的变迁》等,让我第一次深切地体会到学术研究中的草原游牧生产与生活到底是什么状态以及清代以来发生的深刻变迁情况。尤其是《内蒙古区域游牧文化的变迁》一书,在实地调查并结合传世文献资料基础上完成的一部七十余万字的恢宏巨著,引起了我对游牧生产方式与明清内蒙古草原环境变迁之间内在关联的思考,那便是何以在明清时期尤其是清代以来内蒙古草原自然环境出现如此严峻的问题,这与移民及土地垦种到底存在什么样的关系?

于是我便继续寻找相关研究著作并通过"中国知网"检索与历史时期内蒙古草原环境变迁、移民与土地开垦及游牧经济相关的学术文章,相关研究成果较为丰富。我在几个月的时间里阅读了大量相关研究著作与研究文章之后发现,导致历史时期内蒙古草原环境变迁的影响因素中,与非合理的移民及土地开垦、其他方式的土地开发利用(如兴建城市及大型聚落等)直接相关,且在当时人类社会生产力水平的制约下,游牧经济更符合草原自然环境与气候条件特征,不仅能够实现合理开发利用草原自然环境并且能够有效维持草原生态平衡,同时也因利用游牧经济使得那些遭到破坏的草原自然环境得以恢复。但我也越来越觉得无论是以"草原文化"还是以"游牧经济"为视角考察历史时期诸草原游牧民族对草原自然环境开发利用之合理性,都离不开作为其基础的游牧生产方式。因而在硕士与博士学位论文写作期间,我也针对游牧生产方式进行了一些较为深入的考察研究,并通过实地考察与采访内蒙古本地人来论证我所构思的一些观点是否成立以及一些设想能否完成。

在这几年的时间里,除了在学校上课与学校图书馆及相关机构(档案馆及其他资料收藏单位)查询资料外,我也把相当一部分的时间与精力放在了田野考察上,我的足迹几乎遍及内蒙古黄河流域诸盟市的大部分地区,对游牧经济及游牧生产与生活方式也有了进一步的了解,当然,内蒙古东部地区各个盟市还有待今后进一步深入考察。和同学、朋友交流考察经历时,我也被戏称是在"用脚步丈量边疆",这句话虽然只是一句同学、朋友间调侃的戏言,更是一个极难实现的目标,但却表达了我个人的学术追求。读博期间,导师倪玉平教授对我博士学位论文选题、写作及其他感兴趣的科研工作都给予了极大的支持,这也是我能够在读博期间结合个人研究兴趣完成本部书稿的关键。这些年陆陆续续的野外考察经历让我真真

后 记

切切地感受到了内蒙古草原这一特殊过渡地带（即通常所说的"农牧交错带"）的自然环境与风土人情，也让我寻找到一些前辈学者们没有关注到的问题，或者是单凭文献记述而容易被曲解的问题。在考察期间遇到的问题和遭受的困难自不待言，但每每有了新的学术发现，也更加让我确信，无论过程多么艰难，只要努力坚持，虽然不一定能成功，但总不会让你一直失望。正是在这样的理想信念与学术追求的影响下，我在完成硕士与博士学位论文的同时，也完成了多篇与游牧生产方式及生态价值研究的文章与这部书稿。

本书稿的几篇主要文章完成并发表于硕士读书时期，有 1 篇文章是完成于硕士时期但正式发表在读博期间，但整部书稿主要是完成于读博的 4 年里，发表文章依时间顺序分别是：《制度层面审视：草原文化的生态向度》，《哈尔滨工业大学学报（社会科学版）》2017 年第 2 期；《游而牧之：游牧生产方式及其生态维度解读》，《自然辩证法研究》2017 年第 4 期；《从生态环境史看"游而牧之"生产方式及其生态平衡向度》，《河北大学学报（哲学社会科学版）》2017 年第 3 期；《内蒙古草原利用与维护的兼容：游牧民族土地资源利用的生态经验与启示》，《原生态民族文化学刊》2017 年第 2 期；《游居之间：游牧民族传统土地利用方式及其生态维度解读》，《保山学院学报》2017 年第 3 期；《游而牧之：游牧生产方式及其生态哲学智慧》，《青海民族研究》2018 年第 3 期；等等。上述各篇文章能够得以发表也得到了身边师友的支持与帮助，在此要衷心地感谢青海民族大学骆桂花教授、内蒙古大学包庆德教授、云南大学周琼教授、吉首大学杨庭硕教授、《哈尔滨工业大学学报》编辑部王春老师、《河北大学学报》编辑部侯翠环老师等诸位老师，他们在我文章投稿及修改过程中都给予了极大的帮助与指导。骆桂花教授已经于 2022 年离开了我们，杨庭硕教授、王春老师与侯翠环老师虽然与我并没有见过面，但是却与我多次通话或是邮件指导我修改所投文章，在此对上述诸位前辈老师表示衷心的感谢与诚挚的敬意。在上述各篇文章的基础上，我在读博期间拟定框架并最终完成了本部书稿，尤其是在书稿中增加了游牧生产方式在不同历史阶段的利用情况及其对环境变迁的影响等内容。

2022 年 6 月我从清华大学博士毕业后于 7 月正式入职内蒙古大学，同年申请到内蒙古大学中华民族共同体研究中心的科研经费，在此，对内蒙古大学党委书记兼中华民族共同体研究中心主任刘志彧研究员、内蒙古大

后　记

学民族学与社会学学院院长兼中华民族共同体研究中心常务副主任阿拉坦宝力格教授、内蒙古大学民族学与社会学学院行政办公室主任赵艳丽老师，以及在书稿写作及出版经费申请过程中给予支持与帮助的各位师友与同事表示衷心感谢！感谢鄂尔多斯市博物院李锐、高兴超、白林云及赵国兴等几位老师为本书提供的珍贵图像史料，还要感谢中国社会科学出版社历史与考古中心郭鹏与马明两位老师在书稿选题申报及书稿审校过程中提供的诸多帮助。在本书稿即将交付出版社之际，北京大学城市与环境学院韩茂莉教授与我的硕导中国社会科学院古代史研究所鱼宏亮研究员为本书作序，在此表示深深的感谢！

最后需要说明的是，因本人学识有限，疏漏与错误之处在所难免，敬请各位专家批评指正，不吝赐教！

崔思朋

2023 年 3 月 24 日

于内蒙古大学中华民族共同体研究中心办公室